연행록의 세계

연행록의 세계

임기중·최소자·荷見守義·川越泰博·
赫曉琳·王政堯·김일환·이원석·김영죽

景仁文化社

동아시아 기록물의 보고(寶庫), 연행록(燕行錄)

　20세기에 들어서 중국 감숙성(甘肅省) 돈황(敦煌) 시가지로부터 20㎞ 떨어진 막고굴(莫高窟)에서 방대한 양의 문서가 발굴되었다. 이른바 돈황문서(敦煌文書)라는 것으로 영국·프랑스·일본으로 그 일부가 반출되었다. 그 결과 불교미술사를 시작으로 문학·언어·예술·고고·과학기술·건축 등 분야에서 획기적인 연구 성과가 나타났다. 세계 각국의 유수한 학자들이 연구에 참여한 끝에 동양학의 한 분야로서 '돈황학(敦煌學)'이 정립되기에 이르렀다.

　돈황문서·갑골물·한간(漢簡)·고궁명청당안(故宮明淸檔案)과 함께 중국 근대 역사 문화의 '오대발견五大發見'의 하나로 일컬어지는 휘주문서(徽州文書)가 중국 안휘성(安徽省) 휘주부(徽州府)에서 10만 점이나 수집되었다. 이 문서를 수집 정리한 결과 휘주의 역사와 문학을 연구하는 학문을 의미하는 '휘학(徽學)' 혹은 '휘주학(徽州學)'이 성립되었다.

　다량의 문서 발굴과 수집에 의한 돈황학과 휘주학의 성립은 중국 동양사 분야를 세계적인 학문으로 격상시켰다. 우리도 중국에 뒤처지지 않는 귀중한 사료를 보유하고 있는데 연행록(燕行錄)이 바로 그것이다. 잘 알려져 있다시피 연행록은 고려와 조선의 연행사(燕行使)가 약 700년에 걸쳐 중국의 원·명·청조의 수도인 북경에 다녀오면서 남긴 기록을 말한다. 연행사의 종착지는 북경(北京)이기도, 요양(遼陽) 혹은 심양(瀋陽)이기도 했다. 조선 전기의 조공로(朝貢路)는 압록강을 건넌 이후 육로로 산해관(山海關)을 거쳐 북경으로 들어갔지만, 명 말 요양이 후금(後金)에게 함락당하면서 급거 평안도 선사포(宣沙浦)에서 출항하여 해로로 장산군도(長山群島)·묘도군도(廟島群島)를 거쳐

산동성 등주(登州)나 발해만을 거슬러 올라가 각화도(覺華島)에서 영원위(寧遠衛, 현 興城市)로 들어갔다.

연행록은 명조와 관련이 있는 조선전기보다 청조와 외교 활동을 펼치던 조선후기의 작품이 많은 양을 차지하고 있으며, 내용적으로도 더 풍부하다. 이 연행록 수집과 학문 정립에 크게 공헌한 임기중(林基中) 교수는 40여 년간에 걸쳐 연행록 문헌 398종을 발굴하여 2001년 『연행록전집』(동국대학교 출판부)을, 일본학자 후마 스스무(夫馬進)과 공동으로 『연행록전집 일본소장편』 34종을 간행함으로써 연행록 연구의 단서를 열었다. 이어 2008년에는 170종을 추가로 수집하여 『연행록속집』(尙書院)을 펴냈고, 2011년에는 455종의 자료를 DB화하여 『연행록총간』으로 공개하였다.

임기중 교수가 지적하고 있듯이 연행록에는 중국 쪽에서 찾아볼 수 없거나 혹은 소홀하게 취급하고 있는 내용이 자세하고 구체적으로 기록된 것이 적지 않다. 연행록은 동아시아사의 여러 연구에서 참고할 수 있는 다양하고 방대한 기록의 보고이다.

실제적으로 연행사가 남겨놓은 사행기록의 내용은 매우 다양한 분야에 걸쳐있다. 일차적으로는 사절단의 조직과 구성에서 시작하여 파견 목적과 임무, 사절의 의례와 외교, 정보 수집과 같은 외교업무에 관련된 사안이 상세히 기재되어 있다. 뿐만 아니라 중국의 황성(皇城)인 자금성(紫禁城)에 대한 견문을 비롯하여 연행 노정에서 목격한 중국의 풍속, 신앙의 양태가 생생하게 들어 있다. 더 나아가 명승에 대한 감상, 역사 유적에 대한 인식을 살펴보는 것도 가능하다.

2011년 국내 최초로 동국대학교 문과대 산하에 연행학연구소(燕行學研究所)가 설립된 이후 본 연구소는 연행록의 정본화(定本化), 해제 및 번역, 학술발표대회 개최에 심혈을 기울였다. 2011년에는 한국연구재단의 토대기초연구지원사업에 '명청교체기 사행(使行) 관련 자료 수집과 DB 구축'이라는 과제명으로 응모하였으나, 최종 결선에서 탈락하는 비운을 겪기도 하였다. 이듬해인 2012년 8월 동북아역사재단으로부터 연구비를 지원받아 '동아시아의 소통과 교류'라는 제목으로 제1회 국제학술대회를 개최하게 되었다. 당시 재단 이사장 정재정 교수의 개회사, 고인이 된 문과대 학장 김상현 교수의 축사가 있은 뒤 본격적인 발표가 시작되었다. 기조 강연은 연행록의 최고 권위자 임기중 교수가 맡아 '연행록의 상호원전성과 유행양식'이라는 논문을 발표하면서 기존 연구자들이 연행록 작품 가운데 앞선 사행의 작품을 표절한 것이 있다고 비판한 데 대해 이를 '퍼오기·따오기'라는 유쾌한 언어로 풀어냈다. 이어 이화여대 명예교수 최소자 선생은 역사 분야에서의 연행록 연구를 총괄적으로 언급하였다.

문학과 역사 분야의 두 원로 교수의 총괄적인 연행록 발표 후 개별적인 주제 발표가 이어졌다. 한국학자로 김일환의 '구혈대(嘔血臺)를 통해 본 대청(對淸) 의식의 추이', 이원석의 '19세기 전반 추사 김정희와 청조 양주학파(揚州學派) 간의 학술교류', 그리고 김영죽의 '베트남 연행록의 특징' 발표가 이어져 발표장의 열기를 뜨겁게 하였다. 중국학자와 일본학자는 각각 두 분이 참석하였다. 혁효림(赫曉琳)은 '청대 강희·옹정시기의 북방상업'을, 왕정요(王政堯)는 '북경의 문화'를, 하스미 모리요시(荷見守義)는 '명조 당안(檔案) 자료를 이용하여 명 말의 조선과 여진의 국경'을, 가와고에 야스히로(川越泰博)는 '일본 승려 소운(笑雲)의 기록을 통해 동아시의 소통과 교류' 문제를 발표하였다. 해외의 연행록 연구 동향을 살필 수 있는 소중한 기회였다.

본서는 2012년 제1차 국제학술대회 때 발표된 논고를 가필 수정하여 꾸민 것이다. 학술대회가 있은 후 벌써 3년이라는 적지 않은 시간이 흘렀다. 이 책을 통해 학계의 연구자는 물론 정부의 문화 관계자, 그리고 일반 대중들이 연행록의 자료적 가치를 새롭게 인식하는 계기가 되었으면 하는 바람이다. 기록물의 보고인 연행록은 최근 세계기록문화 유산으로 등재된 『난중일기』에 못지않게 우리가 세계에 내놓고 자랑할 수 있는 기록물이라고 해도 지나침이 없다.

연행학연구소 앞에 놓인 과제는 원대하다. 중국의 '돈황학'·'휘주학'처럼 '연행학'의 정립을 통해 가까이는 중국과 일본·베트남 등지에 연구 성과를 제시하고, 나아가 그 결과물을 세계가 공유하여 연행학의 새로운 지평을 열 수 있도록 노력하고 준비할 것이다. 많은 분들의 관심과 격려가 있기를 부탁한다.

2015. 3. 10
동국대 연행학연구소 소장　서 인 범

차 례

燕行歌辭와 燕行錄의 相互原典性과 流行樣式 … 임기중
 Ⅰ. 머리말 ……………………………………………………………… 1
 Ⅱ. 胎生的 相互原典性 ……………………………………………… 4
 Ⅲ. 蹈襲과 互避 ……………………………………………………… 8
 Ⅳ. 맺음말 …………………………………………………………… 39

歷史資料로서의 燕行錄 … 최소자
 Ⅰ. 序論的考察(燕行錄의 特徵 및 分析) ………………………… 43
 Ⅱ. 燕行錄關係 研究現況 …………………………………………… 49
 Ⅲ. 歷史資料로서 燕行錄 …………………………………………… 80
 Ⅳ. 結論 ……………………………………………………………… 84

明朝檔案を通じて見た明末中朝邊界 … 荷見守義
 Ⅰ. はじめに ………………………………………………………… 87
 Ⅱ. 明朝檔案の特徵・問題点 ………………………………………… 89
 Ⅲ. 張國元と高起潛 ………………………………………………… 91
 Ⅳ. 「關寧」「寧錦」監視體制 ………………………………………… 96
 Ⅴ. おわりに−明朝の中朝邊界認識によせて− ………………… 107

【번역】明朝 檔案을 통해 본 명말의 中朝邊界
 Ⅰ. 머리말 …………………………………………………………… 115
 Ⅱ. 明朝檔案의 특징과 문제점 …………………………………… 117
 Ⅲ. 張國元과 高起潛 ……………………………………………… 119
 Ⅳ. '關寧' '寧錦' 감시체제 ………………………………………… 125
 Ⅴ. 맺음말−明朝의 中朝邊界에 입각하여− …………………… 136

明代日本僧笑雲の入明記を
  通じて見た東アジアの疎通と交流 … 川越泰博
 Ⅰ. 序語 ……………………………………………………………… 143
 Ⅱ. 笑雲等の入明の概要 …………………………………………… 144
 Ⅲ. 疎通と交流の諸相 ……………………………………………… 148
 Ⅳ. 疎通と交流の實態 ……………………………………………… 160
 Ⅴ. 結語 ……………………………………………………………… 165

【번역】明代 日本僧 笑雲의 入明記를 통해 본
　　　　동아시아의 소통과 교류
　Ⅰ. 序語 ……………………………………………………… 167
　Ⅱ. 笑雲 등 入明의 개요 …………………………………… 168
　Ⅲ. 소통과 교류의 제상 …………………………………… 172
　Ⅳ. 소통과 교류의 실태 …………………………………… 185
　Ⅴ. 結語 …………………………………………………… 191

從≪燕行錄≫看淸代康乾時期北方商業文化 … 赫曉琳
　Ⅰ. ≪燕行錄≫硏究在中國的現狀 ………………………… 193
　Ⅱ. 康乾時期北方城市和城鎭的商業景象 ………………… 194
　Ⅲ. 北方商業文化的特点 …………………………………… 197
　Ⅳ. 燕行使與儒商的交往 …………………………………… 200
　Ⅴ. 結語 …………………………………………………… 203

【번역】『燕行錄』을 통해서 본
　　　　淸代 康熙·乾隆시기의 북방 상업문화
　Ⅰ. 중국에서의 『燕行綠』 연구 현황 …………………… 205
　Ⅱ. 康熙·乾隆시기의 북방 城市와 城鎭의 상업 풍경 …… 207
　Ⅲ. 북방 상업문화의 특징 ………………………………… 211
　Ⅳ. 燕行使와 儒商의 왕래 ………………………………… 216
　Ⅴ. 결론 …………………………………………………… 219

朝鮮 ≪燕行錄≫與中國淸代區域文化硏究 … 王政堯
　Ⅰ. 宣南地域文化 …………………………………………… 223
　Ⅱ. 承德避署山莊文化 ……………………………………… 229
　Ⅲ. 中朝戲劇文化 …………………………………………… 232

【번역】朝鮮 燕行錄과 중국 淸代 지역문화 연구
　Ⅰ. 京師의 宣南文化 ……………………………………… 236
　Ⅱ. 承德의 避暑山莊文化 ………………………………… 244
　Ⅲ. 中·朝 희극문화 ……………………………………… 249

'嘔血臺' 이야기의 형성과 연행록 ··· 김일환

 Ⅰ. 들어가며 ·· 253
 Ⅱ. 연행 노정과 寧遠衛 ·· 256
 Ⅲ. 燕行錄 속의 '嘔血臺' ··· 262
 Ⅳ. 결론 ··· 282

朝·淸의 學術交流와 實學的 會通의 學術觀 ··· 이원석

 Ⅰ. 머리말 ·· 285
 Ⅱ. 揚州學人과 金正喜의 交誼와 그 주변 ················ 290
 Ⅲ. 阮·淩의 實學會通的 通學과 金正喜의 수용 ········· 297
 Ⅳ. 汪喜孫과 金正喜 등의 學術交流와 論辨 ············· 309
 Ⅴ. 맺음말: 金正喜의 通學體系와 한계 ···················· 323

베트남 한문 연행록의 특징적 면모 ··· 김영죽

 Ⅰ. 문제제기 ··· 331
 Ⅱ. 월남 사행의 구성과 실제 ····································· 333
 Ⅲ.『집성』을 통해 본 월남 사행 기록의 대략적 특징 ··········· 336
 Ⅳ. 남는 문제 ·· 356

찾아보기 ··· 357

燕行歌辭와 燕行錄의 相互原典性과 流行樣式

林基中*

Ⅰ. 머리말
Ⅱ. 胎生的 相互原典性
Ⅲ. 蹈襲과 互避
Ⅳ. 맺음말

Ⅰ. 머리말

이 글에서 거론하려고 하는 것은 연행록의 상호텍스트성(intertext-uality)과 패션(fashion)에 관한 것이다. 상호텍스트성이나 패션이 다소 다의적이며 한국어가 아니고 표현하려는 용어로써 的確性도 떨어지기 때문에 그 대안으로서 相互原典性과 流行樣式이라는 용어를 쓴다.

무에서 유를 만들어낸다는 말이 있기는 하지만, 이 세상에 존재하는 대부분의 것들은 어떤 필연적 인연에 의해서 새로운 것들이 탄생한다. 지식인이 가장 범하기 쉬운 과오는 정확하게 알지 못하고 있다는 사실을 잘 모르고, 잘 알고 있는 것으로 착각하는데서 나오는 것이 많다. 지식의 양이 적으면 무지의 양 또한 적고, 지식의 양이 많아지면 무지의 양 또한 많아진다. 알 수 있는 양은 유한한데 알 수 없는 양은 무한하기 때문이다. 알 수 없는 것이 대부분이라는 사실을 알고

* 東國大學校 名譽教授

있으면 지혜로워지며 다소 자유로워질 수 있다. 얼마 전 한 일본인 교수가 쓴 한국 연행록 연구수준을 폄하하는 글을 읽다가 그분이 연행록의 표절성을 발견하였다고 크게 놀라면서 경계대상의 문헌이라고 말한 부분에서 나 또한 놀라지 않을 수가 없었다. 그 뒤 그런 글을 받들어 인용하는 한국 학자들이 있는 것을 보면서 다시 또 한 번 놀라지 않을 수 없었다. 그런 놀람의 연속이 이 글을 쓰게 만들었다. 내가 쓰고 있는 이 글을 읽고 또 놀랄 사람이 나올지도 몰라 두렵다. 홍대용이 그의 연행록에서 아는 만큼 보인다는 말을 하지 않았던가. 1980년대는 연행록 저술 심사에서 從事官이란 관직은 있지도 않았는데 그런 용어를 썼다고 야유적으로 불가 판정을 내리는 일이 발생하더니, 2000년대 벽두에는 燕行使란 있지도 않은 말을 만들어 쓴다고 공개적으로 비판하는 일이 나타났다. 그 분들이 앞으로 온라인 검색창을 열어보면서 어떤 생각을 할까. 이런 사례가 어찌 한 두 가지겠는가. 얼마 전 국립박물관 전시도록 머리말과 그 전시장 입구에 크게 써 붙인 글에서 조선왕조에서 총 5백여 회의 使臣團을 중국에 파견하였다고 쓴 글을 보았다. 그 이전 전시에서는 廣開土王碑 原石拓本은 전시하고 있는 일본소장본이 대표적인 것이란 설명문을 붙여놓고 있었다. 잘 알고 있다고 생각하는 지식이 얼마나 불완전한 것인지 나를 포함하여 우리 모두 잘 생각해 볼 문제가 아닌가.

　이 세상에 존재하고 있는 모든 것들은 그 생몰의 시간이나 존재의 양상이 같은 부분도 있고 다른 부분도 있다. 따라서 우리가 발견할 대상이 같음과 다름에 있는 경우가 많다. 일정 부분은 같지 않은 것도 없으며 또한 다르지 않은 것도 없지만, 같으면서도 각기 다른 새로운 부분들을 가지고 있기 때문이다.

　필자가 취미 수준에서 원전정리 작업을 진행해본 것들 중에서 『校合樂府』・『校合歌集』・『校合雅樂部歌集』 전5권(1982)이 나옴으로써 없어진 것으로 알려졌었던 『雅樂部歌集』의 존재가 확인되었고, 『악부』의 주석본이 출현하였다. 『校合松南雜識』 전5권(1987)이 나옴으로써

『송남잡지』의 주석본이 나왔다. 『廣開土王碑原石初期拓本集成』(1995)이 나옴으로써 한·중·일 학계가 1백년 논쟁을 종식하고 원석탁본의 존재를 인정하였다. 『燕行錄全集』 전100권(2001), 『燕行錄續集』 전50권(2008), 『DVD燕行錄叢刊』 전 DVD10장(2011)이 나옴으로써 5백여 종의 연행록이 전승되고 있다는 사실이 알려졌다. 『韓國歌辭文學註解研究』 전20권(2005)과 『韓國歌辭文學原典研究』(2005)가 나옴으로써 가사문학 작품이 한국의 고전문학 유산으로는 가장 많은 양의 6천 5백여 종이 전승되고 있으며, 가사체가 한글 글쓰기의 보편적 전형이었다는 사실을 알게 되었다. 같음과 다름은 비교와 대비가 가장 쉬운 방법이고, 그렇게 하려면 자료의 확보와 校合이 첩경이다. 따라서 이런 과제에 관심을 갖는 연구자들에게는 먼저 이런 일련의 작업과정을 거쳤는지에 관한 자기성찰이 요청되는 것 같다. 틈틈이 취미 삼아서 해본 보잘것 없는 일들이었지만 이런 작업을 진행하는 동안에 필자는 小知로는 大知를 헤아리기 어렵고 小年으로는 大年을 헤아리기 어렵다는 큰 가르침을 배울 수 있어서 늘 행복하였다.

이제 우리는 연행록의 수집과 정리 작업을 마무리하고, 이 문헌군이 가지고 있는 특성과 세계성을 발견하여 그 문헌적 가치를 공유할 때가 되었다. 필자는 연행록의 제 1특성으로 세계적인 談論聯合의 文獻群이라는 점을 몇 차례 지적한 바 있다. 지난 5백여 년간 다수의 동아세아 지식인들과 세계인들의 生活史談論聯合이 곧 연행록이란 문헌구이다. 필자의 이번 발표는 그 제 2특성으로 相互原典性, 이른바 상호텍스트성(intertextuality)을 지적하여 보려는 것이다. 이 문제는 방대한 저서가 될 수 있는 분량의 과제여서 이 글에서는 불가피 한 두 가지 문제로 국한하여 지엽적으로 살펴볼 수밖에 없다. 이런 일련의 작업들은 연행록 5백여 종을 한자리에 모아 비교하고 대비하여 살펴볼 수 있는 환경이 조성되어 가능해졌다. 그 동안 소중한 자료를 협조해주신 여러 분들께 깊은 감사를 드린다.

Ⅱ. 胎生的 相互原典性

필자가 2012. 7. 31일 현재까지 수집한 연행록은 주요 이본을 포함하여 모두 543건이다. 현재 추가정리 작업이 진행 중에 있으므로 2013년에는 이용 가능한 보완작업이 마무리될 수 있을 것이다. 그리고 필자가 2012. 7. 31일 현재까지 조사한 이 543건의 연행록이 탄생되는 기간에 한국사신들이 중국에 다녀 온 회수는 대략 다음과 같이 나타난다. 13~14세기에 119회, 15세기에 698회, 16세기에 362회, 17세기에 278회, 18세기에 172회, 19세기에 168회로 이를 합하면 모두 1797회 쯤 된다. 이 중 고려 왕조 때가 59회쯤 되므로 조선 왕조 때는 모두 1738여 회를 중국에 다녀온 셈이다.

연행록이 어떤 과정을 거쳐서 어떻게 탄생하는가를 추정해 볼 수 있는 기록들은 적잖이 존재한다. 그 중에서 우리에게 널리 알려져 있는 1832년 金景善(1788~?)의『燕轅直指』서문[1] 하나를 (가)-(사)로 간추려본다. 이 서문은 『연원직지』에 국한된 내용이라기보다는 그 시대

---

1) 燕轅直指序 適燕者多紀其行 而三家最著 稼齋金氏 湛軒洪氏 燕巖朴氏也 以史例則稼近於編年 而平實條暢 洪沿乎紀事 而典雅縝密 朴類夫立傳 而瞻麗閎博 皆自成一家 而各擅其長 繼此而欲紀其行者 又何以加焉 但其沿革之差舛 而記載隨而燕郢 蹈襲之互避 而詳略間或遒庭 苟非遍搜旁据 以相參互 而折衷之 則鮮能得其要領 覽者多以是病之 歲壬辰 余充三行人 七閱月而往還 山川道里 人物謠俗 與夫古今事實之可資採摭者 使事始末 言語文字之間 可備考據者 無不窮搜而悉蓄 隨卽載錄 而義例則就準於三家 各取其一體 卽稼齋之日繫月月繫年也 湛軒之卽事而備本末也 燕巖之間以己意立論也 至於沿革之古今相殊處 備述其顚委 爲覽者釋疑 蹈襲之彼此難免處 直書其辭意 俾前人專美 若夫張皇鋪敍 求其辭句之工鍊 則非直前述已備 又豈自量所及 然則比之醫家 此不過集諸家說而隨證立方 如直指方耳 故書成而名之曰 燕轅直指 凡六卷 後之有此行者 自辭陛曁反面 無日不臨事而攷閱 對境而參證 有如指掌之按行 則或可詡其簡便 而不爲無助也否. 金景善(1788~?), 燕轅直指, 純祖 32 道光 12 壬辰 1832. -林基中, DVD燕行錄叢刊, 누리미디어, 2011.09.09.

연행록 탄생의 보편적 실황 르포라고 볼 수 있기 때문이다. 이 기록은 이미 오랜 동안 관행화 되고 보편화 되어 있었던 연행록 탄생 과정을 비교적 잘 설명하고 있다.

> (가) 燕京에 갔던 이들이 대부분 기행문을 남겼는데, 그 중 노가재 金昌業 담헌 洪大容 연암 朴趾源 이 三家가 가장 저명하다. 노가재는 編年體에 가까운데 평순하고 착실하여 조리가 분명하며, 담헌은 紀事體를 따랐는데 전아하고 치밀하며, 연암은 傳紀體와 같은데 문장이 아름답고 화려하며 내용이 풍부하고 해박하다.

위 (가)를 보면 수많은 연행록들을 서로 대비하면서 면밀하게 검토한 평가보고서와 같다. 좋은 연행록을 남긴 연행사들이 비단 이 三家에 국한되는 것은 아니지만, 현재 전하고 있는 5백여 종의 연행록을 살펴볼 때 위 三家의 연행록은 그가 지적한 것처럼 수준이 있는 연행록들이다. 그가 연행을 앞두고 많은 연행록을 구하여 읽었다는 증좌다. 따라서 이 기록은 연행사들이 언제나 선행 연행사들의 연행록과 그들의 연행체험에 관한 언술 등을 통해서 정보를 얻어 연행 준비를 하고 연행록을 썼다는 것이다. 그들은 선행 연행록의 의미나 가치 중심도 이런 측면에 비중을 두었다.

> (나) 다만 沿革의 변경으로 기록이 맞지 않고 蹈襲의 互避로 자상함과 간략함이 현격하여 두루 찾아보고 이리저리 대보며 서로 참고하여 절충하지 않으면 그 요령을 얻을 수 없으므로 보는 사람들이 이것을 결점으로 여긴다.

위 (나)를 보면 시간과 상황의 변화로 인한 기록의 차이와 서로 닮기와 서로 다르기로 인한 기록의 여러 양상들은 연행록이 가진 태생적 결점이라고 지적한다. 그러나 여러 연행록을 서로 면밀하게 대조하여 그 실상을 추출해내는 요령을 터득한다면 연행록은 신뢰성 있는 문헌이라는 강점도 지적한다. 변화로 인한 공백을 채우기 위해서 때때로 선행 연행록에서 펴오기와 따오기를 해야 하는 경우가 발생하는 현상도 당시에 이미 잘 알려져 있었다는 증언이다. 이처럼 그는 19세기 초에 이미 연행록을 어떻게 읽어야 하는가를 그 방법까지 들어서 명료하게 설명하고 있다. 그는 연행록이란 문헌군이 가지고 있는 강점과 약점을 동시에 지적하면서 약점을 강점으로 만들 수 있는 묘책까지 제시한 셈이다.

> (다) 내가 임진년에 三使의 한 사람으로 7개월 동안 연경을 다녀와서 山川, 道里, 人物, 謠俗, 고금 사실 등에 관해 수집한 것과, 사행 일의 시말과 언어 문자에서 상고하여 증거할 수 있는 것들을 모두 찾아 모아 기록하였다.

위 (다)를 보면 연행사가 수집한 광범한 자료와 선행 연행록과 여러 문헌들의 기록과 구전과 언술 등을 자료로 삼아서 새로운 연행록을 집필한다는 것이다. 연행록의 집필과 탄생과정을 『연원직지』를 통해서 설명하고 있다.

> (라) 체재는 위 三家에 준하여 각기 그 한 가지 체씩을 취하였다. 노가재가 날을 달에다 붙이고 달을 해에다 붙인 것과, 담헌이 사항마다 본말을 갖춘 것과, 연암이 간혹 자기 의견으로 발론한 것과 같은 것이다.

위 (라)를 보면 새로운 연행록의 서술 체재는 선행 연행록들에서 각기의 강점과 기호에 맞는 것을 취택하여 자기화한다는 정보를 제공한다. 연행록의 서술 체재 선택과 그 확정 과정을 설명하고 있다.

> (마) 沿革에서 예와 지금이 서로 다른 것은 그 전말을 기술하여 의심이 풀

리게 하였다. 피차 踏襲을 면하기 어려운 것은 바로 전인들의 말을 그
대로 썼다.

위 (마)를 보면 새로운 연행록의 경우 시대에 따라 달라진 불가피
한 변화라면 그 전말을 기술하면 되지만, 어차피 踏襲을 해야 하는
상황일 때는 선행 연행록에 있는 것을 그대로 퍼온다는 현실적 대안
으로서 퍼오기와 그 합리화를 주장하고 있다. 연행록의 퍼오기 문제
를 19세기 초에 거리낌 없이 합리적 대안으로 제시하고 있는 것이다.
따라서 연행록에서 따오기나 퍼오기 하나를 발견하고 이 문헌군의
큰 결점이라고 놀란 21세기의 저명 국제 전공학자가 나타난 것은 참
으로 놀랄만한 일이라는 것이다.

(바) 醫術家에 비하면 이 『연원직지』는 마치 여러 의술가의 학설을 모아 종
합하여, 증세에 따라 방문을 낸 直指方과 같은 것이다.

위 (바)를 보면 새로운 연행록을 쓴다는 것은 선행 연행록과 현장
조사의 다양한 결과물과 여러 문헌 자료와 구술 자료들을 모두 결합
하여 목적하는 바를 만들어내 다음 연행사들에게 도움을 주는 행위
라고 생각하였다. 당시 연행록의 보편적 집필목적이 여기에 있었다는
것이다.

(사) 뒤에 使行 가는 사람이 사폐에서 복명까지 언제나 일을 당하여 상고
하고, 장소에 따라 참고하여 손쉽게 길을 안내하게 된다면, 혹은 그 간
편함을 자랑할 수도 있고 도움을 줄 수도 있지 않겠는가.

위 (사)를 보면 결국 좋은 연행록이란 후대 연행사들이 여러 모로
참고할 수 있고, 그들이 어떤 경우 어떤 문제에 봉착하더라도 좋은
지침을 받을 수 있는 것이라고 생각한다. 이것이 김경선과 당대인들

이 생각한 좋은 연행록의 보편적 기준이다. 결국 선행 연행록은 후출
연행록의 뛰어난 原典性을 갖추고 있어야 우수한 연행록이라는 결론
이다. 이런 연행록의 상호원전성에 관한 기록과 논거는 아주 많아서
하나하나 모두 열거하면서 다 거론할 수가 없기 때문에 박지원
(1737~1805)의 『熱河日記』한 부분만 더 살펴보고 줄인다.

> … 곧 稼齋의 기록을 끄집어내어 함께 보았다 … 稼齋의 기록이 여기에
> 이르러서 그쳤다. 德保는 다 읽고 나서 한바탕 크게 웃으면서 이야말로 이
> 야기는 하면서도 자세하진 못하다는 말이군요(… 因出稼齋所記共觀焉 …
> 稼齋記止此 德保讀已大笑曰 是所謂語焉而不詳也).[2]

이처럼 연행사 박지원도 노가재 김창업의 연행록을 가지고 다니
면서 수시로 원전으로 활용하였다. 이와 같이 연행록은 태생적으로
相互原典性을 가지고 태어난 문헌군이다. 이런 생래적인 특성은 가
치로 평가할 수도 있고 역가치로 평가할 수도 있는 이 문헌군의 본질
적인 한 특색이다. 이런 특색을 김경선은 읽는 방법을 터득하면 역가
치도 가치화할 수 있는 길이 있다고 주장한 것이다.

Ⅲ. 蹈襲과 互避

1. 이름과 表記樣相

연행록의 이름이나 그 표기 양상에 관한 문제는 지엽적인 검토를
토대로 부분적인 언급을 하거나 성급한 견해의 제시가 아주 없었던
것은 아니지만, 아직 누구도 연행록 이름 전체의 표기 실상을 가지고

---

2) 朴趾源(1737~1805), 熱河日記, 黃圖紀略 天主堂, 正祖 4 乾隆 45 庚子. 1780, -林基
中, DVD燕行錄叢刊, 누리미디어, 2011.09.09.

이 문제를 본격적으로 거론해본 일은 없는 것 같다. 그렇게 된 까닭
은 연행록의 원전 정리가 미진하였기 때문이었을 것이다. 따라서 연
행록의 원전 수집과 그 정리 작업은 여러 모로 큰 의미를 가지고 있
다. 이제 필자가 정리하여 세상에 내놓은 연행록 543건을 대상으로 연
행록의 이름과 그 표기 양상들을 면밀하게 살펴 이름에서의 相互原典
性을 알아보고 이 문헌군의 바른 이름이 무엇이라야 하는가를 논의하
여 보려고 한다. 제시하는 통계에는 정리의 편의상 붙인 몇 개의 가제
나 변별성 추가제 등이 포함되어 있어 다소의 오차는 있을 수 있다.

　13세기 말부터 15세기 초까지의 제 1세대 연행록은『賓王錄』(1273),
『赴南詩』(1372),『奉使錄』(1389),『觀光錄』(1400) 등의 이름으로 태어나
는데 이 중 관광록으로 표기되어 전하는 4건을 살펴보면 당시 처음은
아호나 간지 등으로 변별하려는 의식이 드러나 있지 않았던 것 같
다.[3] 따라서 연행록 이름에서 상호원전성이 많이 나타나지 않던 시기
라고 말할 수 있다.

　15세기 초부터 16세기 중엽까지의 제 2세대 연행록을 살펴보면 朝
天錄으로 표기된 것이 28건[4]이나 된다. 이 시기 연행록은『朝天日記』
(1419),『朝天詩』(1459),『朝天錄』(1500),『朝天行錄(1587),『朝天記聞(1598),
『朝天日乘(1598),『朝天紀行詩』·『朝天贈行詩』(1610),『됴쳔일승』(朝天
日乘.1623),『朝天時聞見事件啓』(1628),『朝天後錄』(1632),『朝京日錄』
(1636) 등의 이름으로 태어나면서 서로의 변별이 어렵게 되자 사행 연

---

3) 赴南詩(1372)는 가제고, 奉使錄(1389)은 奉使雜錄(1384)과 重奉使錄(1390)이 있
　 었나. 觀光錄(1400), 三魁先生觀光錄(辛丑觀光行錄)(1481), 三魁先生觀光錄(丙辰
　 觀光錄)(1496), 觀光錄(嘯皐觀光錄)(1569) 등에서 아호나 간지는 문집에 수록할
　 때 붙였거나 필자가 정리의 편의를 위해서 붙인 것이다.
4) 朝天錄(1500) 朝天錄(1534) 朝天錄(1537) 朝天錄(1539) 朝天錄(1572) 朝天錄
　 (1586) 朝天錄(1587) 朝天錄(1589) 朝天錄(1592) 朝天錄(1595) 朝天錄(1597) 朝
　 天錄(1598) 朝天錄(1599) 朝天錄(1601) 朝天錄(1602) 朝天錄(1602) 朝天錄(1609)
　 朝天錄(1610) 朝天錄(1610) 朝天錄(1614) 朝天錄(1616) 朝天錄(1623) 朝天錄
　 (1626) 朝天錄(1626) 朝天錄(1631) 朝天錄(1636) 됴련녹(朝天錄)(1624) 등

도의 변별로 己卯나 庚辰 등과 같은 간지, 작자의 변별로 判書公, 荷
谷, 金誠一과 같은 관직이나 아호나 성명 들을 앞에 얹어 포기하는
현상이 나타난다.[5] 17세기부터는 육로와 수로의 노정 변별로 駕海나
航海를 얹어 표기하는 현상도 나타난다.[6] 이런 현상들은 태생적 상호
원전성 때문에 나타난 것이라고 말할 수 있다. 같은 이름의 많은 연
행록들을 원전으로 참고하였기 때문에 변별의 필요성을 인식하였을
것이라고 보기 때문이다. 이 시기에 나타난 『漂海錄』(崔溥, 1487)과 『표
히록』(崔溥, 1487)은 연행록이란 이름과 표기, 그 범주의 설정을 어떻
게 해야 할 것인가의 한 指南이 된다. 使行錄이라고 한다면 이런 유
형은 제외되어야 하고, 燕行錄이라고 한다면 이런 유형이 포함될 수
있기 때문이다. 따라서 연행록과 사행록은 옳고 그름의 문제가 아닌
것이며, 각자의 연구 방향과 학문의 기본 틀에 해당하는 선택의 문제
다. 모든 학문에는 나름대로 학자의 철학이 존재한다. 다른 이들의 세
계관과 인생관에 관하여 무분별한 시비를 하는 것은 사려 깊지 못한
데서 나오는 현상들이다. 필자는 使行이라는 종속적인 용어로 나의
文學硏究를 전개하고 싶지 않으며, 그 용어가 文學用語로서 적확하
거나 타당하다고 생각하지도 않는다. 연행록은 종속적인 용어가 아니
며 보편성과 세계성을 갖는 文學用語다. 제 2기를 넘나들면서 쓰였던
朝天과 됴련系 표기의 연행록은 필자가 정리한 연행록 총 543건 중 96
건으로 18% 정도를 차지한다.

16세기 중엽부터 19세기 말까지의 제 3세대 연행록은 그 이름과 표
기 방법이 가장 다양하게 나타난 시기다. 그리고 가장 많은 연행록이

---

5) 判書公朝天日記(朝天日記)(張子忠, 1419년), 己卯朝天詩(李承召, 1459년), 庚
辰朝天詩(徐居正, 1460년), 乙未朝天詩(成俔, 1475년), 庚子朝天詩(李承召,
1480년), 庚子朝天詩(金訢, 1480년), 辛丑朝天詩(洪貴達, 1481년), 乙巳朝天詩
(成俔, 1485년), 荷谷朝天記 上・中・下(許篈, 1574년), 金誠一朝天日記(金誠一,
1577년), 丁酉朝天錄(李尙毅, 1597년), 庚申朝天錄 上・下(李廷龜, 1595년) 등
6) 駕海朝天錄(1621), 『白沙公航海路程日記』(1623), 燕行圖幅(航海朝天圖, 1624),
航海朝天圖(1624) 등

생산된 시기다. 정리된 연행록 총 543건 중 440여 건이 이 시기에 나타난 것들이어서 81% 정도를 차지하고 있다. 이름으로 볼 때 이 시기의 단초를 여는 연행록이라 할 수 있는 曺偉의『燕行錄』(1498)과『燕行日記』(任權, 1539),『燕京行錄』(柳仲郢, 1562),『辛巳行錄』(崔岦, 1581),『石塘公燕行錄』(權挾, 1597) 등에서 확인할 수 있듯이 연행록이란 이름은 15세기 말부터 등장하며 16세기로 접어들면서는 보편성과 변별성이란 두드러진 양면성을 드러낸다. 이 시기 燕行과 연힝系 표기의 연행록은 정리된 연행록 총 543건 중 281여 건으로 52%에 이른다. 燕行錄이란 이름으로 표기된 것만도 53건에 이른다.[7] 현재 전하고 있는 연행록의 이름 과반수가 燕行과 연힝系의 표기로 되어 있음을 알 수 있다. 따라서 이 문헌군을 연행록으로 命名하는 것은 가장 대표성을 갖는 용어라는 데서도 연유하는 것이다. 김육(1580~1658)의『朝天錄』(1636)과 이만영(1604~1672)의『崇禎丙子朝天錄』(1636)이 전하고 있으므로 조천록이란 이름은 1636년 명 왕조 말기까지 쓰였음을 알 수 있다. 그러나 청 왕조로 바뀌면서는 쓰이지 않다가 1864년 장석준의『朝天日記』(春皋遺稿)에 한 번 더 쓰인 일이 있다. 따라서 명 왕조에는 연행록이란 용어가 자주 쓰였지만, 청 왕조에는 조천록이란 이름이 거의 쓰이지 않았다고 보아도 좋을 것이다. 명 왕조 말기에는『燕行錄一云 朝天錄』(趙濈, 1623)이란 표기도 나타나고 있어서 당시 이미 연

---

7) 燕行錄(1874) 燕行錄(1729) 燕行錄(1894) 燕行錄(1664) 燕行錄(1664) 燕行錄(1653) 燕行錄(1743) 燕行錄錄)(1678) 燕行錄(1805) 燕行錄(1788) 燕行錄(1518) 燕行錄(1547) 燕行錄(1721) 燕行錄(1682) 燕行錄(1679) 燕行錄(1728) 燕行錄(1669) 燕行錄(1791) 燕行錄(1849) 燕行錄(1695) 燕行錄(1852) 燕行錄(1666) 燕行錄(1725) 燕行錄(1498) 燕行錄(1609) 燕行錄(1613) 燕行錄(1646) 燕行錄(1647) 燕行錄(1666) 燕行錄(1674) 燕行錄(1680) 燕行錄(1693) 燕行錄(1695) 燕行錄(1699) 燕行錄(1712) 燕行錄(1721) 燕行錄(1721) 燕行錄(1735) 燕行錄(1736) 燕行錄(1773) 燕行錄(1784) 燕行錄(1787) 燕行錄(1790) 燕行錄(1792) 燕行錄(1809) 燕行錄(1823) 燕行錄(1859) 燕行錄(1876) 燕行錄(1890) 연힝녹(1793) 연힝록(1858) 연힝록(1858) 연힝록(1858) 등

행록이란 이름이 조천록보다 더 보편화되어 있었음도 알 수가 있다.
따라서 이 유형의 문헌군을 연행록이라고 통칭하는 것은 가장 타당
성이 있는 대안이라고 말할 수 있다. 한편 연행록의 이름을 使行錄系
로 표기한 것은 『梨川相公使行日記』(1619), 『使燕錄』(1668), 『寒圃齋使行
日記』(1721) 등으로 3건에 불과하다. 사행록이 이 문헌군의 이름이 될
수 없는 까닭의 하나다. 이 3가지 이름에 나타나 있는 철저한 변별성
은 이름에서 상호원전성이 가장 두드러지게 나타난 것으로 볼 수 있
어서 면밀한 내용 검증이 더 요청되는 자료다. 연행록 이름에서의 상호
원전성은 그 이름에만 국한되는 문제가 아니며 구성과 내용, 대상과 표
현, 관점과 가치 등 연행록 전반과 밀접한 관련성이 있는 아주 중요한
문제다. 방대한 저서로 태어날 큰 과제의 하나라고 생각한다.

16세기 전반기의 연행록 이름은 朝天錄系가 6건, 燕行錄系가 3건,
西征錄이 1건으로 나타난다.[8] 그리고 16세기 후반기의 연행록 이름은
朝天錄系 22건 燕行錄系 5건 行錄系 3건, 銀槎錄系 2건, 觀光錄(嘯皐
觀光錄)(1569), 東還封事(1574), 文興君控于錄(1596), 赴京日錄(1592), 申
忠一建州見聞錄(1596), 安南使臣唱和問答錄(1597), 皇華日記(1599)이
각 1건씩 나타난다.[9] 따라서 16세기는 朝天錄系가 28건으로 가장 많
고 燕行錄系가 8건으로 연행록 이름 유행양식의 과도기적 현상을 보

---

8) 朝天錄(1500), 燕行時諸公贈行帖(1502), 陽谷朝天錄(1533), 葆眞堂燕行日記
(1533), 朝天錄(1537), 朝天錄(1539), 燕行日記(1539), 朝天錄(1534), 甲辰朝天錄
(1544), 西征錄(1548) 등

9) 燕京行錄(1562), 觀光錄(嘯皐觀光錄)(1569), 朝天錄(1572), 朝天日記 上·中·下
(1574), 東還封事(1574), 荷谷朝天錄 上·中·下(1574), 朝天日記(詩)(1577), 金誠
一朝天日記(1577), 丁丑行錄(1577), 朝天詩(1581), 辛巳行錄(1581), 燕行詩(百
拙齋遺稿)(1584), 朝天錄(1586), 朝天錄(1587), 朝天行錄(1587), 朝天錄(1589),
辛卯書狀時燕行詩(1591), 赴京日錄(1592), 朝天錄(1592), 鄭松江燕行日記
(1593), 甲午朝天路程(1594), 甲午行錄(1594), 庚申朝天錄 上·下(1595), 朝天錄
上·下(1595), 文興君控于錄(1596), 申忠一建州見聞錄(1596), 石塘公燕行錄
(1597), 丁酉朝天錄(1597), 安南使臣唱和問答錄(1597), 朝天錄(1597), 丁酉朝天
錄(1597) 등

여준다.

이제 16세기 중엽부터 19세기 말까지의 제 3세대 연행록의 이름 표기양상을 빈도수별로 유형화하여 좀 더 면밀하게 살펴보기로 한다.

1) 燕行錄系의 표기

이 유형은 燕行錄이란 이름으로 표기된 것이 53건으로 가장 많다. 그 밖에 『燕行日記』, 『燕行雜錄』, 『燕行詩』, 『燕行詩軸』, 『燕行備覽』, 『燕行日乘』, 『燕行雜稿』, 『燕行雜記』, 『燕行雜錄』, 『燕行雜識』, 『燕行雜詠』, 『燕行鈔錄』, 『燕行塤箎錄』, 『燕行裁簡』, 『燕行雜詠』, 『燕臺錄』, 『燕途紀行』, 『燕紀程』, 『燕雲紀行』, 『燕雲續詠』, 『燕彙』, 『燕輶日錄』, 『燕輶直指』, 『燕中聞見』, 『燕中雜錄』, 『燕記』, 『入燕記』, 『연힝녹』, 『연힝록』, 『연힝일긔』, 『연힝가』, 『연힝별곡』 등과 여기에 자, 아호, 성명, 간지, 관직 등을 얹어서 『葆眞堂燕行日記』(1533), 『丙寅燕行日乘』(1686), 『慶尙道漆谷石田村李進士海澈燕行錄』(1670) 등과 같이 표기한 것들이다.[10] 여기에 나타난 이름의 변별 의식은 같은 이름의 반복을 학습한 相互原典性에서 발아된 것이라고 말할 수 있다. 한자 표기의 이름이 대부분 그러하듯이 한글 표기의 이름 『연힝가』와 『연힝별곡』 또

---

10) 燕行錄(1498), 燕行錄(一云 朝天錄)(1623), 葆眞堂燕行日記(1533), 朗善君癸卯燕京錄(1663), 甲子燕行雜錄(1684), 甲寅燕行詩(傳舊)(1794), 慶尙道漆谷石田村李進士海澈燕行錄(1670), 鏡浯遊燕日錄(鏡浯行卷)(1836), 庚戌燕行日記(1790), 庚子燕行雜識(1720), 墨沼燕行詩(1729), 연힝녹(燕行錄)(1793), 燕行時諸公贈行帖(1502), 燕行詩軸(1801), 燕行日記(1746), 燕行備覽(?), 燕行日乘(癸巳燕行日乘)(1653), 燕行雜稿(1730), 燕行雜記(1855), 燕行雜錄(1822), 燕行雜錄(1690), 燕行雜識(稗林)(1704), 燕行雜詠(碧蘆集)(?), 燕行鈔錄(燕行日記)(1862), 燕行塤箎錄(1712), 연힝가(燕行歌)(1866), 연힝별곡(燕行別曲)(1693), 연힝일긔(燕行日記)(1712), 一庵燕記(1720), 山房錄燕行裁簡(?), 燕行雜識(稗林)(1704), 燕行雜詠(碧蘆集)(?), 燕行鈔錄(燕行日記)(1862), 燕臺錄(1652), 燕臺錄(1801) 燕途紀行(1656), 燕紀程(燕薊紀程)(1828), 燕雲紀行(1782), 燕雲續詠(1794), 燕彙(湛軒說叢)(1765), 燕輶日錄(1888), 燕輶直指(1832), 燕中聞見(1637), 燕中雜錄(研經齋集)(?), 入燕記(1778), 『燕行陰晴』(1780), 日乘(燕行日乘)(1786) 등

한 그 내용면에서 특별한 변별치가 존재하지 않기 때문이다. 정리된 연행록 총 543건 중 282여 건이 이 유형 燕行錄系의 표기로 52%나 차지한다.

2) 燕槎錄系의 표기

이 유형은 燕槎錄으로 표기된 것이 13건으로 가장 많다. 그 밖에 『燕槎唱酬集』, 『後燕槎錄』, 『燕槎錄』(燕行錄), 『燕槎紀行』, 『燕槎錄』(燕行日記), 『燕槎日錄』, 『燕槎日錄』, 『燕槎從遊錄』, 『錦舲燕槎抄』, 『燕槎筆記』, 『燕槎日記』, 『燕槎酬帖』, 『觀華誌』(燕槎隨錄), 『燕山錄』 등으로 표기된 것이다.[11] 정리된 연행록 총 543건 중 24여 건이 이 유형의 표기로 4% 정도 된다.

3) 瀋行錄系의 표기

이 유형은 『瀋陽往還日記』(1631), 『瀋陽往還日記』(1631), 『瀋陽日乘』(1637), 『瀋陽日記抄』(1637), 『瀋陽日記』(1631), 『瀋陽日錄』(松溪紀稿)(1636), 『瀋陽日記』(1637), 『瀋陽日記』(1637), 『瀋楊日記』(1641), 『瀋陽日記』(1644), 『瀋館錄』(1639), 『瀋館錄』(1643), 『瀋使啓錄』(1682), 『瀋行日』記(1635), 『瀋陽館圖帖』(瀋館舊址圖)(1760), 『瀋陽日錄』(1764), 『瀋行錄』(甲戌), 『瀋使還渡江狀啓別單』(1754), 『入瀋記』(1783), 『瀋槎日記』(1829) 등으로 표기된 것인데 정리된 연행록 총 543건 중 19여 건이 이 유형의 표기로서 3% 정도 된다.

---

11) 燕槎唱酬集(1602), 燕山錄(1649), 燕槎錄(1686), 後燕槎錄(1694), 燕槎錄(詩燕槎錄)(1696), 燕槎錄(1731), 燕槎錄(燕槎錄 丁巳)(1737), 燕槎錄(1767), 燕槎錄(1831), 燕槎錄(燕行錄)(1831), 燕槎錄(石來堂草稿)(1845), 燕槎紀行(1855), 燕槎錄(1858), 燕槎錄(1858), 燕槎錄(1858), 燕槎錄(燕行日記)(1860), 燕槎綠(1846), 燕槎日錄(1854), 燕槎日錄(1858), 燕槎從遊錄(1862), 錦舲燕槎抄(1862), 燕槎筆記(1870), 燕槎日記(1887), 燕槎酬帖(?), 觀華誌(燕槎隨錄)(1887) 등

4) 北行錄系의 표기

이 유형은『北行日記』(1636),『北征詩』(1636),『北行酬唱』(野塘燕行錄)(1656),『北征錄』(1678),『北轅錄』(1760),『북연긔힝』(北燕紀行)(1783),『簡山北遊錄』(北遊漫錄)(1821),『北轅錄』(1855),『북힝가』(北行歌)(1866),『北游艸』(1870),『北楂談草』(1873),『北遊續草』(北遊續艸)(1873),『北遊日記』(1873),『北遊詩草』(1874),『續北征詩』(1813),『北征日記』(1841) 등으로 표기된 것인데 정리된 연행록 총 543건 중 16여 건이 이 유형의 표기로 3% 정도 된다.

5) 熱河記系의 표기

이 유형은『熱河行』(玉振齋詩抄)(1720),『熱河記』(1780),『熱河日記』(1780),『熱河日記』(燕巖集)(1780),『熱河日記』(1780),『熱河日記』(1780),『熱河日記』(1780),『熱河紀遊』(1790),『熱河紀行詩』(1801),『熱河圖』(?),『後雲錄』(熱河紀行詩註)(1790),『燕彙』(熱河日記)(1780) 등으로 정리된 연행록 총 543건 중 12여 건이 이 유형의 표기로 2% 정도 된다.

6) 西行錄系의 표기

이 유형은『西征錄』(1548),『西行錄』(1618),『西征日錄』(1620),『西行日記』(1644),『西征別曲』(셔졍별곡)(1694),『셔원녹』(西轅錄)(1760),『셔힝록』(西行錄)(1828),『셔힝록』(1828),『西行錄』(1844),『西征集』(秋水閣詩初編)(1862),『西征記』(1882) 등으로 정리된 연행록 총 543건 중 11여 건이 이 유형의 표기로 2% 정도 된다.

7) 隨槎錄系의 표기

이 유형은『隨槎錄』(1720),『隨槎錄』(1778),『隨槎錄』(1780),『隨槎閑筆』(1822),『隨槎日錄』(1825),『隨槎日錄』(1829),『隨槎錄』(龜巖公筆蹟)(1855),『隨槎錄』1855),『隨槎錄』(龜巖公筆蹟)(1871),『隨槎錄』(隨槎日錄)(1871) 등으로 정리된 연행록 총 543건 중 10여 건이 이 유형의 표기

로 2% 정도 된다.

8) 漂海錄系의 표기

이 유형은 『錦南先生漂海錄』(1487), 『표히록』(漂海錄)(1487), 『표히가』(漂海歌)(1796), 『표히가』(漂海歌)(1796), 『표히가』(漂海歌)(1796), 『표히록』(1796), 『漂流燕行記』(題簽:耽羅聞見錄)(1726), 『漂流燕行記』(題簽:耽羅聞見錄)(1729), 『漂流燕行記』(題簽:耽羅聞見錄)(1729) 등으로 정리된 연행록 총 543건 중 9여 건이 이 유형의 표기로 2% 정도 된다.

9) 赴燕錄系의 표기

이 유형은 『赴燕詩』(1647), 『赴燕詩』(1805), 『赴燕詩』(1805), 『赴燕詩』(1833), 『赴燕日記』(1828), 『赴燕日錄』(燕行日記)(1669), 『赴瀋日記』(辛巳赴瀋錄)(1641) 등으로 정리된 연행록 총 543건 중 7여 건이 이 유형의 표기로 1% 정도 된다.

10) 燕京錄系의 표기

이 유형은 『燕京行錄』(1562), 『燕京錄』(1660), 『燕京錄』(1660), 『朗善君癸卯燕京錄』(1663), 『燕京雜識』(1749), 『燕京編』(1784) 등으로 정리된 연행록 총 543건 중 6여 건이 이 유형의 표기로 1% 정도 된다.

11) 槎行錄系의 표기

이 유형은 『槎行錄』(1625), 『槎行贈言』(沙西集)(1625), 『槎路三奇帖』(薊門烟樹)(1784), 『槎上韻語』(冠岩遊史)(1830), 『槎上續韻』(1834) 등으로 정리된 연행록 총 543건 중 5여 건이 이 유형의 표기로 1% 정도 된다.

12) 遊燕錄系의 표기

이 유형은 『遊燕錄』(1811), 『游燕藁』(1826), 『游記』(冠巖存藁)(1834), 『遊燕錄』(燕行日記)(1869), 『遊燕錄』(1869) 등으로 정리된 연행록 총

543건 중 5여 건이 이 유형의 표기로 1% 정도 된다.

13) 銀槎錄系의 표기

이 유형은 『銀槎錄』(1598), 『銀槎錄詩』(1598), 『天槎大觀』(1624), 『東槎錄』(1630), 『星槎錄』(1697) 등으로 정리된 연행록 총 543건 중 5여 건이 이 유형의 표기로 1% 정도 된다.

14) 輶軒錄系의 표기

이 유형은 『輶車集』(履園遺稿)(1803), 『輶軒錄』(三冥集, 임기중 推定)(1805년), 『輶軒續錄』(1829), 『輶軒三錄』(1853) 등으로 정리된 연행록 총 543건 중 4여 건이 이 유형의 표기로서 1% 정도 된다. 이 유헌록계의 연행록은 1626(天啓6년) 명나라 姜曰廣이 『輶軒記事』를 쓴 일이 있기 때문에 한중 간의 상호대본성도 그 개연성을 배제하기 어려울 것같다.

15) 燕薊錄系의 표기

이 유형은 『燕薊謏聞錄』(1639), 『三入燕薊錄』(瓿錄雜彙)(1823), 『燕薊紀略』(1842), 『燕薊紀略』(1876) 등으로 정리된 연행록 총 543건 중 4여 건이 이 유형의 표기로 1% 정도 된다.

16) 赴京錄系의 표기

이 유형은 『赴南詩』(1372), 『赴京日錄』(1592), 『赴京別章』(1614), 『聖節使赴京日記』(1617) 등으로 정리된 연행록 총 543건 중 4여 건이 이 유형의 표기로 1% 정도 된다.

17) 薊山錄系의 표기

이 유형은 『薊山紀程』(1803), 『薊山詩稿』(燕行詩)(1803), 『薊程散考』(1822), 『薊槎日錄』(1875) 등으로 정리된 연행록 총 543건 중 4여 건이

이 유형의 표기로 1% 정도 된다.

18) 椒蔗錄系의 표기

이 유형은 『椒餘錄』(1697), 『蔗回錄』(1697), 『擣椒錄』(1683), 『椒蔗錄』(1752), 『椒蔗續編』(1822) 등으로 정리된 연행록 총 543건 중 4여 건이 이 유형의 표기로 1% 정도 된다.

19) 乘槎錄系의 표기

이 유형은 『乘槎錄』(1637), 『승사록(庚戌乘槎錄)』(1790), 『乘槎錄』(1817) 등으로 정리된 연행록 총 543건 중 3여 건이 이 유형의 표기로서 1% 정도 된다.

20) 玉河記系의 표기

이 유형은 『玉河日記』(1837), 『玉河館帖』(1860), 『館中雜錄』(1696) 등으로 정리된 연행록 총 543건 중 3여 건이 이 유형의 표기로 1% 정도 된다.

21) 飮氷錄系의 표기

이 유형은 『飮氷錄』(壬寅飮氷錄)(1662), 『飮氷錄』(己丑飮氷錄)(1649), 『飮氷行程曆』(1755) 등으로 정리된 연행록 총 543건 중 3여 건이 이 유형의 표기로 1% 정도 된다.

22) 行錄系의 표기

이 유형은 『丁丑行錄』(1577), 『辛巳行錄』(1581), 『甲午行錄』(1594) 등으로 정리된 연행록 총 543건 중 3여 건이 이 유형의 표기로 1% 정도 된다.

23) 使行錄系의 표기

이 유형은『梨川相公使行日記』(1619),『使燕錄』(1668),『寒圃齋使行
日記』(1721) 등으로 정리된 연행록 총 543건 중 3여 건이 이 유형의 표
기로서 1% 정도 된다. 使行錄으로 표기한 것은 고작 이 3건뿐이어서
1% 미만이다. 따라서 이 문헌군을 사행록이라고 일컫는 것은 적절치
못하다. 연행록이라 표기된 것만도 53건으로 가장 많고 연행록계의
표기는 앞에서 살펴본 바와 같이 정리된 연행록 총 543건 중 281여 건
이 이 유형의 표기로서 52%나 차지한다.

연행록이란 이름은 표기의 빈도 측면에서도 이 문헌군의 대표성
을 갖는다. 따라서 이 문헌군을 연행록이라고 일컫는 것은 여러 모로
타당성이 있는 용어인 것이다. 문집 등을 비롯한 여러 유형의 옛 기
록들에서도 使行使보다는 燕行使로 다녀왔다는 기록이 훨씬 더 자주
보인다. 이름뿐 아니라 그 전반적인 내용을 살펴볼 때도 기록 당시
기록자들의 기록 의식에 드러나는 使行은 극히 부분적일 뿐이다. 후
대로 내려오면서 단순히 行錄系나 遊燕系의 표기가 나타나는 데서도
볼 수 있듯이 사행록보다는 그냥 行錄이고, 더 나아가서 使行보다는
그냥 遊燕으로 생각하였던 의식을 외면해서는 안 될 것이다.

24) 그 밖의 연행록 이름

표기양상으로『東還封事』(1574),『文興君控于錄』(1596),『申忠一建
州見聞錄』(1596),『安南使臣唱和問答錄』(1597),『皇華日記』(1599),『琉球
使臣贈答錄』(1611),『白沙公航海路程日記』(1623),『無題簽(航海圖)』(1624),
『쳔니공힝』(竹泉李公行蹟)(1624),『梯航勝覽』(1624),『路程記』(1626),『同
行錄』(瀋陽質館同行錄, 瀋中日記)(1637),『日記草』(1694),『看羊錄』(1701),
『龍灣勝遊帖』(統軍亭雅集圖)(1723),『啓下』(甲辰啓下帖)(1724),『상봉녹』
(桑蓬錄)(1727),『桑蓬錄』(1727),『杭傳尺牘』(湛軒書)(1765),『含忍錄』(1778),
『瀛臺奇觀帖』(瀛臺氷戲)(1784),『丙辰苫塊錄』(1796),『贈季君』(軸)(1798),
『談艸』(1880),『遼野車中雜詠』(1801),『竝世集』(1801),『奏請行卷』(1812),

『黃粱吟』(1821), 『相看編』(1836), 『出疆錄』(1851), 『領選日記』(1881), 『天津談草』(天津奉使緣起)(1881), 『析津于役集』(雲養集)(1881), 『夢經堂日史』(1855), 『觀華誌』(日記,隨錄)(1887) 등 34가지가 더 나타난다.

따라서 燕行錄系, 燕槎錄系, 瀋行錄系, 北行錄系, 熱河記系, 西行錄系, 漂海錄系, 隨槎錄系, 赴燕錄系, 燕京錄系, 槎行錄系, 遊燕錄系, 銀槎錄系, 輶軒錄系, 燕薊錄系, 赴京錄系, 薊山錄系, 椒蔗錄系, 乘槎錄系, 玉河記系, 飮氷錄系, 行錄系, 使行錄系 등의 23가지에 그 밖의 34가지 표기양상을 합하면, 16세기 중엽부터 19세기 말까지의 제 3세대 연행록에 모두 57가지의 연행록 이름의 표기양상이 드러난다. 여기에다가 제 1세대 연행록의 이름과 제 2세대 연행록 朝天錄系를 더하면 모두 62가지의 연행록 이름의 표기양상이 드러나고 있다. 제 2세대 연행록 중 朝天錄으로 표기된 것은 28건이고 朝天系 표기의 연행록은 총 543건 중 96건으로 18% 정도다. 제 3세대 연행록 중 燕行錄으로 표기된 것은 53건이고 燕行系 표기와 그 밖의 57가지 이름으로 표기된 연행록은 총 543건 중 440여 건으로 81% 정도 된다.

앞에 나타나는 바와 같은 연행록 이름의 다양한 변별 노력은 相互原典性과 관련이 있다. 따라서 그 내용 또한 이와 무관할 수가 없다. 연행록 연구에서 이러한 문헌적 특색은 약점이면서 강점이 될 수 있는 이 문헌군만의 특색이다. 이러한 특색을 큰 문제가 있는 문헌군이라고 인식하는 것은 온당치 못하다. 모든 특색은 항상 강한 강점을 가지면서 약점 또한 동시에 가진 것을 말하기 때문이다.

이처럼 연행록의 이름은 여러 종의 조천록이나 연행록처럼 선행의 것과 同一化 현상, 『駕海朝天錄』이나 『荷谷朝天記』 또는 『무오연힝록』이나 『稼齋燕行錄』처럼 선행의 것과 類似化 겸 辨別化 현상, 『控于錄』이나 『桑蓬錄』이나 『含忍錄』처럼 선행의 것과 辨別化 현상이라는 3가지 방법으로 만들어졌다고 말할 수 있다. 그 발상의 단초는 대부분 相互原典性에서 기인한 것이다. 따라서 연행록 이름은 상호원전성에 의해 16세기는 조천록이 한 유행양식으로 곧 조천록 패션시대였으며, 18세기 19세기는 연행록이 한 유행양식으로 곧 연행록 패션 시대였다는 것을 알 수 있다. 단적으로 표현하면 연행록 이름으로 볼 때 16세기는 조천록 패션시대였고, 18세기 19세기는 연행록 패션시대 였다. 이런 패션은 相互原典性의 닮기에서 온 것들인데 이와 다르기 로 그런 패션을 비껴나간 것이 여러 가지의 개성적인 연행록 이름들 이다.

2. 序頭와 結末

먼저 연행가사와 연행록의 서두 부분을 살펴보기로 한다. 수많은 논거들을 모두 제시하면서 하나하나 다 논의를 펼 수가 없으므로 불 가피 그 거론 대상을 몇 작품으로 제한할 수밖에 없다.

연행가사 金芝叟의 『무자서행록』(가)과 洪淳學의 『병인연행가』 (나) 서두는 다음과 같다.

(가) 무ᄌ춘 회환ᄉ의 헌ᄀᆡᆨᄒᆞᆫ 긔별오니 ᄉᄃᆡ국 ᄒᆞᄂ도리 딘하를 마을손가
봉표코 젼듸ᄒᆞ기 인긔를 간발ᄒᆞ니 샹ᄉ 남연군은 종영의 웃듬이오
부ᄉ의 니참판은 외조의 즁망이오 셔장관 됴문학은 신진의 쳥션이라
나역시 문ᄉ로셔 원유를 싱각더니 부긔미힝 쳔니로 빅의로 종ᄉᆞᄒ
다.[12]

(나) 병인년 츈삼월의 가례칙봉 되오스니 국가의 듸경이오 신민의 복녹이라.
상국의 주쳥홀ᄉᆡ 삼ᄉ신을 ᄂᆡ여셰라 샹ᄉ의 뉴승상과 셔시랑은 부ᄉ
로다.
힝듕어ᄉ 셔장관은 직쳑이 듕홀시고.[13]

---

12) 金芝叟(1787~ ?), 셔힝록(西行錄), 純祖 28 道光 8 戊子, 1828. ―林基中, DVD
燕行錄叢刊, 누리미디어, 2011.09.09.
13) 洪淳學(1842~1892), 연힝가(燕行歌), 高宗 3 同治 5 丙寅, 1866. ―林基中, DVD燕行

이처럼 (가)'무ᄌᆞ춘'의 진하 겸 사은과 (나)'병인년 춘삼월'의 진하 사은 겸 주청이란 연행의 동기와 목적을 쓰고, 그 燕行使의 구성 (가) '남연군'과 '니참판'과 '됴문학', 그리고 (나)'뉴승상'과 '셔시랑'과 '힝듕 어ᄉᆞ'인 본인을 명시하는 것으로 시작한다. 작자 김지수는 (가)'빅의 로 종ᄉᆞ혼다'고 하였으며, 작자 홍순학은 (나)'힝듕어ᄉᆞ'로 간다고 하 였으므로 작자의 자격과 지위를 밝히고 있다. 이러한 서두의 서술양 식은 연행가사뿐 아니라 여러 연행록들에서도 자주 쓰인 아주 보편 적 서술 양식이다. 이러한 틀이 보편적 서술양식으로 자리 잡으려면 많은 相互原典性의 과정을 거쳐야 가능하였을 것이다.

연행록 李宜顯의 『庚子燕行雜識』(다)와 徐浩修의 『燕行紀』(라) 서 두는 다음과 같다.

> (다) 경자년 7월 8일에 나는 예조 참판으로서 동지사 겸 정조성절진하 정사 에 승임되었다. 처음에 戚叔이신 宋相琦께서 이달 5일에 정사에 임명 되고 충주 목사 李喬岳이 부사에 임명되고, 김화 현감 趙榮世가 서장 관에 임명되었다.[14]

> (라) 건륭 경술년 8월 13일은 황제 팔순 만수절이다. 진하사 창성위 黃仁點, 부사 예조 판서 徐浩修, 서장관 홍문관 교리 李百亨이 5월 27일에 대 궐 뜰에 나가 하직을 드렸다.[15]

錄叢刊, 누리미디어, 2011.09.09.

14) 庚子七月初八日 余以禮曹參判 陞差冬至兼正朝聖節進賀正使 初宋叔相琦於是月 五日差正使 忠州牧使李喬岳差副使 金化縣監趙榮世差書狀官矣. 李宜顯(1669~ 1745), 庚子燕行雜識, 肅宗 46 康熙 59 庚子. 1720. ―林基中, DVD燕行錄叢刊, 누 리미디어, 2011.09.09.

15) 乾隆庚戌八月十三日 卽八旬萬壽節也. 進賀使昌城尉黃仁點 副使禮曹判書 徐浩修 書狀官弘文館校理李百亨 以五月二十七日辭陛. 徐浩修(1736~1799), 燕行紀, 正祖 14 乾隆 55 庚戌. 1790. ―林基中, DVD燕行錄叢刊, 누리미디어, 2011.09.09.

이처럼 (다)'경자년' 동지사 겸 정조성절진하와 (라)'경술년' 만수절
진하사라는 연행의 동기와 목적을 쓰고, 그 燕行使의 구성으로 (다)나
(李宜顯)와 李喬岳과 趙榮世, 그리고 (라)黃仁點과 徐浩修와 李百亨
을 명시하는 것으로 서두를 시작한다. 이처럼 연행의 목적과 연행사
구성의 전말 등을 쓰는 것으로 시작하는 서두는 연행록과 연행가사
가 相互原典性을 가졌기 때문이다. 상호원전성으로 서두의 투식화가
고정되기 전에는 이보다는 좀 자유로웠다. 가령『荷谷先生朝天記』의
서두를 보면 "만력 2년 갑술년(1574, 선조 7) 5월 11일 갑신 맑음. 나는
서장관으로서 성절사 朴希立 공을 따라서 京師로 가게 되어, 먼동이
틀 때에 乾川洞 집으로 가서 양친께 하직하고 이른 아침에 입궐하였
다.(萬曆二年甲戌五月十一日甲申 晴 余以書狀官 隨聖節使朴公希立
赴京 昧爽 詣乾川洞家辭兩親 早朝入闕)"[16]처럼 아직 투식화가 덜 되
어 있다.

이와 같이 연행가사와 연행가사, 연행록과 연행록, 연행록과 연행
가사의 서두는 相互原典性을 가지고 있었으며, 그런 원전성이 연행록
서두의 투식화를 만들어냈다. 이런 투식화는 당대 연행록 서두 서술
의 한 流行樣式이었다.

다음은 연행가사와 연행록의 결말 부분을 살펴보기로 한다. 먼저
연행가사로 작자 未詳의『됴텬녹』(가), 柳命天(1633~1705)의『연힝별곡』
(나), 徐念淳(1800~?)의『연힝별곡』(다), 洪淳學(1842~1892)의『년힝가』
(라), 柳寅睦(1838~1900)의『북힝가』(마) 결말 부분을 살펴보기로 한다.
연행가사 작자 未詳의『됴텬녹』(가) 말미는 이렇게 끝난다.

> (가) 두어라 태평년월의 등줘흔들 엇디ㅎ리 빈예 ᄀ득흔 사룸이 다토와 노
> 리블너 더브러 줘ㅎ여 즐기고 인ㅎ여 비러 왈 원컨딘 이노래 ᄉ듯을
> 텬문구듕에 드리고져 ㅎ노라 ㅎ더라.[17]

---

16) 許篈(1551~1588), 荷谷朝天記(許篈, 1574년), 宣祖 7 萬曆 2 甲戌, 1574. -林基
中, DVD燕行錄叢刊, 누리미디어, 2011.09.09. p.10

연행가사 柳命天(1633~1705)의 『연힝별곡』(나) 말미는 이렇게 끝난다.

(나) 가국이 틱평ᄒ니 틱평곡을 말닐소냐 아희아 잔 ᄀ득 부어라 쟝일취를
ᄒ리라.[18]

연행가사 徐念淳(1800~?)의 『연힝별곡』(다) 말미는 이렇게 끝난다.

(다) 가국이 틱평ᄒ고 풍성이 냥냥ᄒ니 천상신식이 무궁이 반갑도다.
만세죵남산은 날을 보고 반기난 듯 일틱 한강수는 은파가 호탕ᄒ다.
귀거리 귀거리혀 가영성틱 ᄒ리로다.[19]

연행가사 洪淳學(1842~1892)의 『년힝가』(라) 말미는 이렇게 끝난다.

(라) 흔실이 안낙ᄒ니 즐겁기도 그지업다 청계수 넷곡죠로 의구히 노리ᄒ
니 듕원싱각 말지여다 의의토다 일쟝춘몽 노친흔번 감ᄒ시기 쇼ᄌ의
위로로다.[20]

연행가사 柳寅睦(1838~1900)의 『북힝가』(마) 말미는 이렇게 끝난다.

(마) 두어라 여운계슈 다본셜화 다버리두고 상산ᄒ 낙슈변의 일녑쥬 자바

17) 자자 未詳, 됴텬녹(朝天錄), 仁祖 2 天啓 4 甲子. 1624. —林基中, DVD燕行錄
叢刊, 누리미디어, 2011.09.09. p.74
18) 柳命天(1633~1705), 연힝별곡(燕行別曲), 肅宗 19 康熙 32 癸酉. 1693. —林基
中, DVD燕行錄叢刊, 누리미디어, 2011.09.09. p.11
19) 徐念淳(1800~?), 연힝별곡(燕行別曲), 哲宗 3 咸豊 2 壬子. 1852. —林基中,
DVD燕行錄叢刊, 누리미디어, 2011.09.09. p.13. 작자를 徐念淳(1800~?)으로 확
정한 것은 東國大 박사과정 곽미라의 논문 참조(고시가연구, 30집, 2012. 8.)
20) 洪淳學(1842~1892), 연힝가(燕行歌), 高宗 3 同治 5 丙寅. 1866. —林基中, DVD
燕行錄叢刊, 누리미디어, 2011.09.09. p.132

타고,

고기낙고 도라와셔 여가의 나모ᄒᆞ고 셕양의 밧흘갈고 송등의 글을일거,

님쳐의 낙을붓쳐 황관야복 일민되야 승평일월 노ᄅᆡᄒᆞ니 이녁시 장부

사업이로다.[21]

이처럼 작자 未詳의『됴텬녹』(가)은 "태평년월의 등쥐흔들 … 이노래 ㅅ듯을 텬문구듕에 드리고져 ᄒᆞ노라", 柳命天의『연ᄒᆡᆼ별곡』(나)은 "틱평곡을 말닐소냐", 徐念淳의『연ᄒᆡᆼ별곡』(다)은 "가국이 틱평ᄒᆞ고 풍셩이 냥냥ᄒᆞ니 … 귀거ᄅᆡ 귀거ᄅᆡᄒᆞ여 가영셩틱 ᄒᆞ리로다", 洪淳學의『년ᄒᆡᆼ가』(라)는 "즐겁기도 그지업다 계슈 곡죠로 의구히 노ᄅᆡᄒᆞ니 듕원싱각 말지여다", 柳寅睦의『북ᄒᆡᆼ가』(마)는 "승평일월 노ᄅᆡᄒᆞ니 이녁시 장부사업이로다"로 결말을 마무리 하고 있다. 태평곡을 노래하는 것으로 마무리하는 연행가사의 결말은 상호원전성을 통해서 투식화된 하나의 화석대라고 말할 수 있다. '淸溪詞'나 '昇平日月' 같은 표현상 다소 다르기가 나타나지만 그것 또한 모두 태평곡계열이다. 따라서 이런 투식화 현상은 당대 연행록 결말의 한 유행양식이었다.

다음은 연행록 金昌業의『稼齋燕行日記』(바)와 李海應의『薊山紀程』(사)의 말미를 살펴보기로 한다. 많은 논거들이 있지만 비교적 후대에 많은 영향을 끼친『가재연행일기』를 한 보기로 들어 거론한다. 김창업의『가재연행일기』(바)의 말미는 이렇게 끝난다.

(바) 여경에 갔다가 돌아오기끼지의 기간은 5개월로 모두 146일이 걸렸고, 갔다 온 거리는 합하여 6천 28리다. 燕京에서 출입한 것과 길에서 돌아다닌 것이 또한 6백 75리나 되고, 얻은 詩文은 402편이다.(往返五朔 共一百四十六日 去來路程 共六千二十八里 在燕京出入及在道迂行者 又六百七十五里 得詩四百二篇)[22]

---

21) 柳寅睦(1838~1900), 북ᄒᆡᆼ가(北行歌), 高宗 3 同治 5 丙寅. 1866. -林基中, DVD燕行錄叢刊, 누리미디어, 2011.09.09. p.83

1803년 이해응의 『계산기정』(사)의 말미는 이렇게 끝난다.

(사) 연경에 갔다 온 길은 모두 6천 183리인데, 이는 답사한 길과 館에 머무
를 때 구경하기 위하여 돌아다닌 길은 셈 하지 않은 것이다. 表文을
모신 날로부터 복명한 날까지는 1백 52일이다.(往返程途 共六千一百八
十三里 歷路及留館時 爲遊觀迂行之路 不論焉 自拜表日至復命 凡一百
五十二日)[23]

이처럼 燕京에 갔다가 돌아오기까지의 걸린 날짜와 燕京까지의
왕래거리를 쓰는 것으로 마무리하는 결말 투식화가 나타난다. 연행록
의 이런 투식화 양식은 대부분 相互原典性 때문에 나타나는 현상이
다. 당시 이런 통상적인 결말양식은 결말부분의 한 流行樣式이다.
이제는 연행록과 연행가사의 결말 부분을 살펴보기로 한다. 李繼
祜의 『연힝녹』(아) 말미는 이렇게 끝난다.

(아) 일긔롤 진셔로 ᄒ면 ᄌ연이 피인을 휘ᄂ 일이 만키 언문으로 ᄒ여 오
니도 무슈ᄒ다 ᄒ고 겸ᄒ여 노친과 쳐ᄌ식들 보기롤 위ᄒ여 이리ᄒ여
시나 언문도 셔려 변변이 못ᄒ니 혹 보ᄂ이 우슬가 ᄒ노라.[24]

金芝叟의 『셔힝록』(자) 말미는 이렇게 끝난다.

(자) 왕닉의 지닌일과 도쳐의 노든경과 인물과 풍속이며 듯는일 보는거슬

---

22) 金昌業(1658~1721), 稼齋燕行錄(老稼齋燕行日記), 肅宗 38 康熙 51 壬辰.
    1712. －林基中, DVD燕行錄叢刊, 누리미디어, 2011.09.09.
23) 李海應(1775~1825), 薊山紀程, 純祖 3 嘉慶 8 癸亥. 1803. －林基中, DVD燕行
    錄叢刊, 누리미디어, 2011.09.09.
24) 李繼祜(1754~1833), 연힝녹(燕行錄), 正祖 17 乾隆 58 癸丑, 1793. 信권 －林基
    中, DVD燕行錄叢刊, 누리미디어, 2011.09.09. P.641.

날마다 긔록ᄒ야 녁녁히 적어시니 우리노친 심심즁의 파적이나 ᄒ오
실가[25]

洪淳學의 『년힝가』(차) 말미는 이렇게 끝난다.

(차) 노친ᄒ번 감ᄒ시기 쇼ᄌ의 위로로다[26]

이처럼 李繼祜의 『연힝녹』(아)은 "노친과 쳐ᄌ식들 보기를 위ᄒ
여", 金芝叟의 『셔힝록』(자)은 "우리노친 심심즁의 파적이나 ᄒ오실
가", 洪淳學의 년힝가(차)는 "노친ᄒ번 감ᄒ시기 쇼ᄌ의 위로로다"로
결말은 마무리하고 있다. 노친과 아내와 자녀들이 쉽게 볼 수 있도록
하려고 한글로 쓴다는 것을 밝혀 마무리하는 방식이다. 한편 李繼祜
는 연행록을 한글로 쓰는 까닭은 한글을 읽을 수 있는 조선의 독자들
을 위한 배려뿐 아니라, 저들 곧 청나라 관리들이 알아서는 안 될 내
용이 많은데 한문으로 쓸 경우 이를 피할 수 없기 때문에 한글로 쓰
는 일이 많다고 하였다. 청나라 조정에서 불시에 연행록을 검열하는
일이 자주 있었기 때문에 이를 피하기 위한 수단으로서 한글 연행록
을 쓰는 일이 많았다는 저간의 사정을 말하고 있다. 이와 같이 한글
연행록과 연행가사는 그 결말 부분에서 相互原典性을 보여주고 있다.
이것 역시 상호원전성에 의한 당대의 한 마무리 流行樣式이다. 연행
록에서 서두와 결말의 이런 유행양식은 연행록 내용구성의 닮기와
다르기 서술양식에 해당하는 것이다.

---

25) 金芝叟(1787~?), 셔힝록(西行錄), 純祖 28 道光 8 戊子. 1828. −林基中, DVD
　　燕行錄叢刊, 누리미디어, 2011.09.09. P.116.
26) 洪淳學(1842~1892), 연힝가(燕行歌), 高宗 3 同治 5 丙寅. 1866. −林基中, DVD
　　燕行錄叢刊, 누리미디어, 2011.09.09. P.132.

3. 內容構成의 퍼오기와 따오기

앞에서 거론한 것처럼 연행록은 태생적으로 상호원전성을 가진 문헌군이다. 그런 태생적 성격은 앞선 여러 연행록을 가지고 부족하다고 생각되는 자기의 연행록을 보완하는 관행을 만들어낸다. 그런 보완방법의 하나가 곧 퍼오기나 따오기다. 필자는 비교적 많은 양의 한 단위를 가져오는 것을 퍼오기, 비교적 적은 양의 한 부분을 가져오는 것을 따오기라는 용어로 변별한다. 퍼오기가 서술 단위로 볼 때 전체성이 있는 것이라면, 따오기는 서술 단위로 볼 때 부분성이 있는 것을 말한다. 이런 보기들 가운데 하나를 거론해 보기로 한다. 李海應의『薊山紀程』附錄 胡藩[27]과 朴思浩의『燕紀程』留館雜錄 諸國[28]을 대비하여 살펴본다. 그들은 모두 '胡藩'과 '諸國'을 '附錄'과 '雜錄'이란 독립서술 항목으로 설정하였다. 이를 서술 순차에 따라서 1~6으로 간추려본다.

胡藩-1. 몽고는 명나라 때 달단(韃靼)이라 일컬었다 … (蒙古 明時稱韃靼 …)

胡藩-2. 회국자는 무릇 12부이니, 합밀·벽전토로번·합랍사랍 … (回國子 凡十二部 曰哈密 曰闢展土魯藩 曰哈拉沙拉 …)

胡藩-3. 악라사는 대비달자국이라고 이름 한다 … (鄂羅斯 亦名大鼻㺚子國 …)

胡藩-4. 섬라는 본래 두 나라의 이름이다. 섬은 한나라 적미의 종족으로 원나라 때 하나의 나라로 합쳐졌다 … (暹羅 本二國名 暹乃漢赤眉遺種 元時合爲一國 …)

胡藩-5. 안남국은 옛날 남교의 땅이다 … (安南 古南交之地 …)

胡藩-6. 농내국은 안남국의 속국이다 … (農耐國 安南之附庸也 …)

---

27) 李海應(1775~1825),『薊山紀程』, 부록 胡藩. 純祖 3 嘉慶 8 癸亥, 1803. －林基中, DVD燕行錄叢刊, 누리미디어, 2011.09.09.

28) 朴思浩(?~1828~?),『燕紀程』, 유관잡록 諸國. 純祖 28 道光 8 戊子, 1828. －林基中, DVD燕行錄叢刊, 누리미디어, 2011.09.09.

諸國-1. 몽고는 일명 달단으로 사막에 있는데, 천하의 막강한 나라이다 …
　　　　(蒙古 一名韃靼 居沙漠 天下莫强之國也 …)

諸國-2. 회자는 회회국이라고도 하며, 바다 가운데에 있어 다섯 달이 걸려
　　　　야 비로소 중국에 이른다 … (回子 亦稱回回 國在海中 五閱月 始抵
　　　　中國 …)

諸國-3. 악라사는 대비달자국이라고도 하며 흑룡강 북쪽에 있으므로 중국
　　　　에서 2만여 리나 떨어져 있다 … (鄂羅斯 亦名大鼻韃子國 在黑龍江
　　　　北 距中國二萬餘里 …)

諸國-4. 섬라는 적미유종국이라고도 하며, 점성족의 극남쪽에 있다 … (暹羅
　　　　或稱赤眉遺種國 在占城極南 …)

諸國-5. 안남은 옛 남교의 땅이다 … (安南 古南交之地 …)

諸國-6. 유구국은 동쪽 바다 가운데에 있어 우리나라의 탐라와 가장 가까
　　　　우며, 나라 안에 보물이 많다 … (琉球國 在東海中 與我國耽羅最近
　　　　國中多寶物 …)

　　위의 '胡藩'과 25년 뒤 '諸國'의 두 기술에는 그 구성과 내용의 유사
성이 극명하게 드러나는데 연행록에는 이런 현상이 적잖이 나타난다.
이처럼 앞선 연행록 원전에서 가져온 퍼오기와 따오기를 적절하게
안배하고 거기에 변화에 따른 차이나 새로운 정보를 더하여 자기의
연행록을 만들어낸다.

　　'諸國' 1-6의 구성은 '胡藩' 1~6에서 퍼온 것이고, '農耐國'을 '琉球
國'으로 바꾼 것은 또 다른 곳에서 따온 것이다. 이처럼 퍼오기가 한
서술단위의 전체를 들어오는 것이라면, 따오기는 아주 적은 부분만
가져오는 것을 말한다. 연행록에서 이런 퍼오기와 따오기 현상이 나
타나는 까닭을 살펴보면 대부분 내용 보완의 욕망에서 비롯되고 있
다. 따라서 이 부분을 부정적 시각으로만 보아서는 안 된다. 본래의
의도를 살려서 신뢰성을 더 높여가는 자료로 활용하여야 할 부분이
다. 연행록에 자주 나타나는 따오기와 퍼오기 현상은 연행록 내용 보

완의 한 방법으로 이것 역시 相互原典性에 의한 연행록 서술방식의
한 流行樣式이다.

다음은 朴趾源이 『熱河日記』의 幻戲記序[29])에 쓴 내용을 李有駿이
그의 『夢遊燕行錄』 己酉正月初五日 幻戲記[30])에 그대로 펴오기한 보
기다.

> 어떤 이가 말하기를, "이런 환술을 팔아 생계를 유지하는 사람을 王法
> 밖에 두고 誅絶시키지 않는 까닭은 무엇입니까?" 하고 묻기에, 나는 답하기
> 를, "이는 중국 땅이 한없이 넓어서 이런 것을 길러내도 정치에 병이 되지
> 않기 때문입니다. 만일 천자가 좀스러워서 이런 것을 하나하나 따지고 깊
> 이 추궁한다면, 도리어 깊숙한 곳에서 잘 보이지 않게 살다가 어떤 때는 나
> 와서 세상을 흐려 놓을 것이기 때문에 천하의 근심이 더 클 것입니다. 그
> 래서 날마다 사람들로 하여금 장난삼아서 구경하게 하면 부인이나 어린이
> 까지도 이것을 환술로 알게 되어, 놀래고 현란하게 되지 않을 것이므로 이
> 것이 임금 된 자가 세상을 어거하는 방법이 아니겠습니까."

이처럼 朴趾源의 '幻戲記序'를 68년 뒤 李有駿이 幻戲記跋로 그 위
치를 변경하지만, 이유준은 거의 원전 그대로를 펴온다. 만일 연행록

---

29) 『熱河日記』의 幻戲記序: 或曰 售此術以資生 自在於王法之外而不見誅絶何
也 余曰 所以見中土之大也 能恢恢焉並育 故不爲治道之病 若天子挈挈然與
此等較三尺 窮追深究 則乃反隱約於幽僻罕覯之地 時出而衒燿之 其爲天下
患大矣 故日令人以戲觀之 雖婦人孺子 知其爲幻術 而無足以驚心駭目 此王
者所以御世之術也哉. 朴趾源, 熱河日記, 正祖 4 乾隆 45 庚子. 1780. -林基
中, DVD燕行錄叢刊, 누리미디어, 2011.09.09. p.1128

30) 『夢遊燕行錄』의 幻戲記: 寧使其售此術以資生 自在於王法之外 而恢恢焉並
育 故不爲治道之病 若天子契契然 與此輩較三尺 窮追深究 則乃反隱約於幽
僻罕到之地 時出而衒燿之 其爲患大矣 是以日令人觀之 雖婦孺皆知其幻戲
而無足以驚心駭目 此無乃爲王者御世之一端歟. 李有駿, 夢遊燕行錄, 憲宗
14 道光 28 戊申. 1848. -林基中, DVD燕行錄叢刊, 누리미디어, 2011.09.09.
p.156

쓰기에서 따오기와 퍼오기가 내용 보완의 한 방법으로 유행양식화가
되지 않았다면 이런 현상이 빈번하게 자주 반복되지는 못하였을 것
이다.

이제 한글 연행록 김지수의 「戊子西行錄」과 홍순학의 「丙寅燕行
歌」 한 부분을 더 살펴보기로 한다. 「戊子西行錄」은 '册肆'를 다음과
같이 기술하고 있다.

> 칙ᄉ흔곳 드러가니 만고셔가 다잇ᄂ듸 경ᄉᄌ집 빅가셔와 소셜피관 운
> 부ᄌ뎐 슈학역학 텬문디리 의약복셔 불경이며 샹셔도경 긔문틱을 시학뉼
> 학 문집들과 제목쎠셔 벗혀시니 모르는글 틱반이라.[31]

그리고 38년 뒤 「丙寅燕行歌」은 '册푸리'를 다음과 같이 기술한다.

> 칙푸리을 볼작시면 만고셔가 다잇ᄂ듸 경셔서긔 빅가셔와 소셜패관 운
> 부ᄌ젼 슈흑녁흑 쳔문지리 의약복셔 불경이며 상셔도경 긔문벽셔 시흑율
> 학 문집들과 명필법첩 그림첩과 쳔하산쳔 지도가 아쳥갑의 쎠며쑥이 불근
> 의예 황지부침 제목쎠셔 놉히벗하 못보던칙 틱반이오.[32]

이처럼 홍순학의 「丙寅燕行歌」은 38년 전 김지수의 「戊子西行錄」
의 '册肆'를 그대로 퍼온다. 달라진 곳은 "명필법 그림과 쳔하산쳔 지
도가 아갑의 쎠며쑥이 불근의예 황지부침" 1행을 추가한 것뿐이다. 「무
자서행록」에서 '册肆'를 가져온 것은 「병인연행가」의 16가지 '푸리'구
성에서 본다면 따오기다. 그러나 「무자서행록」의 '册肆'와 「병인연행

---

31) 金芝叟(1787~?), 셔힝록(西行錄), 純祖 28 道光 8 戊子. 1828. －林基中, DVD
　　燕行錄叢刊, 누리미디어, 2011.09.09.
32) 洪淳學(1842~1892), 연힝가(燕行歌), 高宗 3 同治 5 丙寅. 1866. －林基中, DVD
　　燕行錄叢刊, 누리미디어, 2011.09.09.

가」의 '册푸리'를 한 단위로 본다면 이것은 퍼오기에 해당한다. 한글본과 한문본의 퍼오기와 따오기의 유행양식은 그 성격의 본질적 측면에서 볼 때 별다른 차이가 발견되지 않는다. 그러나 한글본이 언어 선택 단위 위주라면 한문본은 문장 선택 단위 위주라고 말할 수도 있을 것 같다. 따라서 퍼오기와 따오기는 연행록의 한 기술양식, 곧 연행록 쓰기의 한 방법에 속하는 문제라고 말할 수 있다.

어느 한 시대의 의상 패션이나 언어 패션이 결점이 될 수 없는 것이라면 연행록의 쓰기 패션, 곧 연행록 기술의 유행양식 또한 결점이라고 말할 수만은 없을 것이다. 연행록 기술의 한 방법으로 인정하고 수용하면서 수용자의 목적에 따라서 각기 다른 활용방안을 선택하면 되는 문제다. 앞에서 거론한 것처럼 19세기 초 金景善이『燕轅直指』서문에서 이미 연행록의 이런 특색을 들어 그 극복방안을 제시하고 있지 않은가.

4. 內容構成의 닮기와 다르기

연행록을 서로 비교하면서 살피다 보면 누구나 그 내용에서 크게 두 가지 현상이 드러나는 것을 쉽게 발견할 수 있다. 한 측면은 원전성의 연행록을 닮으려고 하면서 다른 한편에서는 그와 차별화 노력을 한다. 이른바 蹈襲과 互避의 현상이다. 이런 현상은 원전성 연행록에만 국한되지 않으며 원전성의 여러 다른 자료 전반으로 확대되어 나타난다. 닮기는 서술양식이나 서술 언어의 선택에 많이 나타나며, 다르기는 그에 따른 내용의 기술에서 다양하게 많이 나타난다. 그 한 보기로 琉璃廠에 관한 기록의 일부를 살펴보기로 한다.

박지원은『熱河日記』에서 '琉璃廠' 기사를 이렇게 시작한다.

유리창은 정양문 밖 남쪽 성 아래 있는데 가로로 뻗어 선무문 밖까지 이르니 곧 延壽寺의 옛터이다 … (琉璃廠 在正陽門外南城下 橫垣至宣武門

外 卽延壽寺舊址 宋徽宗北轅 與鄭后同駐延壽寺 …).[33]

그런데 82년 뒤 이항억도 그의 『燕行日記』에서 '琉璃廠' 기사를 이렇게 시작한다.

유리창은 정양문 밖 남쪽 성 아래 있는데 가로로 뻗어 선무문 밖까지 이르니 곧 延壽寺의 옛터이다 … (廠在正陽門外南城下 橫垣至宣武門外 卽 宋延壽寺舊址也 …).[34]

이처럼 연행록 '琉璃廠' 기사의 시작이 투식화 된 문장으로 시작되는 것은 따오기성 닮기에서 기인한 것이지만, 그 내용의 다르기는 다 열거하기 어려울 정도로 아주 다양한 차이를 보여준다. 이런 유형의 닮기와 다르기 현상은 연행록 기술방식의 두드러진 한 특징이다. 상대적으로 많은 연구가 축적되어 있는 박지원의 『熱河日記』는 퍼오기와 따오기, 닮기와 다르기를 아주 정교하게 자기화하는데 세련된 솜씨를 보여준 대표적인 연행록이라고 말할 수 있다. 그는 연행록의 통상적 유행양식을 극복하려고 철저하게 준비하고 치열하게 노력한 연행록 작가다. 따라서 필자는 『열하일기』연구는 이런 부분을 면밀하게 밝혀내는 작업부터 시작해야 될 것이라는 생각을 가지고 있다. 이런 연구를 바탕으로 삼지 않는다면 사상누각이 되고 마는 부분이 많아질 것이라고 생각되기 때문이다. 18세기 청나라 李文藻의 '琉璃廠書肆記'를 전후하여 중국에도 유리창 관련 기록들이 있어 왔다.

18세기 박지원은 『熱河日記』에서 "중국의 擧人과 知名의 인사들이 많이들 유리창에 묵고 있다(天下擧人海內知名之士 多寓是中)"고 썼

---

33) 朴趾源, 熱河日記, 黃圖紀略의 '琉璃廠', 正祖 4 乾隆 45 庚子. 1780. -林基中, DVD燕行錄叢刊, 누리미디어, 2011.09.09. p.683.

34) 李恒億, 燕行鈔錄(燕行日記), 二十八日 壬辰 晴, '琉璃廠', 哲宗 13 同治 元 壬戌, 1862. -林基中, DVD燕行錄叢刊, 누리미디어, 2011.09.09. p.76.

는데, 19세기 홍순학은 그의 「丙寅燕行歌」에서 "천하보비 드넙숫다"라고 노래하였다. 이처럼 유리창은 고급문화 정보의 산실이며 천하의 진귀한 것이 모두 집결되는 공간으로 인식되었기 때문에 거기에서 각자의 수준과 능력에 따라서 얻어낸 정보로 琉璃廠記를 썼다. 홍순학의 유리창기는 지필묵과 온갖 유형별 푸리로 구성하였는데 외형적 균형감각은 보여주지만, 박지원처럼 새로운 관심분야의 은밀한 추적과 새로운 자료획득은 하지 못 한 것 같다. 박지원의 관심 분야는 물화에 있지 않고 鹿鳴宴을 치른 천하의 擧人들과 해내의 知名之士에 있었다. 이런 차이가 연행록의 성격과 각기 다름을 만들어낸다. 박지원의 『열하일기』는 그의 관심 분야에 관한 은밀한 정보원을 찾아내야 닮기와 다르기, 따오기와 퍼오기를 말할 수 있을 것이다. 그는 의도적으로 상호원전성과 투식화된 유행양식을 극복하려고 치열하게 노력한 연행록 작가이기 때문이다. 그의 정보원은 18세기까지의 중국 거인들과 지명지사들한테서 찾을 수 있을 것이다.

다른 한글연행록 李繼祜의 『연힝녹』 '갑인정월초구일'에서 '푸리'한 부분을 더 살펴보기로 한다.

> 인흥여 화초푸리에 드러가니 열 대엿간은 흔 쟝막을 짓고 스면에 두 층으로 대롤 무으고 각색 화초분에 온갖 긔화이초롤 싱거시니 백매 홍매와 니화 도화며 목단 쟈약과 다화 계화와 모면화 영산홍과 …[35]

이와 같은 '푸리' 기사는 35년 뒤 김지수의 「戊子西行錄」에서 과도기 현상을 보이다가 73년 뒤 홍순학의 「丙寅燕行歌」에서 투식화 현상을 보인다. 「戊子西行錄」에는 새푸리, 화초푸리, 의복푸리, 서적푸리, 采風푸리, 곡식푸리, 각종 푸리 등과 이와 달리 과일전, 철물전, 목물

---

35) 李繼祜, 연힝녹(燕行錄), 正祖 17 乾隆 58 癸丑, 1793. −林基中, DVD燕行錄叢刊, 누리미디어, 2011.09.09.

전 등이 나타나고, 「丙寅燕行歌」에는 이를 모두 '푸리'로 통일하여 香푸리, 册푸리, 비단푸리, 부채푸리, 茶푸리, 기명푸리, 采風푸리, 과실푸리, 곡식푸리, 생선푸리, 술푸리, 떡푸리, 철물푸리, 옹기푸리, 전당푸리, 각종푸리 등으로 나타난다. 김지수는 '푸리'와 '전'을 변별하여 기술하려는 투식화의 진행과정을 드러내지만, 홍순학은 '푸리'로 투식화 되어버린 서술방식을 그대로 따르고 있다. 다음은 김지수의 「戊子西行錄」 '화초푸리'를 위의 李繼祜의 『연힝녹』 '화초푸리'와 대비하여 살펴보기로 한다.

(가) 화초푸리 드러가니 긔화이초 다잇는듸 줄노심은 옥줌화는 향닉나기 제일이오

푸른꼿츤 취됴화요 붉은꼿츤 도류화라 당국품국 셕쥭화며 모란즈약 촉규화며

월계ㅅ계 천엽치즈 옥믹홍믹 삼식도며 민도라미 봉선화며 화셕뉴의 금견화며 ….[36]

이처럼 李繼祜의 『연힝녹』 '화초푸리에 드러가니'가 35년 뒤 김지수의 「戊子西行錄」 '화초푸리 드러가니'로 조사 1음절을 빼서 운율화하고 많은 화초를 나열한다. 한글연행록에서 '푸리'라는 기술방식이 상호원전성에 의해서 투식화 되고 유행양식화 하는 것을 볼 수 있다.

다음은 「戊子西行錄」(가)과 「丙寅燕行歌」(나)의 '采風푸리' 부분을 보기로 한다.

(가) 칙풍푸리 바느질은 옷도짓고 슈도노코 의면이라 흐는듸는 온갓의복 파는고나

보션슬갑 장슴이며 바지적슴 두루마기 비단관복 깁속것과 슘승무명

---

36) 金芝叟, 셔힝록(西行錄), 純祖 28 道光 8 戊子. 1828. －林基中, DVD燕行錄叢刊, 누리미디어, 2011.09.09.

기겨긔며

공단니불 포다기며 몽고뇨의 슈방셕과 아희입는 비오라기 복쥬감토
당감토며 …[37)

(나) 츼풍푸리 볼작시면 슈도노코 ㅂㄴ질의 속것젹삼 두루막이 소음바지
져고리며

보션슈갑 타오투와 잉쥬요이 창파ㅎ며 비단단복 깁슈건과 공단목화
슈당혜며

귀집코집 말악이와 다님돌쎡 비릭기며 마제토슈 등거리며 반팔빈ㅈ
흉비들과 …[38)

이처럼 「戊子西行錄」은 '采風푸리'와 '衣廛'을 나누어 기술하는데,
38년 뒤 「丙寅燕行歌」은 이를 '채풍푸리'로 통합하여 기술한다. 앞은
'푸리'라는 기술용어가 아직 '의전'을 통합할 수준까지 유행양식화 된
단계가 아님을 보여주는 보기라면, 뒤는 완전히 유행양식화 된 현상
으로 나타난 단계라고 말할 수 있다. 시대마다 연행록 기술의 유행양
식은 이와 같이 존재한다. 여기서 '푸리'는 닮기고 '의전'이 '푸리'로
통일되는 것은 다르기다.

이제 「戊子西行錄」(가)과 「丙寅燕行歌」(나)의 '곡식푸리' 부분을
좀 더 살펴보기로 한다.

(가) 곡식푸리 볼작시면 돌방하의 노미쓸과 기장슈슈 피좁쓸과 모밀보리
귀우리며

녹두젹두 광젹이며 황딕쳥딕 쥐눈콩과 옥슈슈를 밧츨갈고 씨를비여

---

37) 金芝叟(1787~?), 셔힝록(西行錄), 純祖 28 道光 8 戊子. 1828. -林基中, DVD
燕行錄叢刊, 누리미디어, 2011.09.09.
38) 洪淳學(1842~1892), 연힝가(燕行歌), 高宗 3 同治 5 丙寅. 1866. -林基中, DVD
燕行錄叢刊, 누리미디어, 2011.09.09.

울을ᄒᆞ고
피마ᄌᆞ를 타작ᄒᆞ고 박을울녀 집을덥고 큰미돌은 반간줍이 당ᄂᆞ귀의
풍경다라 ….[39)]

(나) 곡시푸리 볼작시면 이쑬찹쑬 슈슈쑬과 기장좁쑬 피쑬이며 모밀보리
귀우리와
녹두젹두 광젹이며 황틔쳥틔 반주콩과 율모의이 옥슈슈며 참기들기
아쥭ᄭᅡ리 ….[40)]

이 부분 「丙寅燕行歌」(나)의 '곡식푸리 볼작시면'이 기술방법으로
서 「戊子西行錄」(가)의 닮기라면, 「丙寅燕行歌」(나)의 '기장좁쑬 피쑬
이며 모밀보리 귀우리와 녹두젹두 광젹이며 황틔쳥틔 반주콩과'는
「戊子西行錄」(가) 따오기에 '기장슈슈'를 '기장좁쑬'로 '쥐눈콩과'를
'반주콩과'로 다르기를 시도한 것이다. 전체로 본다면 닮기와 다르
기, 따오기와 다르기의 기술 방법인 셈이다. 그리고 김지수의 「戊子
西行錄」에서는 의복, 서책, 약, 차 등의 푸리를 통합하였는데, 홍순학
의 「丙寅燕行歌」은 이를 모두 독립시켜 개별화한다. '푸리'의 기술방
법이 투식화 과정을 넘어서 전형화하는 현상까지 보여준다. 이런 기
술방법은 유행양식의 전형화라고 말할 수도 있을 것 같다.
　끝으로 「戊子西行錄」의 '철물젼'(가)과 「丙寅燕行歌」의 '철물푸리'
(나)를 한 곳 더 비교하여 본다.

(가) 털물뎐의 호미독긔 셕쇠곱쇠 얼기쇠며 광이슬포 가릭늘과 모로작도
쇠시랑과

39) 金芝叟(1787~?), 셔힝록(西行錄), 純祖 28 道光 8 戊子. 1828. -林基中, DVD
　　燕行錄叢刊, 누리미디어, 2011.09.09.
40) 洪淳學(1842~1892), 연힝가(燕行歌), 高宗 3 同治 5 丙寅. 1866. -林基中, DVD
　　燕行錄叢刊, 누리미디어, 2011.09.09.

　　작위변탕 틱릿늘과 도릭송곳 활비비며 한과줄과 슬톱가지 화져가락
　　통송곳과
　　틱갈편즈 거멀못과 오븨칼의 장도리라 ….[41]

　(나) 철물푸리 볼쟉스면 쟝도환도 시칼겹칼 쟝챵독긔 협도쟉도 자귀변탕
　　틱픠슬과
　　틱톱소톱 줄환이며 도릭송곳 활부븨와 보십가릭 삽칼리며 젹쇠곱쇠
　　어리쇠며
　　틱갈현즈 화젹가락 광쥬졍의 거멀못과 부회열쇠 자믈회와 인도가의
　　져울밧탕 ….[42]

　이처럼 「戊子西行錄」에서 '철물젼'이 38년 뒤 「丙寅燕行歌」에서는
'철물푸리'로 서로 다르게 기술된다. 「戊子西行錄」은 푸리식 기술방
식이 아직 유행양식화가 덜 된 상태라고 말할 수 있을 것이다. 「丙寅
燕行歌」에서는 16곳의 많은 푸리로 통일성을 보인 것과 달리 「戊子西
行錄」에는 '젼'과 '푸리'를 혼용하면서 '푸리'는 6곳뿐이다. 유행양식의
흐름을 알 수 있게 한다. '푸리'로 닮아가고 그 내용으로 달라지는 다
르기가 주류를 형성하는 유행양식을 보여준다.
　이처럼 닮기와 다르기는 연행록 쓰기의 한 방식이라고 말할 수 있
다. 따라서 따오기와 퍼오기가 연행록 내용 보완의 한 방식이었다면,
닮기와 다르기는 연행록 쓰기의 한 방식이었다. 이런 기술양식은 강
점과 약점 양면성을 다 같이 가지고 있는 것이어서 연행록이란 문헌
군이 가지고 있는 특징의 하나로 수용하여 강점으로 활용해야 할 과
제다.

---

41) 金芝叟(1787~?), 셔힝록(西行錄), 純祖 28 道光 8 戊子. 1828. ─林基中, DVD
　　燕行錄叢刊, 누리미디어, 2011.09.09.
42) 洪淳學(1842~1892), 연힝가(燕行歌), 高宗 3 同治 5 丙寅. 1866. ─林基中, DVD
　　燕行錄叢刊, 누리미디어, 2011.09.09.

Ⅳ. 맺음말

연행가사와 연행가사, 연행록과 연행록, 연행록과 연행가사에서 相互原典性은 연행록의 이름, 서두와 결말, 내용의 퍼오기와 따오기, 닮기와 다르기에 잘 드러나 있다. 이 문제는 19세기 김경선이 지적한 이른바 蹈襲과 互避의 문제다. 퍼오기와 따오기와 닮기가 蹈襲의 영역이라면 互避는 다르기, 곧 다르게 하기 영역에 속하기 때문이다.

앞에서 거론한 논점들을 간추려서 그 대략을 요약하여 정리해 보면 다음과 같다. 연행록은 태생적으로 상호원전성을 가진 문헌군이다. 이것이 이 문헌군의 한 본질적인 특색이다. 따라서 읽는 방법의 터득이 특별하게 요청되는 문헌군이다.

수집된 연행록 540여건을 대상으로 연행록의 이름과 그 표기양상을 살펴보면 13세기 말부터 15세기 초까지의 제 1세대 연행록은 연행록 이름에서 상호원전성이 많이 나타나지 않던 시기다. 15세기 초부터 16세기 중엽까지의 제 2세대 연행록은 朝天錄으로 표기된 것이 28건으로 연행록 이름에서 이때부터 상호원전성이 드러난다. 제 2세대를 넘나들면서 쓰였던 朝天과 됴텬系 이름 표기의 연행록은 연행록 총 543건 중 96건으로 18% 정도다. 16세기 전반기의 연행록 이름은 朝天錄系가 6건, 燕行錄系가 3건이고 16세기 후반기의 연행록 이름은 朝天錄系 22건 燕行錄系 5건이어서 16세기는 朝天錄系가 28건으로 가장 많고, 燕行錄系가 8건으로 연행록 이름 유행양식의 과도기적 현상을 보여준다. 16세기 중엽부터 19세기 말까지의 제 3세대 연행록은 그 이름과 표기 방법이 가장 다양하게 나타난 시기다. 그리고 가장 많은 연행록이 생산된 시기다. 정리된 연행록 총 543건 중 440여 건이 이 시기에 나타난 것들이어서 81% 정도를 차지하고 있다. 이 시기 燕行과 연힝系 이름 표기의 연행록은 정리된 연행록 총 543건 중 281여 건으로 52%에 이른다. 그 중 燕行錄이란 이름으로 표기된 것만도 53건에 이른다. 한편 연행록의 이름을 使行錄系로 표기한 것은 3건에 불과하다. 사행록이 이 문헌군의 이름이 될 수 없는 까닭의 하나로 드러난다.

　연행록은 燕行錄系, 燕槎錄系, 瀋行錄系, 北行錄系, 熱河記系, 西行錄系, 漂海錄系, 隨槎錄系, 赴燕錄系, 燕京錄系, 槎行錄系, 遊燕錄系, 銀槎錄系, 輶軒錄系, 燕薊錄系, 赴京錄系, 薊山錄系, 椒薦錄系, 乘槎錄系, 玉河記系, 飮氷錄系, 行錄系, 使行錄系 등의 23가지 계열 이름에 34가지의 서로 다른 이름 표기양상을 합하면, 16세기 중엽부터 19세기 말까지의 제 3세대 연행록에 모두 57가지의 연행록 이름의 표기양상이 드러난다. 여기에다가 제 1세대 연행록의 이름과 제 2세대 연행록 朝天錄系를 더하면 모두 62가지의 연행록 이름의 표기 양상이 드러나고 있다. 앞에 나타나는 바와 같은 연행록 이름의 다양한 변별노력은 상호원전성과 관련이 있다. 따라서 그 내용 또한 이와 무관할 수가 없다. 연행록의 이름은 선행의 것과 同一化 현상, 類似化 겸 辨別化 현상, 辨別化 현상이라는 3가지 유형으로 만들어졌다고 말할 수 있다. 그 발상의 단초는 대부분 상호원전성에서 기인한 것이다. 따라서 연행록 이름은 상호원전성에 의해 16세기는 조천록이 한 유행양식으로 곧 조천록 패션시대였으며, 18~19세기는 연행록이 한 유행양식으로 곧 연행록 패션시대였다는 것을 알 수 있다. 이런 패션은 상호원전성의 닮기에서 온 것들인데 이와 다르기로 그런 패션을 비껴나간 것이 여러 가지의 개성적인 연행록 이름들이다.

　연행록의 서두에서 보면 연행가사와 연행가사, 연행록과 연행록, 연행록과 연행가사의 서두는 상호원전성을 가지고 있었으며, 그런 원전성이 연행록 서두의 투식화를 만들어냈다. 이런 투식화는 연행록 서두 서술의 한 유행양식이었다. 연행록의 결말에서 보면 燕京에 갔다가 돌아오기까지의 걸린 날짜와 燕京까지의 왕래거리를 쓰는 것으로 마무리하는 결말 투식화가 나타난다. 연행록의 이런 투식화 양식은 대부분 상호원전성 때문에 나타나는 현상이다. 당시 이런 통상적인 결말양식은 결말부분의 한 유행양식이다. 연행록에서 서두와 결말의 이런 유행양식은 연행록 내용구성의 닮기와 다르기 서술양식에 해당한다.

연행록의 내용구성에서 퍼오기와 따오기는 작자의 본래의 의도를 살려 신뢰성을 더 높여가는 자료로 활용하여야 할 부분이다. 연행록에 자주 나타나는 퍼오기와 따오기 현상은 연행록 내용 보완의 한 방법으로 이것 역시 상호원전성에 의한 연행록 서술방식의 한 유행양식이다. 따라서 퍼오기와 따오기는 연행록의 한 기술양식, 곧 연행록 쓰기의 한 방법에 속하는 문제라고 말할 수 있다. 어느 한 시대의 의상 패션이나 언어 패션이 결점이 될 수 없는 것이라면 연행록의 쓰기 패션, 곧 연행록 기술의 유행양식 또한 결점이라고 말할 수만은 없을 것이다. 연행록 기술의 한 방법으로 인정하고 수용하면서 수용자의 목적에 따라서 각기 다른 활용방안을 선택하면 되는 문제다.

연행록 내용구성에서 닮기와 다르기는 연행록 쓰기의 한 방식이라고 말할 수 있다. 따라서 퍼오기와 따오기가 연행록 내용 보완의 한 방식이었다면, 닮기와 다르기는 연행록 쓰기의 한 방식이었다. 이런 기술양식은 강점과 약점의 양면성을 다 같이 가지고 있는 것이어서 연행록이란 문헌군이 가지고 있는 특징의 하나로 수용하여 강점으로 활용해야 할 과제다.

연행록은 그 어느 문헌보다도 생래적으로 상호 원전성이 강한 문헌군이다. 이것이 태생적 특성이며 본질적 성격이다. 따라서 앞으로 상호원전성의 계보작성 같은 작업이 절실하게 요청되는 문헌군이다.

참고문헌

金景善(1788~?), 燕轅直指, 純祖 32 道光 12 壬辰 1832. -林基中, DVD燕行錄叢刊, 누리미디어, 2011.09.09.

金芝叟(1787~?), 셔힝록(西行錄), 純祖 28 道光 8 戊子, 1828. -林基中, DVD燕行錄叢刊, 누리미디어, 2011.09.09.

金昌業(1658~1721), 稼齋燕行錄(老稼齋燕行日記), 肅宗 38 康熙 51 壬辰. 1712. -林基中, DVD燕行錄叢刊, 누리미디어, 2011.09.09.

朴思浩(?~1828~?), 燕紀程, 純祖 28 道光 8 戊子, 1828. -林基中, DVD燕行錄叢刊, 누리미디어, 2011.09.09.

朴趾源(1737~1805), 熱河日記, 正祖 4 乾隆 45 庚子. 1780. -林基中, DVD燕行錄叢刊, 누리미디어, 2011.09.09.

徐念淳(1800~?), 연힝별곡(燕行別曲), 哲宗 3 咸豊 2 壬子. 1852. -林基中, DVD燕行錄叢刊, 누리미디어, 2011.09.09.

徐浩修(1736~1799), 燕行紀, 正祖 14 乾隆 55 庚戌, 1790. -林基中, DVD燕行錄叢刊, 누리미디어, 2011.09.09.

柳命天(1633~1705), 연힝별곡(燕行別曲), 肅宗 19 康熙 32 癸酉. 1693. -林基中, DVD燕行錄叢刊, 누리미디어, 2011.09.09.

柳寅睦(1838~1900), 북힝가(北行歌), 高宗 3 同治 5 丙寅. 1866. -林基中, DVD燕行錄叢刊, 누리미디어, 2011.09.09.

李繼祜(1754~1833), 연힝녹(燕行錄), 正祖 17 乾隆 58 癸丑, 1793. -林基中, DVD燕行錄叢刊, 누리미디어, 2011.09.09.

李有駿(1801~1867), 夢遊燕行錄, 憲宗 14 道光 28 戊申. 1848. -林基中, DVD燕行錄叢刊, 누리미디어, 2011.09.09.

李宜顯(1669~1745), 庚子燕行雜識, 肅宗 46 康熙 59 庚子. 1720. -林基中, DVD燕行錄叢刊, 누리미디어, 2011.09.09.

李恒億(?~1862~?), 燕行鈔錄(燕行日記), 哲宗 13 同治 元 壬戌, 1862. -林基中, DVD燕行錄叢刊, 누리미디어, 2011.09.09.

李海應(1775~1825), 薊山紀程, 純祖 3 嘉慶 8 癸亥. 1803. -林基中, DVD燕行錄叢刊, 누리미디어, 2011.09.09.

作者未詳, 됴텬녹(朝天錄), 仁祖 2 天啓 4 甲子, 1624. -林基中, DVD燕行錄叢刊, 누리미디어, 2011.09.09.

許篈(1551~1588), 荷谷朝天記, 宣祖 7 萬曆 2 甲戌, 1574. -林基中, DVD燕行錄叢刊, 누리미디어, 2011.09.09.

洪淳學(1842~1892), 연힝가(燕行歌), 高宗 3 同治 5 丙寅. 1866. -林基中, DVD燕行錄叢刊, 누리미디어, 2011.09.09.

歷史資料로서의 燕行錄

崔韶子*

Ⅰ. 序論的 考察(燕行錄의 特徵 및 分析)
Ⅱ. 燕行錄關係 研究現況
Ⅲ. 歷史資料로서 燕行錄
Ⅳ. 結論

Ⅰ. 序論的 考察(燕行錄의 特徵 및 分析)

燕行錄은 麗末, 鮮初로부터 1894년 淸日戰爭이 일어나는 시기까지 거의 500년 이상 조선의 사행 및 그 일행이 明淸시대의 수도인 北京(燕京), 瀋陽, 熱河 등지를 다녀와 쓴 私的인 기록이다. 현재 알려진 자료는 600件을 넘는 것으로 알고 있지만 중복적인, 미확인 자료도 있고 미발굴의 것도 있기에 정확한 數는 알 수 없다.

사실 조선성부 파견의 正使, 副使, 書狀官 등의 공식석인 문서는 謄錄이나 使臣別單, 聞見別單 등으로 제출되지만 비공식적인 私的 자료 燕行錄은 수집 정리에 많은 어려움이 있었고 林基中교수의 역할이 컸다.

지금까지 연행록 연구가 歷史에서보다는 文學에서 많이 되었고 그 성과 역시 대단하다. 歷史자료로서의 관심을 보인 것은 金聖七교

---

* 梨花女大 명예교수

수의 「燕行小考」(『歷史學報』 12, 1960)와 李元淳교수의 「赴燕使行의 경제적 一考」(『歷史敎育』 7, 1963) 및 「赴京使行의 文化的 의의」(『史學硏究』 36, 1983) 등과, 閔斗基교수의 「熱河日記에 비친 淸朝統治의 제 양상」(『歷史學報』 22, 1963)에서 비롯되었다.

歷史資料로서 연행록의 인식 및 그 중요성이 中國史나 韓國史 연구에서 큰 비중을 차지하는 것은 양국 관계사 연구에서 재론의 여지가 없다. 따라서 연행록의 특징을 다양하게 논하고 분석한 다음 Ⅱ장에서 연구현황을 소개하고자 한다.

총칭하여 燕行錄이라고 하지만 明代는 朝天錄(天子에 朝會한다는 기록), 淸代는 燕行錄(燕京인 北京에 사행한 기록)으로 나누어야 한다. 서술의 대상 지역은 좁은 의미에서는 중국의 수도를 방문한 조선 지식인들의 기록이지만, 실제로는 漂海錄과 같이 표류되어 강남→북경→귀환한 기록도, 선초 雲南에 유배되었던 金九容, 鄭摠(1395)의 유배시도 포함되어 있다. 또 심양, 열하, 그리고 建州女眞(1595)을 방문했던 기록도 포함하고 있다. 그러므로 중국을 다녀온 조선인의 기록으로 보아야 할 것이다.

연행록의 등장 시기는 麗末 賓王錄(1273) 이후, 益齊의 연행시(1320), 정몽주, 權近의 사행시(1372) 뿐 아니라 文益漸의 使行도 포함하고 있다. 마지막으로는 淸日戰爭이 일어나는 1894년 甲午朝天路程까지를 대상으로 삼고 있다.

燕行錄의 명칭은 明代에는 朝天錄(~日記, ~詩, ~記, ~行錄, ~記聞, ~日乘, ~日錄, ~記事, ~後錄)이 중심이고 燕行錄(~詩, ~日記)은 10여건 있다. 그리고 燕轅日錄, 燕薊謏聞錄, 赴京日記(~別章), 赴南詩, 北行日記(~錄), 北征詩, 西行記(~日記, ~日錄, ~錄)와 1630·40년대 瀋陽日記(~日乘, ~日錄), 瀋槎日記, 瀋館錄, 赴瀋日記가 있다. 그밖에 使行日記, 使行錄, 行錄, 漂海錄, 奉使錄, 觀光錄, 觀光行錄(明初), 路程記, 私日記와 航海路程日記, 朝天航海錄, 航海勝覽圖後(1624~1625, 海路이용)와 槎行錄, 燕槎錄(~賸詩, ~唱酬集), 銀槎錄(~詩), 東槎錄, 乘槎錄, 天

槎大觀이 있고 行錄, 控于錄, 皇華日記, 東還封事, 安南使臣唱和問答錄, 琉球使臣贈答錄, 賓王錄, 點馬行錄 등이 있다.

淸代에는 燕行錄(~詩, ~日記, ~日乘, ~路程記, ~日錄, ~續錄, ~記, ~歌, ~記事, ~見聞錄, ~雜稿, ~雜錄, ~雜識, ~雜記, ~雜絶, ~別章, ~別曲, ~紀程, ~賸章, ~賸行帖, ~詩軸, ~塡箎錄(金昌集, 金昌業)과 燕山錄, 燕臺錄, 燕途紀行, 燕京錄, 燕錄, 燕記, 燕中聞見, 燕轅直指, 燕紀程, 燕槎錄(~日記, ~筆記 ~隨錄, ~從遊錄), 游燕藁, 乘槎錄, 隨槎閑筆(~日記), 星槎錄, 燕雲紀行(~續詠), 燕薊錄(~紀略), 薊山紀程, 薊程散考, 遊燕錄(~日錄), 入燕記, 使燕錄, 赴燕詩, 名山燕詩錄 등이 있다.

그리고 熱河日記(~紀遊, ~紀行詩註(1780,90年 萬壽節방문), 使行日記, 朝天日記(1864), 朝天日錄(1649), 航海朝天圖跋(1783), 漂海歌와 心田稿, 黃深吟, 桑蓬錄, 椒蔗錄,蔗回錄, 椒餘錄, 樹椒錄, 含忍錄, 樂陽錄, 冷齋書種, 丙辰苦塊錄(1796), 輶車(軒?)集(1783), 輶軒續編, 輶軒三錄, 奏請行卷, 啓下, 竝世集, 看羊錄, 相看編(1836, 신재식 주편 8인 공동시선집), 飮氷行程錄, 飮氷錄, 夢經堂日史, 玉河日記, 觀華誌日記, 日記草, 出疆錄, 山房錄燕行裁簡, 北渣談草, 天津談草 등이 있다. 또 西征別曲, 西行錄, 西征集, 西征記 외에 北征日記, 北征錄, 北學議, 北行歌, 北游詩草, 北轅錄, 北燕紀行 등이 있다.[1] 明代의 燕行錄은 10여 건인데 淸代의 朝天錄은 2,3건 뿐이다.

---

1) 이상의 다양한 明淸代燕行錄의 명칭은 林基中,「燕行錄과 韓國學硏究」『燕行錄과 東亞細亞연구』, (第21次韓國文學國際學術會議), 東國大韓國文學硏究所, 2001, pp.8~21; 林基中編,『燕行錄해제 上·下』, 동국대 문학연구소, 동국대 국어국문학과, 2003·2005; 『국역연행록선집』 XⅢ, 민족문화추진회, 1976~1977; 鄭恩主, 『朝鮮時代明淸使行關聯繪畵硏究』, 韓國學中央硏究院 韓國學大學院 博士論文2007, 附錄 附表1, 朝鮮使臣對明(1392~1637)出來表; 附表3, 朝鮮使臣對淸(1637~1894)出來表; 卞鳳奎,「明淸時代朝鮮使錄目錄」, 松浦章 編著,『明淸時代中國與朝鮮的交流』, 樂學書局, 臺北, 2002; 劉爲,「淸朝與朝鮮往來使者編年」, 附錄三,「朝鮮事大紀行目錄」『淸代中朝使者往來硏究』, 黑龍江敎育出版社, 2002; 서인범,「조선전기 연행록 사료적 가치와 그 활용」『明淸史硏究』30, 2008 等이다.

燕行路程은 明初에는 압록강을 건너 松站, 鞍山, 海州, 旅順, 登州, 揚州 등지를 거쳐 갔다. 永樂年間에는 의주, 海州, 廣寧, 山海衛를 거쳐 北京으로 갔고 노정은 시기와 상황에 따라 다소 변경되기도 하였다. 특히 後金이 요양을 장악한 후 해로를 따라 北京(1621~1637)에 갔는데 寧遠을 거쳐 山海關, 北京으로 가기도 하였고, 이때 袁崇煥의 역할도 알려져 있으며 李忔의 『雪汀先生朝天日記』를 참고할 만 하다. 海路로 왕래한 경우 그 고충은 매우 심했으며 安璥은 『駕海朝天錄』(1621)에서 자신이 문관이었기에 사행을 책임지게 되었다고 하면서 후손은 무관이 되라고 할 정도였다. 또 다음 해 吳允謙은 돌아오니 뼈만 앙상하였다고 하였다(『楸灘朝天日錄』). 연행노정은 1637~1644년까지 심양을 왕래한 것을 제외하면 渡江 후 遼東→遼西→入關→北京이다. 이 노정도 (1) 柵內→鳳凰城→遼陽→鞍山→耿家庄→牛家庄→盤山→廣寧→錦州→山海關→深河→永平→豊潤→玉田→薊州→通州→北京 (2) 遼陽→奉天→鞍山(이하 (1)과 같음) (3) 遼陽→奉天→孤家子→白旗堡→小黑山→廣寧(이하 (1)과 같음) 이다. (1)의 경우는 入關 후 1665년 奉天府가 설치될 무렵까지의 노정이고 (2)는 1679년 海防을 위하여 牛家庄에 鎭堡가 설치될 때까지이고, (3)은 그 후의 노정이다. 그밖에도 몇 길이 더 있지만 (3)이 대표적인 길이고 청조가 지정한 길이었다.[2] 그러나 滿洲가 祖先의 땅이라고 중시하던 淸朝가 漢人의 移入을 규제하고 통제하는 封禁정책을 실시하여 19세기 해제되기까지는 조선사행의 왕래시 체험한 요동 요서지역은 他地人이 누구나 쉽게 드나들 수 있는 지역이 아니므로 燕行錄의 柵門을 거쳐 北京으로 가기까지의 지역 서술은 지역사 연구에 매우 중요한 자료이다.

---

2) 黃元九, 『연행록 선집해제』, 『국역연행록선집』 I, 민족문화추진회, 1976, pp.6~7 참조. 이 路程의 문제는 상당히 많은 연행록이 노정, 거리를 상세히 적고 있어 路程만도 별도의 논고가 정리해야 될 정도이다. 海路使行은 鄭恩主, 「明淸交替期 對明海路使行記錄畵研究」 『明淸史研究』 27輯, 2007, pp. 191~200 참조.

연행록의 서술형식은 명대에는 詩, 日記, 日錄 등인데 청대에 들어서는 명대적인 형식과 더불어 17세기말 이후 雜識類가 눈에 띤다. 日記가 표제대로 자신의 서술이라면 日錄은 날짜, 날씨, 간 里數, 그리고 간단한 여정, 있었던 일을 순차적으로 적는다. 그러나 이는 특정한 사건에 집중하기는 어렵다. 한편 18시기에 들어서면서 日錄 형식이 많았지만, 雜識형식은 日錄에 遊記를 더한 것으로, 雜識형식이 심화되면서 문답의 장편화(홍대용)가 이루어졌고 김창업이 日錄体의 글을 썼다면 洪大容은 紀事体, 朴趾源은 입전체, 즉 입체식 서술을 하였다고 하였다.[3] 그러나 그 후는 日錄형식으로 복귀하면서 고증적 서술로 돌아간다고 하였다.

燕行目的은 특별한 사안이 있을 경우와 통상적 의례적 경우가 있는데 공적 보고서는 謄錄이지만 공식보고를 위한 逐日記事, 狀啓 聞見 別單(유의사항, 최신정세)가 있고 私的 자유로운 입장의 燕行錄이 있다. 이를 통해 특히 명승지 유람, 유서 깊은 유적지 탐방, 지식인 간의 교유(18세기 후반이 중심), 선진문물에의 관심, 중국 정세 살핌, 남방해로에의 관심이 이루어진다. 또 자유로운 입장의 수행원이나 子弟軍官은 보다 폭넓게 새로운 문물이나 변화에 접하기도 한다. 그러나 자유견문을 하는 지식인들의 燕行錄은 기여도라는 측면에서는 부정적인 면도 있다. 왜냐 하면 西歐 선교사나 외교관 탐험가들의 여행기, 방문기 등이 그 활용에서 對中國 활동에 큰 영향을 미친다는 것과 대비된다는 점도 고려해볼 수도 있다.

마지막으로 燕行錄은 明代에 비하여 淸代에 그 수량이 倍를 넘어

---

3) 김현미『18세기 연행록의 전개와 특성』, 혜안, 2007, pp.24~26, 205~271 참조. 입전체의 서술은 장면 중심의 묘사와 백화체 같은 현실감 있는 대화의 적절한 구사, 세부묘사, 조선 사행에 속한 상, 하층 인물들을 비롯한 각계 각층의 다양한 중국인들까지 생생한 묘사, 복선설정을 통한 유기적인 구성, 해학담을 통한 긴장 이완과 흥미의 첨가 등이다 라고 하였다(김명호,「연행록의 전통과 열하일기」『박지원 문학연구』, 대동문화연구총서 19권 2001).

서는데 조선왕조의 통치자들의 在位년한과 연관지어 분석해보는 것
도 의미가 있을 것 같다.

麗末로부터 世祖(~1468) 통치년간까지는 개인문집류 속에 연행 내
용이 포함되어 있다. 成宗(1470~1494)年間이후 그 수는 점차 증가하는
데 宣祖(1567~1607), 仁祖(1623~1649), 肅宗(1675~1720), 英祖(1725~1776),
純祖(1801~1834) 년간이 가장 다양한 燕行錄을 남겼고 正祖(1777~1800)
년간도 그러하였다. 그러나 이들 통치자들의 통치기간에 조선과 명청
간에 연관된 사안들을 참고한다면 仁祖, 純祖, 宣祖, 正祖, 光海君 년
간의 순서로 그 양이 많은데 仁祖나 純祖, 宣祖年間은 모두 外患, 즉
壬辰倭亂(1592~1600), 丁卯·丙子胡亂(1626, 1637), 19세기 外勢의 바람이
커지고 청조가 쇠운의 길로 걷기 시작하는 시기였다. 또 光海君의 통
치시기도 後金과의 兩端外交로 조선과 후금, 조선과 명, 명과 후금 간
의 관계가 혼란스럽고 복잡한 시기였다. 다만 正祖年間은 淸의 乾隆
年間으로 비교적 안정과 全盛을 구가하던 시기로 文運도 크게 융성
하였다.

이 시기의 연행록들을 모두 政勢의 変化와 관련지어 볼 수 있는
것은 아니지만 그 영향도 무시할 수 없는 것이다. 明代에 비해 淸代
에 그 수는 倍加하였다. 이는 청대의 조선과의 관계의 다양한 긴밀성
을 보여주는 것이기도 하다. 특히 18세기 후반은 동서양이 모두 文運
이 크게 융성하던 시기로 기록, 출판한 文化의 성행을 감안한다면 정
조년간의 연행록을 통한 조선지식인들의 갈구 즉 북학파들의 새로운
문물, 학문에의 관심 수용이 洪大容, 朴齊家, 朴趾源의 연행록을 통해
표출되었음을 이해할 수 있을 것 같다. 그리고 19세기 중, 후기 새로
운 시대 조류와 더불어 좀 더 넓은 세계로의 견문도 1894년까지 지속
되었다.

淸代 양국관계의 틀이 확립되었고 의례적이고 실제적인 면에서도
강압적이라고 하는데, 월경이나 狂禁하는 물품(유황, 서적, 지도)에
대한 규제를 제외하면 연례적인 사행왕래를 통해 대부분 해결하고

있다. 그러나 明朝는 國初이후 상당한 말(馬), 1404년에는 대량의 소(牛)의 관송도 요청하였으며 火者(환관)나 처녀진헌도 요구하였다. 양국 간에 관송되었던 경우는 많은데 1403년에는 남녀 13641명을 관송하였다. 그러한 관계를 떠나 使行의 正使 등이 도중 사망한 경우도 많은데 청대에는 1件이었던 것에 비해 明代에는 15件이나 되었다. 이는 病弱했거나 年老한 正使였을 수도 있지만 다른 가능성도 고려해 볼 수 있다. 또 鄭摠(1397)의 경우는 雲南유배가서 詩를 남기기도 하였지만 明에서 처형당하였다.[4] 이러한 사실은 明代 使行의 어려움이 더 많았고 燕行錄의 수가 적은 것과도 무관한 것은 아닌 것 같다.

Ⅱ. 燕行錄關係 研究現況

燕行錄(朝天錄과 燕行錄) 관계 연구 현황은 韓國을 중심으로, 중국, 일본, 西歐의 연구 성과물도 있다. 한국은 明代와 淸代 중 청대에 관한 것이 중심으로 18세기 후반 특히 朴趾源에 관한 연구가 다방면에서 활발하다. 중국의 연구 성과도 2000年代 이후 급증하였고 18세기 후반이 주축이며 한국에 비하여 1/4정도지만 연구자가 급증하고 있다. 그 밖에 臺灣, 일본의 성과를 중심으로 연구현황을 보았다. 관련하여 부수적인 연구현황도 검토하였는데 이는 歷史資料로서의 연행록 연구를 위한 기초로, 앞으로 해야 할 연구방향을 모색하는데도 큰 도움이 될 것이다.

그리고 600여종이 넘는 연행록 중 연구되어진 것은 극히 일부에 지나지 않으므로 앞으로의 과제로 삼아야 될 연구도 상당하다는 점에서 주의를 바란다. 한국과 중국의 성과들을 별도로 제시하지 않고

---

4) 鄭恩主, 부록, 「조선 및 명·청 사신 왕래표」『조선시대 사행기록화』(옛 그림으로 읽는 한중관계사), 사회평론, 2012, pp.546~581, 590~608 참조.

함께 소개할 것이며, 먼저 시대별로 정리하고 이어서 관련 분야, 주제를 논하고자 한다.

먼저 전반적인 성과는 다음과 같다. 林基中교수는 『燕行錄全集』 100卷(東國大出版部, 2001)을 펴낸 이후, 『연행록연구』(일지사, 2002), 『연행록해제』 등으로 잘 알려져 있는 연행록 수집, 정리 및 연구의 대표 주자로, 연행록과 한국학연구, 연행가사연구, 朝天錄과 燕行錄의 화답시, 연행록의 幻戱記, 演戱記와 觀戱詩, 조천록과 연행록의 服飾, 연행록의 對淸의식과 대朝鮮의식 등의 연구가 있다. 또 숭실대 한국전통문예연구소의 『연행록연구총서』(조규익 편) 10권이 있고 18세기 金昌業, 洪大容, 朴趾源의 연행록을 중심으로 淸의 정치, 경제, 사회와 문화들을 들여다 본 『18세기 연행록과 중국사회』(崔韶子·鄭惠仲·宋美齡 엮음), 국문학적 입장에서 다룬 『18세기 연행록의 전개와 특성』(김현미), 『조선시대 명청사행 관련 회화연구』, 『조선시대사행기록화』(정은주), 『燕行使와 通信使』(夫馬進) 등 저서와 「燕行錄選集해제」, 「燕行錄의 세계」(黃元九), 연행록을 통해본 한중 문화교류(김주한), 조청 문물교류(尹渭英), 조선전기 연행록 사료의 가치와 그 활용(서인범), 연행록 연구를 위한 제언(최소자), 연행록과 한국학연구(박기중) 등이 있다. 중국측 연구는 推展韓國的華行錄硏究(張存武), 燕行錄初探(王政堯), 簡論『燕行錄』與淸代中朝文化交流(王政堯, 赫曉琳), 朝鮮王朝(1392~1910)對華觀的演變~『朝天錄』和『燕行錄』初探(陳尙勝 等), 燕行錄과 中國學硏究(劉勇强), 朝天錄與燕行錄(孫衛國), 淸代中朝使者往來硏究(劉爲), 明代朝鮮使節的燕行錄(松浦章), 燕行錄, 17~19世紀中朝關係史的重要文獻(王政堯), 十六至十九世紀初中韓文化交流硏究, 淸代朝鮮燕行使臣的地理分布(楊雨蕾)가 있다.[5]

---

5) 林基中, 「燕行錄과 韓國學연구」 『燕行錄과 東亞細亞연구』, (第21次韓國文學國際學術會議), 東國大韓國文學硏究所, 2001; 林基中, 『燕行歌辭硏究』, 아세아 문화사, 2001; 林基中, 「朝天錄과 燕行錄의 和答詩」 『국어국문학』 119, 1997; 林基中, 「연행록의 幻戱記」 『한국민속학』 31, 1999; 林基中, 「연행

明代 燕行錄연구는 崔溥의 漂海錄(1488)이 중심이라고 할 만큼 한
국과 중국의 연구가 많은데 麗末 李承休의 賓王錄(1273)연구(명평자),
益齊의 詩연구(柳豊淵, 池榮在), 文益漸의 使行과 木棉傳來(문경현),
權近의 시문학연구(朱慶烈, 전수연), 사행문학연구(崔康賢), 應制詩와
對明外交(朴天圭), 정몽주와 권근의 사행시에 표현된 국제 관계(양경
흠), 권근의 역사인식과 역사서술(姜文植), 성리학고찰(전재성), 五經
인식(김문식), 周易淺見錄의 조선역학사적 위상연구(김재갑), 中朝關
係의 重要史料-『朝天錄』評價之-權近『奉使錄』(張德信·松浦章)과

록의 演戲記와 觀戲詩」『文學한글』13; 林基中, 「조천록과 연행록의 服飾」
『한국복식』 10, 1992; 林基中, 「연행록의 대청의식과 대조선의식」『淵民學
志』, 창간호, 1993; 조규익 편, 『연행록 연구총서』 10권(숭실대학교 한국전
통문예연구소), 학고당, 2006(이하『연행록 연구총서』로 稱함); 최소자·정혜
중·송미령 엮음,『18세기 연행록과 중국사회』, 혜안, 2007; 김현미, 위의 책,
혜안 2007; 鄭恩主, 위의 책, 2007; 위의 책, 사회평론, 2012; 夫馬進,『燕行使
와 通信使』(정태섭 외 역), 신서원, 2008; 黃元九, 「燕行錄選集해제」『국역
연행록선집』, 민족문화추진회, 1976; 黃元九, 「燕行錄의 세계」『여행과 체
험의 문학』, 민족문화문고, 1985; 김주한, 「연행록을 통해본 한중문화교류」
『모산학보』 2, 1991; 尹渭英,『연행록을 통해본 조청문물교류』, 경북대교육
대학원 1986; 서인범, 위의 논문, 2008; 崔韶子, 「燕行錄研究를 위한 제언」『明
淸史研究』 30, 2008; 박기중, 「연행록과 한국학연구」『연행록연구총서』 3,
2006; 中國側 研究로는 張存武, 「推展韓國的華行錄研究」『朴永錫華甲論叢』,
1992; 王政堯, 「燕行錄初探」『淸史研究』, 1997, 3期; 王政堯·赫曉琳, 「簡論『燕
行錄』與淸代中朝文化交流」『韓國學論文集』 7, 1998; 陳尙勝 等著, 『朝鮮王
朝(1392~1910)對華觀的演變-『朝天錄』和『燕行錄』初探』, 濟南, 山東大出版
社, 1999; 劉勇强, 「燕行錄과 中國學研究」『한국문학연구』 24, 동국대 한국
문화연구소, 2001; 孫衛國, 「朝天錄與燕行錄-朝鮮使臣的中國使行紀錄」『
中國典籍與文化』, 2002-1; 劉爲, 『淸代中朝使者往來研究』, 黑龍江敎育出版
社, 哈爾濱, 2002; 張德信, 「明代朝鮮使節的燕行錄」『明淸時代中國與朝鮮的
交流』, 樂學書局, 2002; 王政堯, 「燕行錄, 17-19世紀中朝關係史的重要文獻」『
中國中外關係史學會第6屆會員代表大會』, 2005; 楊雨蕾, 『十六至十九世紀初
中韓文化交流研究』, 復旦大歷史地理學科博士論文, 2005; 楊雨蕾, 「淸代朝
鮮燕行使臣的地理分布-兼論朝鮮王朝政治地域分野」『韓國研究』 8輯, 遼
寧民族出版社, 2007이 있다.

1397년 表箋文 사건으로 明에서 처형된 鄭摠, 金九容의 雲南유배시에 관한 연구(하정승), 韓半島와 洪武朝의 通事(張輝) 논고[6]가 있다. 사실 明朝성립 이후 漂海錄이전까지 朝天詩나 日記, 觀光錄이 25건 정도 있는데 개인 문집류 등에 게재되어 있어 잘 알려져 있지 않다.

1488년 崔溥의 漂海錄은 일반적인 燕行錄이 아니다. 넓은 의미에서 漂流하여 중국의 강남에 간 조선관리의 송환까지 明 弘治年間의 중국상황을 전한 기록인데 한국과 중국의 연구가 많다. 『漂海錄』(葛振家, 최기홍, 서인범, 주성지, 박원호) 評註, 崔溥漂海錄研究(葛振家, 박원호), 최부의 표해록 답사기(서인범) 등 저술이 있다.

연구로는 成宗朝 崔溥의 표류와 표해록, 崔溥의 錦南漂海錄(高柄翊)으로부터 조선 한문古籍漂海錄初探, 學術價值再探(葛振家), 최부연구(김기주), 표해록 연구(崔來沃), 從「漂海錄」看崔溥其人(王金龍), 漂海錄的語言學價值(汪如東), 표해기 기행문집(허문섭), 異國紀行의 錦南崔溥漂海錄(張德順)이 있다.

6) 명평자,「李承休의 賓王錄(1273)연구」『한문학논집』28, 2009; 柳豊淵,『益齊의 詩연구』, 건국대 박사논문, 1985; 池榮在,「익재의 燕行詩연구」『東洋學』26, 단국대, 1996; 문경현,「文益漸의 使行과 木棉傳來」『연행록연구총서』7, 2006; 朱慶烈,「權近의 使行詩研究-『奉使錄』을 중심으로」『한문학논집』16, 1998; 전수연,『權近의 詩文學研究』, 태학사, 1999; 崔康賢,「한중사행문학에 관한 연구-權近의 奉使錄을 중심으로」『人文科學』8, 弘大, 1998; 朴天圭,「權近의 應製詩와 對明外交」『한국학논집』창간호, 단국대 한문학회1983; 양경흠,「정몽주와 권근의 사행시에 표현된 국제 관계」『연행록연구총서』7, 2006; 姜文植,「權近의 역사인식과 역사서술」『한국학보』117, 2004; 전재성,「權近의 성리학고찰-天人心性合一之圖의 생활의 중심으로」『한국사상과 문화』34, 2006; 김문식,「權近의 五經인식-經學 과 겡세론의 연결을 중심으로」『태동고전연구』, 한림대 태동고전연구소 2008; 김재갑,『權近 周易淺見錄의 조선역학사적 위상연구』동방대학원대 미래예측학과 박사논문, 2010; 張德信·松浦章,「一部研究中朝關係的重要史料-『朝天錄』評價之-權近『奉使錄』」『史學集刊』, 1999-3; 하정승,「여말 선초 사대부의 雲南유배와 유배시의 미적특질」『연행록연구총서』3, 2006; 張輝,「韓半島與洪武朝的通使」『韓國研究論叢』9輯, 2002.

또 漂海錄을 통한 韓中航路分析(주성지), 崔溥之旅-大運河中韓
交流圈(鄭先元), 崔溥漂海錄所描寫的十五世紀下半期中國-朝鮮士人
官僚之批判性觀察(曹永祿), 朝鮮人眼中的中國運河風情-崔溥 『漂海
錄』 爲中心(范金民), 崔溥漂海錄與明代弘治年間之杭州, 蘇州, 台州,
江南, 江北, 요동의 인상(金在先, 박명숙, 서인범, 王金龍), 明代海防
(김재선), 사림파 관료의 중국체험, 체험의 대화적 재구성(서인석), 표
류민의 송환절차와 정보전달, 明 弘治中興의 兆朕(박원호), 漂海錄撰
進에 따른 수난과 戊午被禍(楊万鼎), 정치활동(김기주)이 있고, 비교
사적 연구로 표해록과 唐土行程記(조영록), 築彦의 入明記와 비교(洪
性鳩)가 있다.[7]

---

7) 葛振家, 『漂海錄』, 社會科學文獻出版社1992; 최기홍 역, 『최부표해록』, 교양
사, 1997; 서인범·주성지 역, 『표해록』, 한길사, 2004; 朴元熇, 『崔溥「漂海錄」
역주』, 고대출판부, 2005; 葛振家, 『崔溥漂海錄評註』, 繕裝書局, 2002; 葛振
家, 『崔溥漂海錄硏究』, 社會科學出版社, 1995; 朴元熇, 『崔溥漂海錄硏究』,
고대출판부, 2006; 서인범, 『明代의 운하길을 걷다: 항주에서 북경 2500km
최부의 표해답사기』, 한길사, 2012.
高柄翊, 「成宗朝 崔溥의 漂流와 漂海錄」 『이상백박사회갑기념논총』, 1964;
高柄翊, 「崔溥의 錦南漂海錄」 『東亞交涉史의 硏究』, 1970; 葛振家, 「朝鮮漢
文古籍漂海錄初探」 『朝鮮學論文集』 1, 1992; 葛振家, 「漂海錄學術價値再探」
『當代韓國』, 1993-4; 『韓國學論文集』 3, 1994; 김기주, 「표해록의 저자 최부
연구」 『전남사학』 19, 2002; 崔來沃, 「표해록 연구」 『비교민속학』 10, 1993;
王金龍, 「從『漂海錄』看崔溥其人」 『韓國硏究』 11, 國際文化出版公司, 2010;
汪如東, 「朝鮮人崔溥『漂海錄』的語言學價値」 『東疆學刊』, 2002-1; 허문섭, 「표
해기『기행문집』, 해누리, 1994; 張德順, 「異國紀行의 錦南崔溥漂海錄」, 한
국수필문학사, 도서출판 박이정 1995.
주성지, 「漂海錄을 통한 韓中航路分析」 『東國史學』 37, 2002; 鄭先元 「崔溥
之旅-大運河中韓交流圈」 『韓國硏究』 9, 2010; 조영록, 「崔溥漂海錄所描寫
的十五世紀下半期中國-朝鮮士人官僚之批判性觀察」 『明史論文集』, 第6屆
明史國際學術討論會, 1997; 范金民, 「朝鮮人眼中的中國運河風情-崔溥『漂
海錄』爲中心」, 京都大學大學院文學硏究編, 第3回報告書(歷史編), 2004; 金
在先, 「『漂海錄』與明代弘治年間之杭州地區景觀」, 中國社會史學會第5屆年
會, 1994; 金在先, 「『漂海錄』與明代弘治年間之蘇州景觀」, 第9屆中國域外漢

16세기에 들어서 明中期 조선의 入明使行-蘇世讓의 赴京日記
(1533), 조선의 宗系辨誣의 對明外交-權橃의『朝天錄』(1539)을 중심
으로(권인용), 冲齋 權橃의 시대와 생애(이병휴)가 있고 許筬의 朝天
記(1574) 연구, 朝天記의 文學特点(韓梅), 許荷谷의 朝天錄 살핌(최강
현), 許筬의 對明使行과 陽明學變斥(金東珍), 許筬의 朝天記를 중심으
로 조선지식인의 중국인식(李豪潤), 그리고 1574년 東還封事에 나타
난 중국보고, 萬曆2年 조선사절의 중화국 비판, 허봉과 조헌(夫馬進)
의 연구가 있다.

壬辰倭亂期에 관해서는 이 시기 朝天錄 研究(劉宝全), 간이 崔岦
의 사행시 연구(김현미)가 있다. 사실 이 시기는 崔岦 外에 李準, 鄭崑
壽, 吳億齡, 鄭澈, 閔仁伯, 李廷龜, 申忠一, 權悏, 李睟光 許筬, 李尙毅,
黃汝一, 李恒福, 趙翊의 연행록이 있다. 또 1596년 建州女眞을 방문하
였던 申忠一의 建州見聞錄과 관련하여 朝鮮使臣所見建州社會(刁書
仁), 조선특사의 후금방문과 명질서의 균열(계승범)도 있다.

籍國際學術會議, 1994; 박명숙, 「최부표해록에 나타난 이념과 의미 및 강남
이미지」『溫知論叢』27, 2011; 서인범, 「조선관인의 눈에 비친 중국의 강남
崔溥漂海錄을 중심으로」『동국사학』37집(조영록교수정년기념논총), 2002;
서인범, 「崔溥『漂海錄』연구-최부가 묘사한 중국의 강북과 요동」『國史館
論叢』102, 2003; 王金龍, 「崔溥行經台州路線考辨-兼台州東北部歷史地理
探析」『韓國學論文集』10, 2003; 金在先, 「崔溥『漂海錄』與明代海防」『圓光
史學』4, 1986; 서인석, 「최부의 표해록과 사림파 관료의 중국체험」『한국문
화연구』10, 이대한국문화연구원, 2006; 서인석, 「최부의 표해록에 나타난
해외체험과 대화적 재구성」『고전문학과 교육』13, 2007; 박원호, 「명대 조
선 표류민의 송환절차와 정보전달-최부의 표해록을 중심으로」『明淸史研
究』24, 2005; 박원호, 「조선인이 본 明弘治中興의 兆朕-최부 표해록을 중
심으로」『중국학논총』16집, 2005; 楊万鼎, 「錦南崔溥漂海錄撰進에 따른 수
난과 戊午被禍에 대한 고찰」『전라문화연구』8·9집, 1997; 김기주, 「조선중
기 錦南崔溥의 정치활동」『전남사학』24, 2005; 조영록, 「근세 동아3국의 전
통사회에 관한 비교사적 고찰-최부의 표해록과 日譯 唐土行程記를 중심
으로」『東洋史學研究』64, 1998; 洪性鳩, 「두 외국인의 눈에 비친 15, 16세기
의 중국-최부의 표해록과 策彦의 入明記의 비교」『明淸史研究』24, 2005.

李睟光이 살았던 시기는 16세기말 17세기 초로 壬辰倭亂, 光海君
통치, 後金건국, 仁祖反正, 丁卯胡亂의 격동기였는데 이수광은『芝峰
類說』로도 잘 알려져 있지만 1597년 朝天錄을 비롯하여 安南使臣唱
和問答錄, 1611년의 琉球使臣贈答錄이 있다. 이수광의 자아인식과 타
자인식(김문식), 使行問答錄에 대한 고찰(嚴慶欽), 베트남 1597~1598
(최병욱), 지봉 사행시의 일고찰(김원준)의 연구가 있다. 柳夢寅은
1609년 연행하였는데 그의 연행체험과 중국인식(이승수), 散文研究(조
문주), 1597년 丁酉朝天錄과 1611년 辛亥朝天錄을 비교한 李尙毅의 사
행시연구(윤재환), 乙丙朝天錄에 투영된 교산 許筠(최강현), 다섯 차
례 중국에 사행한 李廷龜의 庚申使行研究(王克科), 光海君時代 對明
外交의 一面을 보여주는 이정구의 교섭(鈴木開), 그의 詩文을 통해
본 明代中韓文化交流(楊雨蕾), 月沙 이정구의 학문적 계통과 사림에
서의 역할(김학수), 정치적 시련과 시적 표현(이경주) 등과 경정 李民
宬의 시문학(박경은)이 있다.[8]

---

8) 권인용,「明中期 조선의 入明使行 - 蘇世讓의 赴京日記를 통하여」『明淸史
研究』19, 2003; 권인용,「明中期 朝鮮의 宗系辨巫의 對明外交 - 權橃의『朝
天錄』을 중심으로」『明淸史研究』24, 2005; 이병휴,「冲齋 權橃의 시대와 생
애」『退溪學』19(안동대퇴계학연구소), 2010; 韓梅,「許筠『朝天記』의 연구」,
성균관대 석사논문, 1999; 韓梅,「許筠『朝天記』的 文學特点」『第3屆韓國傳
統文化國際學術討論會論文集』, 1999; 최강현,「許荷谷의『朝天錄』을 살핌
- 국립중앙도서관 소장 필사본을 중심으로」『한국사상과 문화』22, 2003;
金東珍,「許筠의 對明使行과 陽明學變斥」『文化史學』, 한국문화사학회
2004; 李豪潤,「16世紀朝鮮知識人の中國認識 - 許筠の朝天記を中心に」『コリア
研究』2, 立命館大學コリア研究センタ, 2011; 夫馬進,「조선의 동환봉사에 나
타난 중국보고」『연행사와 통신사』, 정태섭 외 역, 신사원 2008; 夫馬進,「萬
曆2年 조선사절의 중화국 비판 - 허봉과 조헌」, 위의 책, 2008.
劉宝全,「壬辰倭亂時期的朝鮮朝天錄研究」『韓國研究』10, 國際文化出版公
司, 2010; 김현미,『간이 최립의 사행시 연구』, 梨大석사논문, 1998; 刁書仁,
「朝鮮使臣所見建州社會 - 兼論後金建國前與朝鮮的關係」『滿族研究』, 2001-2;
계승범,「조선특사의 후금방문과 명질서의 균열」『한중관계 2000년 동행과
공유의 역사』, (서강대 동양사연구실), 소나무, 2008.

後金의 요동장악이후 燕行은 丙子胡亂前까지 海路를 통할 수밖에 없었는데 이 시기 明은 환관 魏忠賢의 전횡이 극심하였고, 後金은 후 금대로, 對明, 對朝鮮 관계를 압박하여 조선의 연행사행은 海路를 이 용하였지만 後金과도 胡亂 후 사행을 보내야 하였다. 이 시기도 거의 30여편의 연행록이 있다. 연구성과로는 白沙 허술 조천록고(이종건), 洪翼漢「朝天航海錄」初步硏究(于澎), 뱃길로 간 中國, 甲子(1624) 항 해조천도, 명청교체기 對明海路使行 기록화 연구(정은주), 甲子航海 朝天圖연구(최은정), 죽천행록연구, 죽천행록의 사행문학적 성격(조 규익), 航海朝天圖의 형성양상과 원본비정(임기중), 해로사행에 관한 행차분석(박현규)이 있다.

또 寧遠을 지키던 明將 袁崇煥의 관여로 宣川에서 출발하여 覺華 島에서 寧遠으로 거쳐 山海關, 北京으로 가게 되었는데 이와 관련 李 忔(1629) 筆下의 袁崇煥(邱瑞中·崔昌源), 袁崇煥과 조선사절(松浦章), 이흘의 朝天日記(1629)에 나타난 17세기 문화양상(조기영), 1636년 해 로 사행과 李晩榮의 崇禎丙子朝天錄(조창록)도 있다. 金堉의 朝京日

金文植, 「李睟光의 자아인식과 타자인식」『조선후기 지식인의 대외인식』, 새문사, 2009; 嚴慶欽, 「李睟光의 使行問答錄에 대한 고찰」『文化傳統論集』 2, 慶星大 향토문화연구소, 1994; 최병욱, 「이수광의 베트남 1597-1598」『베 트남-한국의 동아시아 세계 인식과 교류』, 동북아역사재단, 2008; 김원준, 「지봉 사행시의 일고찰」『연행록연구총서』 5 학고방, 2006; 이승수, 「柳夢寅 의 연행체험과 중국인식」『東方學志』, 136, 연세대 국학연구원, 2006; 조문 주, 『柳夢寅의 散文硏究』, 단국대 박사논문, 2010; 윤재환, 「少陵 李尙毅의 사행시 연구-丁酉朝天錄과 辛亥朝天錄의 비교를 중심으로」『동방한문학』, 45, 2010; 최강현, 「을병조천록에 투영된 교산 許筠」『연행록연구총서』 10, 2006; 王克科, 『李廷龜庚申使行硏究』, 陝西師範大 碩士論文, 2010; 鈴木開, 「1620年の朝鮮燕行使李廷龜一行の交涉活動-光海君時代における對明外交 の一局面」『東洋學報』91卷2号, 2009; 楊雨蕾, 「李廷龜의 詩文을 통해 본 明 代中韓文化交流」, 『東方學志』139, 연세대 국학연구원, 2007; 김학수, 「月沙 李廷龜(1564~1635)의 학문적 계통과 사림에서의 역할」『한국인물사연구』 16, 2011; 이경주, 「月沙 李廷龜의 정치적 시련과 시적 표현」『한국인물사연 구』 16, 2011; 박경은, 「경정 李民宬의 詩문학」『연행록 연구총서』 1, 2006.

錄을 중심으로 조명관계(沈隅俊), 丙子胡亂전후 조선과 명청관계(李
迎春), 明末의 중국사회와 조선사신의 외교활동, 조천록을 통해 본 명
청교체기 요동정세와 조명관계(金英淑)와 잠곡 김육의 저술과 문학
(이종호), 학풍과 時勢인식(우경섭), 개혁사상의 연원과 성격(이정철),
김육연구(박병련 등) 군사정책론(이기순), 경제사상(李憲柱) 등이 있
다. 後金, 大淸과 연관하여 瀋陽日記, 瀋陽日乘, 北行日記, 瀋館錄, 瀋
陽日錄도 여러 편 있다. 병자호란 직후 청나라 이해-書筵官 金宗一
의 瀋陽日乘(1637) 인식중심(한명기)이 있다.[9]

9) 이종건, 「백사의 허술 조천록고」『연행록연구총서』1, 2006; 于澎, 「洪翼漢
『朝天航海錄』初步研究」『第3屆韓國傳統文化國際學術討論會論文集』, 山東
大出版社, 1999; 정은주, 「뱃길로 간 中國,『甲子 航海朝天圖』『문헌과 해석』
26, 태학사, 2004; 정은주, 「명청교체기 對明海路使行 기록화 연구」『明淸史
硏究』27, 2007; 최은정, 「『甲子-(1624)航海朝天圖』연구」, 서울대 석사논문
2005; 조규익, 「죽천행록연구」『연행록연구총서』5, 2006; 조규익, 「죽천행록
의 使行文學的 성격」『국어국문학』129, 2001; 임기중, 「航海朝天圖의 형성
양상과 원본비정」『한국어문학연구』52, 2009; 박현규, 「17세기 전반기 대명
해로사행에 관한 행차분석」『한국실학연구』21, 2011; 邱瑞中·崔昌源, 「朝
鮮使臣李忔筆下(雪汀先生朝天日記1629])의 袁崇煥『燕行錄』의 史料價値」『韓
國民族文化』25, 부산대 한국민족문화연구소, 2005; 松浦章, 「袁崇煥和朝鮮
使節」『明淸時代中國與朝鮮的交流』(松浦章 編著), 樂學書局, 臺北, 2002;
조기영, 「李忔의『朝天日記』에 나타난 17세기 문화양상」『연행록연구총서』
6, 2006; 조창록, 「1636年의 해로 사행과 李晩榮의 崇禎丙子朝天錄」『人文科
學』47, 성균관대 인문과학연구소 2011; 沈隅俊, 「金堉의『朝京日錄』(1636),
특히 병자호란시의 朝明관계를 중심으로」『한국학』21, 영신아카데미 한국
학연구소, 1979; 李迎春, 「丙子胡亂前後의 조신·밍·청 관계와 金堉의『朝京
日錄』」『조선시대사학보』38, 조선시대사학회 2006; 金英淑, 「明末의 中國
社會와 朝鮮使臣의 외교활동-金堉의 朝京日錄과 朝天錄의 분석을 중심
으로」『明淸史硏究』31, 2009; 김영숙,「조천록을 통해 본 명청교체기 요동
정세와 조명관계」인하대 박사논문,2011; 이종호, 「잠곡 김육의 저술과 문
학-저술의 현황과 문학연구의 성과를 중심으로」『한국인물사연구』6,
2006; 우경섭, 「潛谷金堉(1580-1658)의 학풍과 時勢인식」『한국문화』33, 서울
대한국문화연구소, 2004; 이정철, 「김육 개혁사상의 연원과 성격」『한국사
학보』44, 고려사학회, 2011; 박병련 외,『잠곡 김육연구』, 태학사, 2007; 이기

入關後 17세기 말까지는 淸朝의 중국통치 확립기라고 할 수 있다. 康熙帝는 국내지배를 안정시킨 후 臺灣, 蒙古 등을 평정하였는데 이 때의 燕行錄은 70여건에 이른다. 연구된 것은 麟坪大君(1656, 李湤)의 燕途紀行(李迎春), 姜栢年의 옥하만록연구(오용섭) 그리고 朴世堂 (1668, 燕行錄)에 관한 다양한 연구가 있다. 서계 박세당의 연행록 연구(김종수), 北關宦遊記, 北征錄연구(주영아), 對淸예속 인식, 사행서 신과 赴燕詩(김종수), 탈주자학적 실학사상의 선구(이희재), 실학적 격물인식(이종성), 尙書우공편주해(김종수), 尙書思辨錄특징(이희재), 大學인식과 사회적 반향(김세봉), 논어 思辨錄(吳龍源), 유가적 노장 해석(조한석), 新註道德經과 林羅山의 老子抄解비교(조한석), 律曆考 證(김종수), 정치사상(이희재), 개방적 학문관(주영아) 등 다양한 논저 가 있다. 그리고 老峯燕行詩, 老峯燕行記를 쓴 閔鼎重과 왕수재 문답 (夫馬進)이 있다.[10]

순,「金堉의 군사정책론」『한국인물사연구』6, 2006; 李憲柱,「金堉의 경제사상」, 위의책.

한명기,「병자호란직후 조선지식인의 청나라 이해-소현세자書筵官 金宗一의 인식을 중심으로」『국제한국학연구』, 명지대 국제한국학연구소, 2003.

10) 李迎春,「麟坪大君의 연행록 燕途紀行」『史學硏究』82, 2006; 오용섭,「姜栢年의 옥하만록연구」『서지학연구』45, 2010; 김종수,『서계 박세당의 연행록연구』, 혜안 2010; 주영아,「박세당의 北關宦遊記, 北征錄 연구」『동방학』17, 한서대 동양고전연구소, 2009; 김종수,「西溪 朴世堂의 對淸예속 인식」『東方學』16, 한서대, 2009; 김종수,「西溪 朴世堂의 使行서신과 赴燕詩」『민족문화』37, 2011; 이희재,『박세당-탈주자학적 실학사상의 선구』, 성균관대출판부, 2010; 이종성,「서계 방세당의 실학적 격물인식-명재 윤증과의 격물논변을 중심으로」『공자학』19, 공자학회, 2010; 김종수,「서계 박세당의『尙書』우공편주해일고」『탈경계인문학』2권 3호 4집, 이대 이화인문과학원 2009; 이희재,「朴世堂 尙書思辨錄의 특징」『유교사상연구』35, 한국유교학회, 2009; 김세봉,「西溪 朴世堂의 大學인식과 사회적 반향」『동양고전연구』34, 2009; 吳龍源,「朴世堂의 論語 思辨錄연구」『대동문화연구』47, 성균관대 대동문화연구소, 2004; 조한석,「박세당의 유가적 노장해석-노장수용과 왜곡의 경계, 그리고 그 동기에 관하여」『공자학』19, 2010; 조한석,

18세기 전반기 淸의 통치는 안정의 단계에서 완성기로 넘어가는 시기로 대외적으로 별로 큰 사건이 없었다. 조선 역시 숙종을 거쳐 영조의 통치시기이다. 연행록 역시 60여건이 알려져 있는데 연구 성과는 김창업의 연행록에 집중되어있다. 金昌業의 老稼齋燕行日記연구(박지선, 金亞利, 위홍), ~小考(이경자), 노가재의 중국체험(趙洙翼), 18세기 연행록의 대표적인 金昌業, 洪大容, 朴趾源의 중국인식(최소자), 김창업, 연행일기 중의 中國형상(전미자), 康熙趨於理想的君主形象(徐東日), 조선선비의 청국수도 북경견문(정혜중), 상상 속의 중국(송미령), 김창업의 東庄(구본현), 연행록의 교과서 노가재 연행일기(김태준), 김창업 연행일기의 서술 시각과 수법(이군선) 등이 있다. 그리고 1732년 연행한 陶谷 李宜顯의 한시비평(장유승), 1736년 西堂 李德壽의 對淸觀(이승수), 18세기초 서종태의 연행체험(고연희)이 있다.[11]

「박세당의 新註道德經과 林羅山의 老子抄解비교연구서설」『한국철학논집』 28, 한국철학사연구회; 김종수, 「西溪 朴世堂의 律曆考證一考」『영남학』 16, 경북대 영남문화연구원, 2009; 이희재, 「박세당의 정치사상」『공자학』 19, 2010; 주영아, 「박세당의 개방적 학문관연구」『동방학』 20, 한서대, 2011; 夫馬進, 「閔鼎重의 연행일기에 나타난 왕수재문답에 대하여」, 위의 책, 2008.

11) 박지선, 「김창엽의 노가재 연행일기연구」『어문연구』 86, 1995; 金亞利, 『노가재 연행일기연구』, 서울대 석사논문, 1999; 위홍, 『老稼齋燕行日記硏究－對淸의식을 중심으로』 성균관대 박사논문, 2011;이경자, 「老稼齋燕行日記小考」『한성어문학』 3집, 1984; 趙洙翼, 「老稼齋의 중국체험－그의 연행일기를 중심으로」『여행과 체험의 문학』, 민속문화문고간행회, 1986; 최소자, 「18세기 金昌業, 洪大容, 朴趾源의 중국인식」『明淸史硏究』 32, 2009; 전미자, 「김창업, 연행일기 중의 中國형상」『중국연구』 29, 2012; 徐東日, 「康熙趨於理想的君主形象－以朝鮮朝燕行使者金昌業等人的燕行錄作品爲中心」『韓國硏究』, 國際文化出版公司, 2010; 鄭惠仲, 「조선선비의 청국수도 북경견문－稼齋燕行錄을 중심으로」『明淸史硏究』 23, 2005; 宋美齡, 「상상 속의 중국－18세기 조선지식인이 본 청조의 통치」『동아시아역사 속의 중국과 한국』(崔韶子敎授停年紀念論叢), 서해문집, 2005; 구본현, 「老稼齋 金昌業의 東庄에 대하여」『퇴계학논총』 14, 2008; 김태준, 「연행록의 교과서, 노가재 연행

18세기 후반기 淸朝는 乾隆의 전성기를 구가하던 시기로 조선은 英祖에 이어 正祖의 통치시기이다. 알려진 燕行錄은 50여건이지만 새로운 文物의 인식이 확대되면서 북학파의 움직임은 연행록에서도 크게 부각되어 洪大容을 비롯하여 李德懋, 朴齊家 그리고 朴趾源의 熱河日記는 최대의 白眉로 떠올랐다. 명청시대의 전체 연행록 중 대표적인 작품이고 文運의 융성에는 正祖의 후원이 크게 작용하였다. 그러나 그 후 文體 反正으로 연행록 서술형태는 과거의 형식으로 되돌아갔다. 연구 성과는 역시 박지원의 열하일기가 중심에 서 있다. 1760년 중국 북경에서의 베트남사신 黎貴惇과 조선사신 홍개희, 조영진, 이휘중과의 교류(응우엔 밍 뜨엉)는 庚辰燕行錄과 유관할 것 같다. 같은 해 庚辰冬至燕行과 瀋陽館圖帖(정은주), 조선 후기「瀋陽館圖」書帖과 서양화법(朴銀順), 1763년 李憲默의 연행일록에 대하여(김종진)가 있다.

1766년 洪大容은 湛軒燕記, 乙丙燕行錄의 연행록을 저술하여 실학전성기에 독보적인 과학자로서 평가받고 있는데 홍대용과 그의 시대, 홍대용 평전, 북경 여행기(김태준), 湛軒 洪大容연구(金都煥, 조규익, 소재영), 홍대용의 諺文燕行錄(崔益翰), 燕記연구(裴元煥), 乙丙燕行錄연구(소재영, 조규익), 담헌 연기와 을병연행록 비교연구(김태준), 을병연행록과 18세기 조선의 중국읽기, 홍대용 연행록의 글쓰기와 중국인식(정훈식)이 있다.

홍대용 연구사료로『日下題襟合集』,『海東詩選』(祁慶富, 權純姬), 洪의 사상에 관한 연구(김민규), 연행과 홍대용 사상형성과 관련성(노진한), 北學派의 실학사상으로 洪의 과학정신(琴章泰), 홍대용의 실학

일기」『국제한국학연구』1, 2003; 이군선,『김창업 연행일기의 서술시각과 수법에 대한 고찰』, 성균관대 석사논문, 1997; 장유승,「陶谷 李宜顯의 한시 비평론」『한국한시작가연구』13, 2009; 이승수,「西堂 李德壽의 對淸觀」『한국사상과 문화』20, 한국사상문화학회, 2003; 고연희,「18세기초 서종태의 연행체험」『연행록연구총서』7, 2006.

사상의 근대정신(小川晴久), 실학사상연구, 실학과 18세기 북학사상
(김문용), 實學的學問結構(姜春華), 홍대용과 李圭景의 음악관연구(조
유희), 북벌론과 홍대용의 화이론(김도환), 王夫之와 홍대용의 華夷論
비교(金仁圭), 洪의 문학작품에 반영된 민족의식(한위성), 홍대용의
格物致知說(姜春華)이 있다.

그의 科學에 대한 연구로 홍대용의 地轉說의 재검토(千寬宇), 담
헌 홍대용의 과학사상(전상운), 담헌서의 서양과학발견(박성래), 홍대
용의 자연과학사상(지동환), 洪의 經世論과 科學的世界觀(박찬연), 서
양과학에 대한 홍대용의 이해와 그 철학적 기반(김용현)과 『의산문답』
에 반영된 홍대용의 자연철학사상과 문화의식(김병민)이 있다.

또 홍대용은 특히 嚴誠 潘庭筠, 陸飛 등과 交遊가 깊었는데 홍대
용의 학문론과 교우론(조기영), 洪大容의 入燕과 淸國學人(李元植),
조선 후기 진보적 지식인들의 중국방문과 교유, 18세기 후반 연행록
을 통해 본 조선지식인의 대 중국인식(최소자), 조청지식인의 만남과
知己의 표상「乾淨衕筆談」(박은정), 청대 한중지식인 교류와 문자옥
ー「乾淨衕會友錄」을 중심으로」(송원찬), 洪大容과 淸朝(小川晴久),
홍대용과 서양인 천주교 신부의 상호인식 「劉鮑問答」분석(노용필),
홍대용과 벗들의 풍류(송지원) 등과 홍대용의 사회 개혁론(김인규),
중조민속비교(서일권) 등이 있다.[12]

---

12) 응우엔 밍 뜨엉, 「1760년 중국 북경에서의 베트남사신 黎貴惇과 조선사신
    홍개희, 조영진, 이휘중과의 교류」『베트남·한국의 동아시아세계 인식과
    교류』(2008년 한국·베트남 역사학 symposium, 동북아역사재단, 2008; 정은주,
    「1760년 庚辰冬至燕行과 瀋陽館圖帖」『明淸史硏究』25, 2006; 朴銀順, 「조선
    후기 「瀋陽館圖」畵帖과 서양화법」『미술자료』 58, 국립중앙미술관, 1997;
    김종진, 「李憲默의 『燕行日錄』에 대하여」『연행록연구총서』 4, 2006.
    김태준, 『홍대용과 그의 시대』, 일지사, 1982; 김태준, 『홍대용평전』, 민음
    사, 1983; 김태준, 『홍대용의 북경여행기(乙丙燕行錄)』, 돌베개, 2001; 김태
    준, 『문명의 연행길을 가다-조선의 지식인들과 함께』, 푸른역사, 2005; 金
    都煥, 『湛軒 洪大容硏究』, 경인문화사, 2007; 조규익·소재영, 『담헌연행록』『동
    방학지』 97, 연세대 국학연구원, 1997; 崔益翰, 「湛軒 洪大容의 諺文燕行錄」

『正音』7, 1940; 裴元煥,『담헌 홍대용의 燕記연구』, 영남대 석사논문, 2001; 소재영·조규익,「을병연행록의 연구」『연행연구총서』4, 2006; 金泰俊,「湛軒 燕記와 乙丙燕行錄의 비교연구-특히 한시번역을 중심으로」『민족문화』11, 민족문화추진회, 1985; 정훈식,「을병연행록과 18세기 조선의 중국읽기」『연행록연구총서』8, 2006; 정훈식,『홍대용 연행록의 글쓰기와 중국인식』, 세종출판사, 2007.

祁慶富·權純姬,「『日下題襟合集』槪說-關於燕行學者洪大容硏究史料的新發現」『第3屆韓國傳統文化國際學術討論會論文集』(陳尙勝主編), 山東大出版社, 1999; 祁慶富·權純姬,「『海東詩選』初探-關於燕行學者洪大容硏究史料的新發現」, 위의 책, 1999; 김민규,「홍대용사상에 관한 연구」『홍익사학』2, 1985; 노진한,「연행과 홍대용의 사상형성과의 관련성 일고찰」『연행록연구총서』8, 2006; 小川晴久,「湛軒洪大容實學思想の近代精神」『儒學硏究』1, 충남대 유학연구소, 1993; 김문용,『홍대용과 실학사상에 관한 연구』, 고려대 박사논문, 1995; 김문용,『홍대용의 실학과 18세기 북학사상』, 예문서원, 2005; 姜春華,「洪大容的實學的學問結構」『延邊大學學報(社會科學編)』, 1999-1; 조유희,『조선후기 실학자의 음악관 연구-홍대용과 李圭景을 중심으로』, 성균관대 동양철학과 박사학위논문, 2009; 김도환,「북벌론과 홍대용의 화이론」『한국사상사학』5집, 시문문화사, 2000; 金仁圭,「王夫之華夷論에 있어서의 민족주의 성격-조선후기 홍대용 華夷論과의 비교를 중심으로」『溫知論叢』7, 2001; 한위성,『홍대용의 문학작품에 반영된 민족의식』, 연변대학 조선언어문학학과 편, 2005(03); 姜春華,「홍대용의 格物致知說」『조선학연구논문집』, 1996(10).

千寬宇,「洪大容의 地轉說의 재검토」『조명기박사회갑기념논총』, 1963; 전상운,「담헌 홍대용의 과학사상」『李乙浩박사정년기념철학논총』, 1975; 朴星來,「담헌서의 서양과학발견」『연행록연구총서』9, 2006; 지동환,『담헌 홍대용 사상연구-자연과학 사상을 중심으로』, 영남대 석사논문, 1990; 박찬연,『洪大容의 經世論과 科學的世界觀』, 梨大 석사논문, 1990; 김용현,「서양과학에 대한 홍대용의 이해와 그 철학적 기반」『철학』41, 한국철학학회, 1995; 김병민,「『의산문답』에 반영된 홍대용의 자연철학사상과 문화의식에 대하여」『조선학』, 민족출판사, 1995.

조기영,「홍대용의 학문론과 교우론」『율곡사상연구』22, 율곡학회, 2011; 李元植,「洪大容의 入燕과 淸國學人-薊南尺牘을 중심으로」『박영석교수화갑논총』, 1992; 최소자,「조선 후기 진보적 지식인들의 중국방문과 교유」『동아시아역사속의 중국과 한국』, 2005; 최소자,「18세기 후반 연행록을 통해 본 조선지식인의 대 중국인식」『국사관논총』76, 1996; 박은정,「조청지식인

李德懋는 1778년 入燕記를 서술하여 文學 특히 詩歌분야에서 평가
받고 있는데, 入燕記小考(이혜순), 청정관 이덕무의 입연기에 관한 연
구(박문열), 이덕무의 중국체험과 학문관(崔博光), 朝鮮燕行使者所見
十八世紀之盛淸社會－以李德懋의『入燕記』爲例(王振忠)가 있다. 李
德懋文學硏究(徐東日), 朝鮮詩人李德懋詩學觀－情感論(叢光), 論朝鮮
文學家李德懋的以詩輔誼意識, 論李德懋對詩歌結構美的創造, 李德懋
詩歌與中國文學關係探析,『天眞』李德懋의 시가 본질론, 李德懋的詩
人心理涵養論(徐東日), 李德懋의 明代文學비평에 대한 고찰(李學堂·
魏紅), 李德懋의 淸代詩수용(李剛秀), 아정 이덕무의 시련과 '조선풍'
의 성격(오수경), 이덕무의 중국 문자학 인식(서한용)이 있다.[13]

의 만남과 知己의 표상「乾淨衕筆談」」『東方學』18, 2010; 송원찬, 「청대 한
중지식인 교류와 문자옥－「乾淨衕會友錄」을 중심으로」『동아시아문화연
구』47, 한양대 동아시아문화연구소, 2010; 小川晴久, 「洪大容과 淸朝－홍대
용의 학자와 학문관」『국제한국학연구』1, 2003; 노용필, 「조선인 홍대용과
서양인 천주교 신부의 상호인식「劉鮑問答」의 분석을 중심으로」『한국사상
사학』27, 2006; 송지원, 「담헌 홍대용과 벗들의 풍류」『문헌과 해석』47, 문
헌과해석사, 2009; 김인규, 「홍대용의 사회 개혁론의 특징과 그 의의」『한국
사상과 문화』32, 2006; 서일권, 「홍대용의 중조민속비교연구」『문학과예술』,
1994(01).
13) 이혜순, 「이덕무의 入燕記小考」『조선조 후기 문학과 실학사상』, 정음사,
1987; 박문열, 「청정관 이덕무의 입연기에 관한 연구」『국제문화연구』, 청
주대 국제문제연구원, 1996; 崔博光, 「李德懋의 중국체험과 학문관」『대동
문화연구』27, 1992; 王振忠,『朝鮮燕行使者所見十八世紀之盛淸社會－以李
德懋의『入燕記』爲例(哈佛燕京圖書館所藏朝鮮資料硏究)』, 景仁文化社, 2004-
11; 徐東日,『李德懋文學硏究』, 牧丹江, 黑龍江朝鮮民族出版社, 2003; 叢光,
「朝鮮詩人李德懋詩學觀－情感論」『延邊大學學報(社會科學版)』, 1995(03); 徐
東日, 「論朝鮮文學家李德懋的以詩輔誼意識」『東疆學刊』, 2002(04); 徐東日,
「論李德懋對詩歌結構美的創造」『中南民族大學學報』(人文社會科學版), 2004
(04); 徐東日, 「李德懋詩歌與中國文學關係探析」『外國文學硏究』, 2005(04); 徐
東日, 「『天眞』李德懋의 시가 본질론」『延邊大學朝鮮言語文化學科編』,
2005(02); 徐東日, 「李德懋的詩人心理涵養論」『延邊大學學報』(社會科學版),
2005(01); 李學堂·魏紅, 「李德懋의 明代文學비평에 대한 일고찰」『한국실학

『北學議』를 통해 잘 알려진 朴齊家는 이덕무와 함께 연행하였는데 그 후 1790년, 1801년에 북경에 왕래하였다. 그는 사회개혁, 해운통상을 논하였는데 정유 박제가 연구, 박제가 사상(김용덕)이 1960대 발표되었고,「북학의」를 통해 본 朴齊家의 중국인식(김수경), 청문물도입(박광용), 燕行雜絶을 중심으로 청의 현실 인식(金哲), 문화의식(김병민), 북학의를 중심으로 사상사적 위치(박충석), 北學思想과 性理學(小倉雅紀), 北學議의 尊周論 성격(孫承喆), 실학사상과 해운통상론(오세영 외), 사회개혁론(윤종일), 박제가의 청대문학비평, 楚亭文學作品對淸代文壇的影響(金哲), 朝鮮詩人朴齊家的淸代文化觀－以燕京雜絶的分析, 朴齊家與淸代文壇(金柄珉), 박제가 어문관과 시론, 초정 박제가의 題畵詩연구, 초정 박제가 문학연구(정일남), 楚亭 朴齊家의 繪畵觀(金順愛), 朴의 연행과 일상 속의 국제교류(안대회), 북학의를 중심으로 인간지향과 교육정신(신창호)이 있다.[14]

연구』21, 한국실학학회, 2011; 李剛秀,「이덕무의 淸代詩수용」『인문학연구』27, 강원대, 1989; 오수경,「아정 이덕무의 시련과 '조선풍'의 성격」『한국한문학연구』9·10합집, 1987; 서한용,「이덕무의 중국 문자학 인식」『한문학논집』30, 2010; 최소자,「18세기 후반『燕行錄』을 통해본 조선지식인들의 對中國認識」『국사관논총』76, 1997.

14) 김용덕,「貞蕤 朴齊家 연구, 박제가 사상」『歷史學報』10, 1961; 김수경,「「北學議」를 통해 본 朴齊家의 중국인식」『연구논집』28, 이대대학원, 1995; 박광용,「초정 박제가의 청문물도입」『국제한국학연구』1, 2003; 金哲,「試談朝鮮詩人朴齊家對淸代現實的認識－以『燕行雜絶』爲中心」『黃海學術論壇』, 2005(05); 김병민,「『연행잡절』에 반영된 초정 박제가의 문화의식」『중국조선족 소장학자 조선학연구논문집』, 1992; 박충석,「초정의 사상사적 위치－북학의를 중심으로」『진단학보』52, 1981; 小倉雅紀,「朴齊家의 北學思想과 性理學」『한국문화』18, 서울대 한국문화연구소, 1996; 孫承喆,「北學議의 尊周論에 대한 성격분석」『人文學硏究』17, 강원대, 1983; 오세영·윤일권·김성준 엮음,『초정 박제가의 實學思想과 海運通商論』, 신서원, 2004; 윤종일,「초정 박제가의 사회개혁론」『한국의 청소년문화』10, 2007; 金哲,「論說朴齊家對淸代文學的批評」『延邊大學學報』(社會科學版), 1998(02); 金哲·叢光,「中朝文化交流－楚亭文學作品對淸代文壇的影響」『延邊大學學報』,

朴趾源의 熱河日記(1780)는 燕行錄을 대표한다. 그가 燕行하였던 시기는 淸의 全盛期 즉 乾隆의 萬壽節(七旬)을 축하하는 자리로써 때마침 熱河에서 班禪喇嘛(淸朝에 두 번째 방문)도 참관할 수 있었고 북경에서보다는 蒙古와의 관계도 보다 심도 깊게 분석할 수 있었으며 뛰어난 筆力과 재능으로 비유와 역설, 해학과 풍자의 언어 구사력을 통해 최고의 연행록을 남긴 것이다. 따라서 열하일기에 대한 연구성과도 최고에 달한다.

국역 열하일기도 多種 있고 北京에서도 영인본과 校点本이 출간된지 오래다. 姜東燁, 金明昊의『熱河日記研究』를 비롯하여 연암의 열하일기(金聖七), 朴趾源與熱河日記(沈立新), 讀朴趾源『熱河日記』(鄭克晟), 韓國『熱河日記』研究綜述(楊雨蕾), 연행록의 전통과 열하일기(김명호), 『熱河日記』與中國文化(吳紹釚·金柄珉), 朴趾源與中韓文化交流(史樹靑), 연암 박지원의 열하일기를 통해서 본 한중문화교류연구(김동국)가 있다. 중국인식과 관련하여 열하일기에 비친 청조통치의 제 양상(민두기), 박지원의 중국체험(강동엽), 燕岩朴趾源的對「淸朝觀」－以『熱河日記』爲中心(宋載邵), 熱河日記와 燕岩의 對淸觀(朴箕錫), 18세기 후반 조선 지식인 朴趾源의 對外인식－『熱河日記』에서 본 乾隆年間의 中國, 18세기 말 동서양지식인의 중국인식 비교－박지원의 열하일기와 G. Macartney의 중국방문사절일기(최소자), (김상조),

---

1999(01); 金柄珉, 「域外視覺－論朝鮮詩人朴齊家的淸代文化觀－以『燕京雜絶』的分析爲中心」『東疆學刊』3期, 2003; 金柄珉, 「朝鮮詩人朴齊家與淸代文壇」『朝鮮－韓國的歷史傳統與人文精神』(金柄珉主編), 延邊大學出版社, 2004; 정일남, 「박제가 어문관과 시론」『한문학보』, 2000(03); 정일남, 「초정 박제가의 題畵詩연구」『퇴계학과 한국문화』, 2004(03); 정일남, 『초정 박제가 문학연구』, 지식산업사, 2004; 金順愛, 『楚亭 朴齊家의 繪畫觀』, 전남대 석사논문, 1987; 안대회, 「楚亭 朴齊家의 燕行과 일상속의 국제교류」『동방학지』145, 연세대 국학연구원, 2009; 신창호, 「楚亭 朴齊家의 인간지향과 교육정신－『北學議』를 중심으로」『동양고전연구』23, 2005; 최소자, 「18세기 후반『燕行錄』을 통해본 조선지식인들의 對中國認識」, 위의 논문, 1997.

연암 박지원의 청현실 이해(김혈조), 열하일기에 나타난 연암의 중국 인식(최경자), 18세기 후반 박지원의 열하체험과 국제질서의 변화-『열하일기』를 중심으로(劉琳), 열하일기를 통해 본 연암의 대청인식과 호질의 주제(박기석)가 있다.

　내용과 관련하여 박지원의 열하여행과 西藏佛敎(李龍範), 黃敎觀과 세계인식(신태수), 筆談內容에 대한 고찰(李學堂), 지리관 고찰(손용택), 동아시아 정세인식 지리고증(김문식), 承德游記談(王松濤), 제일 장관, 중화론과 청나라 문화수용론(이현식), 요동백탑(강병희), 도강록의 강세작 삽화와 약천집의 강제작전 비교(정일남), 公平論「答化亨五論原道書」를 읽고(김호), 맹강녀 전설(류성운), 호곡장기 연구(신연우), 虎叱의 원형의식(金柄珉), 「九傳」의 영향관계(李岩), 연암박지원의 문학 속의 伯夷이미지 연구(이현식) 등이다.

　文學方面으로 杰出的思想家小說家和詩人朴趾源(何鎭華), 朴趾源文學與中國之關係硏究(徐義永), 연암의 문학론에서 본 사물인식과 창작의식(최신호), 18세기 연행사의 사고와 자각-열하일기를 중심한 여행자 문학론(김태준), 박지원의 화론과 문학진실관(리암), 燕岩朴趾源 "卽事趣眞"的文學思想及其歷史哲學內涵(姜日天), 연암 박지원의 이상과 그 문학(김지용), 熱河日記和明淸文學(陳寧寧), 熱河日記와 청조학예(김명호), 연암 박지원의 문학인식(소재영), 박지원의 문학과 사상(김지용), 연암 박지원의 열하일기연구-연행문학적 성격과 표현상 특성을 중심으로(전부용), 燕岩文學과 淸朝實學(趙德子), 열하일기에 나타난 근대 문학적 성격(조순희)이 있다.

　또 소설로는 연암 소설연구(이가원), 박지원의 소설연구(김영동), 연암소설의 서사구조연구(두창구), 연암의 사상과 소설(이동환), 연암소설의 도교사상적 고찰(김혜옥), 연암소설에 수용된 중국문학적 양상(全寅初), 연암소설의 민속적 성격 고찰(김수현), 박지원의 소설가운데의 하층인물들에 대하여(리암), 韓國18世紀後期燕岩小說再探討(申相星)가 있다. 문장으로는 연암 박지원 문장의 연구(이현식), 고전

문장론과 연암박지원(정민), 열하일기의 서술원리(李鐘周), 동아시아
적 글쓰기론 연구 시고-열하일기의 글쓰기론을 중심으로(김태준),
연암 박지원의 글쓰기 방법론 연구-열하일기의 대상해석을 중심으
로(이지호)와 박지원의 글을 통해본 사유와 표현의 관계(노진한), 연
암 박지원의 사유체계에 관한 반성적 고찰(金衡中)이 있다.

　　詩에 관하여는 연암의 시에 대하여(송재소), 法古創新과 朴趾源의
연행시(강혜선), 연암 박지원의 시에 나타난 회화성 연구(김수현), 박지
원과 후기 시가의 문학사상연구(윤기홍), 등이다. 그리고 박지원의 미
의식과 문예이론(박수밀), 박연암의 인식론과 미의식(임형택)이 있다.

　　사상과 관련하여 從「熱河日記」管窺中朝士大夫交往中的思想狀況(施
曉燕), 朝鮮實學派文學家朴趾源理想思想矛盾探析(全紅), 北學派의 實學
思想-洪大容의 科學정신과 朴趾源의 實用정신(琴章泰), 문명의식과 실
학-한국지성사를 읽다(임형택), 연암문학의 발견과 실학의 지적상상력
(송혁기), 박지원 실학사상의 철학적 기반(김형찬), 18世紀朝鮮利用厚生學
說與淸代中國『熱河日記』硏究之一(王政堯), 　　朴趾源"利用厚生"實學的內涵與
其近代性意義(姜日天), 연암일파 북학사상연구, 18, 19세기 연암일파 북학사
상의 연구(유봉학), 조선후기 북학파들의 중국기행문에 나타난 실용건축
관-그 수용과 한계(박명덕), 燕岩之親明反淸思想及其中國觀(林明德)과 燕
岩朴趾源의 유토피아사상(金義淑), 朴趾源의 도가철학과 예술론의 일면
(김월성), 18世紀朝鮮學者朴趾源的人與自然觀(趙興元), 박지원의 자
연산수미관시론, 박지원의 미학사상과 근대적 성격에 대하여, 簡論朴趾
源寫景散文的藝術特色(李岩)이 있다. 그 밖에 燕岩論錢謙益(沈慶
昊), 答燕行錄中朝鮮使者之同-錢謙益文集爲何列入禁書(方祖猷), 『熱
河日記』燕岩形象一考(정일남), 연암과 상담(정미정), 국제 정치사상가
로서의 연암 박지원 연구(배병삼) 등이 있다.[15]

15) 姜東燁, 『熱河日記硏究』, 一志社, 1988; 金明昊, 『熱河日記硏究』, 창작과 비
　　평, 1990; 金聖七, 「연암의 열하일기」 『한국한문학연구』 11, 한국한문학회,
　　1988; 沈立新, 「朴趾源與熱河日記」 『中外文化交流史話』, 華東師範大學出版

社, 1991; 鄭克晟, 「讀朴趾源『熱河日記』」『韓國學論文集』 6, 1997; 楊雨蕾, 「韓國『熱河日記』研究綜述」『韓國研究』 5輯, 2001; 김명호, 「연행록의 전통과 열하일기」『연행록연구총서』 4, 2006; 吳紹釿·金柄珉 「『熱河日記』與中國文化」『朝鮮韓國文化與中國文化』, 中國社會科學出版社, 1995; 史樹靑, 「朴趾源與中韓文化交流」『光明日報』, 1962.06.26; 김동국, 『연암 박지원의 열하일기를 통해서 본 한중문화교류연구-문화커뮤니케이션을 중심으로』, 계명대 외국어로서의 한국어교육학과 박사논문, 2011; 민두기, 「熱河日記에 비친 淸朝統治의 諸樣相」『歷史學報』 20, 1963; 강동엽, 「박지원의 중국체험」『우리문학연구』 8, 우리문학연구회, 1990; 宋載邵, 「燕岩朴趾源的對『淸朝觀』-以『熱河日記』爲中心」『韓國學報』 14, 1996; 朴箕錫, 「熱河日記와 燕岩의 對淸觀」『서울女大大學院論文集』 5號, 1997; 최소자, 「18세기 후반 조선 지식인 朴趾源의 對外인식-『熱河日記』에서 본 乾隆年間의 중국」『梨大論叢』 人文61-1, 1992(『明淸時代中韓關係史硏究』, 梨大出版部, 1997에 再收錄); 최소자, 「18세기 말 동서양지식인의 중국인식 비교-박지원의 열하일기와 G. Macartney의 中國訪問使節日記를 중심으로」『東洋史學硏究』 59輯, 1997(『淸과 朝鮮』, 혜안, 2005 再收錄); 김상조, 「박지원과 매카트니의 중국인식비교」『연행록연구총서』 8, 2006; 김혈조, 「연암 박지원의 청현실 이해」『국제한국학연구』 1, 명지대 한국학연구소, 2003; 최경자, 『열하일기에 나타난 연암의 중국인식』, 인하대 석사논문, 1996; 劉琳, 「18세기 후반 박지원의 열하체험과 국제질서의 변화-『열하일기』를 중심으로」, 서울대 석사논문, 2010; 박기석, 「열하일기를 통해 본 연암의 대청인식과 호질의 주제」『연행록연구총서』 4, 2006.

李龍範, 「朴趾源的熱河旅行和西藏佛敎」『中韓關係史國際硏討會論文集』, 1983-3; 신태수, 「열하일기에 나타난 연암의 黃敎觀과 세계인식」, 위의 책 8, 2006; 李學堂, 「燕岩의 熱河日記 筆談內容에 대한 일고찰」『아시아문화연구』 15집, 경원대 아시아문화연구소, 2008; 손용택, 「열하일기에 비친 연암 박지원의 지리관 일고찰」『연행록연구총서』 10, 2006; 김문식, 『조선후기 지식인의 대외인식』, 새문사, 2009; 王松濤, 「朝鮮學者朴趾源觀承德游記談」『社會科學論壇』(學術研究卷), 2007-7; 이현식, 「열하일기의 제일장관, 청나라 중화론과 청나라 문화수용론」『東方學志』 144집, 연세대 국학연구원, 2008; 강병희, 「열하일기를 통해 본 요동백탑」『연행록연구총서』 10, 2006; 정일남, 「열하일기 도강록의 강세작 삽화와 약천집의 강세작전의 비교」, 위의 책 4, 2006; 김호, 「연암 박지원의 公平論「答化亨五論原道書」를 읽고」『규장각』 29, 2006; 류성운, 「박지원의 열하일기와 맹강녀전설」『조선학』, 2002~2003; 신연우, 「연암 박지원의 호곡장기연구」『연행록연구총서』 3, 2006; 金

柄珉, 「論朴趾源小說『虎叱』的原型意識-以老虎的形象分析爲中心」『東疆學刊』, 2002(01); 李岩, 「史記列傳與朴趾源「九傳」之影響關係簡論」『韓國學論文集』4, 1995; 이현식, 「연암박지원의 문학 속의 伯夷이미지 연구」『동방학지』12, 2004.

何鎭華, 「杰出的思想家小說家和詩人朴趾源」『韓國硏究論叢』6집, 1999; 徐義永, 「朴趾源文學與中國之關係硏究」『文化大中文硏究所論文』, 1973; 최신호, 「연암의 문학론에서 본 사물인식과 창작의식」『한국한문학연구』8집, 1985; 金泰俊, 「18세기 연행사의 사고와 자각-열하일기를 중심한 여행자 문학론」『여행과 체험의 문학』, 민족문화문고, 1986; 리암, 「박지원의 화론과 문학진실관」『문학과 예술』, 1993(02); 姜日天, 「燕岩朴趾源"卽事趣眞"的文學思想及其歷史哲學內涵」『當代韓國』, 2001, (02); 김지용, 『연암 박지원의 이상과 그 문학』, 명문당, 2005; 陳寧寧, 「熱河日記和明淸文學」『韓國學報』8, 1989; 김명호, 「熱河日記와 청조학예」『한국학보』53, 일지사, 1988; 소재영, 「연암 박지원의 문학인식」『연암연구』, 계명대 출판부, 1984; 김지용, 『박지원의 문학과 사상』, 한양대 출판원, 1994; 전부용, 『연암 박지원의 열하일기연구-연행문학적 성격과 표현상 특성을 중심으로』, 전북대 석사논문, 1997; 趙德子, 「燕岩文學과 淸朝實學」『한국학』23(연암특집), 영신아카데미 한국학연구소, 1980; 조순희, 『열하일기에 나타난 근대 문학적 성격』, 경희대 석사논문.

이가원, 『연암 소설연구』, 을유문화사, 1965; 김영동, 『박지원의 소설연구』, 태학사, 1988; 두창구, 『연암소설의 서사구조연구』, 세종대 박사논문, 1991; 이동환, 「연암의 사상과 소설」『고전문학을 찾아서』, 문학과 지성사, 1976; 김혜옥, 『연암소설의 도교사상적 고찰』, 숙대 석사논문, 1990; 全寅初, 「燕岩小說에 수용된 중국문학적 양상」『李家源頌壽기념논총』, 正音社, 1987; 김수현, 「연암소설의 민속적 성격 고찰」『인문학연구』39, 조선대 인문학연구원, 2010; 리암, 「박지원 소설가운데의 하층인물들에 대하여」『조선학』, 민족출판사, 1995; 申相星, 「韓國18世紀後期燕岩小說再探討」『解放軍外國語學院學報』, 1995(03); 이현식, 『연암 박지원 문장의 연구』, 연세대 박사논문, 1995; 정민, 『고전문장론과 연암박지원』, 태학사, 2010; 李鍾周, 『열하일기의 서술원리』, 한국학대학원 석사논문, 1982; 김태준, 「동아시아적 글쓰기의 시고-열하일기의 글쓰기론을 중심으로」『연행록연구총서』1, 2006; 이지호, 『연암 박지원의 글쓰기 방법론 연구-열하일기의 대상해석을 중심으로』, 이대 박사논문, 1997; 노진한, 「박지원의 글을 통해본 사유와 표현의 관계」『연행록연구총서』2, 2006; 金衡中, 「연암 박지원의 사유체계에 관한 반성적 고찰」, 위의 책8, 2006.

盧以漸의 朴趾源과 같은 해에 쓴 隨槎錄에 관한 연구, 1787년 兪彦
鎬의 燕行錄, 趙瑍의 연행일기에 대한 고찰(김동석), 1789년 중인층 趙
秀三의 新資料(박철상), 한문학, 詩의 연구(윤재민), 그리고 乾隆의 八

송재소, 「연암의 시에 대하여-조선후기 한문학의 재조명」, 위의 책4, 2006;
강혜선, 「法古創新과 朴趾源의 연행시」, 위의 책2, 2006; 김수현, 「연암 박지
원의 시에 나타난 회화성 연구」『인문학연구』41, 조선대 인문학연구원,
2011; 윤기홍, 『박지원과 후기 시가의 문학사상연구』, 연세대 박사논문,
1988; 박수밀, 『박지원의 미의식과 문예이론』, 태학사, 2005; 임형택, 「박연
암의 인식론과 미의식」『연행록연구총서』4, 2006.
사상과 관련하여, 施曉燕, 「從「熱河日記」管窺中朝士大夫交往中的思想狀
況」『韓國學研究論叢』, 12輯, 復旦大學韓國研究中心, 2006; 全紅, 「朝鮮實學
派文學家朴趾源理想思想矛盾探析」『東疆學刊』, 2005(04); 琴章泰, 「北學派
의 實學思想-洪大容의 科學정신과 朴趾源의 實用정신」『정신문화』10, 한
국정신문화연구원, 1987; 임형택, 『문명의식과 실학-한국지성사를 읽다』, 돌
베개, 2009; 송혁기, 「연암문학의 발견과 실학의 지적상상력」『한국실학연
구』18, 2009; 김형찬, 「박지원 실학사상의 철학적 기반」『실학의 철학』, 예
문서원, 1996; 王政堯, 「18世紀朝鮮利用厚生'學說與清代中國『熱河日記』
研究之一」, 『清史研究』, 1999(03); 姜日天, 「朴趾源"利用厚生"實學的內涵與其
近代性意義」『韓國實學研究』創刊號, 1999; 유봉학, 『연암일파 북학사상연
구』, 일지사, 1995; 유봉학, 『18, 19세기 연암일파 북학사상의 연구』, 서울대
박사논문, 1992; 박명덕, 「조선후기 북학파들의 중국기행문에 나타난 실용
건축관-그 수용과 한계」『꾸밈』, 1987; 林明德, 「燕岩之親明反清思想及其
中國觀」『中韓文化論集』4, 1978; 金義淑, 「燕岩朴趾源의 유토피아사상」『人
文學研究』20, 강원대, 1984; 김월성, 「박지원의 도가철학과 예술론의 일면」
『동아시아 문화의 통섭과 역동성』, 박이정, 2009; 趙興元, 「18世紀朝鮮學者
朴趾源的人與自然觀」『古代文明』, 2007-3; 李岩,「박지원의 자연산수미관시
론」『조선학』, 1993; 리암, 「박지원의 미학사상의 근대적 성격에 대하여」『조
선학연구논문』, 1996; 李岩, 「簡論朴趾源寫景散文的藝術特色」『韓國學論文
集』12, 2004; 沈慶昊, 「燕岩論錢謙益」『第2屆韓國傳統文化國際學術討論會
議文集』(文化卷), 2001; 方祖猷, 「答燕行錄中朝鮮使者之同-錢謙益文集爲
何列入禁書」『韓國研究』10, 2010; 정일남, 「『熱河日記』燕岩形象一考」『東
方漢文學』42, 2010; 정미정, 『연암과 상담』, 학지사, 2010; 배병삼, 「국제 정
치사상가로서의 연암 박지원 연구」『한국정치외교사논총』29-2, 한국정치
외교사학회, 2008.

旬萬壽節行事에 참여한 부사 徐浩修의 燕行記述論(呂英亭), 乾隆末
年學風與朝政－讀徐浩修「燕行記」(謝正光), 鶴山 徐浩修와 熱河紀遊
－18세기 서학사의 수준과 지향, 徐浩修論(조창록), 조선과 몽골, 최덕
중, 박지원, 서호수 여행기에 나타난 몽골인식(박원길), 1797년 徐有聞
의 戊午燕行錄연구(장경남), 연행체험에 나타난 기억의 변모양상－『戊
午燕行錄』과 연행가를 중심으로(엄태웅), 무오연행록과 연행록의 비
교고찰(소재영), 열하 사절단이 체험한 18세기말의 국제질서－변동하
는 조공책봉관계의 증언(차혜원) 등이 있다.[16]

　　19세기 전반기는 전성을 구가하던 18세기 후반과는 달리 산업혁명
이후 아시아로 진출하는 서구세력에 의해 변화하지 않으면 안 되는
시기로 나아갔는데, 그 충격으로 중국이 아편전쟁이라는 큰 위기에
직면하게 되었고 국내 정치도 嘉慶, 道光 統治를 거치면서 쇠운의 길
로 접어들었다. 당시 조선은 純祖, 憲宗의 지배시기로 다가오는 충격

---

16) 金東錫, 「盧以漸의 隨槎錄에 관한 연구」 『연행록연구총서』 1, 2006; 金東錫,
　　「兪彦鎬의 燕行錄, 趙璞의 연행일기에 대한 고찰－對淸관계의 변화를 중
　　심으로」 『대동문화연구』 56, 성균관대 동아시아학술원 대동문화연구원,
　　2006; 박철상, 「趙秀三의 新資料 『聯床小諧』에 대하여」 『한국학논집』 38, 한
　　양대 한국학연구소, 2004; 윤재민, 「趙秀三의 詩世界와 현실인식」, 고려대
　　석사논문, 1984; 윤재민, 『조선후기 중인층 한문학의 연구』, 고려대 박사논
　　문, 1999; 윤재민, 「秋齊 趙秀三의 詩에서 脫俗의 의미」 『한국학논집』 38,
　　2004; 呂英亭, 「徐浩修 燕行記』述論」 『第3屆韓國傳統文化國際學術討論會議文
　　集』, 1999; 謝正光, 「乾隆末年學風與朝政－讀徐浩修「燕行記」」 『九州學林』 創刊
　　號, 復旦大學出版社, 2003; 조창록, 「鶴山 徐浩修와 熱河紀遊－18세기 서학사의
　　수준과 지향」 『東方學志』 135, 2006; 조창록, 「鶴山 徐浩修論」 『民族文化』 31,
　　한국고전번역원, 2008; 박원길, 『조선과 몽골, 최덕중, 박지원, 서호수 여행기
　　에 나타난 몽골인식』, 소나무, 2010; 장경남, 「徐有聞의 戊午燕行錄研究」 『연
　　행록연구총서』 2, 2006; 엄태웅, 「연행체험에 나타난 기억의 변모양상－『戊午
　　燕行錄』과 『연행가』를 중심으로」 『한문학보』 21, 우리한문학회, 2009; 소재영,
　　「무오연행록과 연행록의 비교고찰」 『연행록연구총서』 2, 2006; 차혜원, 「열
　　하 사절단이 체험한 18세기말의 국제질서－변동하는 조공책봉관계의 증언」
　　『역사비평』 93, 2010.

을 크게 느끼지 못하였다. 이 시기 연행록은 70여건에 이른다. 연구된 바는 14~15件에 지나지 않는데 이 시기 연행록이 시대의 변화 충격을 어떻게 수용하였는지는 의문이다. 1801년 柳得恭은 5件의 燕行錄을 남겼고 熱河紀行詩註의 譯本도 있지만 柳得恭의 灤陽錄與淸朝士人的交游(王錦民), 朝鮮柳得恭筆下淸乾嘉時代的中國社會(王振忠), 柳得恭與『渤海考』(孫玉良), 柳得恭의 詩文學硏究(宋寯鎬), 1803년 薊山紀程에 드러난 조청놀이문화 비교연구(정지윤), 東華 李海應의『薊山紀程』연구(金美京), 조청지식인의 우연한 만남과 사적교류-이해응의 『계산기정』을 중심으로(이홍식), 셔횡녹에 드러난 문화충격의 실상과 의미(이동찬), 1809년 연행한 秋史 金正喜의 北京內交游장소(鄭後洙), 金正喜의 燕行과 書畵交流(鄭恩主), 金正喜派의 한중회화 교류와 19세기 조선의 화단(김현권), 金正喜與阮元交往考略(陳東輝), 1812년 申緯의 주청행권연구(금지아), 1813년 續北征詩연구(김동준, 박우훈), 1817년 崔斗燦의 乘槎錄의 서술방식과 사행록으로서의 의의(김경숙), 승사록에 나타난 한중지식인의 상호인식(朴東旻), 1826년 조선 연행사 신재식의 필담에 보이는 한학, 송학논의와 그 주변(夫馬進), 19세기 한중문인교류의 새로운 양상『赴燕日記』(?),『西行錄』((김지수, 1828)을 중심으로(한영규),『赴燕日記』에 나타난 19세기 초 중인의관의 청 문물인식」(이선정), 관암 洪敬謨의 중국문인과의 교유(이군선), 1831년 鄭元容의 연실록 소고(김종진), 金景善의『燕轅直指』고찰(朴智鮮, 전일우)이 있다. 김정희의 제자인 중국어 역관 이상적에 대하여는 李尙迪과 歲寒圖(정후수), 이상적과 淸 常州派후계문인의 교류(李春姬), 이상적의 茶詩와 茶生活(정민), 이상적이 중국문인들에게 받은 편지 모음집『海隣尺素』(천금매), 1844년 西行錄에 드러난 문화충격의 실상과 의미(이동찬), 1848년 李遇駿의 夢遊燕行錄연구(공성남) 등이 있다.[17)]

---

17) 王錦民,「柳得恭與淸朝士人的交游」『韓國學論文集』2, 北京大韓國學硏究

19세기 후반 淸朝는 국내적으로 太平天國의 亂 등으로 통치력이 이완되기 시작하였으며 英佛연합군의 北京공격 등 외세에 시달렸으

中心, 1993; 王振忠, 「朝鮮柳得恭筆下淸乾嘉時代的中國社會-以哈佛燕京圖書館所藏抄本『冷齋詩集』爲中心」『中華文史論叢』, 2008-2; 孫玉良, 「柳得恭與『渤海考』」『中朝關係史硏究論文集』, 吉林文史出版社, 1995; 宋寯鎬, 『柳得恭의 詩文學硏究』, 太學社, 1985; 정지윤, 『『薊山紀程』에 드러난 조청놀이문화 비교연구』, 연세대 석사논문, 2005; 金美京, 『東華 李海應의『薊山紀程』연구』, 고려대 석사논문, 2003; 이홍식,「조청지식인의 우연한 만남과 사적교류-이해응의『계산기정』을 중심으로」『동아시아문화연구』 47, 한양대 동아시아문화연구소,2010;이동찬,「셔힝녹에 드러난 문화충격의 실상과 의미」『연행록연구총서』 2, 2006; 鄭後洙,「秋史 金正喜의 北京內交游장소」『동양고전연구』 23, 2005; 鄭思主,「金正喜의 燕行과 書畵交流」『김정희와 한중 墨錄』, 과천문화원, 2009; 김현권,『김정희파의 한중회화 교류와 19세기 조선의 화단』, 고려대 박사논문, 2010; 陳東輝,「金正喜與阮元交往考略」『韓國硏究』 11, 2010; 금지아,「조선 申緯의 주청행권연구」『연행록연구총서』 5, 2006; 김동준,「續北征詩, 이시수가 시로 쓴 연행록」, 위의 책2, 2006; 박우훈,「李時秀의 연행장시 續北征詩연구」, 위의 책4, 2006; 박우훈,「연행장시『續北征』의 序跋의 내용과 그 검토」, 위의 책4, 2006; 김경숙,「乘槎錄의 서술방식과 사행록고 의의」『한국문화연구』 10, 이대, 2006; 朴東烈,「崔斗燦의 乘槎錄에 나타난 한중지식인의 상호인식」『한양대한국학연구소 국제학술회의』, 2009; 夫馬進,「조선 연행사 신재식의 필담에 보이는 한학, 송학논의와 그 주변」, 위의 책, 신서원, 2008; 한영규,「19세기 한중문인교류의 새로운 양상『赴燕日記』,『西行錄』을 중심으로」『인문과학』 45, 성대인문과학연구소, 2010; 이선정,「『赴燕日記』에 나타난 19세기초 중인 의관의 청문물인식」『역사교육논집』 45, 역사교육학회, 2010; 이군선,「관암 홍경모의 중국문인과의 교유와 그 의의」『동방한문학』 23, 동방한문학회, 2002; 김종진,「鄭元容의 언실록 소고」『연행록연구총서』 5, 2006; 朴現鮮,「金景善의『燕轅直指』고찰」『한국문학논총』, 한국문학회, 1995; 전일우,「사행록『燕轅直指』연구」『연행록연구총서』 2, 2006; 정후수,「李尙迪과 歲寒圖관람-淸朝人士와의 교유」『동양고전연구』 40, 2010; 李春姬,「19세기 조선 文人과 淸 常州派후계문인의 교류-藕船 李尙迪을 중심으로」『한국문화』 45, 서울대 규장각 한국학연구원, 2009; 정민,「藕船 李尙迪의 차시와 차생활」『문헌과 해석』 46, 2009; 천금매,「李尙迪이 중국문인들에게 받은 편지 모음집『海隣尺素』」, 위의 책; 이동찬,「셔힝녹에 드러난 문화충격의 실상과 의미」『연행록연구총서』 2; 2006; 공성남,「夢遊燕行錄연구」, 위의 책2.

나 한편 中興을 시도해 보려는 노력도 있었고 1870년대 이후 新疆, 臺
灣, 日本 문제로 어려움을 겪었다. 특히 일본의 조선에의 집착은 결국
淸日戰爭으로 발전하였고 燕行使는 종식을 고하게 되었다. 이 시기
의 연행록도 70여건에 이른다.

이 시기 연구는 연행정보로 보는 태평천국의 이모저모(하정식),
1858년 부사로 연행하였던 金永爵과 한중척독교류의 새자료 中朝學
士書翰錄(千金梅), 朴珪壽의 熱河使行(1861)과 對西洋外交論의 성립
(孫炯富), 1861년 열하문안사행과 박규수(김명호), 朴珪壽的燕行經歷
與開化思想的起源(王元周), 1866년 柳寅睦의 北行歌에 대하여(권영
철), 1866년 洪淳學의 연행가 연구(정영문), 가사연행가(병인연행록)
(박노춘), 1873년 姜瑋의 연행시소고(이혜순), 강위의 연행록에 나타난
한중지식인의 교류양상(주승택), 1887년 李承五의『燕槎日記』에 관한
연구(吳士英), 대청사행의 종결과 마지막 연행록(임준철) 등과 저자미
상의 연행록 고증(張傑)이 있다.[18]

그리고 燕行錄研究와 관련하여 路程연구는 중국 내 연행노정고
(김태준), 연행노정-그 고난과 깨달음의 길(소재영), 문명의 연행길

---

18) 하정식, 「연행정보로 보는 태평천국의 이모저모」『연행록연구총서』6,
2006; 千金梅, 「金永爵과 한중척독교류의 새자료 中朝學士書翰錄」『동양고
전연구』34, 2009; 孫炯富, 「朴珪壽의 熱河使行(1861)과 對西洋外交論의 성
립」『전남사학』3, 1981; 김명호, 「1861년 열하문안사행과 박규수」『연행록
연구총서』7, 2006; 王元周, 「朴珪壽的燕行經歷與開化思想的起源」『韓國研
究』10, 2010; 권영철, 「北行歌에 대하여」『국문학연구』5, 효성여대, 1975;
정영문, 「洪淳學의 연행가 연구」『연행록연구총서』5, 2006; 박노춘, 「가사
연행가(병인연행록)」『문이학총』5집, 경희대, 1969; 이혜순, 「강위의 연행
시소고」『연행록연구총서』1, 2006; 주승택, 「姜瑋의 연행록에 나타난 한중
지식인의 교류양상」『한국문화연구』11, 이대, 2006; 吳士英, 「中朝友誼的記
錄-朝使李承五『燕槎日記』之我見」『第3屆韓國傳統文化國際學術討論會論
文集』, 山東大出版社, 1999; 임준철, 「대청사행의 종결과 마지막 연행록」『민
족문화연구』49, 고려대, 2008; 張傑, 「저자미상의 연행록 고증」『동아시아
역사속의 중국과 한국』, 서해문집, 2005.

을 가다-조선의 지식인들과 함께(김태준), 연행로 중 「遼陽-鞍山-廣寧」 구간에 대한 인문지리학적 검토, 조신 후기 연행체험과 故土인식 -東八站을 중심으로, 燕行路上의 공간 탐색, 鳳凰山城-安市城說과 관련하여(이승수), 試析朝鮮李朝文人疆域史觀之誤-以對安市城的認識 爲中心(楊軍) 燕行의 山河와 燕行使의 역사의식(소재영), 을병연행록과 무오연행록의 노정별 내용비교(장경남), 인천 능허대와 중국사행로(윤용구), 17세기 전반기 對明海路使行에 관한 행차분석(박현규)이 있다.[19]

전반적인 문화교류 및 인식에 관하여는 朝鮮赴清朝使團的文化交流活動(劉爲), 18世紀中朝文化交流研究(廉松心)와 17~19세기 동아시아 상황과 燕行·燕行錄(임형택), 조선 후기 연행을 보는 세가지 시선 - 연행사를 보내는 送序를 중심으로(안대회), 명청중국과 조선사행의 지적교류(정혜중), 그리고 朝鮮朝燕行使者眼中的關羽形象(徐東日), 中韓文化交流的歷史見證-關羽新發現的'鐵橋全集'(祁慶富)도 있다.

대청인식은 앞서 많이 논급되었지만 연행록의 대청의식과 대조선의식(임기중), 명청교체기 조선문사의 사행체험(최윤정), 북학파의 연행경험과 현실인식의 변화(박병욱), 연행록과 조선사행원의 대청인식소고(김성근), 18세기 후반 조선학인의 청학인식과 청문물도입론(김

---

19) 김태준, 「중국내 연행노정고」 『東洋學』 35, 단국대 동양학연구소, 2004; 소재영, 『연행노정-그 고난과 깨달음의 길』, 박이정, 2004; 김태준, 『문명의 연행길을 가다-조선의 지식인들과 함께』, 푸른역사, 2005; 이승수, 「연행로 중 「遼陽-鞍山-廣寧」 구간에 대한 인문지리학적 검토」 『한국한문학연구』 47, 2011; 이승수, 「조신 후기 연행체험과 故土인식-東八站을 중심으로」 『東方學志』 127, 2004; 이승수, 「燕行路上의 공간 탐색 鳳凰山城-安市城說과 관련하여」 『정신문화연구』 29호 2권, 한국학중앙연구원, 2006; 楊軍, 「試析朝鮮李朝文人疆域史觀之誤-以對安市城的認識爲中心」 『史學集刊』, 2010-06;소재영, 「燕行의 山河와 燕行使의 역사의식」 『東洋學』 35, 2004; 장경남, 「을병연행록과 무오연행록의 노정별 내용비교」 『연행록연구총서』 10, 2006; 윤용구, 「인천 능허대와 중국사행로」, 위의 책; 박현규, 「17세기 전반기 對明海路使行에 관한 행차분석」 『한국실학연구』 21, 2011.

문식), 18세기 조선문인의 청나라에 대한 인식연구-연행록에 나타난 화이사상 및 북학사상을 중심으로(우묘)가 있다.

文學분야는 한중외교문학연구(임기중), 사행문학에 관한 연구(최강남), 해상사행문학과 천비사상(안동준), 북학파 작가들의 入燕文學 활동과 성격(김병민), 19세기 연행문학에 나타난 중국체험의 의미(김유경), 국문사행록의 미학(조규익), 歌辭로는 연행가사의 연구(임기중), 조선후기 사행가사의 세계인식과 문학적 특질(김윤희), 燕行歌辭의 제언과 燕行歌를 통해 본 전환기 조선(이병철)이 있다. 詩的교류는 明代 연행에서는 중심적 역할을 하였고 淸代에서도 적지 않았다. 따라서 반드시 詩에 능한 文士를 보내는 것이 일반적이었다. 使行詩는 14~17세기 한국 사행시연구(嚴慶欽), 朝天詩의 자료적 고찰(柳豊淵), 조천록과 연행록의 화답시(박지중), 연행록의 伯夷叔齊 관련 한시연구(이성형)과 연행록을 통해 본 18세기 한중 시적교류의 양상(신익철)도 있다.

청조 문사들과 筆談 등을 통한 우의에 관해서는 홍대용이나 박지원으로 대표되는 18세기 후반이 중심이다. 조선사신과 청조문사의 참된 우정과 필담록(박현규), 北學派文學與淸代詩人王士禎(金柄珉), 조선후기 王士禎神韻詩論 수용양상-漢詩四家를 중심으로(박종훈), 李調元與韓國詩人交往敍論(詹杭倫), 朝鮮四家詩的「韓客巾衍集」與淸李調元雨村詩話的關係(박현규), 「韓客巾衍集」與淸代文人李調元潘庭筠的文學批評(金柄珉) 동문환의 「韓客詩論」과 한중문학교류(김명호), 김정희, 신위와 청대문인 사이의 문학교류(김병민), 金正喜와 청조문사들의 尺牘交流(천금매), 阮元與朝鮮學人交往考略(陳東輝)과 19세기 한중문인 교류의 새로운 양상-赴燕日記, 西行錄을 중심으로(한영규) 등이 있다. 더불어 燕行使臣與漢籍東傳朝鮮(楊雨蕾), 淸學東傳에 대한 검토-연행을 중심으로(李鉉)가 있다.[20]

---

20) 劉爲, 「朝鮮赴淸朝使團的文化交流活動」『中國邊疆史地硏究』3期, 2001; 廉

松心, 『18世紀中朝文化交流硏究』, 長春, 吉林文史出版社, 2006(中央民族大學, 박사 논문); 임형택, 「17-19세기 동아시아 상황과 燕行·燕行錄」『한국실학연구』20, 한국실학학회, 2010; 안대희, 「조선 후기 연행을 보는 세 가지 시선-연행사를 보내는 送序를 중심으로」, 위의 책19, 2010; 정혜중, 「명청 중국과 조선사행의 지적교류」『동양사학연구』111,2010.

임기중, 「연행록의 대청의식과 대조선의식」『연민학보』1, 1993; 최윤정, 「명청교체기 조선문사의 사행체험」『한국고전연구』11, 2005; 박병욱, 「북학파의 연행경험과 현실인식의 변화」『연행록연구총서』7, 2006; 김성근, 「연행록과 조선사행원의 대청인식소고-연행록선집을 중심으로」『강원사학』21, 2006; 김문식, 「18세기 후반 조선학인의 청학인식과 청문물도입론」『규장각』17, 1994; 우묘, 「18세기 조선문인의 청나라에 대한 인식연구-연행록에 나타난 화이사상 및 북학사상을 중심으로」, 국민대 석사논문, 2010.

임기중, 「한중외교문학연구」『동악어문논집』31, 동악어문학회, 1996; 최강남, 「한중사행문학에 관한 연구」『연행록연구총서』5, 2006; 안동준, 「해상사행문학과 천비사상」, 위의 책8, 2006; 김병민, 「조선 북학파 작가들의 入燕文學활동과 그 성격에 대하여」『조선학연구』, 1992-04; 김유경, 「19세기 연행문학에 나타난 중국체험의 의미」『연행록연구총서』2, 2006; 조규익, 「국문사행록의 미학」『역락』, 2004; 임기중, 「연행가사의 연구」『한국문학연구』10, 동국대 한국문학연구소, 1987; 김윤희, 『조선후기 사행가사의 세계인식과 문학적 특질』, 고려대 박사논문, 2010; 이병철, 「燕行歌辭의 제언과 燕行歌를 통해 본 전환기 조선」『한국사상문화』52, 한국사상문화학회, 2010; 嚴慶欽, 『한국사행시연구: 14-17세기를 중심으로』, 동아대 박사논문, 1994; 柳豊淵, 「朝天詩의 資料的 考察」『李興鍾博士華甲紀念史學論叢』, 1997; 박지중, 「조천록과 연행록의 화답시」『연행록연구총서』5, 2006; 이성형, 「연행록의 伯夷 叔齊 관련 한시연구-임난수습기를 중심으로」『한문학논집』31, 2010; 신익철, 「연행록을 통해 본 18세기 한중 시적교류의 양상」『태동고전연구』25, 2009.

박현규, 「조선사신과 청조문사의 참된 우정과 필담록『국호필화』」『연행록연구총서』10, 2006; 金柄珉, 「朝鮮北學派文學與淸代詩人王士禎」『文學評論』, 2002(04); 박종훈, 「조선후기 王士禎神韻詩論 수용양상-漢詩四家를 中心으로」『태동고전연구』24, 2008; 詹杭倫, 「李調元與韓國詩人交往敍論」『四川師範大學學報』, 成都, 1994; 박현규, 「朝鮮四家詩的「韓客巾衍集」與淸李調元雨村詩話的關係」『書誌學報』21, 1999; 金柄珉, 「「韓客巾衍集」與淸代文人李調元潘庭筠的文學批評」『外國文學』, 2001; 김명호, 「동문환의 「韓客詩論」과 한중문학교류」『한국한문학 연구』26, 2000; 김병민, 「김정희, 신위와

使行이 본 北京에 대해서는 明朝末期使節所見之北京, 明淸時代北京的會同館(松浦章), 北京會同館考略(王世仁), 朝鮮館(祁慶富), 燕京琉璃廠市與朝鮮學人(李元淳), 燕行使輿中國琉璃廠(黃美子), 燕行錄所記的北京天主教堂(黃時鑒), 北京유리창 화폭과 한국고문헌(박현규), 유리창 공연예술 18~19세기 연행록을 중심으로(이홍식)가 있다. 그리고 從燕行錄看18世紀中國北方市集(劉靜), 朝鮮使團輿東八站的雇車業(張傑), 연행록에 반영된 천산, 의무여산, 수양산의 내재적 의미(조규익)와 북학파의 山海關인식과 글쓰기(정훈식)도 있다.

觀戱詩, 幻戱記, 戱劇, 演戱, 幻術, 劍舞, 食生活, 禮俗, 服飾, 住宅, 繪畵 등은 다음과 같다. 연행록과 觀戱詩, 연행록의 幻戱記(임기중), 略論燕行錄輿淸代戱劇文化(王政堯), 연행록의 中國戱曲史料的가치 탐색, 淸代戱衣의 文化史的의미, 연행록에 실린 중국 演戱와 조선인의 인식(李昌淑), 19세기 연행록에 나타난 민속연희(김미경), 연행가에 나타난 연회양상(윤광봉), 18세기 이후 연행록 幻術기록의 형성, 연행록에 나타난 幻術의 변화와 박지원의 幻戱記(임준철), 연행록에 나타난 환술과 연극연구(공성남), 한중환술의 역사와 연행양상(김춘화), 18, 19세기 사행록에 表現된 劍舞俠의 특징(최성애), 사행록에 기록된 지방공연문화의 변모양상(정영문), 연행과정의 식생활(김혈조), 연행록에 나타난 한중 식품재료비교(白淑殷, 李盛雨), 17·18세기 조선사절의 중국 禮俗관찰(何淑宜), 조선시대 사행예절과 복식(윤양노), 18세기초 연행록에 기록된 조선지식인의 服飾觀, 연행일기 복식관을 통해본 대청인식(전혜숙), 朝天錄과 연행록의 복식(임기중), 연행록에 나타난 조

청대문인 사이의 문학교류」『문학총서 두만강』, 1994-03; 천금매, 「金正喜와 청조문사들의 尺牘交流-尺牘藏弄集을 중심으로」『연민학지』13, 2010; 陳東輝, 「阮元與朝鮮學人交往考略」『中國江南與韓國文化交流』, 學苑出版社, 北京, 2005; 한영규, 「19세기 한중문인 교류의 새로운 양상-赴燕日記, 西行錄을 중심으로」『인문과학』45, 성대 인문과학연구소, 2010; 楊雨蕾, 「燕行使臣與漢籍東傳朝鮮」『韓國研究』6輯, 2002; 李鉉, 「淸學東傳에 대한 일검토-연행을 중심으로」『加羅文化』9, 경남대, 1992.

선후기의 주택사상(金純一), 연행록에 나타난 청대 동북부지역 一字
屋(이승연), 조선후기 북학파들의 중국기행문에 나타난 실용건축관-
그 수용과 한계(박명덕), 연행사절의 서양화인식과 사진술유입, 부경
사행에서 제작된 조선사신의 초상, 조선시대 사행기록화(정은주), 중
국사행을 다녀 온 화가들 등이 있다.[21] 누락된 성과나 오류는 추후

21) 松浦章, 「明朝末期使節所見之北京」『明淸時代中國與朝鮮的交流』, 樂學書
局, 臺北, 2002; 松浦章, 「明淸時代北京的會同館」, 위의 책; 王世仁, 「北京會
同館考略」『北京文博』, 2006; 祁慶富, 「明淸時代北京的朝鮮館」『아세아문
화연구』8, 경원대, 2004; 李元淳, 「燕京琉璃廠市與朝鮮學人」『第2屆韓國傳
統文化國際學術討論會論文集』(歷史卷), 2002; 黃美子, 「朝鮮燕行使與中國
琉璃廠」『東疆學刊』, 2004(02); 黃時鑒, 「朝鮮『燕行錄』所記的北京天主敎堂」
『東西交流史論稿』, 上海古籍出版社, 1998; 박현규, 「北京유리창 화폭과 한
국고문헌」『東方漢文學』42, 2010; 이홍식, 「북경 유리창 공연예술 18-19세
기 연행록을 중심으로」『한국한문학연구』47, 2011; 劉靜, 「從燕行錄看18世
紀中國北方市集」『北京社會科學』3, 2006; 張傑, 「淸代朝鮮使團與東八站的
雇車業「燕行錄」硏究之一」『明淸史硏究』23, 2005; 조규익, 「연행록에 반영
된 천산, 의무여산, 수양산의 내재적 의미」『연행록연구총서』3, 2006; 정훈
식, 「북학파의 山海關인식과 글쓰기 양식」『문창어문』, 문창어문학회, 2002.
임기중, 「연행록과 觀戱詩」『문학한글』13, 한글학회, 1999; 임기중, 「연행록
의 幻戱記」『한국민속학』31, 민속학회, 1999; 王政堯, 「略論「燕行錄」與淸代
戱劇文化」『中國社會科學院硏究生院學報』, 1997-3; 李昌淑, 「연행록의 中國
戱曲史料의 가치 탐색」『중국문학』33호, 한국중국어문학회, 2000; 李昌淑, 「淸
代戱衣의 文化史的의미」『연행록연구총서』10, 2006; 李昌淑, 「연행록에 실
린 중국 演戱와 조선인의 인식」『한국실학연구』20, 2010; 김미경, 「19세기
연행록에 나타난 민속연희」『연행록연구총서』9, 2006; 유광봉, 「사행문학
에 나타난 연회양상-병인 연행가를 중심으로」『인문과학논문집』23, 대전
대 인문과학연구소, 1997; 임준철, 「18세기 이후 연행록 幻術기록의 형성배
경과 특성」『한국한문학연구』47, 2011; 임준철, 「연행록에 나타난 幻術인식
의 변화와 박지원의 幻戱記」『민족문화연구』53,고려대 민족문화연구
원,2010; 공성남, 「연행록에 나타난 환술과 연극연구」『연행록연구총서』10,
2006; 김춘화,「한중 幻術의 역사와 연행양상」, 고려대 석사논문,2010; 최성
애,『18, 19세기 사행록에 표현된 劍舞俠의 특징연구』, 성균관대 박사논문,
2010; 정영문,「사행록에 기록된 지방공연 문화의 변모양상」『은지논총』24,
은지학회,2010; 김혈조, 「연행과정의 식생활」『한국실학연구』20, 2010; 白淑

수정할 것을 言及한다. 明代漂海錄, 淸代熱河日記 및 湛軒에 관한 연구가 중심임을 다시 한 번 확인하였다.

Ⅲ. 歷史資料로서 燕行錄

14~19세기 燕行錄은 모두 그 자체로 歷史資料이다. 당시 중국에 다녀온 使行이나 그 일원은 조선 최고의 지식인들로서 詩나 歌辭, 日記, 記錄 등을 통해 중국에 대한 관심이나 인식을 기록하였다. 그런데 詩나 歌辭는 엄밀한 의미에서는 논외로 해야 될 것 같다. 日記와 記錄, 日錄, 遊記에서 18세기 雜識의 형식, 그 심화 問答의 장편화는 서술양식의 다양화로 나타났는데 모든 서술 형식의 종합판이 박지원의 『열하일기』라고 보여진다. 역사자료는 當時代에 깊은 통찰력과 안목을 가지고 중요한 역사적 사실을 객관적으로 기록한 것인데, 그 자료

殷·李盛雨,「연행록에 나타난 한중 식품재료비교: 곡류, 채소, 버섯류, 과실류, 수조육류」『연행록연구총서』,9, 2006; 何淑宜,「17, 18세기 조선사절의 중국 禮俗관찰」『국학연구』16, 한국학진흥원, 2010; 윤양노,「조선시대 사행예절과 복식」『연행록연구총서』10, 2006; 전혜숙,「18세기초 연행록에 기록된 조선지식인의 服飾觀-金昌業·崔德中의 연행록을 중심으로」, 위의 책9; 전혜숙,「연행일기 복식관을 통해본 대청인식」『복식문화』7(1), 2004; 임기중,「朝天錄과 연행록의 복식」『한국복식』10, 1992; 金純一,『연행록에 나타난 조선후기의 주택사상』, 동대 대학원 건축공학과 석사논문, 1979; 金純一,「조선후기 住의식에 관한 연구-연행록과 海行摠裁 주택개량 사상을 중심으로」『대한건축학회지』25권 98호,1981; 이승연,『연행록에 나타난 청대 동북부지역 一字屋에 관한 연구』, 성균관대 석사논문; 박명덕,「조선후기 북학파들의 중국 기행문에 나타난 실용건축관-그 수용과 한계」『꾸밈』, 1987; 정은주,「연행사절의 서양화인식과 사진술유입」『明淸史硏究』30, 2008; 정은주,「부경사행에서 제작된 조선사신의 초상」『明淸史硏究』33, 2010; 정은주,위의책, 2012;『중국사행을 다녀온 화가들』, pp.78-79참고(화원이 아닌 직책으로 중국에 간 화가도 7명 있다) 국립중앙박물관, 서화관테마전, 2011.

는 당대뿐 아니라 후대에도 큰 참고와 교훈이 되어야 한다. 600여 종에 이르는 연행록 중 극히 일부를 제외한 전부를 當代 歷史資料, 사료로 보아야 한다는 것은 재론의 여지가 없다. II장의 연구현황에서 역사자료로 연구대상이 되었던 것을 거의 다 제시하였다.

우리가 흔히 20세기에 신자료의 발굴, 그 연구로 甲骨學, 敦煌學, 근대 徽州學 등을 거론하지만 燕行學이라고 할 때 明淸時代 중국과 한국 관계사에서 너무도 연구해야 될 대상이 많은 것은 재론의 필요도 없다. 그리고 研究現況에서 보았듯이 文學에서의 연구가 현재까지는 거의 중심이라고 생각된다.

필자는 우연한 관심으로『熱河日記』를 중국사 연구자의 관점에서 연구(1992)하기 시작하였다. 朴趾源의『熱河日記』는 燕行錄의 白眉로 가장 많은 연구성과가 있다는 점으로도 그 중요성을 인식할 수 있다. 조선은 중국과 정례적인 사행왕래를 하였는데 조선 使行의 공식적인 보고는 조선의 官撰기록에 반영되고 있지만 비공식적인 기록으로서의 燕行錄은 正使, 副使, 書狀官 그리고 그 일행의 비공식적인 자료들이었다. 그러므로 조선과 明, 淸 사이의 주요 현안이 등장하였을 때의 연행록은 매우 중요한 史料가 된다. 시대별로 양국 간에 주요 현안이 있었던 시기의 연행록은 역사자료로서 큰 도움이 될 수 있었다. 例컨대 壬辰倭亂, 後金의 건국과 光海君통치, 兩次 胡亂 등과 19세기 西歐勢力의 진출과 戰爭, 日本의 강화도 사건, 1880년대의 중국의 대조선 정책의 강화 등이다. 이 시기 燕行錄들은 정치적 현안을 볼 수 있는 중요 사료들이었다.

壬辰倭亂時, 明의 정세 즉 출병, 화의 및 기타는 1592년 赴京日錄(鄭崑壽)으로부터 1593년 鄭松江燕行日記(鄭澈), 1595년 朝天錄(閔仁伯, 李廷龜), 1596년 建州見聞錄(申忠一), 1597년 石塘公燕行錄(權悏), 朝天錄(李睟光), 1598년 銀槎錄(黃汝一), 朝天記聞, 朝天日乘(李恒福), 1599년 皇華日記(趙翊), 1601년 東槎錄(李廷龜), 1602년 題壬寅朝天錄後, 壬寅朝天錄(李民宬), 1603년 松浦公朝天日記(鄭穀), 1605년 燕行日

記(李祚永, 李馨) 등이 참고 될 수 있다.

　後金의 建國과 光海君統治時, 對明, 女眞 이해에 참고적인 연행록은 1617년 朝天日記(李尙吉), 요동 상황을 기록한 1618년 朝天日錄(金淮), 1619년 梨川相公使行日記(李弘胄), 1620년 西征日錄(黃中允), 1620년 庚申朝天記事, 燕行錄(李廷龜), 1622년 楸灘朝天日錄(吳允謙)과 여진의 요양 장악으로 1636년까지 海路를 이용하였는데, 1623년 燕行錄(趙濈), 癸亥朝天錄(李民宬), 朝天錄(趙濈) 등이 있다.

　兩次胡亂시기 明, 後金에 대하여 明朝는 특히 말기적 퇴폐현상으로 환관 魏忠賢의 전횡시기였고 조선은 明과 後金을 모두 신경 써야 하는 복잡한 상황의 시기였다. 明과의 관계이해에 도움이 되는 연행록은 1628년 私日記(鄭文翼), 1629년 雪汀先生朝天日記(李忔), 朝天日記(저자미상), 1632년 朝天日記(洪鎬), 朝天後錄(李安訥), 1634년 西行記(鄭太和), 1636년 潛谷朝天日記, 朝京日錄(金堉) 등이다. 반면 後金과의 관계에서는 1631년 瀋陽日記(朴蘭英, 魏廷喆), 조선침입도 예상 못한 狀啓인 1635년 瀋行日記(李浚), 1636년 北行日記(羅德憲), 1637년 瀋陽日乘(金宗一), 1639년 瀋館錄(신유), 1641년 赴瀋日記(이경직)과 저자 미상의 瀋陽日記, 乘槎錄, 瀋陽日記抄 등이 있다. 當時 후금과의 관계는 瀋陽 狀啓도 큰 도움이 된다.

　19세기로 들어와 阿片戰爭은 조선이 직접 영향을 받은 것은 아니지만 중국의 상황인식에 도움이 될 수 있는 연행록으로 1844년 西行錄(尹程)으로, 아편의 弛禁, 嚴禁論이 언급되고 있다. 그밖에 1845년 燕槎錄(李憲球), 1848년 夢遊燕行錄(李遇駿), 1849년 燕行日記(黃惠菴), 燕行日錄 元·亨·利·貞(저자미상), 燕行錄(沈敦永)은 당시 상황을 일부 전하고 있지만 여전히 崇明排滿의 시각도 보여주고 있다. 그 후 1870, 80년대의 燕行錄 중 1881년의 天津談草(金允植), 1882년 西行記(魚允中) 및 10여 가지 燕行資料도 검토 대상이 된다.

　또 상당수 연행록은 北京에 왕래하면서 거쳐간 路程은 滿洲 즉 遼東, 遼西지역으로 淸代에는 祖先의 땅임에 근거하여 한인의 移入을

제한하고 금지하였던 封禁지역이다.[22] 따라서 압록강을 건너 청의 영
역으로 넘어가 북경으로 가기까지의 상세한 노정과 그 지역주민의
생활상, 풍습, 풍광을 거쳐간 지역에서 보고 느낀 다양한 정보 등은
청대 사회사, 풍속사, 만주지역 생활사 등 연구의 귀중자료이기도 하
다. 그러므로 연행록은 대부분이 만주지역사 연구에도 큰 도움이 되
는 역사자료임에는 틀림없다. 그러므로 노정을 기록한 연행록을 시기
별로 분석하는 것도 중요하다.

한편 연행록은 14세기말 이후 19세기 말까지 약 500년간의 北京의
참 모습도 담고 있다. 조선 사행 일원이 숙박하였던 會同館, 玉河館,
궁전, 황제와 그 주변의 모습, 유리창과 古書畵, 천주당, 欽天監, 거리
풍경, 주민의 생활상, 풍속 등 다양한 서술 역시 연행록에서만 찾아
볼 수 있는 歷史的으로 중요한 자료인 것이다.[23] 전체 명청시대 연행
록에서 시차를 두고 北京의 변화하는 모습을 관찰하고 분석해보는
것도 바람직하다. 더 나아가 서양 선교사들, 다른 외교사절들, 상인,
탐험가들이 본 북경의 시대별 참모습과 변화상도 함께 비교하는 것
도 도시사 연구의 주요 과제가 될 수 있다.

그리고 중국의 정세를 살피고 선진문물에의 관심과 도입(서양과학
天文曆法 관측기구들)에 힘쓰고 지식인들과의 교유를 통해 중국지식
인들과 학담, 政論(四庫全書를 편찬하는 근거를 없애기 위해 종이를
불에 태우거나 먹어버리기도 했다)도 나누고 滿漢 갈등도 파악하였
다. 명승지 유람(역사적 현장인식[山海關, 九連城, 安市城, 鳳凰城 등],
충절, 충신의 묘[文天祥, 伯夷叔齊의 묘])을 통해 排淸崇明의 태도를
확인하고 他조공국(安南, 琉球, ~이수광) 사신과의 접촉, 라마교인식
과 班禪라마의 관찰(박지원) 등도 평가받을 만하다.

---

22) 崔韶子, 『淸과 朝鮮』, 혜안, 2005, pp.101~103 참조.
23) 최소자·정혜중·송미령 엮음, 위의 책. 이 책은 金昌業의 『稼齋燕行錄』, 洪大
容의 『乙丙燕行錄』, 朴趾源의 『熱河日記』를 분석하여 그들이 본 18세기 중
국의 정치, 경제, 사회와 문화 내용을 세밀하고 다양하게 정리한 자료이다.

그밖에 北京에 가기 위한 海路使行이 이루어졌던 1621~1637년의 연행록, ~1622년 吳允謙, 1623년 趙濈 李民宬, 尹暄, 洪翼漢, 全湜, 金尙憲, 李忔, 洪鎬, 李安訥, 金堉 등의 연행록은 海路로 宣沙浦를 출발하여 陸路의 두배 반의 거리를 椵島→登州를 거쳐 北京으로 가기도 하였고 袁崇煥에 의하여 1629년에는 毛文龍의 椵島를 견제하기 위해 宣川→覺華島→寧遠→山海關을 거치기도 하였다. 이 시기 使行의 海路에 의한 北京行은 상당한 고충도 따랐다. 가도 등지에서 요동난민, 묘문룡과의 禮 등 가장 힘들었던 燕行길이었다. 이 시기 記錄畵는 매우 중요한 사료적 가치를 지닌다.[24]

그밖에도 연행록이 왜 사료로서의 중요성을 가지는가 하는 것은 너무 많은 자료이기에 세부적으로 상세히 열거하기에는 부족하다. 例를 들어『18세기 연행록과 중국사회』의 세부목차를 참고하면 많은 도움과 아이디어를 얻을 수 있을 것이다.

어떤 의미에서는 역사자료로서의 연행록이란 표현조차 맞지 않는다고 생각된다.

Ⅳ. 結論

前言하였듯이 文學에서의 연행록연구에 비해 歷史學에서의 연구는 아직 시작단계이다. 근래에는 여행기, 견문기 및 문학작품들도 史料로 많이 활용되고 있다. 16, 17세기에 中國와서 활동했던 선교사들의 기록 서한들도 史料로 활용되고 있고 대표적인 것이 마테오 리치의『中國札記』이다. 그는 거의 40여년 중국 선교를 위해 노력하였으며 그의 사망(1610)시 神宗이 葬地까지 하사하였다. 물론 오래 중국에

---

24) 鄭恩主, 각주 2의 논문『明淸史硏究』2집, 2002, pp.189~228참조; 松浦章,「袁崇煥和朝鮮使節」, 위의 책, 2002.

서 활동하였지만 그의 저서는 16世紀末, 17世紀初 中國에서 그가 보고 관찰한 것을 라틴어로 기록하여 英語, 佛語, 日本語, 中國語 등 세계 각국어로 번역되어 萬曆年間의 政治, 社會, 文化의 구체적인 내용을 전하는 역사자료로 활용되고 있다. 그 후 많은 선교사들의 저술이 중국이해에 큰 도움이 되고 있다고 유럽에서 소위 Sinology 중국연구의 붐을 일으키기도 하였다. 또 중국에서는 1980년대 이후 중국에 관한 내용을 전하는 西歐人들의 저술이 중국어로 번역되어 그 연구도 활발하다. 例를 하나 들면 서양인의 눈에 비친 明淸時代, 19世紀 淸末 中國이나 矢澤利彦의 16~18世紀 西洋人の見た中國皇帝, 官僚, 女性 (1990~1993版) 등이다. 이렇듯 조선인의 눈에 비친 萬曆年間의 中國, 康熙年間, 乾隆年間, 19世紀 中國(燕行錄을 중심으로)이라는 논제도 얼마든지 가능하다. 또 紅樓夢 같은 小說도 明淸時代 중국의 사회, 경제, 문화사 연구에 활용되고 있다. 淸代에 오면서 공식적인 使行이 아닌, 자유인이라는 입장에서의 연행록은 어떤 의미에서는 당시 중국의 정치나 사회, 경제, 문화의 내면을 보다 깊은 통찰력을 가지고 세밀하게 들여다 볼 수 있었다는 점에서 높이 평가할 수 있다. 그들이 머물었던 시간은 40~60일이 일반적이지만 이미 중국에 가기 전에 중국에 대해 모든 면에서 학식과 이해도가 높은 지식인이었기에 체류기간은 별문제가 아니었다.

또 서구인들의 중국관계 저술이 그 후 서양의 중국이해, 관찰로 19세기 중국의 단서를 이루었고 더 나아가 무역활동을 위한 자료(G. Macartncy의 중국방문 사절 일기) 전쟁으로 발전하는 자료로도 활용되었다는 점에서 燕行錄의 평가를 부정적으로 보기도 하지만, 당시 중국과 조선의 관계를 이해한다면 반드시 그렇게 평가할 수는 없다. 또 지금의 시각에서 정보유통, 그 활용을 논할 수도 있겠지만, 이 문제는 연행록이 간행된 시점이나 그 시대적인 양국관계에서 보면 충분히 이해할 수 있을 것이다.

재론하지만 朴趾源의 열하일기는 가장 우수한 역사자료이다. 왜

냐하면 乾隆의 七旬 萬壽節 참석을 위해 여름 궁전인 熱河에 갔고 그
곳에서 淸의 蒙古 회유의 정책과 모습을 관찰하였고 멀리서나마 班
禪喇嘛를 볼 수 있었다. 그가 黃敎인식을 할 수 있었고 班禪喇嘛(淸
代 두번째 방문)를 보게 된 것은 박지원의 행운이었다. 박지원이었기
에 그 서술도 가능했던 것이었다. 그리고 많은 학자들과 필담을 하면
서 청조 중국지배의 정치현안을 질문했을 때, 한인 학자들의 은유적
답변을 들었는데 당시가 四庫全書 간행의 마지막 단계여서 언론의
통제적인 측면도 관찰하였다.[25] 이러한 사인들은 1780년이라는 시기
이기에 또 박지원이기에 가능한 일이었다.

　여하튼 燕行錄은 요동을 통한 北京入城, 北京의 이모저모, 오가는
통로의 관찰, 견문한 풍속, 그 밖의 일들을 명청시대 중국사연구의 중
요한 역사자료임은 재론의 여지가 없다.

　이미 朴趾源이나 崔溥의 작품은 중국에도 많이 알려져 있지만 좀
더 많은 朝鮮人眼中的 明, 淸時代의 저술과 연구가 出版되기를 바라
며 한국역사학자들 한국사나 중국사 전공자들의 燕行錄 硏究도 기대
해 본다. 그리고 600여 종의 연행록의 체계적 정리와 번역 등을 통해
관심있는 후학들의 연구자료로 활용되고, 중국사 연구에 도움이 되기
를 바란다.

---

25) 崔韶子, 위의 논문, 1992 참조.

明朝档案を通じて見た明末中朝辺界
－新資料の発掘と東北アジア史の展望－

荷見守義*

Ⅰ．はじめに
Ⅱ．明朝檔案の特徴・問題点
Ⅲ．張國元と高起潜
Ⅳ．「關寧」「寧錦」監視体制
Ⅴ．おわりに－明朝の中朝辺界認識によせて－

Ⅰ．はじめに

　明末における満族の勃興は、流賊の猖獗と相まって、明朝を内外から追いつめていったことは周知の史実であろう。特に万暦47年(天命4)のサルフの戦で中朝連合軍を大破したヌルハチは、その後、じわじわ遼東地方を浸食して行った。明朝は遼東防衛のために膨大な戦費を費やし続け、その結果としての財源不足を補うため加派を重ねていった。所謂「遼餉」問題である。[1] このことがまた民衆の負担を深刻なものにし、さらに流賊の活動を下支えし、尚更、

---

　* 日本　弘前大学

1) 吉尾寛,「明末の戸部尚書畢自厳の兵餉運営に対する一視点,『度支奏議』「堂稿」部に記載される数値史料を手がかりにして」岩井茂樹編, 『中国近世社会の秩序形成』, 京都大学人文科学研究所、2004年、ほか、楊永漢『論晩明遼餉収支』天工書局、1998年、参照。

明朝の統治を困難なものにしていった。これが崇禎年間に入ると、明朝の前線は殆ど寧遠城周辺に限定され、明朝にとって最も緊密な宗藩関係にあった朝鮮との連絡も困難となっていった。そもそも、遼東鎮は明朝の東北における橋頭堡であり、朝鮮との連絡は遼東鎮があったればこそ安定して継続するのである。

　また、北京の宮廷にしてみれば、東北方の情報は遼東鎮などの辺防ラインから上がって来るのであり、これらの情報によって政策の基盤である認識が形成されていく。このことからも、明代で言えば、辺防のメカニズムを多角的に解明することが、外交政策の理解に大いなるベースを提供するのである。ただ、明朝の史料と雖も、辺防の細部までの史料はそう多く残されてはおらず、このような状況下においては、明朝末期の、まさにヌルハチなど満洲族に負け続けた時期の、膨大な档案史料は、安定期の明朝からすれば少し例外的かもしれないが、メカニズム解明のヒントが大いに隠されているものと期待されるのである。本稿が明末期に絞って、档案史料の分析に挑む基本的考えである。

　明代史研究における档案史料の利用は少しずつ拡がりを見せている。ただ、清代史研究とは違い、档案の残存に偏りがあり、また網羅的な残存でもないため、明代史の中でも軍事史、外交史、辺疆防衛関係の分野、流賊研究などでの利用の拡がりが期待されている。筆者は従来から明朝遼東鎮を軸に、明朝中央の政治史・辺疆防衛体制研究・女真史・中朝関係史へと手を拡げて研究を展開して来た。時代的には明代初期から中期にかけての時期を中心として来たので、とりわけ、明代晩期の研究は手薄であった。本稿では、明代史の新史料である档案史料の特徴について言及するとともに、北方史研究の如何なる分野に新たな開拓の余地があるのか検討してみたい。

　本稿ではまず明朝档案史料の特徴について言及する。大枠で言えば、明朝档案は中国大陸側と台湾側に泣き別れになっており、その双方から史料集が刊行されている今、双方をうまく付き合わせれば、新たな視点を見つけることが出来よう。このような档案の中で、崇禎年間に行われた監視体制について、特に遼東鎮の寧錦太監、またこれに密接に関連した関寧太監の役割の

一端について、言及してみたい。その中で、辺境防衛に関わる上奏文を4本取り上げて簡単な分析を行い、監視体制の実態とそこから得られる北方認識について言及することにする。

Ⅱ．明朝档案の特徴・問題点

　まず、明代の档案については、最も早く1930年(民国19)から1975年まで国立中央研究院歴史語言研究所編の『明清史料』甲編〜癸編が刊行された。この档案集には明朝及び清朝の档案が原档案から文字を起こして収録されているが、明朝に関わる档案は甲編から癸編までで2790件収められている。そのほぼ全ては天啓・崇禎年間の档案である。そして東北図書館編で1949年に『明清内閣大庫史料　第一輯-明代』上下冊が刊行された。ここにおいては上に202件、下に323件、合計525件の明朝档案が収録されているが、全て原档案から文字を起こしたものであった。その後、1985年、遼寧省档案館・遼寧社会科学院歴史研究所編で遼沈書社から『明代遼東档案匯編』上下が刊行された。ここには455件の明朝档案が収録されており、全て原档案から文字を起こした形で収録されていた。このような状況下、2001年に中国第一歴史档案館・遼寧省档案館編で広西師範大学出版社から『中国明朝档案総匯』101冊が刊行された。本史料集の特徴は档案をなるべく原档案の形で収める努力がなされたことで、従来、刊行物の形では編集の手が入ったものしか見ることが出来なかった状況が大いに改善されたと言えるだろう。以上から、明朝档案を多量に収めた史料集が4部存在することになるが、相互の重複を見ておかなければならない。档案保管の系統からすると、現在、台湾側に保管されている『明清档案』、大陸側に保管されている『明清内閣大庫史料　第一輯-明代』、『明代遼東档案匯編』、『中国明朝档案総匯』、の二つに分けることが出来る。そこで『明清档案』と『中国明朝档案総匯』とを付き合わせてみると、相互に重複する档案は管見の限り見出せない。その一方、『明清内閣大庫

史料　第一輯-明代』所収档案の殆どは『中国明朝档案総匯』の第1冊から第48冊所収の档案に一致し、『明代遼東档案匯編』のかなりの部分は『中国明朝档案総匯』の第89冊から第101冊所収の档案に一致する。完全に一致しないのは、これら大陸側の史料集編纂時に、档案の保存状態などによって取捨選択を行っていることによると思われる。また、文字に起こされた史料と原档案とが一致しないことも往々にして見られるので、注意が要されるのである。従って、明朝档案を利用した研究を行う場合は、これらの重複・異同に留意して研究を進めることとなるが、『中国明朝档案総匯』の刊行は、単に明朝档案の原档利用の促進を促したのみならず、その第1冊から第48冊で言えば、『明清史料』と対を為す天啓・崇禎年間の档案ついて、『明清内閣大庫史料　第一輯-明代』上下冊所収の525件を除いても、単純に言って約3000件の新たな明朝档案が公刊されたということになる。さらに第49冊から第77冊所収の衛選簿類、朝鮮迎接天使都監都庁儀軌を除いても、第78冊から第88冊所収の「魯斎全書」「掌鈴題稿」「南京兵部車駕職掌」「兵部行移簿」「楊鶴奏議」「崇禎存実疏鈔」「錦衣衛題本档」「勅稿底簿」「礼部行文底冊」「鳳陽新書」「明代档冊」「淮陽雑録」に949件の档案が含まれる。また、第89冊から第101冊までの709件の档案は、『明代遼東档案匯編』所収の455件の档案と重複する以上に多くの档案が含まれていることが分かる。[2]

---

2) 本史料集については、甘利弘樹「貴重な明代の档案史料集」『東方』252、2002年、同「明朝档案を利用した研究の動向について-『中国明朝档案総匯』刊行によせて」『満族史研究』第1号、2002年、において、その概要を知ることが出来る。また、その問題点については拙稿「遼東馬市信牌档-明朝档案の配列を中心にして」『明清史研究』第1輯、2004年、において指摘したことがある。なお、本史料集の目録を一冊にした工具書として岩渕眞編『中国第一歴史档案館・遼寧省档案館編 中国明朝档案総匯　総目録』(研究代表者：川越泰博『平成11年度－平成14年度科学研究費補助金 基盤研究(C)(2)研究成果報告書 明代海外情報の研究』2003年)がある。

Ⅲ. 張国元と高起潜

　崇禎年間における遼東鎮は、すでに大半がヌルハチの軍によって浸食され
ており、ほぼ広寧から山海関までの間を抑えることが精一杯で、崇禎15年の
広寧松山の陥落後は、いよいよ錦州も保ちがたく、寧遠城に籠もって山海関
への道を閉ざすのがやっとのことであった。この崇禎年間の遼東鎮の軍政に関
わった宦官に張国元と高起潜がいる。ここでは編纂史料と档案史料を付き合
わせて、張国元と高起潜の遼東鎮に関わった時期や肩書きについて見ておき
たい。

　崇禎帝の治世の特色の一つとして宦官の重用が上げられるが、その治世
の最初からそうであったのではなく、寧ろ魏忠賢一派の排除に見られるように、
政治を宦官任せにはしなかった。ところが崇禎4年から、諸軍の監督に宦官を
重用するようになる。当然、諸臣からは繰り返し批判を被ったのであるが、崇
禎帝はそれを意に介さなかった。[3]　具体的には、崇禎4年9月の王応朝に山海

---

3)　谷応泰撰『明史紀事本末』巻74、宦侍誤国には、「初上既罷諸内臣、外事倶委督
　撫、然上英察。輒以法随其後、外臣多不称任使者。崇禎二年、京師戒厳、
　乃復以内臣視行営。自是、銜憲四出、動以威倨上官、体加於庶司、羣相壅
　蔽。」とあり、崇禎帝は登極の初め、一旦は魏忠賢一派を一掃して宦官の国政介
　入を廃しておきながら、崇禎二年の清軍による北京襲撃により、宦官の軍事統轄を
　復活させたという。また、『国榷』巻93、崇禎7年8月辛未の条に、「諭曰、国家明経
　取士、期遇甚厚。朕御極之初、撤還内鎮、挙天下事悉以聴之朝士、不意諸
　臣営私卸過、罔恤民艱、竟置膜外、甚有蝕剥為陞官肥家計。間一二廉謹
　者、又拘泥迂疎、慢視職掌、或性乏通警、属下欺蒙、既有一二不能不瞻徇
　情私、又因循推諉、居恒但有虚声、有事均無実済。己巳之冬、致逆虜直薄
　都下、宗社震驚、挙朝束手。此士大夫負国家也。繇是不得已、照成祖監槍
　之例、分遣各鎮監視、添設両部総理。雖一時権宜、亦欲諸臣自反。数年
　来、軍馬経制粗立、銭糧稍清、而諸臣或亦有省於衷矣。今将総理・監視等官
　酌量撤回、以信朕之初心。張彝憲俟漕糧将竣、回監供職、李奇懋・魏相・康
　朝・張国元・盧維寧・魏国徴・王之心・鄧希詔、倶回京別用、張元亨・崔良用仍
　俟寇平、会同撫按市馬、王希忠除去省査飭、照旧守備、惟関・寧逼近虜巣、高
　起潜率原属各官、兼監両鎮。京営内臣提督管理照常、雲鎮被虜、登鎮縦

関・寧遠、鄧希詔に薊州鎮、王坤に宣府鎮、劉文忠に大同鎮、劉允中に
山西鎮の兵糧と撫賞を監視させ、また張彝憲に戸部・工部の銭糧を総理させ
たことに始まる。張彝憲は財政を掌握することで、軍政全般への影響力を
狙ったようであった。肩書きには監軍と監視の別があり、地方で流賊鎮圧のた
め展開していた諸軍営に配属された宦官は監軍と言い、辺鎮に配属された宦
官は監視と言った。また、『国権』によれば、この時、唐文征は京営の戎政を
提督したという。[4]さらに同年11月には太監李奇茂が監視陝西茶馬、呂直が
監視登島兵糧・海禁、崇禎6年(1633)5月には太監陳大金等が曹文詔・張応
昌・左良玉・鄧玘の諸軍にそれぞれ分監している。[5]崇禎6年6月1日、太監高

妍、倶候另議、内而部司、外而督撫・鎮按・道将、共体時艱、各図表見、若
復踏往陋、仍爾自便、不惟国典具存、抑諸臣之忠猷何在、良足恥矣。」と
ある。

4) 『明史』巻23、荘烈帝本紀、崇禎4年9月庚辰の条に、「内臣王応朝・鄧希詔等監
視関・寧・薊鎮兵糧及各辺撫賞。」とある。『明史稿』本紀18、荘烈帝紀、『国権』
巻91では「十月丁未」としている。『明史』巻305、張彝憲伝には、「崇禎四年九月、
遣王応朝等監視関・寧、又遣王坤宣府、劉文忠大同、劉允中山西監視軍馬。
而以彝憲有心計、令鈎校戸・工二部出入、如涂文輔故事、為之建署、名曰戸
工総理、其権視外総督、内団営提督焉。」とあり、『明史』巻258、李日輔伝に
は、「崇禎四年擢南京御史。時中官四出、張彝憲総理戸・工銭糧、唐文征提督
京営戎政、王坤監餉宣府、劉文忠監餉大同、劉允中監餉山西、又命王応朝
監軍関・寧、張国元監軍東協、王之心監軍中協、鄧希詔監軍西協、又命呂直
監餉登島、李茂奇監茶馬陝西。」とある。また、『国権』巻91、崇禎4年9月乙未の
条には、「太監張彝憲総理戸・工二部銭糧、唐文征提督京営戎政、王坤往宣
府、劉文忠往大同、劉允中往山西、各監視兵餉。」とあり、同10月丁未の条に
は、「命太監監軍王応朝往関・寧、張国元往薊鎮東協、王之心中協、邵希詔西
協。」とある。また、『明史』巻305、高起潜伝には、「時流賊大熾、命太監陳大金・
閻思印・謝文挙・孫茂霖等為内中軍、分入大帥曹文詔・左良玉・張応昌諸営、
名曰監軍、在辺鎮者、悉名監視。」とある。

5) 『明史』巻23、荘烈帝本紀、崇禎4年11月丙戌の条に、「太監李奇茂監視陝西茶
馬、呂直監視登島兵糧・海禁。」とある。中華書局本『明史』では「呂直」を誤りとし
「呉直」を正しいとしているが、「呂直」が正しい。また、『明史』巻23、荘烈帝本紀、
崇禎6年5月乙巳の条に、「太監陳大金等分監曹文詔・張応昌・左良玉・鄧玘軍。」
とある。

起潜に寧・錦の兵餉を監視させることにした。ただ、『国権』によれば、崇禎6年6月2日、太監高起潜に命じて寧・錦を監視させ、張国元に山・永・石塘等路を監視させ、兵餉を明瞭に調査・管理させて、軍士に恩賞を与えることにしたとあり、高起潜の監視寧錦叙任を翌日のこととしている。高起潜を軍事の要職に充てた理由としては、そもそも軍事に詳しいと自称していたことにあったという。[6]

　これらの監視太監については『中国明朝档案総匯』にも、王坤は崇禎5年6月1日から同9年12月21日まで監視宣鎮御馬監太監として、呂直は崇禎6年3月26日から同11年3月16日まで監視登島司礼監太監として、劉文忠は崇禎6年10月20日から同7年10月24日まで監視大同御馬監太監として、盧維寧[7]は崇禎8年4月30日から同9年9月14日まで監視宣府御馬監太監として、魏国徴[8]は

6)　『明史』巻23、崇禎6年6月辛酉朔の条に、「太監高起潜監視寧錦兵餉。」とあり、『国権』巻92、崇禎6年6月壬戌の条に、「命太監高起潜監視錦寧、張国元監視山永石塘等路、綜核兵餉、犒賞軍士。」とある。高起潜の伝記は、『明史』巻305、高起潜伝、『明史稿』列伝179、高起潜伝がある。また、『明史』巻305、高起潜伝には、「高起潜、在内侍中、以知兵称、帝委任之。」とあり、『明史稿』列伝179には、「高起潜、内侍中、称号知兵、帝委任之。」とある。張国元の伝記は、高承埏編輯『崇禎忠節録』にあり、順天府大興県の人で、明末の北京陥落時、自殺している。

7)　盧維寧の任官年月は未詳であるが、崇禎13年3月には京師に召還されたようである。『国権』巻97、崇禎13年3月戊子の条に、「詔撤各鎮内臣。察餉已久、兵馬銭糧・器械等項、稍有改観、但戦守防援、事権未能尽一。今将総監高起潜・陳貴・馬雲程・盧維寧、分守辺永清・許進忠・謝文挙・魏邦典・牛文炳・武進・陳鎮夷・崔進・楊顕名、倶撤回京另用、中之秀除去総監、仍以守備察餉、李信守護陵園、崔璘除兼察起存銭糧、惟専理塩務、勅書換給、武俊仍俟工完回京、還将兵馬・銭糧・器械及任内釐飭事宜開明具奏。凡辺務都著督撫・鎮道一意肩承、共体時艱、各擂猷略。若有疏虞、五案大法具存、必罪不貸。」とある。

8)　魏国徴は崇禎9年8月に内官監守天寿山から総監宣府・昌平となっている。『国権』巻95、崇禎9年7月辛未の条に、「前司礼太監張雲漢・韓賛周為副提督、巡城閲軍、司礼太監提督右安門魏国徴改内官監守天寿山。」とあり、同8月壬申朔の条に、「天寿山守備魏国徴総督(ママ、監)宣府・昌平、京営御馬太監鄧(ママ、鄭)良輔為分守、太監鄧希詔監視中西二協、太監杜勲分守。」とある。

崇禎9年8月26日から同10月6日まで総監昌宣太監として、鄭良輔[9]は崇禎9年8月26日から同10月9日まで分守昌宣御馬監太監として、陳応祥[10]は崇禎10年閏4月16日から同11年2月10日まで登島太監として、魏邦典[11]は崇禎11年4月27日から同13年閏正月5日まで昌宣太監として、謝文挙[12]は崇禎12年4月4日から同12月25日まで昌宣太監として、確認することが出来る。

さて、張国元であるが、『明清史料』では張国元が遼東鎮に関わって上奏した档案の掲載は管見の限り僅か1本で、崇禎7年7月の「兵部行稿　兵科抄出薊鎮東協太監張国元題」であったが、『中国明朝档案総匯』では12本の上奏を見ることが出来る(後掲の張国元に関わる档案一覧参照)。期間は崇禎6年3月7日から同7年閏8月28日までである。肩書きは崇禎7年7月27日までは「欽差監視薊鎮東協署理関寧粮餉兵馬辺牆撫賞事務御馬監太監」であり、同7年閏8月28日は「監視関永」太監となっている。つまり、張国元は崇禎6年から翌7年7月までは「薊鎮東協太監」として「署理関寧粮餉兵馬辺牆撫賞事務」を担っていたのである。「署理」は代理の意味であるから、代理として「関寧」つまり山海関と寧遠の兵餉・兵馬・辺牆・撫賞の事務に従事していたの

---

9) 鄭良輔は崇禎9年8月に京営御馬監太監として分守宣府・昌平となり、同11月には協理宣府・昌平となり、同10年11月には総理京城巡捕となっている。『国榷』巻95、崇禎9年8月壬申の条(前掲)及び同9年11月壬戌の条に、「御馬太監陳貴総監大同・山西、牛文炳分守、御馬太監王夢弼分守宣府・昌平、鄭良輔協理。」とあり、同10年11月庚辰の条に、「以司礼署印太監曹化淳提督京営、太監李明哲提督五軍営、杜勲提督神枢営、閻思印提督神機営、孫茂霖分守薊鎮中西三協、鄭良輔総理京城巡捕。」とある。

10) 陳応祥の任官年月は未詳である。

11) 　魏邦典の任官年月は未詳であるが、崇禎13年3月に京師に召還されたようである。前掲『国榷』巻97、崇禎13年3月戊子の条、参照。

12) 謝文挙は崇禎5年9月に提督京営戎政となり、同10年12月に分守昌平・宣府となり、同13年3月に京師に召還されたようである。『国榷』巻92、崇禎5年9月戊申の条に、「以太監鄭良翰・謝文挙・扶進朝・魏典・盧文徳提督京営戎政。」とあり、同巻96、崇禎10年12月乙巳の条に、「太監謝文挙分守昌平宣府。」とある。また、前掲同巻97、崇禎13年3月戊子の条、参照。

である。先に本稿では張国元は崇禎6年6月2日に山・永・石塘等路の監視と
なったことを指摘したが、これは档案の指示示す実態と符合しないのである。こ
の記述は『国榷』に基づいたものであるが、『明史』巻258、李日輔伝によれ
ば、張国元は崇禎4年に「監軍東協」、つまり、薊州鎮東協を監視するよう命
ぜられており、『国榷』巻91、崇禎4年10月丁未の条にも、「命太監監軍王応
朝往関・寧、張国元往薊鎮東協、王之心中協、邵希韶西協。」とあること
から、張国元は崇禎帝が宦官による監視政策を開始した当初に、薊州鎮の
監視東協太監となり、やがて薊州鎮から指呼の間にある山海関と寧遠の監視
を代理として行っていたのではなかろうか。崇禎4年9月には王応朝が山海関と
寧遠の監視に任命されていることを考えると、その任務がいつまで続いたものか
未詳であるが、或いは王応朝の任務は1年ほどのもので、後掲の高起潜がそ
の後を継いで崇禎5年後半から「関・寧」監視の任務を引き継いだのかもしれな
い。更にその任務を崇禎6年前半から、張国元が薊州鎮の監視東協太監の
身分のまま、何らかの事情で代理業務として行ったとも推測出来る。また、崇
禎6年6月2日に「山・永・石塘等路」の監視となったということも、或いは「関・
永・石塘等路」の誤りかもしれない。また、『国榷』では、張国元は崇禎7年8
月辛未に京師に召還され、同9年10月庚戌には「提督京営張国元に兼ねて
巡捕を理めしむ」とあるが、監視薊州鎮東協から「山・永・石塘等路」或いは「
関・永・石塘等路」の監視となった時期は崇禎6年6月ではなくて同7年8月であ
ろうし、京師への召還の時期はもっと遅いのではなかろうか。

　高起潜は『明史』によれば崇禎6年6月1日に「監視寧錦兵餉」に任じられた
ことが分かるが、後掲の高起潜に関わる档案一覧を検討すると、高起潜が遼
東鎮「寧・錦」、つまり寧遠と錦州に赴いたのはこれより以前のことであった。高
起潜の遼東鎮寧・錦に関わる上奏は、『明清史料』・『中国明朝档案総匯』に
おいて、管見の限り、崇禎5年11月26日から崇禎13年2月29日までの間、確
認することが出来る。肩書きは崇禎6年4月段階までは「欽差督発関寧援兵監
護軍功粮餉等事忠勇営中軍御馬監太監」或いは「欽差督発関寧援兵監護
軍功粮餉等事乾清宮牌子御馬監太監」であったものが、崇禎6年8月段階に

なると「欽差乾清宮牌子監視寧錦等処糧餉兵馬辺牆撫賞等事御馬監太監」
に替わり、更に崇禎8年9月段階からは「総監関寧両鎮糧餉兵馬辺牆撫賞等
事御馬監太監」に替わり、崇禎12年段階からは「総監各路援兵太監御馬監
太監」という肩書きが「総監関寧両鎮糧餉兵馬辺牆撫賞等事御馬監太監」と
交えて使われ出す。従って、高起潜は監視寧錦太監に任じられるより以前の
崇禎5年後半段階には、すでに山海関・寧遠の監視活動に従事しており、こ
の段階では「督発監護」と呼ばれていた。其の後、崇禎6年の監視寧錦太監
任命により、監視対象は山海関・寧遠から寧遠・錦州へと移動している。これ
は張国元が山海関・寧遠の監視活動に従事するようになったためなのか、高
起潜を錦州方面に移動させる必要性が出てきたため、張国元をその代理とし
て山海関・寧遠の監視に補充せざるを得なくなったのか、はっきりしないところで
はある。更に、崇禎8年9月段階の「寧錦」監視から「総監」と肩書きが変わって
「関寧」に監視対象が変更されている点は、或いは張国元がそれ以前の近い
段階で京師に召還されたためかもしれない。ともあれ、張国元と高起潜は一時
期、監視対象が重なっていたことが分かる。

Ⅳ. 「関寧」「寧錦」監視体制

　明代においては鎮守宦官という永楽年間に淵源のある監軍制度が、宣徳
年間から制度化して定着していた。辺鎮における守備体系は一鎮を統べる者
が鎮守、一路を守る者が分守、一城一堡を守る者が守備というが[13]、これに
対応して、鎮守宦官も出鎮した。[14] 従って、監視体制といっても監軍そのもの

---

13) 川越泰博『明代中国の軍制と政治』国書刊行会、2001年。
14) 方志遠「明代的鎮守中官制度」『文史』40、1994、野田徹「明朝宦官の政治的地
　　位について」『九州大学東洋史論集』21、1993、同「明代在外宦官の一形態につ
　　いて　鎮守宦官をめぐって」『九州大学東洋史論集』24、1996、同「嘉靖朝における
　　鎮守宦官裁革について」『史淵』137、2000年、参照。

はさして目新しいことではない。ただ、崇禎2年に後金軍が京師に迫るという事態に続き、翌3年には永平等に侵入するという軍事的危機の中、京師救援に駆けつけた袁崇煥を謀犯の疑いで刑に処した崇禎帝の臣下に対する不信感が、宦官の重用へと向かわせたのかもしれない。『明史』巻305、高起潜伝には、「已而諸監多侵剋軍資、臨敵輒擁精兵先遁、諸将亦恥為之下、縁是皆無功。八年、尽撤諸鎮内臣、惟起潜監視如故。九年七月、復遣太監李輔国・許進忠等、分守紫荊・倒馬諸関、孫惟武・劉元斌、防馬水河。時、兵部尚書張鳳翼出督援軍、宣大総督梁廷棟亦引兵南、特命起潜為総監、給金三万、賞功牌千、以司礼大璫張雲漢・韓賛周副之。然起潜実未嘗決一戦、惟割死人首、冒功而已。」とあり、後世の監視・監軍体制への評価は手厳しい。ここでは、張国元と高起潜が「関寧」「寧錦」の監視に従事していた頃の档案を4本取り上げて、監視体制の実態がどうであったかということと、どのような北方情報がやりとりされていたのかを当該人間同士の認識に立って見ていく。その際、張国元の肩書きに「糧餉・兵馬・辺牆・撫賞事務」、高起潜の肩書きに「糧餉・兵馬・辺牆・撫賞(軍功)等事」とあることに着目したい。

　なお、遼東鎮に関わる支配体制を見ておくと、遼東には洪武年間に遼東都指揮使司が設置され、当初は都指揮使にも統兵権が与えられていたのであるが、のちには鎮守総兵官が統兵権を握るようになる。[15]　軍務を取り仕切る巡撫、軍務と統兵権を擁する提督が累加され[16]、これらを巡按山東(巡按遼東)監察御史が按治した。嘉靖29年からは薊遼総督が設置された。ただ、遼東鎮を按治した巡按山東監察御史は、天啓2年に方震孺が志願して乗り込んだものの、後金軍の前進を阻むこと叶わず、辞任に追い込まれたのが最後で、それ以降は置かれていないようである。[17]档案に関わる役職・人名をあげておけ

15)　拙稿「明朝遼東総兵官考　洪武年間の場合」『人文研紀要(中央大学人文科学研究所)』68、2010年。

16)　奥山憲夫『明代軍政史研究』汲古書院、2003年

17)　　方震孺については『明史』巻248、方震孺伝参照。拙稿「明代巡按山東監察御史

ば、薊遼総督は崇禎5年9月戊申まで曹文衡、同5年9月戊午から同7年11月
壬申まで傅宗竜、同7年12月丙戌から同9年10月辛卯まで丁魁楚、同9年9
月己巳から同10年7月丁卯まで張福臻、同10年5月己丑から同11年9月辛巳
まで呉阿衡、同12年正月丁丑から同14年9月甲申まで洪承疇であった。巡
撫遼東は崇禎4年11月戊戌から同13年3月辛丑まで方一藻、劉鎬は同11年
正月辛卯から2月庚子までその任にあった。また、同13年3月辛丑から同15年3
月丁亥まで丘民仰、同14年10月壬子から同16年2月戊子まで葉廷桂、同15
年2月丁未から4月辛丑まで范志完がその任にあった。鎮守総兵官は遼東が
崇禎元年5月丁亥まで朱梅、同元年6月丙申から9年10月戊戌まで祖大寿、
同4年2月壬戌から同5年11月まで金国奇、同5年11月から同7年12月癸巳ま
で呉襄、同9年7月庚午から同13年7月丙午まで王威、同12年5月甲戌から
金国鳳、同13年正月甲寅から劉肇基、崇禎14年8月癸亥から白広恩、同
15年から同17年正月乙未まで馬科、同17年3月癸巳から呉三桂となる。寧遠
は崇禎元年5月丁亥から杜文煥、同元年10月己卯から朱梅となる。山海関
は崇禎元年6月丙申から9月甲戌が麻登雲、同2年11月戊戌から12月丁卯が
黒雲竜、同2年12月丙子から4年12月丁丑が宋偉、同4年10月己酉から同15
年閏11月戊申まで劉源清、同4年12月戊寅から同7年12月癸巳まで尤世
威、同8年2月壬寅から同9年10月戊戌まで張時傑、同9年10月戊戌から同12
年5月壬午まで侯拱極、同12年6月甲午から同15年まで馬科、寧遠団練は
崇禎9年3月辛亥から趙官、関内は同元年9月甲戌から同2年11月丙申が趙
率教、平遼は天啓4年11月乙卯から同2年6月戊午が毛文竜、山海関北口
は崇禎元年5月丙寅に官維賢、山海関南口は崇禎元年5月甲子に王応暉
である。

　まず高起潜の上奏に関わる档案である。『中国明朝档案総匯』所収、崇
禎6年8月27日、兵部による「兵部為官兵於遼東高台堡処斬獲入境奴賊情

　の基礎的考察」『人文研紀要(中央大学人文科学研究所)』72、2011年、では、
　方震孺を取り上げなかった。ここに補う。

形事行稿」である。[18]まず原文を掲げると次の通りである。

　　奴賊入境等事　抄訖

　　行　辰字五百四十七号

　　八月廿七日行

　　謝泰

　　兵部為奴賊入境、官兵奮勇、仰伏天威、斬級、獲馬・夷器等事。職方清
史司案呈、奉本部送、該監視寧錦太監高起潜題称、本年八月二十三日准寧
前兵備道僉事陳新甲、本月二十二日准中右所騎営副総兵劉応国手本移称、
本月十八日、本職聴聞西南城角砲響、即同左翼中営参将高魁、各統領官
兵、馳至曲尺河舗麗家山、撞遇撥夜。報称、奴賊緣高台堡地方進入、直奔
大路。本職行馳間、有高参将報策応夜役何雲回称、蒙団練鎮呉総兵傅調左
翼中営高参将統領所部官丁、赴彼合営、止回。本職守城随挑兵壱百名、摘
令奇哨把総即先租等帯領、一同前往中後、合営去訖。本職站立扎営、遥望
各村屯、煙霧大起、本職随差把総張国臣引領降夷、千総王化中・紅旗・劉
祥・劉志忠等官丁柒拾員名、并高参将存留下撥夜把総陶万化柒拾名、共漢
夷官丁八十員名、沿海一帯各村屯、相機截殺、正行走間、忽前灰塵大起、
直奔中後属屯海金寨、各官預為埋伏。賊果入屯、我兵突出衝砍一処、那奈
等在陣斬獲首級壱顆・達馬壱匹・夷器倶全。因見奴賊聯擁、相継恐堕術中、

---

18) 明代の文書システムについては、羅輝映「明代文書制度初探」『四川大學學報叢
　　刊』30、檔案學論叢、1986年、尹韻公『中國明代新聞伝播史』重慶出版社、1990
　　年、櫻井俊郎「明代題奏本制度の成立とその変容」『東洋史研究』51-2、1992
　　年、王劍『明代密疏研究』中國社會科學出版社、2005年、城地孝『長城と北京
　　の朝政-明代內閣政治の展開と変容』京都大學學術出版會、2012年、などを参
　　照した。また、吉尾寛「最末期・明朝の華北における都市防衛策：『中國明朝檔
　　案總滙』を用いた一考察」『大阪市立大學東洋史論叢号』2005年、櫻井俊郎「明
　　末北辺の偵察活動-崇禎十四年、大同右衛」『大阪府立大學紀要(人文・社會科
　　學)』55、2007、「明末における塘報の伝達-大同辺外から北京へ」『大阪府立大學
　　紀要(人文・社會科學)』56、2008、同「崇禎年間の燒荒」『人文學論集』28、2010
　　年、を参照した。

即収兵回営、仍査、在陣射傷卜暗官馬一匹。今将斬獲首級・達馬・盔甲夷器、除行中軍魯松齡呈解、縁繇、到道、准此、除覆験真級賞紅外、該本道看得、奴兵大挙入犯、而以其哨騎遊擾各屯、副将劉応国遣把総張国臣等、預為埋伏、俟其入海金寨、而夷丁那奈等突出衝砍、斬獲首級一顆・達馬一匹・盔甲夷器俱全。可称智勇。先挫其鋒、相応照例給賞達馬、即応給獲馬、兵丁羊哈大、征騎領兵把総張国臣、撥夜把総陶万化均応量加賞賚、以示鼓舞、等因、応会解、到臣。該臣覆験真級、量行賞紅外、同日、又准寧前兵備道僉事陳新甲塘報為呈験斬獲首級事。本月二十三日、准前鋒中営参将劉成功手本移称、本月二十一日、拠撥夜千総侯景栢報称、於十九日、哨見賊夷大旗伍桿、約有達賊壱千余騎。該職即差撥夜管隊高名入等二十名、跟随賊尾踏山密哨、有馬達賊二百余騎横順、去来不定。各兵不敢前哨。至二十一日、拠高名入報称、於二十日酉時分、有本将前差督哨撥夜紅旗・黄文挙在喇叭山、督同前往密哨、被哨馬達子壱百余騎、将名入等追赶至城子山、各撥俱奔山頂站立、賊夷棄馬、歩攻本山。各撥一斉射打矢石交加、致死達賊五・六名、至三更時分、賊見我□(兵力)捨死、各賊即将屍首拉去、遁回入営。各兵一斉下山、追斬首級一顆、夷弓器械、俱全。賊将我兵哨馬射死三匹等情、連級呈験、至職。理合解験、縁繇、到道。准此、除験係真夷首級、賞紅外、該本道看得、奴賊入犯中後、分其部落、綴我前鋒為謀、最狡。該営哨丁高名入等奉令遠哨、見賊追迫、乗機奔至城子山巓、憑高拠険、矢石交加、棄命撃賊、乗其回営、而又能尾後追襲、斬獲首級一顆、夷器俱(14字脱落)敵愾、等因、会解到臣。該臣覆験、量行賞紅外、今准前因、理合題報、等因、崇禎六年八月二十七日、奉　聖旨、兵部知道、欽此。欽遵、擬合就行、為此、一、手本監視高、合用手本前去、煩照　明旨内事、欽遵、査照施行。(尾欠)

　この档案は崇禎6年8月27日に崇禎帝の裁可を得て施行されたものであるが、監視寧錦太監高起潜の題本を受けたものである。この高起潜の題本は2つの報告を受けてのものである。その1つは崇禎6年8月23日に寧前兵備

道[19]僉事陳新甲から受けたもので、陳新甲の報告も同22日に中右所騎営副総兵劉応国の手本を受けたものであった。劉応国は同18日、西南城角に砲音が響くのを聞いて、直ちに左翼中営参将高魁とともに官兵を統領して駆けて曲尺河舗龐家山に至ったところ、偶然、撥夜[20]に出会ってその報告を受けた。報告は「奴賊は高台堡地方から進入し、直ちに大路へと向かった。」というものであった。また、劉応国が駆けつける間、参将高魁の放った策応夜役の何雲が戻って来て、「団練鎮呉総兵から、左翼中営高参将に所部の官丁を率いて来てもらい、一緒に陣営を張りたいので戻って来られたし。」と報告した。呉総兵とは鎮守遼東総兵官呉襄のことである。そこで、劉応国は守城の兵百名を選んで把総即先租等に率いさせ、あとは皆を率いて中後所に赴いて陣を張った。そこで劉応国は遥かに各村屯からもうもうと煙が立ち上るのを見て、帯同していた把総張国臣に降夷を率いさせ、また千総王化中・紅旗・劉祥・劉志忠等官丁70名、並びに高参将が残していった撥夜把総陶万化等10名、合計漢夷官丁80名で海沿いの各村屯に駆けつけようとした。その時、忽然と前方で土埃が舞い上がったので、直ちに中後所に属する海金寨に奔っ

---

19) 明朝の監察体制については、小川尚『明代地方監察制度の研究』汲古書院、1999年、同『明代都察院体制の研究』汲古書院、2004年、謝忠志『明代兵備道制度　以文馭武的国策与文人知兵的実練』明史研究叢刊、2002年、及び拙稿「明代巡按「遼東」考」『九州大学東洋史論集』34、2006年、同「明代遼東守巡道考」『山根幸夫教授追悼記念論叢　明代中国の歴史的位相』上、汲古書院、2007年、を参照した。

20) 辺境で活躍するスパイについては、川越泰博『明代長城の群像』(汲古書院、2003年)の「第一部　諜報・情報活動の担い手たち　第一章　明の間諜「夜不収」(原載「明代北辺の「夜不収」について」『中央大学文学部紀要』史学科46、2001年)、「第二章モンゴルの諜者と奸細」(原載「明代モンゴルの諜報活動(一)−その担い手を中心に」『人文研紀要(中央大学人文科学研究所)』44、2002年、「明代モンゴルの諜報活動(二)その担い手を中心に」『中央大学文学部紀要』史学科48、2003年)、及び、吉尾寛『明末の流賊反乱と地域社会』汲古書院、2001年、Ⅰの第三章「流賊の「奸細」と戦法」(原載「明末における流賊の『奸細』について」『名古屋大学東洋史研究報告』7、1981年)、がある。また、前掲桜井俊郎「崇禎年間の焼荒」では、「通夜」「丁夜」「夜不収(人)」を「工作員」と訳している。

て、各官で待ち伏せをした。そうしたところ、果たして賊は進入して来たので、我が兵が突進して那奈等は賊の首一つを取り、達馬一匹と武器を押収した。陣営に戻って調べたところ、官馬一匹が矢傷を負っていたことが分かった。以上の経過と戦果報告が、劉応国から首級・達馬・盔甲夷器とともに寧前兵備道僉事陳新甲のもとに届いた。そこで陳新甲は首実検をして褒賞を定めるとともに、「奴兵が大挙入犯し、その哨騎が各屯を荒らし回ったので、副将劉応国が把総張国臣等を派遣して、海金寨で待ち伏せをして、夷丁那奈等が突撃して首級一顆を取り、達馬一匹、盔甲夷器を奪取したことは智勇というべきである。真っ先にその鋒を挫いた者は例に照らせば達馬を給賞することになっているので、今回獲得した馬を当てることにし、兵丁羊哈大・征騎領兵把総張国臣・撥夜把総陶万化には均しく手柄に応じて褒賞し、志気を高めることにする。」との報告を首級などとともに高起潜のもとに届いたので、高起潜も首実検をして褒賞を定めた。これが1つめの報告である。もう1つの報告は同じ8月23日、やはり、寧前兵備道僉事陳新甲塘報が首実検をした報告であった。これは同日、前鋒中営参将劉成功が手本で報告して来たことで、8月21日、撥夜千総侯景栢が報告して来たことに基づくものであった。そこでは19日、物見が賊夷の大旗5桿とともに達賊千余騎を見たということで、侯景栢は即座に撥夜管隊高名入等20名を差し向け、この一団を追尾したところ、馬達賊二百騎余が行き来して、居場所が定まらなかった。そこで敢えて前進しての物見は行わなかった。21日の高名入の報告では、「20日酉刻、督哨撥夜紅旗と黄文挙を喇子山に差し向け、前進しての物見となったところ、哨馬達子百騎余に見つかってしまい、高名入等は追われて城子山に至り、山頂に立ったところ、賊夷は馬を捨てて、徒歩で山攻めを始めたので、各撥一斉に矢石を浴びせての交戦となり、達賊5、6名を殺した。三更の刻に至って、高名入等が捨て身であることを見て、賊は味方の死体を抱えて引き返そうとした。そこで各兵は一斉に下山して賊を追い、首級一つと夷弓器械を分捕った。被害は兵哨馬3匹が射殺された。」ということで、賊の首とともに劉成功に首実検を求めるして下さいという報告があり、それは陳新甲のもとにもたらされ

た。そこで、陳新甲は首実検をして褒賞するとともに、「奴賊が中後所に入犯
した後、部落を分断して、我が前鋒を足止めしようと謀ったのは最も狡猾で
あったが、該営の哨丁高名入等が命令を奉じて遠見をし、賊を発見して追跡
し、機に乗じて城子山巓に逃れ、険しい高所に憑って矢石で交戦し、命を省
みず賊を撃ち、その帰陣に乗じて追尾して追い打ちをかけ、首級一つを討ち取
り、夷器を奪取した(以下、文字脱落)」と以上の経緯を哨丁高名入等の活
躍を褒め称える報告を軸にまとめて高起潜のところに報告して来たので、高起
潜も首実検をして手柄に応じて褒賞を定めるとともに、以上の2つの陳新甲か
らの報告をまとめて崇禎帝のところに報告して来た。皇帝は崇禎6年8月27日、
「兵部知りおけ」との聖旨を下した。そこで兵部は職方清吏司に送って、監視
高起潜にへの手本を送ることにした案文させた、というところでこの档案を切れ
ている。高起潜は監視として撫賞のことを職務としているので、寧前兵備道僉
事の陳新甲は監視活動の場合の手足となる。

　さて、この高起潜ともう一人の監視である張国元が職務上、ぶつかること
があったのだろうか。次は『明清史料』丁編第4本の「兵部行稿　兵科抄出薊
鎮東協太監張国元題」で崇禎7年7月の兵部の档案である。まず原文を掲げ
ると次の通りである。

　　　兵部行、兵科抄出薊鎮東協太監張国元題、稿
　　　宿字一百八十号内、報呉襄夷丁逃回放出関縁繇、与本部題一百六十四
　　号 軍務事相同文書写訖。葉応中承。
　　　兵部為欽奉 聖旨事。職方清史司案呈、奉本部送兵科抄出薊鎮東協太監
　　張 国元題前事、等因、崇禎七年七月二十一日、奉 聖旨知道了。回夷既放
　　出関着。高起潜同該撫鎮、加意撫戢着伍。毋致他虞。其不随東行之果安心
　　自効仍着。起潜携帯前来酌用。兵部知道、欽此。欽遵、抄出到部、送司、
　　案呈到部、擬合就行、為此、一、呇遼東巡撫 東協太監合 呇
　　　手本寧錦太監　　　　手本
　　　箚祖大寿　　　　　　箚

　　前去、煩照 明旨内事理、欽遵、施行。崇禎七年七月日 郎中 鄒祚毓

　とある。これは六科の内の兵科の抄出であるが、薊鎮東協太監張国元は
題本でどのようなことを上奏したのかは不明であるが、呉襄とは当時、鎮守遼
東総兵官であった。彼の夷丁が出関して逃亡してしまった件のようである。兵
部は聖旨を奉って職方清吏司に案呈の作成を命じた。聖旨は崇禎7年7月21
日に出ており、「呉襄の夷丁が逃げてしまった以上は、高起潜は巡撫の方一
藻とともに、ほかの夷丁たちを慈しんで、」更なる騒動を引き起こさないようにとい
うことで、この度逃げなかった者は高起潜が引き取る内容であり、兵部に指示
が下され、遼東巡撫方一藻に咨文、寧錦太監高起潜に手本、当時、もう
一人の鎮守遼東総兵官であった祖大寿に箚が送られ、また、東協太監にも
合わせて返答が送られた。ここから、遼東鎮寧錦に関わる人事は巡撫、寧錦
太監、総兵官の合意或いはないし合議があったのではなかろうかということであ
る。これに対して張国元は少し引いた立場にいたのだろうか。この档案一つで
は分かりかねるところである。この合議について、『明清史料』癸編第2本の崇
禎10年閏4月17日「兵科抄出　総監関寧両鎮太監高起潜題本」を見てみよ
う。原文は次の通りである

　　兵科抄出関寧太監高起潜題本
　　高起潜題為酌補営将事。崇禎十年閏四月十八日到。　魯胤昌
　　兵部呈于兵科抄出総監関寧両鎮太監高起潜謹題為酌補営将事。准遼東
撫臣　方一藻会藁、照得、団練右営参将丁柳已経調任京営所遺員欠。准鎮臣
趙宦手本、査得、監標聴用都司管游撃事王定一生長西陲、久歴東塞、堪以
補用、等因、到臣。該臣査得、右営向隷鎮標所統倶係鋭勁王定一以将材起
家、久任辺陲、夙著勤練、就近遴補相。宜既経鎮臣移会前来、等因、会藁
到臣、准此、臣謹会同総督臣張福臻・巡撫臣方一藻・関臣杜廷璉、合詞具
題、伏乞 聖明。勅下該部、覆覈酌補施行。崇禎十年閏四月十七日、奉 聖
旨、兵部知道。

とある。これは高起潜が営将の補充人事について報告した題本である。当時、総監関寧両鎮太監であった高起潜は遼東巡撫の方一藻の会藁を受け取ったところ、内容は団練右営参将丁柳が京営の欠員の穴埋めで異動したということで、また鎮守遼東総兵官の趙宦から王定一を推薦する手本を上げて来ているということで、方一藻は王定一を調べて任に堪えると判断したとの内容で、高起潜に判断が求められた。そこで高起潜は総督張福臻、巡撫方一藻、巡関御史杜廷琏と合同で皇帝の裁可を求めた。崇禎帝は兵部に下して補充人事を再検討するようにとのことであった。崇禎10年閏4月17日のことであり、このことは兵科には翌18日に到達している。皇帝の信任厚い高起潜であっても、遼東鎮の人事を左右することは難しく、そもそも彼には人事権はなかったのでなかろうか、それが結局は合議の形での上奏に繋がったのではなかろうか。

　もう一つ、『中国明朝档案総匯』所収の崇禎11年9月18日の「遼東巡撫方一藻為解安犒銀両等事咨文」を見てみよう。これは高起潜が在任中にも関わらず、全く名前の出て来ない事例である。原文は次の通りである。

　　方司
　　崇禎十一年九月十八日到「巡撫遼東等処提督軍務関防」官印
　　　欽差巡撫遼東寧錦等処地方提督軍務兼管備倭都察院右都御史兼兵部左侍郎方 為遠哨事。本年九月十七日准兵部咨、職方清史司案呈、奉本部送、准遼東巡撫方　塘報前事、等因、又准本官掲帖為飛報夷情事、等因、各到部、送司。該本司看得、逆奴狡窺、日以謀犯為事。此不待智者而後知之也。況其属部、尽徙河西、調発無煩、遠驚則其豕突之勢、較昔倍為孔棘。然而奴之所利者、野戦所長者弓矢、調鮮人運火器、殆虚声也。若然用違其長、雖衆必敗。凡我辺臣宜整撚戦具厳撚、以俟有犯、必摧此其時矣。万勿先自餒、以張奴勢。有万人必往之気、然後、可以収匹馬、不入之功也。案呈到部、該臣覆看、無異。相応、請 旨、申飭遼昌保通津宣大山西等処督監撫鎮、毋論奴犯為声為実、或近或遠、一意遠哨、厳防刻刻、砺兵秣馬、整撚待戦。其各認定調援官兵、行営器糧、已経屢飭。毋得玩弛。旧発安犒銀

両、諸処動用不多。惟遼東征調頻、仍安挿島衆、開銷両分、合再于岊寺発銀弐万両、以備不時応援之用、通祈 聖鑒施行。等因、崇禎十一年九月初七日、礼部尚書兼東閣大学士仍管兵部事楊 等具題、本日奉 聖旨、這銀両即炤数措発、余俱有旨了、欽此、欽遵、抄出到部、送司、案呈到部、擬合就行、為此、合咨前去、煩炤本部、題奉 明旨内事理、欽遵、査炤施行、等因、到院部、准此、擬合出給咨文、差官領解、為此、合咨 貴部、煩請査炤、希将安輔銀弐万両、剳寺兌給本院部、差官李日滋・馬中楽、寧前道差官周士登・潘永茂領解回鎮、以備調緩急需。俟押解到日、另具庫収報部、事完、一体彙冊、銷算施行。須至咨者。右咨兵部。

崇禎拾壱年玖月十八日(「巡撫遼東等処提督軍務関防」の印)
遠哨事

とあり、遼東巡撫の方一藻が遠見のことについて兵部に送った咨文である。崇禎11年9月17日に兵部の咨文を受け取ると、職方清吏司の案呈であった。これは遡ればもともと方一藻が送った塘報と掲帖を受けてのことで、職方清吏司ではそれに、「逆奴が狡く隙を狙って日々、謀犯を繰り返しているので、悠然とはしておられない。最近、その部族は皆河西に移り住んだので、調発は煩わしくなくなったが、長距離を馳せて突進して来る勢は旧来に倍する。しかし、奴らの得意とするところは野戦で威力を発揮する弓矢であり、朝鮮人の運んで来る火器は威力がない。そうであるならば、長所を履き違えており、多勢であっても必ず敗れる。我が方は武具を整え、彼らが侵入して来るのを待ち構え、その時こそ必ず打ち砕くのだ。万一にも自ら飢えて、奴勢を伸張させることのないようにせよ。万人必往の気があり、馬を集めれば、不入の功となる。」と見解をつけた。これは兵部で、「異議はないので、聖旨を請願し、遼昌保通津宣大山西等のところの総督・巡撫を戒め、奴犯の虚実・遠近を問わず、とにかく遠見をして刻々守りを厳しくし、兵馬を整えて戦いを待て。おのおの増援の官兵を揃え、陣営や武器、食糧はすでに重ねて戒めて来たが、

緩むことのないようにせよ。以前に発給した安犒銀は、各所でそれほど使われ
ていないが、遼東だけは出兵が頻繁で、また、島衆(もと毛文竜の部下達の
ことか)を安置することで、銀両を二分して使ってしまったので、再び囷寺(太僕
寺)から遼東に2万両発して不時の応援の出費に充てるよう、皇帝に求める。」
ということになった。これを崇禎11年9月7日、礼部尚書兼東閣大学士仍管兵
部事楊嗣昌は崇禎帝に申し上げたところ認可され、安犒銀2万両の発給が決
まり、兵部から巡撫遼東に連絡があり、受け取りの官僚を巡撫遼東と寧前道
から派遣すること、受け取って収納した後、兵部に報告をすること、事後には
帳簿を作成して決算の帳簿を作成することを、方一藻から兵部に回答したもの
であった。

　ここでは巡撫遼東と内閣及び兵部とのやりとりになっていて、高起潜の姿
は見えない。この当時の高起潜の肩書きは前述のとおり、「総監関寧両鎮糧
餉兵馬辺牆撫賞等事御馬監太監」であった。つまり、高起潜は彼の肩書き
にある糧餉・兵馬・辺牆・撫賞に対する監視をすることが任務であって、実務
にはあまり立ち入らなかったのかもしれない。このあたりはもっと事例を増やして今後
考えてみたい。

　このように、監視体制と言っても、高起潜は遼東鎮諸臣の力を借りること
で、やっと業務をこなしていたと言えるのではなかろうか。ただ、この中でも満族
の動きやそれに関する解釈は、これらの辺鎮から京師への報告によって日々蓄
積しており、これらが当時の為政者の認識・判断を形成していたことは見逃して
はならないと考える。

V. おわりに −明朝の中朝邊界認識によせて−

　本稿では4本の明朝档案から明末の遼東統治に関わり、検討して来た。
サルフの戦以降、遼東鎮の要衝は次々と満洲族の手に落ちていった。その
結果、朝鮮への陸上の交通路は断たれ、明朝からすれば、中朝辺界につい

ての情報収集、把握は極めて難しくなっていったものと思われる。これに対して、辺鎮の軍は常に配下にスパイの集団を配置して、満洲族と応酬していた。その中には夷丁とか降夷のような非漢族の人員が相当に抱えていたこと[21]、これらのスパイ部隊はそれを統括する者がおり、かなり組織だった動きをすることが分かる。崇禎11年9月17・18日のやりとりでは、そのような彼らを通して、満洲族の長所は野戦における弓矢であり、火器は朝鮮から流れ込んでいるが、実戦にはあまり威力を発揮していないなどの分析がなされているのではないだろうか。

　この火器がどのようなものか不分明であるが、万暦朝鮮の役の際、日本の鉄砲隊が降っており、明軍においては国内の反乱鎮圧等に活用されていることを見れば、鉄砲であるのかもしれない。

　方一藻は東林党派に名前のある人物であり[22]、辺境事情を訴えることで多額の軍資金の獲得に成功している。党争と辺境政策の観点も重要である。ただ、本稿では、辺鎮を通して日々、北京に上奏される情報が蓄積され、北方認識が形成されていく点を重視し、今後は档案の分析を積み上げたいと思う。明末の遼東に関しては、どうしても満洲族の勃興に焦点が当てられるが、結果的には飲み込まれ、敗れていく側の明朝の辺防メカニズムの解明、その前提となる情報の収集方法とその質の分析は、档案史料の積み上げでしか出来ないことであろう。燕行録など直接的な使節団から見える風景と明朝官僚が持つ情報から見える風景が、どのように重なり、どのように重ならないのか、このような関心を深めるためにも、明朝档案史料の分析は役割を果すことを信じている。

---

21) 山海関を通しての非漢族が往来していたことについては、前掲吉尾寛『明末の流賊反乱と地域社会』のⅢの第三章「王朝交替と郷紳-山海関の戦に即して」(原載「山海関の戦役と郷紳-地方史料の断片を繋いで見える戦役の一性格」『名古屋大学東洋史研究報告』21、1997年)に言及がある。

22) 方一藻は東林党のリストにあることは、小野和子『明季党社考－東林党と復社』同朋舎出版、1996年。

張国元に関わる档案

(・は『中国明朝档案総匯』所収档案　。は『明清史料』所収档案を示す)

- ・兵科抄出　欽差監視薊鎮東協辺牆撫賞事務御馬監太監(署理関寧太監)張国元為黒荘窠等処事題本　崇禎6年3月7日
- ・兵科抄出　欽差監視薊鎮東協署理関寧粮餉兵馬辺牆撫賞事務御馬監太監張国元為査視杏山新城厳加修理等事題本　崇禎6年4月8日
- ・兵科抄出　欽差監視薊鎮東協署理関寧粮餉兵馬辺牆撫賞事務御馬監太監(関寧太監)張国元為塘報東路進剿達賊事題本　崇禎6年4月8日
- ・兵科抄出　欽差監視薊鎮東協署理関寧粮餉兵馬辺牆撫賞事務御馬監太監張国元為捉獲賊船及確審解報事題本　崇禎6年4月8日
- ・兵科抄出　欽差監視薊鎮東協署理関寧粮餉兵馬辺牆撫賞事務御馬監太監(関寧太監)張国元為特糾失事将領以粛辺防等事題本　崇禎6年4月18日
- ・兵科抄出　欽差監視薊鎮東協署理関寧粮餉兵馬辺牆撫賞事務御馬監太監(関寧太監)張国元為密哨達賊遁回在遼河放牧事題本　崇禎6年4月25日
- ・兵科抄出　欽差監視薊鎮東協署理関寧糧餉兵馬辺牆撫賞事務(署理関寧太監)張国元為哨丁出境斬獲達賊首級事題本　崇禎6年4月27日
- ・兵科抄出　欽差監視薊鎮東協署理関寧粮餉兵馬辺牆撫賞事務御馬監太監(関寧太監)張国元為塘報広鹿島敗賊東遁及官兵追剿事題本　崇禎6年4月27日
- ・兵部為遠哨探得中遼河西岸夷情事行稿(監視薊鎮東協署理関寧太監)　崇禎6年5月27日
- ・兵部為遠哨探得西北行走夷踪事行稿(監視薊鎮東協署理関寧太監)　崇禎6年5月
- ・兵部為二撥督発援兵夷丁已抵推豊潤其中有被惑思帰者事行稿(監視薊鎮東協太監)　崇禎7年7月27日
- 。兵部行稿　兵科抄出薊鎮東協太監張国元題　崇禎7年7月　丁4
- ・遼東巡撫方一藻為夷敵当前須通寿謀略不可徇偏見事題本(監視関永)　崇禎7年閏8月28日

高起潜に関わる档案(・。は張国元に同じ)
- 。欽差督発関寧援兵監護軍功粮餉等事忠勇営中軍御馬監太監高起潜題本　崇禎5年11月26日　乙1
- 。欽差督発関寧援兵監護軍功粮餉等事忠勇営中軍御馬監太監高起潜題本　崇禎5年12月16日　甲1
- ・欽差督発関寧援兵監護軍功粮餉等事忠勇営中軍御馬監太監高起潜為旅順困敵捷音并発兵餉等事題本　崇禎6年3月17日

- 欽差督発関寧援兵監護軍功粮餉等事乾清宮牌子御馬監太監高起潜為登島肅清援師還鎮事題本奉旨　崇禎6年3月30日
- 兵部尚書張鳳翼等為克城掃穴捜島靖乱等事題本奉旨　崇禎6年4月3日
- 欽差督発関寧援兵監護軍功粮餉等事乾清宮牌子御馬監太監高起潜為塘報旅順擒獲賊首毛承禄事題本　崇禎6年4月6日
- 欽差督発関寧援兵監護軍功粮餉等事乾清宮牌子御馬監太監高起潜為塘報双島等処進剿事題本　崇禎6年4月7日
- 欽差督発関寧援兵監護軍功粮餉等事乾清宮牌子御馬監太監高起潜為遵旨回奏轟城及攻破水城功績事題本　崇禎6年4月7日
- □ 兵部題残稿　監視寧錦等処糧餉兵馬辺牆撫賞等事御馬監太監高起潜等会題　崇禎6年8月3日　甲8
- □ 兵部行稿　御批監視寧錦太監高起潜題　崇禎6年8月9日　乙2
- 兵部為官兵於遼東高台堡処斬獲入境奴賊情形事行稿　崇禎6年8月27日
- 欽差乾清宮牌子監視寧錦等処粮餉兵馬辺牆撫賞等事御馬監太監高起潜為西援夷丁突為訛言所輒行逃回事題本　崇禎7年7月20日
- 兵部尚書張鳳翼等為再調遼兵一万擾宣并令撫臣整搠以待事題稿　崇禎7年7月27日
- 兵部為西援官兵労苦量給犒賞并報過薊日期事行稿　崇禎7年8月
- 欽差乾清宮牌子監視寧錦等処粮餉兵馬辺牆撫賞等事御馬監太監高起潜為塘報来降酋部夷丁口供并陳進止利害事題本　崇禎7年閏8月9日
- □ 兵部行稿　兵科抄出寧錦太監高起潜題　崇禎7年閏8月　丁4
- □ 欽差乾清宮牌子監視寧錦等処糧餉兵馬辺牆撫賞等事御馬監太監高起潜題本　崇禎7年閏8月5日　甲8
- □ 兵部題稿　監視寧錦太監高起潜揭　崇禎7年閏8月12日　甲8
- 兵部為用計劫剿奴営賊逃奔膳房堡并有旨事行稿　崇禎7年閏8月15日
- 欽差乾清宮牌子監視寧錦等処粮餉兵馬辺牆撫賞等事御馬監太監高起潜為遠哨達賊情形事題本　崇禎7年11月13日
- 欽差乾清宮(牌)子監視寧錦等処粮餉兵馬辺牆撫賞等事御馬監太監高起潜為呈解陥虜夷丁并探得四酋行踪事題本　崇禎7年11月13日
- 欽差乾清宮牌子監視寧錦太監高起潜為接獲降夷酋行安揷事題本　崇禎7年11月16日
- □ 礼科外抄欽差乾清宮牌子監視寧錦等処粮餉兵馬辺牆撫賞等事御馬監太監高起潜題本　崇禎7年11月20日　乙2
- 欽差乾清宮牌子監視寧錦等処粮餉兵馬辺牆撫賞等事御馬監太監高起潜為哨援官兵在娘子墳地方与虜交戦獲捷事題本　崇禎7年11月24日
- □ 兵科抄出欽差乾清宮牌子監視寧錦等処粮餉兵馬辺牆撫賞等事御馬監太監降三級高起潜題本　崇禎8年7月29日　丁5

□ 兵科抄出欽差乾清宮牌子監視寧錦等処粮餉兵馬辺牆撫賞等事御馬監太監降三
　　級高起潜題本　崇禎8年7月29日　丁5
□ 兵科抄出欽差乾清宮牌子監視寧錦等処粮餉兵馬辺牆撫賞等事御馬監太監降三
　　級高起潜題本　崇禎8年8月2日　丁5
□ 兵科抄出欽差乾清宮牌子監視寧錦等処太監高起潜題本　崇禎8年8月3日　丁5
□ 兵科抄出乾清宮牌子監視寧錦等処太監降三級高起潜題本　崇禎8年8月5日　丁5
□ 兵科抄出監視寧錦太監高起潜題本　崇禎8年8月6日　丁5
□ 兵科抄出監視寧錦等処太監高起潜題本　崇禎8年8月8日　丁5
• 兵科抄出寧錦太監高起潜為多股達賊由東西行似有謀犯事題本　崇禎8年8月26日
• 欽差乾清宮牌子監視寧錦等処粮餉兵馬辺牆撫賞等事御馬監太監降二級高起潜
　　為哨見辺外大股達賊従来西行事題稿　崇禎8年8月26日
□ 兵部行稿　監視寧錦高起潜掲　崇禎8年9月2日　丁5
□ 兵部行稿　兵科抄出監視寧錦太監高題　崇禎8年9月4日　丁5
□ 兵部行稿　兵科抄出関寧太監高起潜題　崇禎8年9月23日　丁5
□ 兵部題稿　総監関寧両鎮粮餉兵馬辺牆犒賞等事御馬監太監高起潜手本　崇禎9年11
　　月　丁6
□ 兵科抄出総監関寧両鎮太監高起潜題本　崇禎10年閏4月17日　癸2
□ 総監関寧太監高起潜題本　崇禎10年12月30日　甲9
• 兵科抄出総監関寧両鎮御馬監太監高起潜為哨見中遼河地方有達賊三首余騎従
　　東西行事題本　崇禎11年正月5日
□ 総監関寧両鎮御馬監太監高起潜題本　崇禎11年2月9日　甲9
• 総監関寧両鎮太監高起潜為副将呉三桂等塘報会解回郷朱大等人審取口供事題
　　本　崇禎11年2月7日
• 兵科抄出関寧太監高起潜為劣弁偸引辺軍越関脱伍事題本　崇禎11年2月7日
• 兵科抄出欽命総監関寧両鎮御馬監太監高起潜為接獲回郷之夏六子提供東奴将
　　犯事題本　崇禎11年2月7日
• 総監関寧両鎮御馬監太監高起潜為推挙王鳴喜等人調補営堡将領事題本　崇禎11
　　年2月10日
• 兵科抄出関寧太監高起潜為哨見馬達賊順柳河往北行走事題本　　崇禎11年2月11
　　日
• 兵科抄出関寧太監高起潜為呈解回郷之人宋三録取口供事題本　　崇禎11年2月12
　　日
• 兵科抄　関寧太監高起潜為接獲回郷劉大等人拠供達子発兵西来事題本　崇禎11年2
　　月15日
• 兵科抄出関寧太監高起潜為副将呉三桂報称奴賊大挙西進情形事題本　　崇禎11年2
　　月18日
• 兵科抄出総監関寧両鎮太監高起潜為接獲回郷之徐三供称東奴将犯寧錦事題本

崇禎11年3月4日

- 兵科抄出 欽命総監関寧両鎮太監高起潜為接獲東来回郷張友徳供称東奴往西来犯事題本 崇禎11年3月4日
- 兵科抄出 欽命総監関寧両鎮太監高起潜為賊首沈志祥率衆投奴并議安置難民事題本 崇禎11年3月15日
- 兵科抄出総監関寧御馬監太監高起潜為副将呉三桂報称解到降夷張三審取口供事題本 崇禎11年3月21日
- 兵部題稿 総監関寧太監高起潜題 崇禎11年8月26日 甲10
- 兵科抄出総監関寧太監高起潜題本 崇禎11年9月11日 丁6
- 兵科抄出総監関寧太監高起潜題本 崇禎11年9月11日 丁6
- 兵科抄出欽命総監関寧両鎮御馬監太監高起潜題本

崇禎11年9月18日 丁6

- 兵科抄出総監高起潜題本 崇禎11年9月18日 丁6
- 兵科抄出欽命総監関寧両鎮太監高起潜題本 崇禎11年9月22日 辛4
- 兵科抄出総監関寧太監高起潜為報大黒山外遠哨情形事題本奉旨 崇禎11年9月
- 総監各路援兵太監高起潜題本 崇禎12年正月3日 甲10
- 兵科抄出 欽命総監太監高起潜為逆奴攻囲松山官兵捍禦獲勝事題本 崇禎12年3月14日
- 兵科抄出総監各路援兵太監高起潜為塘報緊急夷情事題本 崇禎12年3月19日
- 兵科抄出 欽命総監各路援兵御馬監降六級仍戴罪高起潜為内地雖幸廓清仍請勅下処分事題本 崇禎12年3月28日
- 兵科抄出総監各路援兵御馬監高起潜為夷丁跟賊襲尾哨探斬獲賊級得獲夷器事題本 崇禎12年4月9日
- 兵科抄出 総監各路援兵太監高起潜為岩疆工程緊急請催網班夫事題本 崇禎12年4月26日
- 兵科抄出総監太監高起潜題本 崇禎12年6月10日 丁6
- 兵科抄出援兵太監高起潜題本 崇禎12年6月10日 癸2
- 兵科抄出関寧総監高起潜題本 崇禎12年6月25日 癸2
- 兵科抄出総監関寧太監高起潜為報緊急夷情事題本 崇禎12年7月15日
- 兵科抄出総監関寧高起潜為報夷情事題本 崇禎12年7月18日
- 兵科抄出総監関寧両鎮御馬監太監高起潜題本 崇禎12年7月20日 丁7
- 兵科抄出総監関寧両鎮御馬監太監高起潜題本 崇禎12年8月7日 丁7
- 兵科抄出 関寧総監高起潜為戦丁欠餉請勅部立発事題本 崇禎12年8月18日
- 兵科抄出 総監関寧両鎮御馬監太監高起潜為報撥練遼東官兵事題本 崇禎12年8月23日
- 関寧太監高起潜題本 崇禎12年9月17日 甲10
- 兵部題行稿 兵科抄出関寧太監高起潜題 崇禎12年9月21日 甲10

▫ 兵部行稿　御前発下関寧総監高題　崇禎12年10月5日　丁7

▫ 兵部行稿　御前発下関寧総監高起潜題　崇禎12年10月6日　丁7

▫ 兵部行稿　関寧総監太監高起潜題　崇禎12年10月22日　甲10

▫ 兵部行稿　関寧総監高起潜題　崇禎12年12月5日　甲10

▫ 兵部行稿　御前発下関寧総監高起潜題　崇禎12年12月　丁7

・ 兵部為赴敵殞身之総兵金国鳳循例請謚事題稿　崇禎13年正月8日

・ 兵部為遼東巡撫塘報緊急夷情并将寧遠戦役陣亡将士廕襲撫恤事題本行稿　　崇
　　　禎13年正月11日

・ 兵部為塘報烏峰塔辺境夷情事行稿　崇禎13年正月18日

▫ 兵部行稿　総監関寧太監高起潜題　崇禎13年閏正月3日甲10

・ 兵部為関寧総監報接獲東来回働人員供説夷情并夷騎往来情形事行稿　崇禎13年
　　　閏正月20日

・ 兵部為遼東塘報緊急夷情事行稿　崇禎13年閏正月26日

・ 兵部為特選周土顕補遼東車左営游撃員欠事題行稿　崇禎13年2月3日

・ 兵部為遼東防兵陣亡優恤等事行稿　崇禎13年2月4日

・ 兵部為査覆錦州黒山窩陣亡兵丁并参革将領事題行稿　崇禎13年2月9日

・ 兵部為将雷時陞補左翼右営游撃等員欠事題行稿　崇禎13年2月14日

・ 兵部為関寧総監塘報緊急夷情事行稿　崇禎13年2月25日

・ 兵部為関寧総監高起潜塘報達夷窺犯趕哨丁辺塞挙烽情形事行稿　　崇禎13年2月
　　　29日

▫ 兵部行残稿　督発援兵太監高起潜塘報　年月日不明　癸1

▫ 崇禎年章奏残冊三　年月日不明　壬3

번역문

明朝 檔案을 통해 본 명말의 中朝邊界

-新資料의 발굴과 동북아시아사의 전망-

하스미 모리요시(荷見守義)*

Ⅰ. 머리말
Ⅱ. 明朝檔案의 특징과 문제점
Ⅲ. 張國元과 高起潛
Ⅳ. '關寧'‘寧錦’ 감시체제
Ⅴ. 맺음말-明朝의 中朝邊界에 입각하여-

Ⅰ. 머리말

명말 滿族의 발흥이 流賊의 창궐과 더불어 명조를 내외에서 궁지로 몰아넣었던 것은 잘 알려진 사실이다. 특히 萬曆 47년(天命 4)의 사르후 전투에서 中朝연합군을 대파한 누르하치는 그 뒤 서서히 요동지방을 침식해 갔다. 명조는 요동방위를 위해 방대한 전비를 지불했고 그 결과로 재원부족을 보충하기 위한 가파를 거듭했다. 이른바 '遼餉' 문제이다.[1] 이것이 또 민중의 부담을 심각하게 만들었고, 더

---

* 日本 弘前大學 文學部 敎授

나아가 유적의 활동에 밑바탕이 되어, 더욱더 명조의 통치를 곤란하게 만들었다. 崇禎年間에 들어서자 명조의 전방은 거의 寧遠城 주변으로 한정되어 명조와 가장 긴밀한 宗藩關係였던 조선과의 연락도 곤란하게 되었다. 애초에 遼東鎭은 명조의 동북에 있어서 교두보이고 조선과의 연락은 요동진이 있어야만 안정적으로 이어지는 것이다.

또 북경 궁정의 입장에서 보면 동북방의 정보는 요동진 등의 변방라인에서 올라오는 것이고, 이곳에서의 정보에 의해 정책의 기반을 이루는 인식이 형성되어 간다. 이런 점에서도 명대에 있어서 변방의 메커니즘을 다각적으로 해명하는 것이 외교 정책의 이해에 큰 바탕을 제공하는 것이다. 다만 명조의 사료라 하더라도 변방의 세부적인 사정까지 알려주는 사료는 그렇게 많이 남아있지 못하다. 이와 같은 상황에서 명조 말기의 바야흐로 누르하치 등 만주족에게 패배를 거듭하던 시기에 대한 막대한 檔案史料는, 안정기의 명조를 기준으로 하면 조금 예외적인지도 모르지만, 메커니즘 해명의 힌트가 많이 숨겨져 있을 것이라고 기대된다. 본고가 명말기로 한정하여 당안사료의 분석을 시도하는 기본적인 이유이다.

명대사연구에서 당안사료의 이용은 점점 확대되어 가고 있다. 다만 청대사연구와는 달리 당안이 다양한 분야를 망라해서 남아있지 못하고 치우쳐서 남아있기 때문에 명대사 중에서도 군사사·외교사·邊疆防衛關係의 분야·流賊硏究 등에서 이용이 확대될 것이라 생각된다. 필자는 이전부터 명조의 요동진을 축으로 하여 명조 중앙의 정치사·변방방위체제연구·여진사·中朝關係史로 연구의 범위를 확대해 왔다. 시대적으로는 명대초기에서 중기에 걸친 시기를 중심으로 해왔기 때문에 명대 말기의 연구는 적었다. 본고에서는 명대사의 新史料.

---

1) 吉尾寬 「明末の戶部尙書畢自嚴の兵餉運營に對する一視点 『度支奏議』「堂稿」部に記載される數値史料を手がかりにして」 岩井茂樹編 『中國近世社會の秩序形成』 京都大學人文科學硏究所, 2004年, 외에, 楊永漢 『論晚明遼餉收支』 天工書局, 1998年, 參照.

인 당안사료의 특징에 대해 언급함과 동시에 북방사 연구의 어떠한 분야에 새로운 개척의 여지가 있는가를 검토해 보고 싶다.

본고에서는 먼저 명조당안사료의 특징에 대해서 언급한다. 대략적으로 말해보면 명조당안은 중국대륙과 대만에 따로 떨어져 있고 그 양쪽에서 사료집이 간행되어 있어 둘을 잘 맞추어보면 새로운 시점을 찾아내는 것이 가능하다. 이러한 당안 안에서 崇禎年間에 행해진 감시체제에 대해, 특히 요동진의 寧錦太監과 또 여기에 밀접하게 관련된 關寧太監의 역할의 일단에 대해서 언급해 보고 싶다. 그 중에서 변경방위에 관한 상주문 4개를 선택해 간단한 분석을 행하여 감시체제의 실태와 거기에서 얻을 수 있는 북방인식에 대해서 언급하고자 한다.

Ⅱ. 明朝檔案의 특징과 문제점

우선 明代의 檔案에 대해서 살펴보면, 가장 먼저 1930년(民國19)에서 1975년까지 國立中央研究院歷史語言研究所編의 『明清史料』甲編~癸編이 간행되었다. 이 당안집에는 명조와 청조의 당안이 原당안으로부터 문자화되어 수록되어 있는데 명조의 당안은 갑편에서 계편까지 2790건이 수록되어 있다. 그 대부분은 天啓·崇禎연간의 당안이다. 그리고 東北図書館編으로 1949년에 『明清內閣大庫史料 第一輯-明代』上下册이 간행되있나. 여기에서는 上에 202건, 下에 323건, 합계 525건의 명조당안이 수록되어 있는데 모두 原당안을 활자화했던 것이었다. 그 후, 1985년 遼寧省檔案館·遼寧社會科學院歷史研究所編으로 遼沈書社에서 『明代遼東檔案匯編』上下가 간행되었다. 여기에는 455건의 명조당안이 수록되어 있고, 모두 原당안을 활자화된 형태로 수록하였다. 이와 같은 상황에서 2001년에 中國第一歷史檔案館·遼寧省檔案館編으로 廣西師範大學出版社에서 『中國明朝檔案總匯』 101册이 간행되었다. 이 사료집의 특징은 당안을 가능한 한 原당안의 형태로 수록하려고 노력한 점으로, 이전까지는 간행물의 형태로 편집이 되어있는 것 밖에 볼 수 없었던 상황이 크게 개선되었다고 말할 수 있다. 이상, 명조 당안을 다량으로 모아놓은 사료집이 4부 존재하는데 서로 중복되는 것을 살펴보지 않을 수 없다. 당안을 보관하는 측면에서 살펴보면, 현재 대만에 보관되어 있는『明淸檔案』, 대륙에 보관되어 있는『明淸內閣大庫史料 第一輯-明代』·『明代遼東檔案匯編』·『中國明朝檔案總匯』의 두가지로 나눌 수 있다. 거기에서『明淸檔案』과『中國明朝檔案總匯』을 비교해 보면 서로 중복되는 당안은 管見으로는 찾아 볼 수 없다. 한편,『明淸內閣大庫史料 第一輯-明代』에 수록된 당안의 대부분은『中國明朝檔案總匯』의 第1冊에서 第48冊에 수록된 당안과 일치하며,『明代遼東檔案匯編』의 상당한 부분은『中國明朝檔案總匯』의 第89冊에서 第101冊에 수록된 당안과 일치한다. 완전하게 일치하지 않는 것은 이들 대륙쪽의 사료집을 편찬할 때, 당안의 보존상태에 따라 취사선택 하였기 때문이라고 생각된다. 또 문자화 된 사료와 原당안이 일치하지 않는 것도 종종 보이기 때문에 주의를 필요로 한다. 따라서 명조당안을 이용한 연구를 하는 경우는, 이들의 중복·異同에 유의해서 연구를 진행해야 한다.『中國明朝檔案總匯』의 간행은 단순히 명조당안의 原檔을 이용하는 것을 촉진시켰던 것뿐만 아니라, 그 第1冊에서 第48冊을 살펴 보면,『明淸史料』와 짝이 되는 천계·숭정년간의 당안이『明淸內閣大庫史料 第一輯-明代』上下冊에 수록된 525건을 제외하고도, 쉽게 말해서 약 3,000건의 새로운 명조당안이 출간되었다고 할 수 있다. 더욱이 第49冊에서 第77冊에 수록된 衛選簿類·朝鮮迎接天使都監都廳儀軌를 제외해도, 第78冊에 第88冊에 수록된「魯齋全書」「掌銓題稿」「南京兵部車駕職掌」「兵部行移簿」「楊鶴奏議」「崇禎存實疏鈔」「錦衣衛題本檔」「勅稿底簿」「禮部行文底冊」「鳳陽新書」「明代檔冊」「淮陽雜錄」에 949건의 당안이 포함되었다. 또, 第89冊에서 第101冊까지의 709건의 당안은『明代遼東檔案匯編』에 수록된 455건의

당안과 중복되는 것 보다 더욱 많은 당안을 포함하고 있는 것을 알
수 있다.[2)]

Ⅲ. 張國元과 高起潛

　崇禎年間에 遼東鎮은 이미 대부분이 누르하치군에 의해 침식되어
있어 대략 廣寧에서 山海關 사이를 억제하는 것이 고작이었으며, 숭
정15년에 廣寧 松山이 함락된 뒤에는 마침내 錦州도 지키기 어려워져
寧遠城에 농성하면서 산해관으로 가는 길을 막는 것이 겨우 최선이
었다. 이 숭정연간의 요동진의 군정에 관련된 환관으로 張國元과 高
起潛이 있다. 여기에서는 편찬사료와 당안사료를 가지고 장국원과 고
기잠이 요동진과 관련되었던 시기나 지위에 대해서 살펴보겠다.

　숭정제의 치세의 특색의 하나로는 환관의 중용을 꼽는데 그 치세
의 처음부터 그러했던 것은 아니었고 위충현 일파의 배제에서 알 수
있는 것처럼 오히려 정치를 환관에게 맡기지 않았다. 그런데 숭정4년
부터 군대의 감독에 환관을 중용하게 되었다. 당연히 여러 신하로부
터 거듭 비판을 받았지만 숭정제는 그것을 개의치 않았다.[3)] 구체적으

---

2) 本史料集에 대해서는, 甘利弘樹, 「貴重な明代の 檔案史料集」『東方』 252,
　2002年, 同「明朝檔案を利用した研究の動向について『中國明朝檔案總匯』刊行
　によせて」『滿族史研究』 第1号, 2002年, 에서 그 개요를 알 수 있다. 또 문제
　점에 대해서는 拙稿, 「遼東馬市信牌檔 明朝檔案の配列を中心にして」『明清
　史研究』第1輯, 2004年에서 지적한 것이 있다. 또 本史料集의 목록을 책으
　로 만든 工具書로는 岩渕慎編, 『中國第一歷史檔案館·遼寧省檔案館編 中
　國明朝檔案總匯 總目錄』(研究代表者：川越泰博, 『平成11年度－平成14年度
　科學研究費補助金基盤研究(C)(2)研究成果報告書 明代海外情報の研究』2003)
　이 있다.
3) 谷応泰撰, 『明史紀事本末』卷74, 宦侍誤國에는, 「初上旣罷諸內臣, 外事俱
　委督撫, 然上英察. 輒以法隨其後, 外臣多不稱任使者. 崇禎二年, 京師戒嚴,
　乃復以內臣視行營. 自是, 銜憲四出, 動以威偈上官, 体加於庶司, 羣相壅蔽.」

로는 숭정 4년 9월 王應朝에게 山海關·寧遠, 鄧希詔에게 薊州鎮, 王
坤에게 宣府鎮, 劉文忠에게 大同鎮, 劉允中에게 山西鎮의 兵糧과 撫
賞을 감시하게 하고, 또 張彝憲에게 戸部·工部의 錢糧을 總理시켰던
것에서 시작된다. 張彝憲은 재정을 장악하여 군정 전반에 영향력을
노렸다. 직함에는 監軍과 監視의 구별이 있었는데, 지방에서 유적 진
압을 위해 전개하고 있던 제군영에 배속된 환관은 감군이라고 불렀
고, 변진에 배속된 환관은 감시라고 불렀다. 또『國榷』에 의하면 이
때 唐文征은 경영의 戒政을 감독했다고 한다.[4] 더욱이 같은 해 11월

라고 하여, 崇禎帝는 등극 초에, 일단은 魏忠賢 일파를 일소하여 환관의
國政 개입을 없애려 하였는데, 숭정 2년 淸軍의 北京 습격에 의해 환관의
軍事統轄을 부활시켰다고 한다. 또,『國榷』卷93, 崇禎 7年 8月 辛未條에,
「諭曰, 國家明経取士, 期遇甚厚. 朕御極之初, 撤還內鎮, 舉天下事悉以聽之
朝士, 不意諸臣營私卸過, 罔恤民艱, 竟置膜外, 甚有蝕剝爲陛官肥家計. 間
一二廉謹者, 又拘泥迂疎, 慢視職掌, 或性乏通警, 屬下欺蒙, 既有一二不能
不瞻徇情私, 又因循推諉, 居恒但有虛聲, 有事均無實濟. 己巳之冬, 致逆虜
直薄郡下, 宗社震驚, 舉朝束手. 此士大夫負國家也. 繇是不得已, 照成祖監
槍之例, 分遣各鎮監視, 添設兩部總理. 雖一時權宜, 亦欲諸臣自反. 數年來,
軍馬経制粗立, 錢糧稍淸, 而諸臣或亦有省於衷矣. 今將總理·監視等官酌量
撤回, 以信朕之初心. 張彝憲俟漕糧將竣, 回京供職, 李奇懋·魏相·康朝·張國
元·盧維寧·魏國徵·王之心·鄧希詔, 俱回京另用, 張元亨·崔良用仍俟寇平,
會同撫按市馬, 王希忠除去查飭, 照旧守備, 惟關·寧逼近虜巢, 高起潛率原
屬各官, 兼監兩鎮. 京營內臣提督管理照常, 雲鎮被虜, 登鎮縱奸, 俱候另議,
內而部司, 外而督撫·鎮按·道將, 共体時艱, 各図表見, 若復蹈往陋, 仍爾自
便, 不惟國典具存, 抑諸臣之忠猷何在, 良足恥矣.」라고 하였다.

4) 『明史』卷23, 莊烈帝本紀, 崇禎 4年 9月 庚辰條에, 「內臣王応朝·鄧希詔等監
視關·寧·薊鎮兵糧及各辺撫賞.」라고 하였다. 『明史稿』本紀18, 莊烈帝紀, 『國
榷』卷91에는 「十月丁未」으로되어있다. 『明史』卷305, 張彝憲伝에는, 「崇禎
四年九月, 遣王応朝等監視關·寧, 又遣王坤宣府, 劉文忠大同, 劉允中山西
監視軍馬. 而以彝憲有心計, 令鉤校戸·工二部出入, 如涂文輔故事, 爲之建
署, 名曰戸工總理, 其權視外總督, 內団營提督焉.」라고 하고, 『明史』卷258,
李日輔伝에는, 「崇禎四年擢南京御史. 時中官四出, 張彝憲總理戸·工錢糧,
唐文征提督京營戎政, 王坤監視宣府, 劉文忠監餉大同, 劉允中監餉山西, 又
命王応朝監軍關·寧, 張國元監軍東協, 王之心監軍中協, 鄧希詔監軍西協,

에는 太監 李奇茂이 監視陝西茶馬, 呂直이 監視登島兵糧·海禁, 숭정
6년 5월에는 태감 陳大金 등이 曹文詔·張応昌·左良玉·鄧玘 諸軍에
각각 分監되었다.[5] 숭정 6년 6월 1일, 태감 高起潛에게 寧·錦의 兵餉
을 감시시켰다. 다만『國権』에 따르면 숭정 6년 6월 2일, 태감 고기잠
에게 명해서 영·금을 감시시키고, 張國元에게 山·永·石塘 등의 路를
감시시키고, 병향을 명료하게 조사·관리시켜서 군사에게 은상을 수
여하게 했다고 하고, 고기잠의 監視寧錦 叙任을 다음날의 일이라고
하였다. 고기잠을 군사의 요직에 맡겼던 이유로는 애초에 군사에 잘
알고 있다고 자칭하였기 때문이라 한다.[6]

이들 감시태감에 대해서는『中國明朝檔案總匯』에서도 확인할 수
있다. 王坤은 숭정 5년 6월 1일부터 9년 12월 21일까지 監視宣鎭御馬
監太監, 呂直은 숭정 6년 3월 26일부터 11년 3월 16일까지 監視登島司

又命呂直監餉登島, 李茂奇監茶馬陝西」라고 한다. 또,『國権』卷91, 崇禎4
年9月乙未條에는, 「太監張彛憲總理戸·工二部錢糧, 唐文征提督京營戎政,
王坤往宣府, 劉文忠往大同, 劉允中往山西, 各監視兵餉」라고 하였고, 同10
月丁未條에는, 「命太監監軍王応朝往關·寧, 張國元往薊鎭東協, 王之心中
協, 邵希韶西協」라고 하였다. 또,『明史』卷305, 高起潛伝에는, 「時流賊大
熾, 命太監陳大金·闔思印·謝文擧·孫茂霖等爲內中軍, 分入大帥曹文詔·左
良玉·張応昌諸營, 名曰監軍, 在辺鎭者, 悉名監視」라고 하였다.

5)『明史』卷23, 莊烈帝本紀, 崇禎 4年 11月 丙戌條에,「太監李奇茂監視陝西茶
馬, 呂直監視登島兵糧·海禁」라고 하였다. 中華書局本『明史』에는「呂直」
을 잘못이라 하고「吳直」이 맞다고 하였는데,「呂直」이 맞다. 또,『明史』
卷23, 莊烈帝本紀, 崇禎 6年 5月 乙巳條에, 「太監陳大金等分監曹文詔·張応
昌·左良玉·鄧玘軍」라고 히었다.

6)『明史』卷23, 崇禎 6年 6月 辛酉朔條, 「太監高起潛監視寧錦兵餉」라고 하
고,『國権』卷92, 崇禎 6年 6月 壬戌條에,「命太監高起潛監視錦寧, 張國元
監視山永石塘等路, 綜核兵餉, 犒賞軍士」라고 하였다. 高起潛의 전기는,『明
史』卷305, 高起潛伝,『明史稿』列伝179, 高起潛伝이 있다. 또,『明史』卷
305, 高起潛伝에는, 「高起潛, 在內侍中, 以知兵称, 帝委任之」이 하고,『明
史稿』列伝179에는, 「高起潛, 內侍中, 称号知兵, 帝委任之」라고 하였다. 張
國元의 전기는, 高承埏編輯『崇禎忠節録』에 있는데, 順天府大興縣 사람으
로, 明末 북경함락시에 자살하였다.

禮監太監, 劉文忠은 숭정 6년 10월 20일부터 7년 10월 24일까지 監視
大同御馬監太監, 盧維寧[7]은 숭정 8년 4월 30일부터 같은 해 9월 14일
까지 監視宣府御馬監太監, 魏國徵[8]은 숭정 9년 8월 26일부터 10월 6
일까지 總監昌宣太監, 鄭良輔[9]는 숭정 9년 8월 26일부터 10월 9일까
지 分守昌宣御馬監太監, 陳應祥[10]은 숭정 10년 윤4월 16일부터 11년 2
월 10일까지 登島太監, 魏邦典[11]은 숭정 11년 4월 27일부터 13년 윤정
월 5일까지 昌宣太監, 謝文擧[12]은 숭정 12년 4월 4일부터 12월 25일까

---

7) 盧維寧의 임관 연월은 미상이지만, 숭정 13년 3월에 경사로 소환되었다. 『國
   權』卷97, 崇禎 13年 3月 戊子條에, 「詔撤各鎭內臣. 察餉已久, 兵馬錢糧·器
   械等項, 稍有改觀, 但戰守防援, 事權未能盡一. 今將總監高起潛·陳貴·馬雲
   程·盧維寧, 分守邊永淸·許進忠·謝文擧·魏邦典·牛文炳·武進·陳鎭夷·崔進·
   楊顯名, 俱撤回京另用, 申之秀除去總監, 仍以守備察餉, 李信守護陵園, 崔
   璘除兼察存錢糧, 惟專理塩務, 勅書換給, 武俊仍俟工完回京, 還將兵馬·
   錢糧·器械及任內釐餉事宜開明具奏. 凡邊務都著督撫·鎭道一意肩承, 共体
   時艱, 各擴猷略. 若有疏虞, 五案大法具存, 必罪不貸.」라고 하였다.
8) 魏國徵은 숭정 9년 8월에 內官監守天壽山에서 總監宣府·昌平이 되었다. 『國
   權』卷95, 崇禎 9年 7月 辛未條에, 「前司禮太監張雲漢·韓贊周爲副提督, 巡
   城閱軍, 司禮太監提督右安門魏國徵改內官監守天壽山.」이 하고, 同 8月 壬
   申朔條에, 「天壽山守備魏國徵總督(ママ, 監)宣府·昌平, 京營御馬太監鄧(ママ,
   鄭)良輔爲分守, 太監鄧希詔監視中西二協, 太監杜勳分守.」라고 하였다.
9) 鄭良輔은 숭정 9년 8월에 京營御馬監太監어로 分守宣府·昌平이 되고, 同
   11月에는 協理宣府·昌平이 되었고, 同 10年 11月에는 總理京城巡捕가 되었
   다. 『國權』卷95, 崇禎 9年 8月 壬申條(前揭) 및 同 9年 11月 壬戌條에, 「御
   馬太監陳貴總監大同·山西, 牛文炳分守, 御馬太監王夢弼分守宣府·昌平, 鄭
   良輔協理.」이 하고, 同 10年 11月 庚辰條에, 「以司礼署印太監曹化淳提督京
   營, 太監李明哲提督五軍營, 杜勳提督神樞營, 闇思印提督神機營, 孫茂霖分
   守薊鎭中西三協, 鄭良輔總理京城巡捕.」이 하였다.
10) 陳應祥의 임관 연월은 미상이다.
11) 魏邦典의 임관 연월은 미상이지만, 숭정 13년 3월에 경사로 소환되었다. 前
    揭『國權』卷97, 崇禎 13年 3月 戊子條, 參照.
12) 謝文擧은 숭정 5년 9월에 提督京營戎政가 되고, 同10年 12月에 分守昌平·
    宣府가 되고, 同13年 3月에 경사로 소환되었다. 『國權』卷92, 崇禎 5年 9月
    戊申條에, 「以太監鄭良翰·謝文擧·扶進朝·魏典·盧文德提督京營戎政」이

지 昌宣太監으로 있었다.

그런데『明淸史料』에 장국원이 요동진에 관련해서 상주한 당안은 필자가 살펴 본 바로는 하나 뿐으로, 숭정 7년 7월의「兵部行稿 兵科抄出薊鎭東協太監張國元題」가 있는데,『中國明朝檔案總匯』에는 12편의 상주를 찾아볼 수 있다(뒤의 장국원에 관련된 당안일람 참조). 기간은 숭정 6년 3월 7일부터 7년 윤8월 28일까지이다. 직함은 숭정 7년 7월 27일까지는 '欽差監視薊鎭東協署理關寧粮餉兵馬辺牆撫賞事務御馬監太監'이고, 7년 윤8월 28일은 '監視關永'太監이었다. 결국 상국원은 숭정 6년부터 7년 7월까지는 '薊鎭東協太監'으로서 '署理關寧粮餉兵馬辺牆撫賞事務'를 맡고 있었던 것이다. '署理'는 대리라는 의미이기 때문에 대리로서 '關寧', 즉 산해관과 영원의 兵餉·兵馬·辺牆·撫賞 사무에 종사하고 있었던 것이다. 앞서 본고에는 장국원은 숭정 6년 6월 2일에 山·永·石塘 등 路의 감시가 되었던 것을 지적하였는데, 이는 당안이 가리키는 실태와 부합하지 않는 것이다. 이 기술은『國權』에 근거했던 것인데,『明史』권258, 李日輔傳에 의하면 장국원은 숭정 4년에 '監軍東協', 즉 薊州鎭東協을 감시하라고 명을 받았고,『國權』권91, 숭정 4년 10월 丁未條에도 "命太監監軍王應朝往關·寧, 張國元往薊鎭東協, 王之心中協, 邵希韶西協."라고 하였기 때문에 장국원은 숭정제가 환관에 의한 감시정책을 개시했던 처음에 薊州鎭의 監視東協太監이 되고, 곧 계주진에서 지척에 있는 산해관과 영원의 감시를 대리로서 행했던 것은 아닐까? 숭정 4년 9월에는 왕응조가 산해관과 영원의 감시를 맡았던 것을 생각해 보면 그 임무가 언제까지 계속되었는지 상세히 알 수 없지만, 혹은 왕응조의 임무는 1년 정도이고 뒤에 기술 할 고기잠이 그 뒤를 이어서 숭정 5년 후반부터 '關·寧' 감시의 임무를 이어 받았는지도 모른다. 또한 그 임무를 숭정 6년 전

하고, 同卷96, 崇禎 10年 12月 乙巳條에,「太監謝文擧分守昌平宣府.」이 하였다. 또, 前揭 同卷97, 崇禎 13年 3月 戊子條, 參照.

반부터 장국원이 계주진의 監視東協太監의 신분으로 무언가의 사정으로 대리업무를 행하였다고도 추측해 볼 수 있다. 또 숭정 6년 6월 2일에 '山·永·石塘等路'의 감시가 되었다는 것도 가령 '關·永·石塘等路'를 잘못 쓴 것인지도 모른다. 『國榷』에는 장국원은 숭정7년 8월 辛未에 京師에 소환되고, 9년 10월 庚戌에는 "提督京營張國元에게 겸해서 巡捕를 담당한다"고 되어 있는데, 監視薊州鎭東協에서 '山·永·石塘等路' 혹은 '關·永·石塘等路'의 감시가 된 시기는 숭정 6년 6月이 아니고 7년 8월이고, 京師로 소환된 시기는 더 나중인 것은 아닐까?

고기잠은 『明史』에 의하면 숭정 6년 6월 1일에 '監視寧錦兵餉'에 임명되었던 것을 알 수 있는데 뒤에 기술한 고기잠에 관련된 당안일람을 검토하면, 고기잠이 요동진에 부임했던 것은 이보다 이전의 일이었다. 고기잠의 요동진에 관한 상주는 『明淸史料』·『中國明朝檔案總匯』에서 필자가 살펴본 바로는 숭정5년 11월 26일에서 숭정 13년 2월 29일까지의 기간에 걸쳐 확인할 수 있다. 지위는 숭정 6년 4월 단계까지는 '欽差督發關寧援兵監護軍功粮餉等事忠勇營中軍御馬監太監' 혹은 '欽差督發關寧援兵監護軍功粮餉等事乾淸宮牌子御馬監太監'이었는데, 숭정 6년 8월이 되어서는 '欽差乾淸宮牌子監視寧錦等處糧餉兵馬辺牆撫賞等事御馬監太監'으로 바뀌고, 다시 숭정 8년 9월부터는 '總監關寧兩鎭糧餉兵馬辺牆撫賞等事御馬監太監'이 되고, 숭정 12년에는 '總監各路援兵太監御馬監太監'라는 지위가 '總監關寧兩鎭糧餉兵馬辺牆撫賞等事御馬監太監'으로 바뀌어 사용되었다. 따라서 고기잠은 監視寧錦太監에 임명되기보다 이전인 숭정 5년 후반단계에 이미 산해관·영원의 감시활동에 종사하고 있었으며 이때에는 '督發監護'라고 불리고 있었다. 그 뒤 숭정 6년의 監視寧錦太監 임명에 의해 감시대상은 산해관·영원에서 영원·錦州로 이동하였다. 이것은 장국원이 산해관·영원의 감시활동에 종사하게 되었기 때문인지, 고기잠을 금주 방면으로 이동시킬 필요가 생겼기 때문에 장국원을 그 대리로서 산해관·영원의 감시로 보충하지 않을 수 없었기 때문인지 확실하지 않은 부분이 있다. 게다가 숭정 8년 9월 시점에 '寧錦'감시에서 '總監'으로 직함이 변하여 '關寧'으로 감시대상이 변경되었던 점은 혹은 장국원이 그 바로 이전에 경사에 소환되었기 때문인지도 모른다. 어찌되었든 장국원과 고기잠은 감시대상이 겹쳤던 시기가 있었음을 알 수 있다.

Ⅳ. '關寧' '寧錦' 감시체제

명대에는 鎭守宦官이라는 永樂연간을 연원으로 하는 監軍制度가 宣德연간부터 제도화되어 정착되었다. 邊鎭의 수비체계는 하나의 진을 다스리는 자를 鎭守, 하나의 路를 수비하는 자를 分守, 하나의 성 하나의 보를 수어하는 자를 守備라고 하였는데,[13] 이에 대응해서 진수환관도 出鎭했다.[14] 따라서 감시체제라고 하여도 監軍 그 자체는 그다지 새로운 것은 아니다. 다만 숭정 2년에 後金軍이 경사로 육박해 온다는 사태와 이어 3년에는 永平 등에 침입한 군사적위기 가운데에 경사를 구원하기 위해 달려 왔던 袁崇煥을 모반을 의심해 형에 처했던 숭정제의 신하에 대한 불신이 환관의 중용으로 나아가게 했는지도 모른다. 『明史』 권305, 高起潛傳에는

> 已而諸監多侵剋軍資, 臨敵輒擁精兵先遁, 諸將亦恥爲之下, 緣是皆無功.
> 八年, 盡撤諸鎭內臣, 惟起潛監視如故. 九年七月, 復遣太監李輔國·許進忠
> 等, 分守紫荊·倒馬諸關, 孫惟武·劉元斌, 防馬水河. 時, 兵部尙書張鳳翼出督

---

13) 川越泰博,『明代中國の軍制と政治』國書刊行會, 2001年.
14) 方志遠,「明代的鎭守中官制度」『文史』40, 1994; 野田徹,「明朝宦官の政治的 地位について」『九州大學東洋史論集』21, 1993; 同「明代在外宦官の一形態に ついて鎭守宦官をめぐって」『九州大學東洋史論集』24, 1996; 同「嘉靖朝におけ る鎭守宦官裁革について」『史淵』137, 2000年, 參照.

援軍, 宣大總督梁廷棟亦引兵南, 特命起潛爲總監, 給金三万, 賞功牌千, 以司礼大璫張雲漢·韓贊周副之. 然起潛實未嘗決一戰, 惟割死人首, 冒功而已.

라고 하였으니 후세의 監視·監軍体制에 대한 평가는 매우 차갑다. 여기서는 張國元과 高起潛이 '關寧' '寧錦'의 감시에 종사하고 있었던 무렵의 당안 4개를 선택해서 감시체제의 실태는 어떠하였는가 하는 것과, 어떠한 북방정보를 주고받았는가 하는 것을 해당 인물 사이의 인식에 기반해서 살펴본다. 그 즈음 장국원의 지위는 '糧餉·兵馬·邊牆·撫賞事務', 고기잠의 지위는 '糧餉·兵馬·邊牆·撫賞(軍功)等事'인 점에 착목하려 한다.

한편 遼東鎭에 관한 지배체제를 살펴보면 요동에는 洪武연간에 遼東都指揮使司가 설치되어 처음에는 都指揮使에게도 統兵權이 부여되어 있었지만 뒤에는 鎭守總兵官이 통병권을 가지게 되었다.[15] 軍務를 관리하는 巡撫, 군무와 통병권을 지니는 提督이 더해졌고,[16] 이들을 巡按山東(巡按遼東)監察御史가 按治했다. 嘉靖 29년부터는 薊遼總督이 설치되었다. 다만 요동진을 按治하던 巡按山東監察御史는 天啓 2년에 方震孺가 스스로 지원하여 담당하게 되었으나 후금군의 전진을 막아내지 못하고 사임을 당하게 된 것을 마지막으로 이후에는 두지 않았다.[17] 당안에 관련된 직무·인명을 보면, 薊遼總督은 숭정 5년 9월 戊申까지 曹文衡, 5년 9월 戊午에서 7년 11월 壬申까지 傅宗龍, 7년 12월 丙戌부터 9년 10월 辛卯까지 丁魁楚, 9년 9월 己巳에서 10년 7월 丁卯까지 張福臻, 10년 5월 己丑부터 11년 9월 辛巳까지 吳阿衡,

---

15) 拙稿, 「明朝遼東總兵官考-洪武年間の場合」『人文硏紀要』68, 中央大學人文科學硏究所, 2010年.

16) 奧山憲夫, 『明代軍政史硏究』, 汲古書院, 2003年.

17) 方震孺에 대해서는 『明史』 卷248, 方震孺伝參照. 拙稿, 「明代巡按山東監察御史の基礎的考察」『人文硏紀要』72, 中央大學人文科學硏究所, 2011年에서는, 方震孺를 말하지 않았다. 여기서 보충한다.

12년 정월 丁丑부터 14년 9월 甲申까지 洪承疇였다. 巡撫遼東은 숭정 4년 11월 戊戌에서 13년 3월 辛丑까지 方一藻, 劉鎬는 11년 정월 辛卯 에서 2월 庚子까지 그 임무를 맡았다. 또 13년 3월 辛丑부터 15년 3월 丁亥까지 丘民仰, 14년 10월 壬子부터 16년 2월 戊子까지 葉廷桂, 15년 2월 丁未부터 4월 辛丑까지 范志完이 맡았다. 鎭守總兵官은 遼東이 숭정원년 5월 丁亥까지 朱梅, 원년 6월 丙申부터 9년 10월 戊戌까지 祖大壽, 4년 2월 壬戌부터 5년 11월까지 金國奇, 5년 11월부터 7년 12 월 癸巳까지 吳襄, 9년 7월 庚午부터 13년 7월 丙午까지 王威, 12년 5 월 甲戌부터 金國鳳, 13년 정월 甲寅부터 劉肇基, 숭정 14년 8월 癸亥 부터 白廣恩, 15년부터 17년 정월 乙未까지 馬科, 17년 3월 癸巳부터 吳三桂였다. 寧遠은 숭정 원년 5월 丁亥부터 杜文煥, 원년 10월 己卯 부터 朱梅였다. 山海關은 숭정 원년 6월 丙申에서 9月 甲戌까지가 麻 登雲, 2년 11월 戊戌에서 12월 丁卯까지 黑雲龍, 2년 12월 丙子에서 4 년 12월 丁丑까지 宋偉, 4년 10월 己酉에서 15년 윤11월 戊申까지 劉源 淸, 4년 12월 戊寅에서 7년 12월 癸巳까지 尤世威, 8년 2월 壬寅에서 9년 10월 戊戌까지 張時傑, 9년 10월 戊戌에서 12년 5월 壬午까지 侯拱 極, 12년 6월 甲午에서 15년까지 馬科, 寧遠団練은 숭정 9년 3월 辛亥 부터 趙官, 關內는 원년 9월 甲戌에서 2년 11월 丙申까지 趙率教, 平 遼는 천계 4년 11월 乙卯부터 천계 2년 6월 戊午까지 毛文龍, 山海關 北口는 숭정 원년 5월 丙寅에 官維賢, 山海關南口는 숭정 원년 5월 甲 子에 王応暉이다.

우신 고기잠의 상수에 관한 당안이다. 『中國明朝檔案總匯』수록된 숭정 6년 8월 27일, 병부에 의한 「兵部爲官兵於遼東高台堡處斬獲入境 奴賊情形事行稿」이다.[18] 먼저 원문을 살펴보면 다음과 같다.

---

18) 明代의 문서시스템에 대해서는, 羅輝映, 「明代文書制度初探」『四川大學學 報叢刊』30, 檔案學論叢, 1986年; 尹韻公, 『中國明代新聞伝播史』, 重慶出版 社, 1990年; 櫻井俊郎, 「明代題奏本制度の成立とその変容」『東洋史研究』51-2, 1992年; 王劍, 『明代密疏研究』, 中國社會科學出版社, 2005年; 城地孝, 『長城

奴賊入境等事 抄訖

行 辰字五百四十七号

八月廿七日行

謝泰

兵部爲奴賊入境, 官兵奮勇, 仰伏 天威, 斬級, 獲馬·夷器等事. 職方淸吏司案呈, 奉本部送, 該監視寧錦太監高起潛題称, 本年八月二十三日准寧前兵備道僉事陳新甲, 本月二十二日准中右所騎營副總兵劉応國手本移称, 本月十八日, 本職聽聞西南城角砲響, 即同左翼中營參將高魁, 各統領官兵, 馳至曲尺河舖麗家山, 撞遇撥夜. 報称, 奴賊緜高臺堡地方進入, 直奔大路. 本職行馳間, 有高參將報策応夜役何雲回称, 蒙団練鎭吳總兵傳調左翼中營高參將統領所部官丁, 赴彼合營, 止回. 本職守城隨挑兵壹百名, 摘令奇哨把總即先租等帶領, 一同前往中後, 合營去訖. 本職站立扎營, 遙望各村屯, 煙霧大起, 本職隨差把總張國臣引領降夷, 千總王化中·紅旗·劉祥·劉志忠等官丁柒拾員名, 并高參將存留下撥夜把總陶万化等拾名, 共漢夷官丁八十員名, 沿海一帶各村屯, 相機截殺, 正行走間, 忽前灰塵大起, 直奔中後屬屯海金寨, 各官預爲埋伏. 賊果入屯, 我兵突出衝砍一處, 那奈等在陣斬獲首級壹顆·達馬壹匹·夷器俱全. 因見奴賊聯擁, 相継恐墮術中, 即收兵回營, 仍査, 在陣射傷卜暗官馬一匹. 今將斬獲首級·達馬·盔甲夷器, 除行中軍魯松齡呈解, 緣繇到道, 准此, 除覆驗眞級賞紅外, 該本道看得, 奴兵大擧入犯, 而以其哨騎遊擾各屯, 副將劉応國遣把總張國臣等, 預爲埋伏, 俟其入海金寨, 而夷丁那奈等突出衝砍, 斬獲首級一顆·達馬一匹·盔甲夷器俱全. 可称智勇. 先挫其鋒, 相応照例給賞達馬, 即応給獲馬, 兵丁羊哈大, 征騎領兵把總張國臣, 撥夜把

___

と北京の朝政－明代內閣政治の展開と変容』, 京都大學學術出版會, 2012年 등을 참조했다. 또 吉尾寬, 「最末期·明朝の華北における都市防衛策 : 『中國明朝檔案總滙』を用いた一考察」『大阪市立大學東洋史論叢号』 2005年; 櫻井俊郎, 「明末北辺の偵察活動-崇禎十四年, 大同右衛」『大阪府立大學紀要(人文·社會科學)』 55, 2007; 「明末における塘報の伝達-大同辺外から北京へ」『大阪府立大學紀要(人文·社會科學)』 56, 2008; 同「崇禎年間の燒荒」『人文學論集』 28, 2010年를 참조했다.

總陶万化均応量加賞賚, 以示鼓舞, 等因, 応會解, 到臣. 該臣覆驗眞級, 量行
賞紅外, 同日, 又准寧前兵備道僉事陳新甲塘報爲呈驗斬獲首級事. 本月二十
三日, 准前鋒中營參將劉成功手本移称, 本月二十一日, 據撥夜千總侯景栢報
称, 於十九日, 哨見賊夷大旗伍桿, 約有達賊壹千余騎. 該職卽差撥夜管隊高
名入等二十名, 跟隨賊尾踏山密哨, 有馬達賊二百余騎橫順, 去來不定. 各兵
不敢前哨. 至二十一日, 據高名入報称, 於二十日酉時分, 有本將前差督哨撥
夜紅旗·黃文擧在喇子山, 督同前往密哨, 被哨馬達子壹百余騎, 將名入等追
趕至城子山, 各撥俱奔山頂站立, 賊夷棄馬, 步攻本山. 各撥一齊射打矢石交
加, 致死達賊五·六名, 至三更時分, 賊見我□(兵力)捨死, 各賊卽將屍首拉去,
遁回入營. 各兵一齊下山, 追斬首級一顆, 夷弓器械, 俱全. 賊將我兵哨馬射
死三匹等情, 連級呈驗, 至職. 理合解驗, 緣絲, 到道. 准此, 除驗係眞夷首級,
賞紅外, 該本道看得, 奴賊入犯中後, 分其部落, 綴我前鋒爲謀, 最狡. 該營哨
丁高名入等奉令遠哨, 見賊追迫, 乘機奔至城子山巓, 憑高據險, 矢石交加,
棄命擊賊, 乘其回營, 而又能尾後追襲, 斬獲首級一顆, 夷器俱(14字脱落)敵
愾, 等因, 會解到臣. 該臣覆驗, 量行賞紅外, 今准前因, 理合題報, 等因, 崇禎
六年八月二十七日, 奉 聖旨, 兵部知道, 欽此. 欽遵, 擬合就行, 爲此, 一, 手
本監視高, 合用手本前去, 煩照 明旨內事, 欽遵, 查照施行. (尾欠)

이 당안은 숭정 6년 8월 27일에 숭정제의 재가를 받아 시행된 것인
데, 監視寧錦太監 고기잠의 題本을 받은 것이다. 이 고기잠의 제본은
두가지 보고를 받았던 것이다. ㄱ 첫 번째는 숭정 6년 8월 23일에 寧
前兵備道[19]僉事 陳新甲에게 받은 것으로 진신갑의 보고도 같은 달 22

---

19) 明朝의 감찰체제에 대해서는, 小川尙, 『明代地方監察制度の硏究』, 汲古書
院, 1999年; 同『明代都察院体制の硏究』汲古書院, 2004年; 謝忠志, 『明代兵
備道制度 以文馭武的國策与文人知兵的實練』, 明史硏究叢刊, 2002年 및 拙
稿, 「明代巡按「遼東」考」『九州大學東洋史論集』34, 2006年; 同「明代遼東守
巡道考」『山根幸夫敎授追悼記念論叢 明代中國の歷史的位相』上, 汲古書
院, 2007年을 참조했다.

일에 中右所騎營副總兵 劉應國의 手本을 받은 것이었다. 유응국은 18
일, 서남성각에 포성이 울리는 것을 듣고 바로 左翼中營參將 高魁와
함께 官兵을 이끌고 나가 曲尺河 舖麗家山에 이르렀는데 우연히 撥
夜[20]을 만나서 보고를 받았다. 보고는 '奴賊은 高臺堡 지방에서 진입
하여 바로 大路로 향했다'는 것이었다. 또 유응국이 나갔을 때 參將
고괴가 풀어 놓은 따라 야습을 하려던 何雲이 돌아와서 "団練鎭 吳總
兵으로 부터 左翼中營 高參將에게 所部의 官丁을 이끌고 와 함께 진
영을 펼쳐서 돌아왔다'라고 報告하였다. 吳總兵은 鎭守遼東總兵官 吳
襄이다. 여기서 유응국은 성을 지키는 병사 100명을 뽑아서 把總 卽
先租 등에게 인솔하게 하여 뒤에는 모두를 이끌고 中後所로 가 진을
펼쳤다. 여기서 유응국은 멀리에 있는 村屯에서 자욱하게 연기가 올
라오는 것을 보고, 대동하고 있던 把總 張國臣에게 降夷를 이끌게 하
고 또 千總 王化中·紅旗·劉祥·劉志忠 등 官丁 70명, 또 高參將이 남
겨 놓고 간 撥夜把總 陶万化 등 10명, 漢夷官丁 합쳐서 80명으로 연안
을 따라서 각 村屯으로 나가게 했다. 그 때 홀연히 전방에서 흑먼지
가 피어올랐기 때문에 바로 中後所衛에 속한 海金寨로 달려가, 각 관
에 머물러 대기하게 하였다. 그러던 중에 마침내 적이 진입해 오자
아군이 돌진해서 那奈 등은 적의 수급 하나를 베고, 達馬 1匹과 무기
를 노획했다. 진영으로 돌아와 조사해 보니 官馬 1필이 화살을 맞은

---

20) 辺境에서 활약한 스파이에 대해서는, 川越泰博, 『明代長城の群像』(汲古書
院, 2003年)의 「第一部 諜報·情報活動の担い手たち 第一章 明の間諜「夜不收」」
(原載 「明代北辺の「夜不收」について」『中央大學文學部紀要』 史學科46, 2001
年), 「第二章 モンゴルの諜者と奸細」(原載 「明代モンゴルの諜報活動(一)ーその
担い手を中心に」『人文研紀要』 44, 2002年, 中央大學人文科學硏究所; 「明代
モンゴルの諜報活動(二)ーその担い手を中心に」『中央大學文學部紀要』 史學科
48, 2003年 및 吉尾寬, 『明末の流賊反亂と地域社會』, 汲古書院, 2001年, Ⅰ의
第三章 「流賊の「奸細」と戰法」(原載 「明末における流賊の『奸細』について」『名
古屋大學東洋史硏究報告』 7, 1981年)이 있다. 또 前揭櫻井俊郎 「崇禎年間
の燒荒」에는, 「通夜」「丁夜」「夜不收(人)」을 「工作員」이라고 번역하고 있다.

것을 알았다. 이상의 경과와 전과보고가 유응국으로부터 首級·達馬·
盔甲夷器와 함께 寧前兵備道僉事 진신갑이 있는 곳에 왔다. 여기서
진신갑은 확인을 해서 포상을 정하고 '奴兵이 대거 침범하여 그 哨騎
가 각 屯을 휩쓸자 부장 유응국이 파총 장국신 등을 파견하여 해금채
에서 기다리다가 夷丁 那奈 등이 돌격하여 수급 일과를 얻고 達馬 1
필, 盔甲夷器를 탈취한 것은 智勇이라고 할 만하다. 선두에서 그 예
봉을 꺾은 자는 예에 따라서 達馬를 상으로 주니 이번에 획득한 말을
주도록 하고, 兵丁 羊哈大·征騎領兵把總 장국신·撥夜把總 도만화에
게는 모두 공적에 상응하는 포상을 하여 志氣를 높이도록 한다'라는
보고를 수급 등과 함께 고기잠에게 보내고, 고기잠도 확인을 하여 포
상을 정했다. 이것이 첫 번째 보고이다. 또 하나의 보고는 같은 8월
23일, 역시 寧前兵備道僉事陳新甲塘報가 확인을 하여 보고하였다. 이
것은 같은 날 前鋒中營參將 劉成功이 手本으로 보고해온 것으로, 8월
21일 撥夜千總 侯景栢이 보고해온 것에 기반하고 있던 것이다. 여기
서는 19일 척후가 賊夷 大旗 5桿과 함께 達賊 1,000여 기를 발견하였
다고 하자 후경백은 곧장 撥夜管隊 高名入 등 20명을 파견하여 그 무
리를 쫓게 하였는데 馬達賊 200여 기가 왔다갔다하여 머무는 곳을 확
인할 수 없었다. 여기서 공연히 전진하여 척후는 하지 않았다. 21일의
고명입의 보고에는 "20일 酉刻에 督哨撥夜 紅旗와 黃文擧을 喇子山
에 파견하여 전진하여 척후가 되었던 참에 哨馬達子 100여 기에게 발
견되어 고명입 등은 쫓겨서 城子山에 이르러 산 정산에 올라갔고, 賊
夷는 말을 놓아 두고 걸어서 산을 공격하기 시삭하였는데 각 撥이 일
제히 화살과 돌을 퍼붓는 교전이 되어 達賊 5~6명을 죽였다. 3更에 이
르러 고명입 등이 결사적인 것을 보고 적은 자기 편의 사체를 가지고
물러갔다. 그러자 각 병사는 일제히 하산하여 적을 쫓아 수급 하나와
夷弓器械를 노획하였다. 피해는 兵哨馬 3필이 사살되었다"라는 것으
로 적의 머리와 함께 유성공에게 확인을 구한다는 보고 였다. 이는
진신갑에게 보고되었다. 진신갑은 확인하여 포상을 함과 동시에 "奴

賊이 中後所에 침범한 뒤, 부락을 분단하여 우리 선봉의 발을 묶으려 하였던 것은 정말로 교활하였지만 해당 營의 哨丁 고명입 등이 명령을 받들어 적정을 살펴 적을 발견하여 추격하고 기회를 틈타 城子山 꼭대기로 도망가 험준한 높은 곳에서 화살과 돌로 교전하여 목숨을 돌아보지 않고 적을 격퇴하고, 그들이 진영으로 돌아가는 후미를 추격하여 수급 하나를 죽여 빼앗고 夷器를 탈취한(이하의 문자는 脫落)"라고 고기잠에게 보고하자, 고기잠도 확인하고는 전공에 따라서 포상을 정하면서 이상의 두가지 진신갑에게서 온 보고를 정리하여 숭정제에게 보고하였다. 황제는 숭정 6년 8월 27일, '병부에서 처리하라'라는 聖旨를 내렸다. 병부는 감시 고기잠에게 수본을 보냈다는 것으로 이 당안을 마무리한다. 고기잠은 감시로서 撫賞을 직무로 하고 있었기 때문에 寧前兵備道僉事인 진신갑은 감시활동의 수족이었다.

그런데 이 고기잠과 또 한 사람의 감시인 장국원이 직무상 충돌하는 일이 있었을까? 다음은 『明淸史料』丁編 第4本의 「兵部行稿 兵科抄出薊鎭東協太監張國元題」으로 숭정 7년 7월 병부의 당안이다. 먼저 원문을 보면 다음과 같다.

> 兵部行, 兵科抄出薊鎭東協太監張國元題, 稿
> 宿字一百八十号內, 報吳襄夷丁逃回放出關緣絲, 与本部題一百六十四号軍務事相同文書寫訖. 葉応中承.
> 兵部爲欽奉 聖旨事. 職方淸吏司案呈, 奉本部送兵科抄出薊鎭東協太監張國元題前事, 等因, 崇禎七年七月二十一日, 奉 聖旨知道了. 回夷旣放出關着. 高起潛同該撫鎭, 加意撫戢着伍. 毋致他虞. 其不隨東行的果安心自効仍着. 起潛攜帶前來酌用. 兵部知道, 欽此, 欽遵, 抄出到部, 送司, 案呈到部, 擬合就行, 爲此, 一, 咨遼東巡撫 東協太監合 咨
> 手本寧錦太監 手本
> 箚祖大壽 箚
> 前去, 煩照 明旨內事理, 欽遵, 施行. 崇禎七年七月日 郞中 鄒祚毓

이것은 六科 안의 兵科의 抄出인데, 薊鎭東協太監 장국원이 題本에서 어떠한 것을 상주하였는가는 불명이다. 吳襄은 당시에 鎭守遼東總兵官이었다. 그의 夷丁이 出關하여 도망간 사건인 듯하다. 병부는 성지를 받들어 職方清吏司에게 案呈의 작성을 명했다. 성지는 숭정7년 7월 21일 나왔는데 '오양의 夷丁이 도망갔으니, 고기잠은 순무인 방일조와 함께 그 외의 夷丁들을 잘 보살펴서' 더 이상의 소동이 일어나지 않게 하라는 것이고, 이번에 도망가지 않은 자는 고기잠이 맡으라는 내용으로, 병부에 지시를 내려서 遼東巡撫 방일조에게 咨文, 寧錦太監 高起潛에게 手本, 당시 또 한명의 鎭守遼東總兵官 이었던 祖大壽에게 箚를 보냈고 또 東協太監에게도 답변이 보내졌다. 여기에서 요동진에 관한 인사는 巡撫, 寧錦太監, 總兵官의 合意 혹은 合議가 있었던 것은 아닌가 한다. 이에 대해서 장국원은 조금은 떨어진 입장에 있었던 것일까? 이 당안 하나로는 알 수 없다. 이 合議에 대해서『明清史料』癸編 第2本의 숭정 10년 윤4월 17일「兵科抄出 總監關寧兩鎭太監高起潛題本」을 살펴보자. 원문은 아래와 같다.

> 兵科抄出關寧太監高起潛題本
> 高起潛題爲酌補營將事. 崇禎十年閏四月十八日到. 魯胤昌
> 　兵部呈于兵科抄出總監關寧兩鎭太監高起潛謹題爲酌補營將事. 准遼東撫臣 方一藻會藥, 照得, 団練右營參將丁柳已経調任京營所遺員缺. 准鎭臣趙宦手本, 查得, 監標聽用都司管游擊事王定一生長西陲, 久歷東塞, 堪以補用, 等因, 到臣. 該臣查得, 右營向隸鎭標所統俱係鋭勁王定一以將材起家, 久任边陲, 夙著勤練, 就近遴補相. 宜既経鎭臣移會前來, 等因, 會藥到臣, 准此, 臣謹會同總督臣張福臻·巡撫臣方一藻·關臣杜廷璉, 合詞具題, 伏乞 聖明. 勅下該部, 覆覈酌補施行. 崇禎十年閏四月十七日, 奉 聖旨. 兵部知道.

이것은 고기잠이 營將의 보충인사에 대해 보고한 題本이다. 당시 總監關寧兩鎭太監이었던 고기잠은 요동순무인 방일조의 會藥를 받았는데 내용은 団練右營參將 丁柳가 京營의 결원을 메우기 위해 이동했다는 것, 또 鎭守遼東總兵官인 趙宦으로부터 王定一을 추천하는 手本이 올라왔는데, 방일조는 巡關御史 왕정일을 살펴보아 임무에 적합하다고 판단했다는 내용으로 고기잠에게 판단을 구했다. 고기잠은 總督 張福臻, 순무 方一藻, 關臣 杜廷璉과 합동으로 황제의 재가를 구했다. 숭정제는 병부에 시켜서 보충인사를 재검토하라고 하였다. 숭정 10년 윤4월 17일의 일로 이것은 병과에는 다음날인 18일에 도달하였다. 황제의 신임이 두터웠던 고기잠으로서도 요동진의 인사를 좌우하는 것은 어려웠으며, 애초에 그에게는 인사권은 없었던 것일까? 그것이 결국은 合議의 형태로 상주하게 되었던 것은 아닐까?

또 하나 『中國明朝檔案總匯』에 수록된 숭정 11년 9월 18일의 「遼東巡撫方一藻爲解安犒銀兩等事咨文」을 보자. 이것은 고기잠이 재임 중임에도 불구하고 전혀 이름이 나오지 않는 사례이다. 원문은 아래와 같다.

方司

崇禎十一年九月十八日到「巡撫遼東等處提督軍務關防」官印

欽差巡撫遼東寧錦等處地方提督軍務兼管備倭都察院右都御史兼兵部左侍郎方 爲遠哨事. 本年九月十七日准兵部咨, 職方淸吏司案呈, 奉本部送, 准遼東巡撫方 塘報前事, 等因, 又准本官揭帖爲飛報夷情事, 等因, 各到部, 送司. 該本司看得, 逆奴狡窺, 日以謀犯爲事. 此不待智者而後知之也. 況其屬部, 盡徙河西, 調發無煩, 遠騖則其豕突之勢, 較昔倍爲孔棘. 然而奴之所利者, 野戰所長者弓矢, 調鮮人運火器, 殆虛聲也. 若然用違其長, 雖衆必敗. 凡我邊臣宜整搠戰具嚴攢, 以俟有犯, 必摧此其時矣. 万勿先自餒, 以張奴勢. 有万人必往之氣, 然後, 可以收匹馬, 不入之功也. 案呈到部, 該臣覆看, 無異. 相応, 請 旨, 申飭遼昌保通津宣大山西等處督監撫鎭, 毋論奴犯爲聲爲實, 或近或遠, 一意遠哨, 嚴防刻刻, 礪兵秣馬, 整搠待戰. 其各認定調援官兵, 行營器糗, 已経屢飭. 毋得玩弛, 旧發安犒銀兩, 諸處動用不多. 惟遼東征調頻, 仍

安揷島衆, 開銷兩分, 合再于悶寺發銀貳万兩, 以備不時応援之用, 通祈 聖鑒
施行. 等因, 崇禎十一年九月初七日, 礼部尙書兼東閣大學士仍管兵部事楊
等具題, 本日奉 聖旨, 這銀兩卽炤數措發余俱有旨了, 欽此, 欽遵, 抄出到部,
送司, 案呈到部, 擬合就行, 爲此, 合咨前去煩炤本部, 題奉明旨內事理, 欽遵
査炤施行, 等因, 到院部, 准此, 擬合出給咨文, 差官領解, 爲此, 合咨貴部, 煩
請査炤, 希將安犒銀貳万兩, 劑寺兌給本院部, 差官李日滋·馬中樂, 寧前道差
官周士登·潘永茂領解回鎭, 以備調緩急需. 侯押解到日, 另具庫收報部, 事
完, 一体彙册, 銷算施行. 須至咨者. 右咨兵部.

崇禎拾壹年玖月十八日(「巡撫遼東等處提督軍務關防」の印)
遠哨事

요동순무인 방일조가 적정을 살피는 것에 대해서 병부에 보낸 자
문이다. 숭정 11년 9월 17일에 병부의 咨文을 받자 職方淸吏司의 案呈
이었다. 이것은 거슬러 올라가면 애초에 방일조가 보낸 塘報와 揭帖
을 받아서 職方淸吏司는 거기에 "逆奴가 간교하게 틈을 노리는 날들
에 침범할 것을 꾀하는 것이 되풀이되어 여유롭게 있을 수 없다. 최
근 그 부족은 모두 河西로 이주하여 調發의 번거로움은 사라졌지만
장거리를 달려와 돌진해 오는 위세는 예전의 배이다. 그러나 그들이
잘하는 것은 야전에서 위력을 발휘하는 弓矢이고 朝鮮人이 가지고
온 화기는 위력이 없다. 그렇다고 하면, 장점을 잘못 인식하는 것이니
군대가 많아도 반드시 패한다. 우리 편은 武具를 갖추고 그들이 침입
해 오는 것은 기다리고 있으면서 그때야 말로 반드시 쳐부술 것이다.
만에 하나 스스로를 망쳐 적의 세력을 신장시켜서는 안 된다. 萬人必
往의 기운이 있고 말을 모은다면 침입을 막는 공이 된다."라고 견해
를 붙였다. 이것은 병부에서 "이의가 없으니 聖旨를 청원하여 遼昌保
通津宣大山西 등의 總督·巡撫를 경계하여 오랑캐의 허실·원근을 묻
지 않고 어쨌든 적정을 살펴 항상 방비를 엄중히 하며 병마를 갖추어

전쟁을 대비하라. 각각 증원 관병을 갖추고, 진영이나 무기, 식량은 이미 거듭하여 경계해 왔는데, 느슨한 곳이 없도록 하라. 이전에 발급한 安犒銀은 各 所에서 그다지 사용되지 않지만 요동만은 출병이 빈번하고, 또 島衆(이전 毛文龍의 부하들일까?)을 안치하는 것으로 은량을 둘로 나누어 사용하였기 때문에 다시 㘑寺(太僕寺)에서 요동에 2만냥을 발급하여 불시의 응원에 出費로 충당하도록 하겠으니 황제께 구하겠다."라고 하였다. 이것을 숭정 11년 9월 7일 禮部尙書兼東閣大學士仍管兵部事 楊嗣昌은 숭정제에게 상주하여 인가를 받아 安犒銀 2만 냥의 발급이 결정되었고, 병부에서 巡撫遼東에 연락하여 수급하는 관료를 巡撫遼東과 寧前道에서 파견하고, 받아서 수납한 뒤에 병부에 보고를 할 것, 일이 있은 후에는 장부를 작성해서 결산장부를 작성할 것을 방일조에게 병부에서 회답하였다.

이것은 巡撫遼東이 內閣 및 병부와 주고받은 것으로 고기잠의 모습은 보이지 않는다. 이 당시 고기잠의 직함은 앞서 기술한 것처럼 '總監關寧兩鎭糧餉兵馬邊牆撫賞等事御馬監太監'이었다. 결국 고기잠은 그의 지위에 있는 糧餉·兵馬·邊牆·撫賞에 대한 감시를 하는 것이 임무였고 실무에는 별로 개입하지 않았던 것인지도 모른다. 이 부분은 더욱 사례를 늘려서 이후에 고찰해보고 싶다.

V. 맺음말-明朝의 中朝邊界에 입각하여-

본고에서는 4종의 明朝檔案을 활용하여 明末의 遼東 통치에 대해 검토하였다. 사르후 전투 이후 遼東鎭의 요충지는 점차적으로 만주족의 손에 넘어가게 되었다. 그 결과, 朝鮮으로 통하는 육상교통로가 단절되어 明朝의 입장에서는 中朝邊界의 정보수집과 파악은 대단히 어려워지게 되었다고 여겨진다. 이에 반해 邊鎭의 군사는 항상 예하에 스파이 집단을 배치하여 만주족에 응수하고 있었다. 그 중에는 夷

丁이나 降夷와 같은 非漢族 인원이 상당수 포함되어 있었으며[21], 이를 통괄하는 자가 있어서 제법 조직처럼 활동하는 것을 알 수 있다. 崇禎 11年 9月 17·18日의 문서교환에서는 이러한 자들을 통하여 만주족의 장점이 야전에서의 궁시에 있으며 火器는 朝鮮에서 흘러들어오고는 있어도 실전에는 그다지 위력을 발휘하지 못한다고 분석이 이루어졌던 것은 아니었을까.

이 火器가 어떠한 것이었는지는 불분명하지만 만력연간 임진왜란 때 일본의 철포대가 공격했었고, 明軍에서도 국내의 반란 진압 등에 활용되었던 것으로 본다면, 철포였을지도 모르겠다.

方一藻는 東林黨派에서 이름이 올라있는 인물로[22], 변경의 사정을 호소함으로 해서 다액의 군자금을 획득하는 데 성공하고 있다. 黨爭과 변경정책의 관점도 중요하다. 다만 본고에서는 邊鎭을 통하여 나날이 北京으로 上奏되는 정보가 축적되어 북방인식이 형성되고 있었다는 점을 중시하였고, 차후에는 檔案에 대한 분석을 진행하고자 한다. 明末의 遼東에 관해서는 반드시 만주족의 발흥에 초점이 맞춰져 있었는데, 결과적으로는 저들에게 집어 삼켜져 패배해가는 측인 明朝의 변방 메커니즘에 대한 해명, 그리고 그 전제가 되는 정보의 수집방법과 그 질의 분석은 檔案 사료에 관한 연구를 진행해야만 가능하다. 燕行錄을 비롯한 직접적인 사절단에게서 볼 수 있는 풍경과 明朝의 관료가 가진 정보로부터 볼 수 있는 풍경이 어찌하여 일치하지 않는가와 같은 관심을 탐구하기 위해서도 明朝檔案史料의 분석은 제 억할을 수행할 수 있으리라 확신한다.

---

21) 山海關을 통해서 非漢族이 왕래하고 있었던 데 대해서는 前揭吉尾寬, 『明末の流賊反亂と地域社會』의 Ⅲ의 第三章「王朝交替と鄕紳－山海關の戰に卽して」(原載 「山海關の戰役と鄕紳－地方史料の斷片を繫いで見える戰役の一性格」 『名古屋大學東洋史硏究報告』 21, 1997年)에 언급이 있다.

22) 方一藻가 東林党의 리스트에 있는 것은 リストにあることは、小野和子, 『明季党社考－東林党と復社－』, 同朋舍出版, 1996年。

張國元에 관한 檔案

(■은『中國明朝檔案總匯』에 수록된 檔案이며 □은『明淸史料』에 수록된 檔案을 가리킨다.)

- ■ 兵科抄出欽差監視薊鎭東協边牆撫賞事務御馬監太監(署理關寧太監)張國元爲黑莊窠等處事題本 崇禎6年3月7日
- ■ 兵科抄出欽差監視薊鎭東協署理關寧粮餉兵馬边牆撫賞事務御馬監太監張國元爲査視杏山新城嚴加修理等事題本 崇禎6年4月8日
- ■ 兵科抄出欽差監視薊鎭東協署理關寧粮餉兵馬边牆撫賞事務御馬監(關寧太監)張國元爲塘報東路進剿達賊事題本 崇禎6年4月8日
- ■ 兵科抄出欽差監視薊鎭東協署理關寧粮餉兵馬边牆撫賞事務御馬監太監張國元爲捉獲賊船及確審解報事題本 崇禎6年4月8日
- ■ 兵科抄出欽差監視薊鎭東協署理關寧粮餉兵馬边牆撫賞事務御馬監(關寧太監)張國元爲特科失事將領以肅边防等事題本 崇禎6年4月18日
- ■ 兵科抄出欽差監視薊鎭東協署理關寧粮餉兵馬边牆撫賞事務御馬監(關寧太監)張國元爲密哨達賊遁回在遼河放牧事題本 崇禎6年4月25日
- ■ 兵科抄出欽差監視薊鎭東協署理關寧糧餉兵馬边牆撫賞事務(署理關寧太監)張國元爲哨丁出境斬獲達賊首級事題本 崇禎6年4月27日
- ■ 兵科抄出欽差監視薊鎭東協署理關寧粮餉兵馬边牆撫賞事務御馬監太監(關寧太監)張國元爲塘報廣鹿島敗賊東遁及官兵追剿事題本 崇禎6年4月27日
- ■ 兵部爲遠哨探得中遼河西岸夷情事行稿(監視薊鎭東協署理關寧太監) 崇禎6年5月27日
- ■ 兵部爲遠哨探得西北行走夷踪事行稿(監視薊鎭東協署理關寧太監)　崇禎6年5月
- ■ 兵部爲二撥督發援兵夷丁已抵推豊潤其中有被惑思歸者事行稿(監視薊鎭東協太監) 崇禎7年7月27日
- □ 兵部行稿兵科抄出薊鎭東協太監張國元題 崇禎7年7月　丁4
- ■ 遼東巡撫方一藻爲夷敵當前須通壽謀略不可徇偏見事題本(監視關永) 崇禎7年閏8月28日

高起潛に關わる檔案(■□は張國元に同じ)
- □ 欽差督發關寧援兵監護軍功粮餉等事忠勇營中軍御馬監太監高起潛題本 崇禎5年11月26日 乙1
- □ 欽差督發關寧援兵監護軍功粮餉等事忠勇營中軍御馬監太監高起潛題本 崇禎5年12月16日 甲1

■ 欽差督發關寧援兵監護軍功粮餉等事忠勇營中軍御馬監太監高起潛爲旅順困敵捷音幷發兵餉等事題本 崇禎6年3月17日

■ 欽差督發關寧援兵監護軍功粮餉等事乾淸宮牌子御馬監太監高起潛爲登島肅淸援師還鎭事題本奉旨 崇禎6年3月30日

■ 兵部尙書張鳳翼等克城掃穴搜島靖亂等事題本奉旨 崇禎6年4月3日

■ 欽差督發關寧援兵監護軍功粮餉等事乾淸宮牌子御馬監太監高起潛爲塘報旅順擒獲賊首毛承祿事題本 崇禎6年4月6日

■ 欽差督發關寧援兵監護軍功粮餉等事乾淸宮牌子御馬監太監高起潛爲塘報雙島等處進剿事題本 崇禎6年4月7日

■ 欽差督發關寧援兵監護軍功粮餉等事乾淸宮牌子御馬監太監高起潛爲遵旨回奏轟城及攻破水城功績事題本 崇禎6年4月7日

□ 兵部題殘稿監視寧錦等處糧餉兵馬邊牆撫賞等事御馬監太監高起潛等會題 崇禎6年8月3日 甲8

□ 兵部行稿御批監視寧錦太監高起潛題 崇禎6年8月9日 乙2

■ 兵部爲官兵於遼東高臺堡處斬獲入境奴賊情形事行稿 崇禎6年8月27日

■ 欽差乾淸宮牌子監視寧錦等處粮餉兵馬邊牆撫賞等事御馬監太監高起潛爲西援夷丁突爲訛言所輒行逃回事題本 崇禎7年7月20日

■ 兵部尙書張鳳翼等爲再調遼兵一万擾宣幷令撫臣整搠以待事題稿
崇禎7年7月27日

■ 兵部爲西援官兵勞苦量給犒賞幷報過薊日期事行稿 崇禎7年8月

■ 欽差乾淸宮牌子監視寧錦等處粮餉兵馬邊牆撫賞等事御馬監太監高起潛爲塘報來降酋部夷丁口供幷陳進止利害事題本 崇禎7年閏8月9日

□ 兵部行稿兵科抄出寧錦太監高起潛題 崇禎7年閏8月 丁4

□ 欽差乾淸宮牌子監視寧錦等處糧餉兵馬邊牆撫賞等事御馬監太監高起潛題本 崇禎7年閏8月5日 甲8

□ 兵部題稿監視寧錦太監高起潛揭 崇禎7年閏8月12日 甲8

■ 兵部爲用計劫剿奴營賊逃奔膳房堡幷有旨事行稿 崇禎7年閏8月15日

■ 欽差乾淸宮牌子監視寧錦等處粮餉兵馬邊牆撫賞等事御馬監太監高起潛爲遠哨達賊情形事題本 崇禎7年11月13日

■ 欽差乾淸宮(牌)子監視寧錦等處粮餉兵馬邊牆撫賞等事御馬監太監高起潛爲呈解陷虜夷丁幷探得四酋行踪事題本 崇禎7年11月13日

■ 欽差乾淸宮牌子監視寧錦太監高起潛爲接獲降夷酋的行安挿事題本 崇禎7年11月16日

□ 禮科外抄欽差乾淸宮牌子監視寧錦等處粮餉兵馬邊牆撫賞等事御馬監太監高起潛題本 崇禎7年11月20日 乙2

■ 欽差乾淸宮牌子監視寧錦等處粮餉兵馬邊牆撫賞等事御馬監太監高起潛爲哨

援官兵在娘子墳地方与虜交戰獲捷事題本 崇禎7年11月24日

▫ 兵科抄出欽差乾淸宮牌子監視寧錦等處粮餉兵馬边牆撫賞等事御馬監太監降三級高起潛題本 崇禎8年7月29日 丁5

▫ 兵科抄出欽差乾淸宮牌子監視寧錦等處粮餉兵馬边牆撫賞等事御馬監太監降三級高起潛題本 崇禎8年7月29日 丁5

▫ 兵科抄出欽差乾淸宮牌子監視寧錦等處粮餉兵馬边牆撫賞等事御馬監太監降三級高起潛題本 崇禎8年8月2日 丁5

▫ 兵科抄出欽差乾淸宮牌子監視寧錦等處太監高起潛題本 崇禎8年8月3日 丁5

▫ 兵科抄出乾淸宮牌子監視寧錦等處太監降三級高起潛題本 崇禎8年8月5日 丁5

▫ 兵科抄出監視寧錦太監高起潛題本 崇禎8年8月6日 丁5

▫ 兵科抄出監視寧錦等處太監高起潛題本 崇禎8年8月8日 丁5

■ 兵科抄出寧錦太監高起潛爲多股達賊由東西行似有謀犯事題本 崇禎8年8月26日

■ 欽差乾淸宮牌子監視寧錦等處粮餉兵馬边牆撫賞等事御馬監太監降二級高起潛爲哨見边外大股達賊從來西行事題稿 崇禎8年8月26日

▫ 兵部行稿監視寧錦高起潛揭 崇禎8年9月2日 丁5

▫ 兵部行稿兵科抄出監視寧錦太監高題 崇禎8年9月4日 丁5

▫ 兵部行稿兵科抄出關寧太監高起潛題 崇禎8年9月23日 丁5

▫ 兵部題稿總監關寧兩鎭糧餉兵馬边牆犒賞等事御馬監太監高起潛手本 崇禎9年11月 丁6

▫ 兵科抄出總監關寧兩鎭太監高起潛題本 崇禎10年閏4月17日 癸2

▫ 總監關寧太監高起潛題本 崇禎10年12月30日 甲9

■ 兵科抄出總監關寧兩鎭御馬監太監高起潛爲哨見中遼河地方有達賊三首余騎從東西行事題本 崇禎11年正月5日

▫ 總監關寧兩鎭御馬監太監高起潛題本 崇禎11年2月9日 甲9

■ 總監關寧兩鎭太監高起潛爲副將吳三桂等塘報會解回鄕朱大等人審取口供事題本 崇禎11年2月7日

■ 兵科抄出關寧太監高起潛爲劣弁偸引边軍越關脫伍事題本 崇禎11年2月7日

■ 兵科抄出欽命總監關寧兩鎭御馬監太監高起潛爲接獲回鄕之夏六子提供東奴將犯事題本 崇禎11年2月7日

■ 總監關寧兩鎭御馬監太監高起潛爲推擧王鳴喜等人調補營堡將領事題本 崇禎11年2月10日

■ 兵科抄出關寧太監高起潛爲哨見馬達賊順柳河往北行走事題本 崇禎11年2月11日

■ 兵科抄出關寧太監高起潛爲呈解回鄕之人宋三錄取口供事題本 崇禎11年2月12日

- 兵科抄出關寧太監高起潛爲接獲回鄉劉大等人據供達子發兵西來事題本　崇禎11年2月15日
- 兵科抄出關寧太監高起潛爲副將吳三桂報称奴賊大擧西進情形事題本　崇禎11年2月18日
- 兵科抄出總監關寧兩鎮太監高起潛爲接獲回鄉之徐三供称東奴將犯寧錦事題本　崇禎11年3月4日
- 兵科抄出欽命總監關寧兩鎮太監高起潛爲接獲東來回鄉張友德供称東奴往西來犯事題本　崇禎11年3月4日
- 兵科抄出欽命總監關寧兩鎮太監高起潛爲賊首沈志祥率衆投奴幷議安置難民事題本　崇禎11年3月15日
- 兵科抄出總監關寧御馬監太監高起潛爲副將吳三桂報称解到降夷張三審取口供事題本　崇禎11年3月21日
- 兵部題稿總監關寧太監高起潛題　崇禎11年8月26日　甲10
- 兵科抄出總監關寧太監高起潛題本　崇禎11年9月11日　丁6
- 兵科抄出總監關寧太監高起潛題本　崇禎11年9月11日　丁6
- 兵科抄出欽命總監關寧兩鎮御馬監太監高起潛題本　崇禎11年9月18日　丁6
- 兵科抄出總監高起潛題本　崇禎11年9月18日　丁6
- 兵科抄出欽命總監關寧兩鎮太監高起潛題本　崇禎11年9月22日　辛4
- 兵科抄出總監關寧太監高起潛爲報大黑山外遠哨情形事題本奉旨　崇禎11年9月
- 總監各路援兵太監高起潛題本　崇禎12年正月3日　甲10
- 兵科抄出欽命總監太監高起潛爲逆奴攻囲松山官兵捍禦獲勝事題本　崇禎12年3月14日
- 兵科抄出總監各路援兵太監高起潛爲塘報緊急夷情事題本　崇禎12年3月19日
- 兵科抄出欽命總監各路援兵御馬監降六級仍戴罪高起潛爲內地雖幸廓淸仍請勅下處分事題本　崇禎12年3月28日
- 兵科抄出總監各路援兵御馬監高起潛爲夷丁跟賊襲尾哨探斬獲賊級得獲夷器事題本　崇禎12年4月9日
- 兵科抄出總監各路援兵太監高起潛爲岩疆工程緊急請催網班夫事題本　崇禎12年4月26日
- 兵科抄出總監太監高起潛題本　崇禎12年6月10日　丁6
- 兵科抄出援兵太監高起潛題本　崇禎12年6月10日　癸2
- 兵科抄出關寧總監高起潛題本　崇禎12年6月25日　癸2
- 兵科抄出總監關寧太監高起潛爲報緊急夷情事題本　崇禎12年7月15日
- 兵科抄出總監關寧高起潛爲報夷情事題本　崇禎12年7月18日
- 兵科抄出總監關寧兩鎮御馬監太監高起潛題本　崇禎12年7月20日　丁7

□ 兵科抄出總監關寧兩鎭御馬監太監高起潛題本 崇禎12年8月7日 丁7

■ 兵科抄出關寧總監高起潛爲戰丁缺餉請勅部立發事題本 崇禎12年8月18日

■ 兵科抄出總監關寧兩鎭御馬監太監高起潛爲報撥練遼東官兵事題本 崇禎12年8月23日

□ 關寧太監高起潛題本 崇禎12年9月17日 甲10

□ 兵部題行稿兵科抄出關寧太監高起潛題 崇禎12年9月21日 甲10

□ 兵部行稿御前發下關寧總監高題 崇禎12年10月5日 丁7

□ 兵部行稿御前發下關寧總監高起潛題 崇禎12年10月6日 丁7

□ 兵部行稿關寧總監太監高起潛題 崇禎12年10月22日 甲10

□ 兵部行稿關寧總監高起潛題 崇禎12年12月5日 甲10

□ 兵部行稿御前發下關寧總監高起潛題 崇禎12年12月 丁7

■ 兵部爲赴敵殞身之總兵金國鳳循例請謐事題稿 崇禎13年正月8日

■ 兵部爲遼東巡撫塘報緊急夷情幷將寧遠戰役陣亡將士廳襲撫恤事題本行稿 崇禎13年正月11日

■ 兵部爲塘報烏峰塔辺境夷情事行稿 崇禎13年正月18日

□ 兵部行稿總監關寧太監高起潛題 崇禎13年閏正月3日甲10

■ 兵部爲關寧總監報接獲東來回働人員供說夷情幷夷騎往來情形事行稿 崇禎13年閏正月20日

■ 兵部爲遼東塘報緊急夷情事行稿 崇禎13年閏正月26日

■ 兵部爲特選周土顯補遼東車左營游擊員缺事題行稿 崇禎13年2月3日

■ 兵部爲遼東防兵陣亡優恤等事行稿 崇禎13年2月4日

■ 兵部爲査覆錦州黑山鴬陣亡兵丁幷參革將領事題行稿 崇禎13年2月9日

■ 兵部爲將雷時陸補左翼右營游擊等員缺事題行稿 崇禎13年2月14日

■ 兵部爲關寧總監塘報緊急夷情事行稿 崇禎13年2月25日

■ 兵部爲關寧總監高起潛塘報達夷窺犯趕哨丁辺塞擧烽情形事行稿 崇禎13年2月29日

□ 兵部行殘稿督發援兵太監高起潛塘報 年月日不明 癸1

□ 崇禎年章奏殘册三年月日不明 壬3

(번역 : 서용석)

明代日本僧笑雲の入明記を通じて見た
東アジアの疎通と交流

川越泰博*

Ⅰ. 序語
Ⅱ. 笑雲等の入明の概要
Ⅲ. 疎通と交流の諸相
Ⅳ. 疎通と交流の実態
Ⅴ. 結語

Ⅰ. 序語

　近年、日本においては、東アジア海域における人的・物的交流の歴史を
多分野横断的に分析し、日本の伝統文化形成過程の再検討を目的とする
研究が盛んである。歴史的存在として不断に変化する大陸文化がそれぞれの
時点においてどのように日本に伝来し、どう影響を与え、どう変化してきたかを検
討することは、日本文化の形成過程を東アジアの枠組みから総合的に再考する
ことである。これは単に中国－日本の二国間に局促することなく、東アジアの海
域が多くの地域を相互につなぐ役割を担っていることに注目し、東アジアという「広
域的な場」の拡がりを多角的総合的に切り開くことを目的とするものである。

＊ 日本 中央大学 文学部 教授

　本稿も、そのような目的意識の下で、『笑雲入明記』を主要な題材として、東アジアにおける疎通と交流の一端をいささか検討した、その結果報告である。

Ⅱ. 笑雲等の入明の概要

　本書の撰者笑雲瑞訢は、法系が夢窓疎石－茂林周春－季章周憲－笑雲と続く臨済宗五山派の僧であった[1]。笑雲が入明したのは、景泰4年(享徳 2・1 453)のことで、東洋允澎を正使とする遣明使節団の1号船に従僧として乗船し、翌年に帰朝した。このとき往還した京都－北京間での見聞を記した旅行記である『笑雲入明記』は、従来、『釈笑雲入明記』、『入唐記』、『允澎入唐記』という書名で五種の写本が伝来しているということである[2]。

　さて、先学の諸研究によると[3]、遣明使節団、すなわち、日本から明代中国の皇帝に対して派遣された使節団は、19回あったが、それらにかかる旅行記としては、現在3点の伝来が知られ、まず1点目はこの『笑雲入明記』であり、他の2点目はともに策彦周良の手になるものである。策彦周良は、2度入明しており、最初の入都は嘉靖18年(天文8・1539)3月のことで、このときは遣明使節の副使を務めた。この際の旅行記が『策彦和尚初渡集』である。再度の入都は、嘉靖28年(天文18・1549)4月であった。策彦はこの遣明使節では正使を務め、帰国後、著した旅行記は『策彦和尚再渡集』として知られている。

---

1) 村井章介・須田牧子編『笑雲入明記 日本僧の見た明代中国』([東洋文庫798]、平凡社、2010年)336頁。

2) 村井章介・須田牧子編『笑雲入明記 日本僧の見た明代中国』([東洋文庫798]、平凡社、2010年)336頁。

3) 　以下、本小論での遣明使節に関する概略的説明は、おおむね小葉田淳『中世日支通交貿易史の研究』(刀江書院、1941年)、木宮泰彦『日華文化交流史』(富山房、1955年)、田中健夫『中世対外関係史』(東京大学出版会、1975年)等に依拠した。

旅行記の存在は、現在の時点においては、以上の3点だけであるので、『笑雲入明記』は遣明使節の具体的な行程を伝える史料としては最も古く、『策彦和尚初渡集』と『再渡集』は、全19回の遣明使の内の最後尾に位置する第18回目と第19回目のものということになる。したがって、これらの旅行記は、須田牧子氏がすでに指摘しているように[4]、15世紀の遣明使節・遣明船と16世紀のそれらを比較する上で、好個の材料を提供するということになる。

　さて、景泰4年(享徳2・1453)に入明した正使東洋允澎、副使如三芳貞等を乗せた遣明船は、9艘からなる大船団によって編成されていた。船舶の経営者の内訳は、1号船天竜寺、2号船伊勢法楽舎、3号船天竜寺、4号船九州探題、5号船島津、6号船大友、7号船大内、8号船多武峰、9号船天竜寺、10号船伊勢法楽舎となっていたが、島津の5号船は渡航しなかったので、9艘編成となった。

　前述したように、遣明使節は全部で19回挙行された。笑雲が入明したときの、東洋允澎を正使とする遣明使節は11回目に当たるが、当該遣明船の特徴としては、渡航船団に幕府船(公方船)が加わっていないことである。東洋祖阿が正使を務めた第1回目の遣明使節から正使を恕中中誓が務めた10回目まで、常に幕府船が船団編成上の主体をなしてきた。しかし、今次の遣明船には、幕府船が不参加であったので、正使東洋允澎等の使節は1号の天竜寺船に乗船した。

　笑雲も1号天竜寺船に乗り込み、旅の様子や明側との対応の様子を記録した。このような笑雲の役割について、村井氏は、朝鮮の外交使節において正使・副使につぐ地位にあった書状官に比擬されている[5]。したがって、『笑雲入明記』は、帰朝後の復命報告書でもあったのである。

　ところで、『笑雲入明記』によると、正使東洋允澎、副使如三芳貞等一行が乗り込んだ1号船を先頭に遣明船が中国に向けて出航したのは景泰4年

---

4)　前掲訳注本『笑雲入明記』320頁。

5)　同上書、338頁。

(享徳2・1453)3月30日の午後のことであった。それ以後の1号船の動きを中心に
ごく簡単にまとめると、つぎのごとくである。

　　　　景泰4年(1453)

　　4月17日　　　1号船、定海県に到着。

　　　　20日　　　1号船、鄞江を遡航して、寧波に到達。

　　8月3日　　　皇帝の万寿聖節(誕生日)。

　　8月6日　　　正使以下起京人員300名、安遠駅を出発。

　　　　20日　　　南直隷の蘇州府城に到着。その晩、楓橋に宿泊し、寒山寺に到る。

　　9月26日　　　北京に到着。会同館に入る。

　　　　27日　　　鴻臚寺習礼亭にて朝参の礼を習う。

　　　　28日　　　朝参。奉天門において景泰帝に謁見。闕左門にて宴を賜う。

　　10月2日　　　正使、奉天門に入りて、表文を捧ぐ。

　　　　28日　　　日本進貢の貨物、会同館に到着。車75輛。

　　11月1日　　　朝参。皇帝に謁見。新暦頒布式に参加し、『景泰五年庚戌暦』を賜う。

　　　　泰5年(1454)

　　1月1日　　　元旦の式。五更(午前4時頃)に朝参。皇帝、奉天殿に出御。
　　　　　　　　　式典終了後、闕左門にて賜宴。

　　2月28日　　　午前に正使一行、会同館を出発。

　　4月10日　　　南京に到着。

　　5月19日　　　杭州府武林駅にて、正使東洋允澎、示寂す。

　　　　30日　　　寧波に到着。

　　6月15日　　　寧波の東門港から帰国の途に就く。

　　7月14日　　　1号船、朝鮮耽羅島を経由して、長門国赤間関に帰着。

　　以上は、正使一行の寧波・北京往還の行程の中から任意にとりだし、きわ
めて雑把に摘記したに過ぎないが、『笑雲入明記』の記述内容自体は、日時

を追って、その時その時に見聞したことを仔細かつビビッド(vivid)に書き留めたものである。そのため、『笑雲入明記』は、景泰4年(1453)・5年(1454)当時における明代中国の社会状況、都市の様相、紫禁城における朔(1日)・望(15日)の日等の朝参・儀式の様相、各方面からの朝貢使節の北京での滞在生活ぶり、寧波－北京間の駅站網の実際など多岐にわたるさまざまな様相・実態を知ることのできる第一級の史料である。

　さて、明代中国の交通網は、広大な版図を支配する必要から未だ嘗てないほどの発達をみた元代の駅伝(駅站)制の後をつぎ、支配権の拡大にしたがって、次第に広く設置されていった。最初は首都南京を中心に駅路が設けられたけれども、のちに都が北京に移ると、北京を中心として、水・陸の便を利用して、天下の7方面に、主要駅路が展開された。

　7方面とは、遣明使が往還の際に使用した①北京から南京を経て浙江・福建に至るルート(route)の外、②北京から江西・広東に至るルート、③北京から河南を経て湖広・広西に至るルート、④北京から陝西・四川に至るルート、⑤北京から貴州・雲南に至るルート、⑥北京から山西に至るルート、⑦北京から山東に至るルート、である[6]。

　中国に向けて日本を出港した笑雲等の遣明船が一路目指すのは、寧波(浙江省)であった。寧波からは省都杭州に向かい、杭州と京師との往還に使われたルートは贅語するまでもなく①であった。①のルートは、北京から出て、今の河北・山東の両省を通り、大運河道とは徳州付近や徐州付近で交差するものの、それとは別な道即ち徐州以南は大体今の江南の津浦鉄道の線に近い道を通って安徽省東北部から南京に達する。そして、南京を出て、鎮江からは、江南の運河に沿って浙江省に入り、嘉興に至って江南運河の西方に出て杭州に達した。

　笑雲等は概ねこのルートに沿って、寧波と北京の間を往還したのであった。寧波を出発したのは景泰4年(1453)8月6日、そして寧波に帰着したのは、

6) 星斌夫『明清時代交通史の研究』(山川出版社、1971年)8頁。

景泰5年(1454)年5月30日であったから、およそ8ヶ月余りの日子を寧波と北京の往還に費やしたことになる。その間、夥しい数の人々に接し、交流する機会をもった。本稿においては人的交流に絞って、その諸相と諸様態と検討し、遣明使節の光と影について考えてみたいと思う。

Ⅲ. 疎通と交流の諸相

凡そ8ヶ月余りに及ぶ滞在期間中、遣明使節一行が最も長期に亘って滞在したのは寧波・北京であった。本章では、この寧波・北京滞在中における人的交流の具体例について、『笑雲入明記』から関係事項を摘索して紹介したいと思う。

1. 寧波にて (上)

笑雲や正使が乗船した1号船が、鄞江を遡航して寧波に到着したのは、景泰4年(1452)4月20日のことであった。浙江市舶司の内官陳大人が賓迎し、正使一行はしばらくお茶の接待をうけたあと、朝貢使節を接待するために市舶司に設置されている館駅に方形の輿に乗って向かった。浙江市舶司の館駅は「安遠駅」と名付けられていた。ちなみに、福建の館駅は「来遠駅」、広東は「懐遠駅」と称された。日本使節の館するところは、「安遠駅」の中の「嘉賓」という建物で、それぞれに部屋が割り当てられた。

翌21日から、8月6日に杭州に向けて出発するまで、3ヶ月半も寧波に滞在することになった。それは、寧波の官衙が北京の朝廷に日本の遣明使節が朝貢したということを報告し、その処置に関して指示を仰ぐ必要があり、一行はその指示を待つために滞留せざるを得なかったのである。9艘から編成された遣明使船のうち、8艘が逐次到着したのをうけて、官人陳氏が北京に向かって寧波を出発したのは5月3日であった。その結果、北京より礼部劄(命令を伝える公

文書)が到着して進貢船の起闕(上京)を促す指示が届いたのは5月27日のこと
であったから、寧波に到着してから数えても1ヶ月余りが経過している。上京を命
ずる礼部剳が届くと、上京準備で忙しくなるが、それまでの1ヶ月余りの日々の
大半は、宴会接待と観光ツアー(tour)とで日子が費やされた。上京を促した命
令が届くまでに観光・見学した日時と見学先とを挙げると、

4月24日	寧波府学・湖心寺・賀知章の祠堂
27日	天寧寺・海会寺
5月7日	府中の諸刹、白衣寺・鏡清寺・延慶寺・寿昌寺・万寿寺・水月庵を歴遊
14日	阿育山・天童山(宿泊)
15日	天童山景徳寺

となり、観光・見学は数日おきに行われ、5月14日の阿育山・天童山観光
は一晩の宿泊をともなう小旅行であった。
　宴会は、これらの観光・見学の合間に行われた。宴会は、大体におい
て、陳大人がホスト(host)で、正使一行が単独に接待されることが多かった
が、5月4日の寧波知府が同伴した宴会では、朝から晩まで、鐘鼓が演奏さ
れ、倡優が演じた。このように、寧波に到着して「安遠駅」に滞留して以来、
接する人々は、陳大人のような浙江市舶司の内官たちに限られていたが、5月
8日以後は、市舶司関係者以外の人物との接触も生まれた。『笑雲入明記』
に、

[5月]8日	布政司周大人、杭州より来たる。
10日	按察使馮大人、杭より来たる。
[6月]5日	正・副使、居座、土官等、三司官に謁す。門額に「浙江提刑按察分司」と曰う。
21日	陳大人、勤政堂に就き、張楷・按察使・布政司・御史・知府五

　　　　　　　　　　　大人を享す。壁上に杭の西湖図を掛く。その絵広さ五丈ばかり。

[七月]十四日　　　　　三司大人、府を起ち杭に帰る。日衆送りて港上に至る[7]。

　　と見えるのは、東洋允澎を正使とする日本の遣明使が寧波に上陸したので、浙江省の省都杭州から三司の官人が寧波に出張して正使・副使を拝謁せしめ、また三司の官人が杭州に帰着するときに、遣明使節団が大勢して見送ったことに関わる諸記事である。三司は、周知のように都布按三司のことをいい、都指揮使司は軍事をつかさどる省の最高機関であり、承宣布政使司は民政をつかさどる最高機関であり、提刑按察使司は司法監察をつかさどる最高機関であった。かかる都布按の浙江三司の官人が省都から寧波府城に出張してきたというのである。8月6日に寧波府城を起った正使東洋允澎一行の上京は、浙江杭州府－南直隷蘇州府－山東済南府というルート(route)であり、その上京の途次の11日に、つまり寧波府城を出発した5日後に杭州武林駅に到着して府城に入っている。日本の遣明使節が都布按三司の長官たる浙江の都指揮使・布政使・按察使に謁見するとしたならば、その時でも良く、わざわざ寧波府城まで出張してきたのは、当然、都指揮使(正二品)・布政使(従二品)・按察使(正三品)より格下の官人と見なすのがごく自然であろう。ところが、訳注『笑雲入明記』では、布政司周大人も、按察使馮大人も、それぞれ布政使、按察使、すなわち長官のこととされている[8]。しかしながら、当時、浙江布政使には周姓のものは在任しておらず、浙江按察使の場合も同様で馮姓の人物の在任は確認できない[9]。

　　それでは、布政司周大人ならびに按察使馮大人とは、一体誰を指しているのであろうか。これらの人名を摘索する作業は、先に行ったことがあるが[10]、

---

7) 原史料の書き下しは、前掲訳注本『笑雲入明記』に依拠した。

8) 前掲訳注本『笑雲入明記』61頁。

9) 張徳信『明代職官年表(第四冊)』(黄山書社、2009年)。

10) 拙稿「『笑雲入明記』にみえる浙江三司および中式挙人について」(『中央大学文学部紀要』史学第57号、2012年)。

　その結果、布政司周大人に比擬可能な人物しては浙江左参政周琛と左参議周紀と二人が挙げられるものの、そのいずれかに絞ることはできなかった。一方、按察使馮大人の方は按察使司僉事馮節と特定できた。布政司の参政は従三品、参議は従四品、按察使司僉事は正五品であった。正使一行は、このような高い官品をもつ官員に、6月5日、浙江提刑按察分司において拝謁した。そして21日には、それら三司の官人を接待した陳大人の宴席に同席した。この宴席には張楷なる人物も招来されていた。

　按察司や布政司の官人よりも上位に置かれたかれた張楷は、浙江寧波府慈谿県の出身で、永楽22年(1424)の進士、宣徳4年(1429)、南京監察御史に任ぜられ、その後、累官して陝西按察司僉事副使僉都御史に至ったが、正統14年(1449)、福建における鄧茂七の反乱鎮圧に関して劾弾を受け罷職された。したがって、陳大人がホスト(host)を務めたこの宴会に出席した時には、「革職閑住」の身であり、不遇をかこっていた[11]。そんな状態にある張楷であったが、笑雲は、この宴会を機に張楷との交際を深めている。張楷の子伯厚18歳が官僚になるべく任用試験を受けるために、翌7月18日に杭州に向けて出発する時には見送っているし、11月25日、北京では張伯厚が笑雲を訪ねてきて再会し、張伯厚は詩を作っている[12]。さらに、北京から寧波に戻ると、景泰5

---

11) 同上拙稿。
12) 張伯厚が7月18日に杭州に向けて出発し、11月に北京に居たと言うことは、8月に実施された郷試の試験を受け、それに合格したので翌年その合格者(挙人)を対象にして2月に行われる会試を受験するためであろう。会試合格者、翌3月にはその合格者を対象とする殿試が施行されたが、『景泰五年会試録』にはその名がないから会試の試験には失敗したようである。北京に居た笑雲は、2月26日に、掲榜示された合格者名簿を見る機会があり、その一端を書き記し、
　廿六日、礼部院の開する科挙の榜を観る。榜に曰わく、
　礼部、科挙の事の為にす。今まさに景泰五年の会試、中式挙人の姓名を取到し、後に開列せんとす。すべからく榜に至るべき者なり。
　計開す、中式挙人三百五十名。
　第一名、　　　彭華　　　　江西安福県儒学生　　　　春秋
　第二名、　　　尹直　　　　江西奉化(泰和)県監生　　　易

年(1454)6月4日、笑雲は張楷の家を訪れ、張楷から送別の詩を贈られた。このように笑雲は張楷父子と知音の仲となった。

　さて、北京より5月27日に進貢船の起闕(上京)を促す礼部劄が到着した。これによって、正使一行の身辺では慌ただしくなった。その翌5月28日から、1号船を皮切りに、各遣明使船に舶載されてきた進貢物の荷揚げと檢査と起送(輸送)が始まった。その間、正使・副使等は内官陳大人に謁したり、三司官に謁見したりしている。これはおそらく、上京する人數と正使一行が北京から戻るまで寧波に滞留する人數の區分けも含めた種々の打ち合わせが必要であったのであろう。今次の遣明船において貿易實務を統轄する綱司は如三芳貞であったが、6月16日、日本の飯と酒をもって陳大人を接待した。これは前日14日に、「諸船の居座、綱司の房に集まり、点檢不公の事を議す」とあるから、それを受けてのことであろう。「点檢不公の事」の詳細は知り得ないが、遣明船が舶載してきた進貢物の檢査に際して、何らかの不正が加えられたので、その善後策が相談され、その結果、陳大人を接待し、善處を求めたものと思われる。陳大人にこのような頼み事をする一方、遣明使節一行は、陳大人を慍憤させた。

　8月3日は、景泰帝の万寿聖節であった。景泰帝は宣徳3年(1428)8月3日生まれであるから、26回目の覽揆の日を迎えることになる。即位してからは4回目の万寿聖節である。万寿聖節は明朝の三大節式典の一つであり、荘重を極めた。正使一行も、二日前の8月1日、天寧寺においてその礼儀を習い、リハーサル(rehearsal)に参加した。生憎、3日は雨であった。雨の中、寧波府じゅうの衙門の官僚、諸剎の僧侶たちは天寧寺に集い、京師の紫禁城を遥

第三、徐鑾　　浙江　　開化県儒学生　　　　　　　書
第三百五十、名、云々、右榜、衆に諭して通知せり。景泰五年二月日榜す。
とし、掲榜の冒頭と最後の部分を書き記しているが、これに関して張伯厚の消息については何も触れていないことも、会試では下第(不合格)であったことを窺わせる。なお、この記事に、尹直の受験科目を易経に、徐鑾ののそれを書経に作るのは、『景泰五年会試録』・『景泰五年進士登科録』と齟齬があり、尹直は書経で徐鑾は易経で受験したことは先に論証した。註(9)拙稿、参照。

拝して礼を行った。ところが、日本の遣明使節一行だけは雨を厭悪して参加しなかった。礼教の国である明朝にとって最も重要な式典を穢したのである。『笑雲入明記』には、正直に「陳内官、大いに怒る」と書き留めている。

　ともあれ、景泰4年(1453)4月20日に、正使や笑雲が乗船した1号船が寧波に到着して以来、3月半余り滞在した寧波から、いよいよ北京に向けて安遠駅を出発したのは8月6日のことで、正使一行は総勢300人であった。今次の遣明使船に乗船したのは、1200人であったので[13]、正使一行はその4割の人々で編成されたことになるが、残りの900人は、このまま寧波に滞留して、正使一行の帰着を待ちつつ、民間交易に精を出すことになったのである。どの国、どの地域からの遣明使節においても、大多数の商人を帯同しているのは、正使・副使一行が北京と往還する間に民間交易や時には国外持ち出し禁止品を入手すべく密貿易を行うためであった。

2. 北京にて

　杭州・蘇州等を経て、正使一行が北京の東方に位置する通州の通津駅に到着したのは、9月25日のことであった。およそ1ヶ月半の日子をかけての上京であった。通州通津駅について『笑雲入明記』には、

　　馬船・快船・紅船・站船・運粮船等四来す。諸船はみなここに繋ぐ。

と運河の輻輳した様子を伝えている。到着したばかりの笑雲は知らなかったものと思われるが、実はこれから四年前には、ここ通州は大いなる混乱状態に陥った。通州には大倉庫群が設置され、北京の文武百官・軍士の給与用をはじめ、大量の米穀が保管されていた。正統14年(1449)8月15日における土木の変以後、京師への侵入を繰り返したエセン(也先)の率いるオイラト(瓦剌)軍は

---

13) 前掲小葉田淳『中世日支通交貿易史の研究』49頁

戦略として通州を襲撃するとの噂を撒き散らした。この妄誕な流言は、颶風の
ように広がっていき、明の朝廷を驚愕させた。通州が襲撃されたならば、京師
の住民は干上がってしまう。朝廷では、あわてて衛所の軍士を総動員して、
米穀類を背負わせて京師に運び入れるという騒ぎになったのである[14]。

　それはさておき、通州通津駅に到着した正使一行は、翌26日、ここで車
馬と驢に分乗して京師に向かい、その晩、崇文門に到着した。それから、正
使一行の姓名の聞き取りと人数の確認が済むと、正陽門の東、玉河の西、
玉河橋に隣接する会同館の南館に入った。

　翌日から、北京での多忙な日々が始まった。寧波では宴会と観光ツアー
(tour)に明け暮れたが、それが一変して朝参とそれに付随する事項が多くなっ
た。正使一行は、朝貢使節として定まった儀礼の中に組み込まれ、行動は限
定されたのである。北京に到着した翌日の9月27日には、早速鴻臚寺習礼亭
において、朝参の礼を習得させられた。翌28日、朝参が行われた。正使一行
が使命を果たし会同南館を後にするのは、翌年の2月28日のことであるので、
日本の遣明使節は5ヶ月もの間、北京に滞在したのであった。この期間、朝
参した日と朝参はしなかったけれども朝貢に付随する公務に費やした日とを示す
と、【第1表】のようになる。

　以上の摘索の結果をみると、5ヶ月、日数では丁度150日の間、北京に滞
在した今回の日本の遣明使節は、景泰帝に9回に及ぶ謁見の機会を得てい
る。朝参の日は27回あった。これには日本の正使一行独自のものの他に、朔
(1日)と望(15日)の日の朝参、新暦の頒布式(11月1日)、冬至(11月14日)、
正月元旦の式典等、その時期に朝貢に来ていた国・地域のあらゆる遣明使節
の参加が必須の朝参も多々あった。朝参には賜宴がセット(set)であった。

　朝参は27回は北京に滞在した5ヶ月という日数からみれば、決して多いとはい
えないかも知れないが、しかし朝参しない日には、礼部に赴いたり、式典の際の
礼儀を習うなど、朝貢に伴う用件が種々あった。それに費やされた日は24回あ

14) 拙著『明代中国の軍制と政治』(国書刊行会、2001年)18頁。

第1表

○・・・朝参した日　◎・・・朝参して景泰帝に謁見した日　●・・・朝貢に付随する公務日
×・・・資料記述はあるが公務に係る記述がない日　無印・・・資料記述が残されてない日

景泰4年(1453)

	21	22	23	24	25	26	27	28	29	30
9月					着通州	入会同館	●	◎	×	×

	1	2	3	4	5	6	7	8	9	10
	◎	◎	×	◎	◎	×			●	○
10月	11	12	13	14	15	16	17	18	19	20
	●				◎		●	○	×	
	21	22	23	24	25	26	27	28	29	
		×	×	×	×	×	×		×	

	1	2	3	4	5	6	7	8	9	10
	◎	●	●	●	●	×	×	○	×	×
11月	11	12	13	14	15	16	17	18	19	20
	●	○	○	◎	○		×	×	●	×
	21	22	23	24	25	26	27	28	29	30
	×	×	×	×		×	×	×	×	×

	1	2	3	4	5	6	7	8	9	10
	○	○	×	×	×	○	○			×
12月	11	12	13	14	15	16	17	18	19	20
	×	×	×	×	×	×	●	×	×	×
	21	22	23	24	25	26	27	28	29	30
	●	×		×	●	○	●	○	○	

景泰5年(1454)

	1	2	3	4	5	6	7	8	9	10
	◎		●	●	×	●	×	×	×	×
正月	11	12	13	14	15	16	17	18	19	20
	●	●		×	○	×		×	×	×
	21	22	23	24	25	26	27	28	29	
	●	×	×	×	×	×	×	×	×	

	1	2	3	4	5	6	7	8	9	10
	○	×	×	●	×	●	●			
2月	11	12	13	14	15	16	17	18	19	20
					○			×	×	×
	21	22	23	24	25	26	27	28		
		●	×	×	×		×	○		

る。これを合計すると51回となる。したがって、北京滞在150日のうちの3分の1
の日子、換言すれば、3日のうちの1日は、朝参・謁見・朝貢関係公務に費や
されたことになる。

　明と日本の間には、明と朝鮮王朝、明と琉球王朝とのような宗藩関係に
はなかったけれども、明皇帝への国書を携えて北京にやって来た日本の正使
一行は、否応なしに朝貢儀礼制度の中に組み込まれ、その行動と日限に一
定の制約が加えられたのである。

　ところで、冬至や歳旦等の朝礼は皇城の西北にある朝天宮で、百官なら
びに外国の遣明使節ととも学んだ。景泰4年(1453)に朝貢してきた地域・国につ
いては、『明史』巻11、景帝本紀、景泰4年是年の条に、

　　是年、琉球中山・安南・瓜哇・日本・占城・哈密・瓦剌入貢。

とあるが、この他にも高麗・女真・回回等多くの朝貢使節が日本の遣明使
節と同時期に会同館に滞在したことは、『笑雲入明記』に記述がある。日本の
正使一行も、それらの朝貢使節と一緒に会同館に宿泊し、冬至や歳旦等に
関してはその朝礼を学び、そしてそれらの式典に参加し、賜宴にも同席した。し
たがって、接触する機会は多かったものと思われるが、『笑雲入明記』をみる限
りでは、日本の正使一行は、外国の使節と積極的に交流したとは言えない。
最初に交流があったのは瓜哇国人である。瓜哇国百余人が会同館に居た
が、彼らは10月13日、通信を求めてきた。同月21日には回回人が字を書くの
を見て、笑雲は「字横行し、梵字に似て非なり」との感想を抱いた。12月21日
には、高麗の遣明使節と、会同館における茶飯の席で座位をめぐって揉め事
を起こした。これは明側が日本を左に高麗を右にして決着した。

　北京における外国使節との交流記録は、以上のように零細である。北京
に到着して、それほど日子を経ていない10月9日に、笑雲に一詩を呈した或る
中書舎人は、「外域の大明に朝貢するは凡そ五百余国、ただ日本人のみ読
書す」と称賛したという。この言葉には少々お世辞も交じっていると思われるが、

日本正使一行の多くの人々が漢籍が読めたことは、たとえ筆談であろうとも、中国人と意思疎通を図ることは比較的容易であった。しかしながら、意思疎通を可能にする共通言語のない外国の朝貢使節とは交流が難しかったのである。

　上記の外国の遣明使節以外と接触した事例はなくはないが、日本の正使一行、ならびに笑雲個人にとっても、人的交流は決して多かったとは言えない。皇都遊覧の機会も多くはなかった。それは、朝貢使節が定まった儀礼制度の中に組み込まれ、限定された日限と限定された行動とを以てその使命を果たすことが優先されたためである。

3. 寧波にて（下）

　150日滞在した北京を去る日が来た。それは翌年2月28日のことであった。この日のことを記した『笑雲入明記』の原文には、つぎのようにある。

> 奉天門早朝欽奉聖旨賜帰、午前出会同館。

　これが景泰帝への最後の謁見となった。早朝とは単に朝早い時間帯を指すのではなく、朝政における早朝・晩朝・午朝の三朝制の早朝のことである。早朝は日の出前に始まり、日の昇るころに散会するのが建前であった。そのために、官人たちは午前2時から4時までには官衙に行き、皇帝は夜明け前に起きて奉天門に出御し、各官庁の官人の上奏を聞き、新任官や外国の朝貢使節等の引見をした。こうした明の朝廷制度に照らし合わせると、上記の原文史料は、「奉天門で行われる早朝において、聖旨を欽んで奉り、帰国の命令を賜った。そこで、午前中早速会同館を出発した」と解釈せねばならない。帰国の許可そのものは、これより先の2月24日にすでに出ていた。その日、礼部から帰国させるべしとする上奏がなされ、景泰帝が裁可したので[15]、日本の一行も

---

15)『英宗実録』景泰5年2月乙巳の条。なお、『笑雲入明記』には、景泰帝か裁可した帰

その内示を受けていたであろう。28日の出立まで、その間わずか4日間しかない
から、出発の準備は多忙を極めたことであろう。それにもかかわらず、笑雲は26
日会試の合格発表を見に行っている。それは前年の11月25日に会同館に訪ね
てきてくれた旧知の張伯厚の結果が気になったからであろうか。

　それはともかくとして、正使一行は、2月28日の午前中、会同館に別れを告
げて、馬60匹・騾40匹・驢100匹・車120両を帯同して、その日の晩、通州の
通津駅に到着した。

　そして、5月30日、寧波府の安遠駅に安着し、会同館に入館した。北京
から寧波に帰還するまでにかかった日数は3ヶ月であった。寧波から北京まで往
きの日数は1ヶ月半であったから、帰りはその倍の日数がかかったことになる。正
使一行としては、北京でその使命を果たしたという安堵感も手伝って、旅程が
ゆっくりとなったのかもしれない。往きには立ち寄らなかった南京に20日余り滞在し
たことも、そうした心の余裕の表れであろう。

　さて、正使一行が、寧波に滞在していた残留組と合流して帰国に向けて
安遠駅を出発したのは6月15日のことであったから、寧波で過ごしたのは僅か2
週間に過ぎなかった。その短い間でも、笑雲個人にとっては旧知の人々と久
闊を叙したり、新しい人との出会いがあったりと様々な交流が生まれた。それら
を摘記すると、つぎのようになる。

6月 1日　　寧波市舶司の勤政堂において陳大人に北京・南京の話をして喜ば
　　　　　　れた[16]。このとき、笑雲は陳大人との会話が一通りが通じたので、
　　　　　　中国語の能力が上がったことを自覚した。
　　 4日　　鏡清寺に遊び、帰りに張楷の家に寄り、送別の詩を贈られた。
　　 7日　　寧波知府から茶飯の接待を受け、日本の千人余りがその宴に招か

国の聖旨を欽奉した2月28日には皇帝に謁見したという記述はない。朝参した際に礼
部官から直接下達されたのであろうか。後考に待ちたい。
16)　南京は『笑雲入明記』の原文では南台に作るが、訳注本で指摘されたように、南京
の誤記であろう。

れた。

9日	清源・天寧寺院では、日本の人々が競うように送行の語を求めた。
10日	笑雲は前年の7月4日に招かれ茶をご馳走になった天童寺住持の可庵に詩を求めたところ断られた。この日、医学書『臞仙活人心』を得た。
11日	四明駅で宋恢先生から詩を贈られた。
12日	八分の字の書体に秀でた二卿坊の鄭惟広から書を贈られた。

　以上は、寧波帰着後、15日に安遠駅を辞去して寧波を去るまでの間の、市舶司からの関米の支給のような事務的事項は省いた、文化面での交流記録である。7日と9日以外はすべて笑雲個人にかかわる事項である。

　笑雲に詩を贈った宋恢先生は字は宏之、寧波府鄞県の人で、詩に精通していた。宋恢は後に天順以来の寧波の諸名人の詩を輯めて『四明雅集』を編纂した。これは、国初以来の鄭千之編纂『四明文献集』、李孝謙編纂『四明文献録』の後を受けたものであった。宋恢の伝は、康煕・雍正・乾隆のいずれの『寧波府志』にも収録されている。鄭惟広は字汝誠、同じく鄞県の人であった。鄭惟広は書だけでなく、詩人としても優れていて、明・曹学銓が編纂した『石倉歴代詩選』巻334には5首採録されている。

　笑雲が当代寧波において著名な文人たちとどのような経緯で知り合ったのか、『笑雲入明記』には記されていない。前年4月10日に中国に到着して以来1年が経ち、中国語の会話能力がかなり上達したことは先に触れた。『笑雲入明記』全巻を通読すれば誰しも一様に感得することであるが、笑雲は積極的に他人と親和できる美質の持ち、かつ好奇心の横溢した人であったようなので、それが語学力と相乗して人的なネットワーク(network)を広げていったのであろう。ともかく、多くの人々と知り合い、沢山の仏閣・史跡等を訪ねて大いに見聞を広めることができたこの1年4ヶ月に及ぶ中国滞在、ならびに8ヶ月の寧波・北京の往還は、笑雲の生涯において、恐らくは最も嘉禄に満ちた日々であったであろう。

IV. 疎通と交流の実態

『笑雲入明記』は、遣明使節としての復命書であるが、これは明側との交渉記録と笑雲自身の私的な交流記録のいずれにも偏奇していないという良さを持っている。そこで、以下においては、明側との交渉記録を摘索しながら、正使一行と明側との疎通と交流の実態について検討していきたい。

1. 景泰帝の引見と恩惠

正使一行がこのとき北京において果たすべき使命は2つに大別された。1つは國書を景泰帝に捧呈することである。もう1つは附搭貨物の官收買を円滑に行うことである。

今次の遣明使節は、景泰帝に9回謁見した。それは、【第1表】に示したように◎印を附した日である。これらの中には、無論、先に触れたごとく冬至や元旦の式典のように、多くの官人・外国の遣明使節と一緒というのも含まれるが、景泰帝が日本の正使一行だけを引見したものもあった。9回の謁見内容をみると、つぎの通りである

景泰4年(1453)

9月28日　　○朝参、奉天門見皇帝、官人唱、鞠躬拝、起平身、跪叩頭、
　　　　　　　快走闕左門、賜宴。

10月 1日　　●朝参、奉天門見天子。朝儀如前、賜宴闕左門。

　　 2日　　○朝参、正使、入奉天門捧表文、綱司以下立午門、賜宴闕左門。

　　 4日　　○馬船衆、朝見天子奉天門、賜宴如常。

　　 5日　　○朝参、天子御奉天門、観日本進貢馬二十匹、闕左門賜宴如
　　　　　　　常、宴罷帰館、官給米・麺粉・酒・醋・菓子・醤・柴等が。

　　15日　　●朝参、見天子於奉天門、賜宴如常。

11月 1日　　●朝参、入西角門、左奉天門、右到奉天殿、見皇帝、朝礼

畢、賜新暦景泰五年甲戌暦、百官并諸人争進而奪之、賜
宴闕左門。

14日　●冬至朝参、自左掖門入東角門、過鳳凰池到奉天殿、見天
子、文楼・武楼之間、万官排班、三呼万歳、声動天地。

景泰5年(1454)

正月 1日　●五更朝参、皇帝御奉天殿、(中略)、入闕左門、賜光禄宴、
日本・頼麻・高麗・回回・韃旦・達々・女真・雲南・四川・琉球
等、諸番皆預宴焉。

　聖俗両権の最高権力者である皇帝が紫禁城で行う公務は、大朝と常朝
とに分けられる。大朝は元旦・冬至・万寿聖節(皇帝の誕生日)の三大節の式
典をいう。大朝の儀式は、礼教の国である中国において最も重要な式典であ
り、皇帝が奉天殿に出御して行われた。文武百官は勿論のこと、北京に滞
在中の外国使節も皆なこの式典への参加を求められた。これに対して、常朝
は早朝・晩朝・午朝の三朝において政務をとることである。常朝は毎日行われ
たが、月の朔(1日)と望(15日)だけは奉天門で朝賀の式を行い、そのあと引き
続き朝政が行われた。　このような皇帝の政務の有り様に照らし合わせると、●
印の日の謁見は、三大節の式典ならびに朝賀の式に関わるものであったと言
えよう。したがって、景泰4年(1453)11月15日・12月1日・12月15日も朝参した折
りに謁見したものと思われるが、朝参と賜宴の記事しかない。記事脱漏の可能
性なしとはしない。

　以上の式典に関連しての謁見を除くと、日本正使一行は単独に4回景泰
帝に謁見したことになる。足利義政(当時は義成)が明の皇帝に宛てた国書が
捧呈されたのは、単独謁見の2回目のことであった[17]。大内義隆が嘉靖18年
(1539)に、足利義晴の名で碩鼎を正使として派遣した遣明使節の場合は、一

---

17) この國書は瑞溪周鳳の『善隣國宝記』に収録されている。

度も謁見できなかった。朝参の際も午門を越えることを許されなかった[18]。正使
が東洋允澎の時と碩鼎の時とを比べると接遇に大差があったのである。景泰
帝は引見しただけでなく、つぎのような恩詔も下し恩恵を施した。

景泰4年(1453)

10月17日	上命設茶飯於本館、以享日衆、内官一員并礼部侍郎光伴、倡優伎技事々驚人。
11月 2日	上命入大隆福禅寺、々乃景泰三年勅建也。
3日	又命見大慈恩寺、々有胡僧二百員、皆耳帯金環。
4日	又有旨、入大興隆禅寺、々設茶飯、綱司貞令衆不赴。
19日	上憐日本人伴等、賜冬衣裳。

日本の遣明使節は、景泰帝が示したこうした恩寵に対して、格別の感謝
の念を抱いたのであろうか。11月4日の、皇帝の聖旨を受けて大興隆禅寺が
設けた茶飯の席への出席拒否に端的に示されているように、正使一行には朝
貢に対する意識の低さがあったようである。つまり、朝貢は交易の手段であると
いうような意識があるからこそ、皇帝が示した恵慈を足蹴にできるのである。日
本の遣明使節に、寧波に上陸した時点からすでに朝貢儀礼制度の中に組み
込まれているという認識が極めて稀薄であったことを示しているのは、これより先
に寧波に滞在中の景泰4年(1453)8月3日、皇帝26回目の万寿聖節においても
露呈していた。寧波じゅうの官僚・諸寺院の僧衆が天寧寺に集まり、一同北
京に向かって万寿聖節の礼を行った。ところが、日本の遣明使節だけは雨を
理由に参加せず、内官の陳大人を大変憤怒させたのである。中国滞在費、
寧波と北京とを往還にかかる費用、そして帰国する際の食料として米の支給
等、一切合切の経費を明側が負担したのは、それは遥か東海の彼方から波
涛を越えて朝貢に来たこと対する明朝の厚い接遇であった。明側の論理から

---

18) 『策彦和尚初渡集』下之上(牧田諦亮編『策彦入明記の研究 上』法藏館、1955年)参照。

言えば、遣明使節は当然のことながら、明朝の朝貢儀礼制度の中で、それを踏まえて行動するべき義務があったのである。しかしながら、日本側にはそうした義務認識は稀薄であり、それを端なくも露呈したのが、8月3日の皇帝誕生日式典キャンセル(cancel)、11月4日の茶飯席拒否のような不敬な行動であった。

2. 正使一行と禮部

　明朝にとっては、正使一行が搬入した附搭貨物を買い上げることは、国書捧呈を主体とする朝貢行為に付随する恩沢にすぎなかった。朝貢の進貢物に対しては回賜の品々を賜賚した。物には物で報いるのが正式な給付であった。しかしながら、日本の正使等にとっては、明廷から回賜物を得ることよりも、附搭貨物を高値で官買して貰うことが渡航船団の経営者たちから託された使命であり責務であった。

　笑雲は、礼部が日本正使一行に附搭物の収買価格を示したのは、『英宗実録』によると、景泰4年(1453)12月2日のことで、それから1ヶ月後の正月13日には正使允澎等はその価格に不満で値上げを請願する上奏文を呈上した[19]。あまり効果がなかったのか、『笑雲入明記』によると、2月1日にも正使が表を上って方物の価格を増やすことを願いでている。『笑雲入明記』には、以後の交渉経過をつぎのように記録している。

2月 4日　　　礼部召趙通事、問日本人所求。曰給価若不依宣徳八年
　　　　　　　例、再不帰本国云々。

　　　6日　　　礼部曰、方物給価其可照依宣徳十年例。

　　　7日　　　綱司謁礼部曰、十年例還本国誅戮、只願憐察。

　　　8日　　　礼部院集侍郎・々中・員外郎・主客司等、議定給価。

---

19) 『英宗實録』景泰5年正月乙丑の條。

　日本側が抱いた不満と反発とに対して、礼部の視線は冷淡であった。「礼部官、其の厭く無きを劾す」(『英宗実録』景泰5年正月乙丑の条)、「已に重賞を蒙るも、展転として行かず、待するに礼を以てするも恤を知らず、加うるに恩を以てするも感を知らず、惟だ肆いままに貪饕して忌憚無し」(同上、景泰5年2月乙巳の条)等、罵倒した言葉が『英宗実録』に残されている。収買価格の交渉は、日本と明双方が不信感を抱きながら行われたので、明側では、価格交渉とは無関係のことながら、北京に来る途中や滞在中の正使一行の非道な振る舞いを取り上げて指弾し、日本に対する侮蔑を露わにした。不法な振る舞いとは、山東臨清で起こした官人を殴打し瀕死の重賞を追わせた事件と会同館の館夫を鞭打つという事件である[20]。『英宗実録』には、この当時、モンゴルをはじめとして外国の遣明使節が引き起こした事件や騒擾の数々が記録されているが[21]、日本の正使一行も彼らと同じような陋劣な事件を起こしたことを笑雲は一言も触れていない。正使一行の不法な振る舞いを書き留めるのは、内部告発に当たると考え、沈黙したのであろう。全く触れなくとも、その事実は日本に伝わった。英宗が復辟した後、足利義政は通事の盧円を朝鮮国王のもとに遣わし、明への謝罪の伝達を依頼している[22]。朝鮮国王の取りなしがなければ、恐らく足利義教の時と同様に再び通交途絶という最悪の事態に陥ったことであろう。

　景泰期の朝貢においては、朝貢の持つ意味合いが日中相互でかなりな径庭があったことは確認できた。それが隘路になって、両者間には疎通と交流に様々な齟齬と生じたのである。公式行事に関しても、寧波と北京との往還においても、そして附搭貨物官買に関しても、様々なトラブル(trouble)が起きたのは、

---

20) 日本の正使一行か起こした事件については、同上書、景泰4年10月丙戌の条、景泰5年2月乙巳の条。

21) 取り分け、数多くの事件を起こしたモンゴルの遣明使節の具体的な不法行為については、拙著『明代長城の群像』(汲古書院、2003年)「第5章 瓦剌使臣団がやって来る」参照。

22) 『英宗実録』天順3年2月癸酉の条。

それはまさに朝貢に対する日中相互間の認識の相違に由来したのであった。

Ⅴ. 結語

　以上、景泰期の朝貢使節の持った色々な素顔を探り、敢えて負の側面も浮き彫りした。朝貢は、明朝にとっては威信・威霊の具現であったけれども、それが属性として生み出す様々な毒素をもまた内包した。さきに、『笑雲入明記』は、明側との交渉記録と笑雲自身の私的な交流記録のいずれにも偏奇していない良さを持っていると褒辞したが、その考えは変わらない。笑雲が従僧として書記官的な役割を担ったことも極めて剴切なことであったと評価する。しかしながら、在京中の景泰4年(1453)11月19日に、皇太子の見済が薨去したことに対して[23]、哀悼の辞は無論のこと、何の言及もないのは、僧侶でありながら敬弔の念がないのかと訝しく思う。使節団という組織体と笑雲個人との狭間で、揺れ動き、黙して語らなかった事実も数多あることは事実である。復命書としての性格を有したが故に記録にできなかったことも多々あるであろう。

　けれども、景泰帝がようやく思いで立太子した皇太子の薨去は、景泰帝を絶望の淵に落とし入れた[24]。景泰帝は輟朝はしなかったももの、朝廷の誰もが数日間は諒闇の慎みがあったであろう。その前後にも正使一行はたびたび朝参しているから耳にしなかったわけでもあるまい。したがって、記述することを憚ることではない。幾度も引見を賜り、様々な恵風を指し示した景泰帝の恩義に報いて、哀惜の念を捧げることは、当然の行為であると思うが、遣明使節として哀弔することもなく、笑雲個人として哀辞を書き留めることもしていないのは、附搭物収買の価格交渉に関して、礼部から罵倒された「加うるに恩を以てするも

---

23)　同上書、景泰4年11月辛未の条。

24)　英宗の子である見深を廃太子して見済を立太子した、所謂易儲問題については、拙
　　著『モンゴルに拉致された中国皇帝　明英宗の数奇なる運命』(研文出版、2003年)197
　　－202頁参照。

感を知らず」という言が決して的はずれではなかったと言わざるをえない。この一事を含めて、今次の日本遣明使節の行動には礼節が甚だ欠如しており、日中相互の交流を生産的なものにすることはできなかったと断じても誤りではないであろう。

明代 日本僧 笑雲의 入明記를 통해 본 동아시아의 소통과 교류

가와고에 야스히로(川越泰博)*

Ⅰ. 序語
Ⅱ. 笑雲 등의 入明 개요
Ⅲ. 소통과 교류의 제상
Ⅳ. 소통과 교류의 실태
Ⅴ. 結語

Ⅰ. 序語

근년 들어 일본에서는 동아시아 해역에서의 인적·물적 교류의 역사를 다분야 횡단적으로 분석해 일본 전통문화 형성과정의 재검토를 목적으로 한 연구가 성행하고 있다. 역사적 존재로서 부단히 변화한 대륙문화가 각각의 시점에서 어떻게 일본에 전래되었고 어떤 영향을 주었으며 어떻게 변화해 왔는가를 검토하는 것은 일본문화의 형성과정을 동아시아라는 틀로부터 종합적으로 재고하는 일이다. 이것은 단

---

* 日本 中央大學 文學部 教授

순히 중국·일본 두 국가 간에 국한된 것이 아닌, 동아시아 해역이 많은 지역을 상호로 연결하는 역할을 담당하고 있음에 주목해 동아시아라는「광역적인 장」의 확대를 다각적·종합적으로 개척하는 일을 목적으로 한다.

본고도 이러한 목적의식에서『笑雲入明記』를 주요한 제재로써 동아시아에서의 소통과 교류의 일단을 다소나마 검토한 그 결과 보고이다.

Ⅱ. 笑雲 등 入明의 개요

본서의 찬자인 笑雲瑞訢은 법계가 夢窓疏石 - 茂林周春 - 季章周憲 - 笑雲으로 이어지는 臨濟宗 五山派의 승려이다.[1] 소운이 入明한 시기는 景泰 4년(享德 2·1453)으로, 東洋允澎을 正使로 한 遣明使節団 1호선에 從僧으로서 승선해 이듬해에 귀국하였다. 이 때 왕래한 京都-北京 간의 견문을 기록한 여행기인『소운입명기』는 종래『釋笑雲入明記』,『入唐記』,『允澎入唐記』라는 서명으로 5종의 寫本이 전래하고 있다고 한다.[2]

한편, 선학의 제연구에 의하면[3], 견명사절단 즉, 일본이 명대 중국 황제에게 파견한 사절단은 19회였는데, 이것과 관련된 여행기는 현재 3점의 전래가 알려져 있다. 먼저 한 작품은 이『소운입명기』이고 다

---

1) 村井章介·須田牧子編,『笑雲入明記 日本僧の見た明代中國』([東洋文庫798], 平凡社, 2010年) 336頁.

2) 村井章介·須田牧子編,『笑雲入明記 日本僧の見た明代中國』([東洋文庫798], 平凡社, 2010年) 336頁.

3) 이하, 본 소론에서의 견명사절에 관한 객관적 설명은 대체로 小葉田淳,『中世日支通交貿易史の研究』, 刀江書院, 1941年; 木宮泰彦,『日華文化交流史』, 富山房, 1955年; 田中健夫,『中世對外關係史』, 東京大學出版會, 1975年 등에 의거하였다.

른 두 작품은 모두 策彦周良의 솜씨이다. 책언주량은 2차례 入明했는데, 최초의 入都는 嘉靖 18년(天文 8·1539) 3월로 당시에는 견명사절의 副使를 맡았다. 이 때의 여행기가 『策彦和尚初渡集』이다. 두 번째 입도는 嘉靖 28년(天文 18·1549) 4월이었다. 책언은 이 견명사절에서 正使를 맡았고, 귀국 후 쓴 여행기는 『策彦和尚再渡集』으로 알려져 있다. 여행기의 존재는 현재의 시점에서는 이상의 3점뿐이므로, 『소운입명기』는 견명사절의 구체적인 여정을 전한 사료로서 가장 오래되었고, 『책언화상초도집』과 『재도집』은 전체 19번의 견명사 중 가장 마지막인 18번·19번째가 된다. 따라서 이 여행기들은 須田牧子씨가 이미 지적하였듯이[4], 15세기와 16세기의 견명사절·견명선을 비교하는데 있어서 적당한 재료를 제공해 준다.

한편, 경태 4년(享德 2·1453)에 입명한 정사 東洋允澎, 부사 如三芳貞 등을 태운 견명선은 9척의 대선단으로 편성되었다. 선박 경영자의 내역은 1호선이 天龍寺, 2호선이 伊勢法樂舍, 3호선이 天龍寺, 4호선이 九州探題, 5호선이 島津, 6호선이 大友, 7호선이 大內, 8호선이 多武峰, 9호선이 天龍寺, 10호선이 伊勢法樂舍로, 島津의 5호선은 渡航하지 않았기 때문에 9척이 편성되었다.

전술했듯이, 견명사절은 총 19차례 거행되었다. 소운이 입명한 때, 東洋允澎을 정사로 한 견명사절은 11번째에 해당했다. 이 견명선의 특징은 도항선단에 幕府船(公方船)이 참여하지 않은 것이다. 東洋祖阿가 정사를 맡던 첫 번째 견명사절부터 恕中中誓가 정사를 맡은 10번째까지는 항상 막부선이 신단 변성의 주체를 이루어왔다. 그러나 이번 견명선에는 막부선이 참여하지 않았기 때문에 정사 東洋允澎 등의 사절은 1호 천룡사선에 승선하였다.

소운도 1호 천룡사선에 승차하여 여행 상황과 명과의 대응 상황을 기록하였다. 이러한 소운의 역할에 대해 村井은 조선의 외교사절에서

---

4) 前揭 譯注本 『笑雲入明記』 320頁.

정사·부사에 버금가는 지위로 있는 書狀官에 비견시키고 있다.[5] 그러므로 『소운입명기』는 귀국 후의 復命報告書이기도 했다.

그런데 『소운입명기』에 의하면 정사 東洋允澎, 부사 如三芳貞 등 일행이 탄 1호선을 선두로 견명선이 중국을 향해 출항한 것은 경태 4년(享德 2·1453) 3월 30일 오후였다. 그 이후 1호선의 움직임을 중심으로 매우 간단하게 정리하면 다음과 같다.

경태 4년(1453)

4월 17일	1호선, 定海縣에 도착.
20일	1호선, 鄞江을 거슬러 올라가 영파에 도착.
8월 3일	황제의 萬壽聖節(탄생일).
8월 6일	正使이하 起京人員 300명, 安遠驛을 출발.
20일	南直隸 蘇州府城에 도착. 이날 저녁에 楓橋에서 숙박하고, 寒山寺에 도착함.
9월 26일	北京에 도착. 會同館에 들어감.
27일	鴻臚寺 習禮亭에서 朝參의 예를 익힘.
28일	朝參. 奉天門에서 景泰帝에게 알현. 闕左門에서 연회가 벌어짐.
10월 2일	正使가 奉天門에 들어가 表文을 올림.
28일	日本進貢의 貨物이 會同館에 도착. 수레 75량.
11월 1일	朝參. 황제에게 알현. 新曆頒布式에 참가하고 『景泰五年庚戌曆』을 하사받음.

경태 5년(1454)

1월 1일	元旦式. 5경(오전 4시경)에 朝參. 황제는 奉天殿에 出御. 式典이 끝난 후 闕左門에서 賜宴.

---

5) 同上書, 338頁.

2월 28일   오전에 正使일행, 會同館을 출발.

4월 10일   南京에 도착.

5월 19일   杭州府 武林驛에서 正使 東洋允澎이 示寂함.

     30일   寧波에 도착.

6월 15일   寧波의 東門港에서 귀국길에 오름.

7월 14일   1호선이 조선 耽羅島를 경유해 長門國 赤間關에 도착.

이상은 정사 일행이 寧波·北京을 왕래한 여정 중에서 임의로 택해 매우 대략적인 요점만 기재한 것에 지나지 않으나, 『소운입명기』의 기술내용 자체는 일시에 따라 그때그때 보고 들었던 것을 자세한 경위 위에 생생하게 기록해 놓은 것이다. 그러므로 『소운입명기』는 경태 4년(1453)·5년(1454) 당시 명대 중국의 사회 상황, 도시의 양상, 자금성에서의 朔日(1일)·望日(15일) 등의 朝參·儀式 양상, 각 방면에서 온 조공사절이 북경에서 체류해 생활하는 모습, 영파-북경 간의 역참망의 실태 등 다방면에 걸쳐 다양한 양상과 실태를 알 수 있게 해 주는 일급 사료이다.

한편, 명대 중국의 교통망은 광대한 판도를 지배할 필요로, 이제까지 본 적이 없을 정도로 발달했던 元代 역전(역참)제의 뒤를 이어 지배권의 확대에 따라 점차 널리 시행되고 있었다. 처음에는 수도 南京을 중심으로 역로가 설치되었지만, 후에 수도가 북경으로 옮겨지자 북경을 중심으로 水·陸의 편리를 이용해 천하 7방면에 주요 역로가 전개되었다.

7방면이란 견명사가 왕래할 무렵에 사용한 ① 北京에서 南京을 거쳐 浙江·福建에 이르는 루트 ② 北京에서 江西·廣東에 이르는 루트 ③ 北京에서 河南을 거쳐 湖廣·廣西에 이르는 루트 ④ 北京에서 陝西·四川에 이르는 루트 ⑤ 北京에서 貴州·雲南에 이르는 루트 ⑥ 北京에서 山西에 이르는 루트 ⑦ 北京에서 山東에 이르는 루트이다.[6]

중국을 향해 일본을 출항한 笑雲 등의 견명선이 바로 향한 것은 영파(절강성)였다. 영파부터는 성도인 항주로 향하였다. 항주와 경사 왕래에 사용된 루트는 두말할 필요도 없이 ①이었다. ①루트는 북경에서 출발해 지금의 河北·山東의 兩省을 통해 대운하길이라는 德州 부근과 徐州부근에서 교차하는데, 이것과 다른 길 즉, 서주이남은 대체로 지금 강남의 津浦鐵道線에 가까운 길을 통해 安徽省 동북부로부터 남경에 도달하였다. 그리고 남경을 출발해 진강부터는 강남의 운하를 따라 절강성에 들어가 가흥에 이르고 강남 운하 서쪽에서 출발해 항주에 도달하였다.

笑雲 등은 대체로 이 루트를 따라 영파와 북경 사이를 왕래하였다. 영파를 출발한 날은 경태 4년(1453) 8월 6일, 그리고 영파에 도착한 것은 경태 5년(1454) 5월 30일이므로, 대략 8개여 월의 날짜를 영파와 북경 왕래에 소비하였다. 그 사이, 매우 많은 사람과 접촉하고 교류하는 기회도 얻었다. 본고에서는 인적 교류에 한해서, 그 諸相과 諸樣態를 검토해 견명사절의 빛과 그림자에 대해 생각해 보고자 한다.

Ⅲ. 소통과 교류의 제상

대략 8개여 월의 체류 기간 중, 견명사절 일행이 가장 오랜 시간에 걸쳐 체류한 곳은 영파와 북경이었다. 본장에서는 영파와 북경 체류 중에서 인적 교류의 구체적인 예에 대해 『소운입명기』에서 관계 사항을 발췌해 소개하고 싶다.

1. 영파에서 (上)

笑雲과 정사가 승선한 1호선이 鄞江을 거슬러 올라가 영파에 도착

---

6) 星斌夫, 『明淸時代交通史の硏究』(山川出版社, 1971年), 8頁.

한 것은 경태 4년(1452) 4월 20일이었다. 절강 시박사 내관인 陳大人이 영빈하였고, 정사 일행은 잠시 차 대접을 받은 후, 시박사에 조공사절 접대를 위해 설치한 館驛으로 方形輿를 타고 향하였다. 절강 시박사의 관역은「安遠驛」이라고 부른다. 이와 관련해 복건의 관역은「來遠驛」, 광동은「懷遠驛」이라고 칭해진다. 일본 사절이 머무르는 곳은「安遠驛」중「嘉賓」이라는 건물로, 각자 방이 할당되었다.

이튿날인 21일부터 8월 6일에 항주로 출발하기까지, 3개월 반이나 영파에 체류하게 되었다. 이것은 영파 관아가 북경 조정에 일본의 견명사절이 조공했다고 보고하고 그 조치에 관해 지시받을 필요가 있었기 때문으로, 일행은 그 지시를 기다리기 위해 체류할 수밖에 없었다. 9척으로 편성된 견명사선 중 순서대로 8척이 도착하자 받아 관인 진씨가 북경을 향해 영파를 출발한 날은 5월 3일이었다. 그 결과, 북경으로부터 禮部의 箚文(명령을 전하는 공문서)이 도착해 進貢船의 起關(上京)을 재촉하는 지시가 닿은 날은 5월 27일로, 영파에 도착한 후 헤아려봐도 1개여 월이 지나고 있었다. 상경을 명한 예부답이 도착하면, 상경 준비로 바빠지는데, 이때까지 1개여 월 대부분의 날은 연회 접대와 관광으로 시간을 보냈다. 상경을 재촉한 명령이 이르기까지 관광하고 견학했던 날짜와 견학지를 예로 들면 다음과 같다.

4월24일	寧波府學·湖心寺·賀知章의 祠堂.
27일	天寧寺·海會寺.
5월 7일	府中의 諸刹, 白衣寺·鏡淸寺·延慶寺·壽昌寺·萬壽寺·水月庵을 순유.
14일	阿育山·天童山(숙박).
15일	天童山 景德寺.

관광과 견학은 수일 걸려 행해졌고, 5월 14일의 아육산·천동산 관광은 하룻밤의 숙박을 동반한 짧은 여행이었다.

연회는 이러한 관광과 견학하는 틈틈이 행해졌다. 연회는 대체로 진대인이 주최자로서 정사 일행이 단독으로 접대받는 일이 많았다. 5월 4일 영파 지부가 동반했던 연회에서는 아침부터 밤까지 鐘鼓가 연주되고 倡優가 연기하였다. 이렇게 영파에 도착해「안원역」에 체류한 이래로, 접촉한 사람들은 진대인과 같은 절강 시박사의 내관들로 한정되었으나, 5월 8일 이후에는 시박사 관계자 이외의 인물과 접촉하게 되었다. 『소운입명기』에,

[5월] 8일	布政司 周大人이 杭州에서 왔다.
10일	按察使 馮大人이 杭州에서 왔다.
[6월] 5일	正使·副使·居座·土官 등이 三司官을 알현하다. 門額에 '浙江提刑按察分司'라고 쓰여 있었다.
21일	陳大人이 勤政堂에 가서 張楷·按察使·布政司·御史·知府 五大人을 만났다. 벽에 杭州 西湖의 그림이 걸려 있었다. 그 그림의 폭이 五丈이었다.
[7월] 14일	三司大人이 府를 떠나 杭州로 돌아갔다. 이 날 환송을 받아 항구에 이르렀다.[7]

라는 기록은 東洋允澎을 정사로 한 일본의 견명사가 영파에 상륙했기 때문에 절강성의 성도인 항주에서 3司의 관인이 영파로 출장해 정사·부사의 배알을 받고, 또 3사의 관인이 항주로 돌아갈 때 견명사절단의 많은 사람이 배웅한 일과 관련된 것이다. 3사는 주지하는 바와 같이, 都·布·按三司를 말하는데, 都指揮使司는 군사를 담당하는 성의 최고기관이고, 承宣布政使司는 민정을 담당하는 최고기관이며, 提刑按察使司는 사법감찰을 담당하는 최고기관이다. 이러한 절강의 도·포·안 삼사 관인이 성도에서 영파부성까지 출장왔던 것이다. 8월 6일

---

7) 原史料의 書き下しと 前揭譯注本『笑雲入明記』에 의거하였다.

에 영파부성을 떠났던 정사 東洋允澎 일행의 상경은 절강 杭州府-南直隷 蘇州府-山東 濟南府 루트를 이용했는데, 상경 도중인 11일, 즉 영파부성을 출발한 지 5일 후에 杭州 武林驛에 도착해 府城으로 들어갔다. 일본의 견명사절이 도·포·안삼사의 장관인 절강의 도지휘사·포정사·안찰사에게 알현하려 했다면 이때도 충분할 텐데, 일부러 영파부성까지 관인이 출장왔다면 이들은 당연히 도지휘사(정2품)·포정사(종2품)·안찰사(정3품)보다 격이 아래인 관인으로 간주하는 것이 매우 자연스러울 것이다. 그런데 역주『소운입명기』에는 포정사 주대인도, 안찰사 풍대인도 각각 포정사와 안찰사 즉, 장관으로 간주하고 있다.[8] 그렇지만 당시 절강포정사에는 周姓인 사람은 재임하지 않았고, 절강안찰사의 경우도 마찬가지로 馮姓인 인물의 재임은 확인할 수 없었다.[9]

그렇다면 포정사 주대인과 안찰사 풍대인은 대체 누구를 가리키는 것일까. 이들의 인명을 찾아내는 작업은 이전에 행한 적이 있다.[10] 그 결과 포정사 주대인에 견줄 수 있는 인물로는 浙江左參政 周琛과 左參議 周紀 두 사람이 거론되었으나, 이 중 어느 쪽이다라고 주장할 수 없었다. 한편, 안찰사 馮大人의 경우는 按察使司僉事 馮節로 특정할 수 있었다. 포정사의 參政은 종3품, 參議는 종4품, 按察使司僉事는 정5품이었다. 정사 일행은 이러한 높은 관품을 가진 관원에게 6월 5일에 浙江提刑按察分司에서 배알했다. 그리고 21일에는 3사의 관인을 접대한 진대인의 연회석에도 동석하였다. 이 연회석에는 張楷란 인물도 초대되었다.

안찰사와 포정사인 관인보다 높은 위치에 있던 영락한 張楷는 浙江 寧波府 慈谿縣 출신으로, 永樂 22년(1424)에는 진사, 宣德 4년(1429)

---

8) 前揭 譯注本 『笑雲入明記』 61頁.
9) 張德信, 『明代職官年表(第四册)』(黃山書社, 2009年).
10) 拙稿 「『笑雲入明記』にみえる浙江三司および中式擧人について」『中央大學文學部紀要』 史學第57號, 2012年.

에는 南京監察御史에 임명되었고, 그 후 累官하여 陝西按察司僉事 副使 僉都御史가 되었는데, 正統 14년(1449)에 복건에서 일어난 鄧茂七의 반란진압과 관련해 탄핵을 받아 파직되었다. 따라서 진대인이 주최를 맡았던 이 연회에 출석할 때에는 「革職閑住」의 몸으로, 불운함을 한탄하고 있었다.[11] 이러한 상태에 있던 張楷였지만, 笑雲은 이 연회를 기회로 張楷와의 교제를 깊게 하였다. 張楷의 아들 伯厚가 18세가 되어 관료가 될 작정으로 임용시험을 치르기 위해 다음 달인 7월 18일에 항주로 출발할 때 배웅하였다. 11월 25일, 북경에서는 張伯厚가 笑雲을 찾아 와 재회하였고, 張伯厚는 시를 지었다.[12] 또한, 북

---

11) 同上拙稿.

12) 張伯厚가 7월 18일에 항주로 출발해 11월에 북경에 있었다는 것은 8월에 실시된 鄕試에 응시해 합격하고, 다음 해에 합격자(擧人)를 대상으로 한 2월에 행해지는 會試에 응시하기 위해서였을 것이다. 다음 달 3월에는 회시 합격자를 대상으로 殿試가 시행되는데, 『景泰五年會試錄』에는 그의 이름이 없었으므로, 회시에는 실패한 듯 하다. 북경에 있던 笑雲은 2월 26일에 榜文을 통해 합격 명부를 볼 기회가 있었는데, 그 일부를 기록하면,

  26일. 禮部院에서 科擧에서 게시한 榜文을 보았다. 榜文에 다음과 같이 쓰여 있었다.

    禮部의 科擧에 관한 일. 이번 景泰 5년의 會試에서 科擧에 합격한 자들의 성명을 뽑아다가 뒤에 열거하였다. 榜文에서 열거한 자는 다음과 같다. 科擧에 합격한 인원 350명.
    第一名.   彭華   江西安福縣儒學生   春秋
    第二名.   尹直   江西奉化(泰和)縣監生   易
    第三名.   徐鑾   浙江開化縣儒學生   書
    第350의 이름은 우측 榜文과 같으니 諭示하여 通知한다. 景泰 5년 2월에 榜文을 게시한다.

  라고 하여, 榜文의 첫머리와 가장 끝 부분을 기록하고 있다. 이와 관련해 張伯厚의 소식에 대해 아무 것도 언급하지 않은 것도 그가 회시에서 下第(不合格)했음을 짐작할 수 있게 한다. 오히려 이 기사는 尹直의 受驗科目을 易經으로, 徐鑾의 수험과목을 書經으로 기록하고 있는데, 『景泰五年會試錄』・『景泰五年進士登科錄』과 다르다. 尹直이 書経을, 徐鑾이 易経을 가

경에서 영파로 돌아오자, 경태 5년(1454) 6월 4일, 笑雲이 張楷의 집을
방문해 張楷로부터 송별의 시를 받았다. 이렇게 笑雲은 張楷 부자와
마음이 서로 통하는 벗이 되었다.

　한편, 북경으로부터 5월 27일에 진공선의 起闕(上京)을 재촉하는
예부의 차문이 도착했다. 이에 따라 의해 정사 일행의 신변은 분주하
게 되었다. 다음 날인 5월 28일부터 1호선을 비롯한 각 견명사선에 운
반되어 온 진공물의 하역과 검사 그리고 起送(수송)이 시작되었다. 그
사이 정사·부사 등은 내관인 진대인이나 삼사관을 알현하였다. 이것
은 아마도 상경하는 인원수와 정사 일행이 북경에서 돌아올 때까지
영파에 체류하는 인원수의 구분도 포함한 다양한 협의가 필요했기
때문일 것이다. 이번 견명선에 대한 무역실무를 통괄한 綱司는 如三
芳貞이었는데, 6월 16일에 일본의 음식과 술을 가지고 진대인을 접대
하였다. 전날 14일에 「諸船의 거처와 綱司의 房에 모여 불공정함에
대하여 점검한 일을 의논했다.」라고 했으므로, 이것을 받아들인 것일
테다. 「点檢不公의 事」에 대해 상세하게 알 수 없지만, 견명선이 운반
해 온 진공품 검사에 임하여 무언가 부정이 행해졌기 때문에 그 선후
책이 상담되었고, 그 결과 진대인을 접대해 선처를 구했다고 생각된다.
진대인에게 이러한 부탁을 하는 한편, 견명사절 일행은 진대인을 진노
시켰다.

　8월 3일은 경태제의 萬壽聖節이었다. 경태제는 선덕 3년(1428) 8월
3일에 태어났으므로, 26번째 탄신일을 맞이하는 것이었다. 즉위하고
나서는 4번째 만수성절이었다. 만수성절은 명조의 3大節 의식 중 하
나로 매우 장중하게 치렀다. 정사 일행도 2일 전인 8월 1일에 天寧寺
에서 그 예의를 익히고 시연에도 참가했다. 공교롭게도 3일은 비가
내렸다. 빗속에서 영파부 아문의 관료, 사찰의 승려들은 천녕사로 모
여 경사의 자금성을 향해 멀리 절하고 예를 행했다. 그런데 일본의

　지고 응시했다는 것은 앞에서 논증했다. 주(10) 拙稿, 참고.

견명사절 일행만은 비를 꺼려해 참가하지 않았다. 예교 국가인 명조의 가장 중요한 의식을 더럽혔던 것이다. 『소운입명기』에는 바로「진내관이 크게 노했다」라고 기록해 놓고 있다.

한편, 경태 4년(1453) 4월 20일에 정사와 笑雲이 승선했던 1호선이 영파에 도착한 이래로, 3개월 반 남짓 체류한 영파에서 마침내 북경을 향해 안원역을 출발한 때는 8월 6일로, 정사 일행은 총 300명이었다. 이번 견명사선에 승선한 사람은 1,200명이었으므로,[13] 정사 일행은 이 중 4할의 사람들로 편성되었는데, 나머지 900명은 그대로 영파에 체류해 정사 일행의 귀환을 기다리면서 민간교역에 전력을 다하였다. 어느 나라, 어느 지역에서 온 견명사절이든 대다수 상인을 대동하는 것은 정사·부사 일행이 북경과 왕래하는 사이에 민간교역과 때때로 국외반출금지품을 입수할 수 있도록 밀무역을 하기 때문이었다.

2. 北京에서

항주·소주 등을 지나 정사 일행이 북경 동쪽에 위치한 通州의 通津驛에 도착한 것은 9월 25일이었다. 대략 1개월 반이 걸린 상경이었다. 通州 通津驛에 대해서 『소운입명기』에는

馬船·快船·紅船·站船·運粮船 등이 왔다. 諸船이 모두 여기에 정박했다.

라 하여, 운하로 많은 배들이 몰려드는 상황을 전하고 있다. 도착한지 얼마 안 된 笑雲은 잘 알지 못했다고 생각되지만, 실은 이때부터 4년 전의 이곳 통주는 큰 혼란 상태에 빠져있었다. 통주는 大倉庫群이 설치되어, 북경의 문무백관·군사의 급여를 비롯한 대량의 미곡을 보관하고 있었다. 정통 14년(1449) 8월 15일에 발생한 土木의 變 이후,

---

13) 前揭 小葉田淳, 『中世日支通交貿易史の硏究』49頁.

경사로의 침입을 반복했던 에센(也先)이 이끈 오이라트(瓦剌)군은 전략적으로 통주를 습격한다는 소문을 퍼뜨렸다. 이 터무니없는 소문은 구태풍처럼 퍼져 명 조정을 경악시켰다. 통주가 습격된다면 경사의 주민은 살길이 막막해진다. 조정에서는 당황하여 衛所의 군사를 총동원 해 미곡류를 짊어지고 경사로 운반하게 하는 소동을 일으켰다.[14]

한편, 통주 통진역에 도착한 정사 일행은 다음 날인 26일에 車馬와 나귀에 나누어 타고 경사로 향했고, 이날 저녁에 崇文門에 도착했다. 그 다음, 정사 일행의 성명 청취와 인원 수 확인이 끝나자 正陽門의 동쪽, 玉河의 서쪽에 있는 玉河橋에 인접한 會同館 중 南館으로 들어갔다 .

다음날부터 북경에서의 바쁜 나날이 시작되었다. 영파에서는 연회와 관광으로 날을 보냈으나, 여기서는 완전히 생활이 바뀌어 朝參과 여기에 수반된 사항이 많아졌다. 정사 일행은 조공 사절로서 정해진 의례 속에 편입되었고, 행동은 한정되었다. 북경에 도착한 다음 날인 9월 27일에는 조속히 鴻臚寺 習禮亭에서 조참의 예를 배웠다. 다음 날인 28일에 조참이 행해졌다. 정사 일행이 사명을 완수하고 회동남관을 떠난 것은 다음해인 2월 28일이므로, 일본의 견명사절은 5개월간이나 북경에 체류했던 것이다. 이 기간에 조참했던 날과 조참하지 않았어도 조공에 수반한 공무를 수행한 날을 나타내면, 〈표 1〉과 같다.

표에 나타난 결과를 살펴보면, 5개월, 일수로는 딱 150일 동안 북경에 체류했던 이번 일본의 견명사절은 경태제에게 9회에 걸쳐 알현 기회가 있었다. 조참한 날은 27회였다. 어기에는 일본의 정사 일행 독사적인 것 외에 朔日(1일)과 望日(15일)의 조참, 新曆頒布式(11월 1일), 동지(11월 14일), 正月元旦 의식 등 이 시기에 조공해 온 국가와 지역의 모든 견명사절의 참가가 필수인 조참도 많았다. 조참에는 賜宴이 세트였다.

---

14) 拙著, 『明代中國の軍制と政治』(國書刊行會, 2001年) 18頁.

〈표 1〉

○···朝參한 날 ◎···朝參하고 景泰帝에게 알현한 날 ●···朝貢에 付隨한 公務日 ×···資料記述은 있으나 公務에 관한 기술이 없는 날 無印···資料記述이 남겨져 있지 않는 날

景泰 4年(1453)

9月	21	22	23	24	25	26	27	28	29	30
					着通州	入會同館	●	◎	×	×

10月	1	2	3	4	5	6	7	8	9	10
	◎	◎	×	◎	◎	●			●	○
	11	12	13	14	15	16	17	18	19	20
	●				◎		●	○	×	
	21	22	23	24	25	26	27	28	29	
	×	×	×	×	×	×			×	

11月	1	2	3	4	5	6	7	8	9	10
	◎	●	●	●	●	×	×	○	×	×
	11	12	13	14	15	16	17	18	19	20
	●	○	○	◎	○		×	×	●	×
	21	22	23	24	25	26	27	28	29	30
	×	×	×	×		×	×	×	×	×

12月	1	2	3	4	5	6	7	8	9	10
	○	○	×	×	×	○	○			×
	11	12	13	14	15	16	17	18	19	20
	×	×	×	×	○	×	●			×
	21	22	23	24	25	26	27	28	29	30
	●	×		×	●		○	●	○	○

景泰 5年(1454)

正月	1	2	3	4	5	6	7	8	9	10
	◎		●	●	×	●	×	×	×	×
	11	12	13	14	15	16	17	18	19	20
	●	●		×	○	×		×	×	×
	21	22	23	24	25	26	27	28	29	
	●	×	×	×	×	×	×	×	×	

2月	1	2	3	4	5	6	7	8	9	10
	○	×	×	●	×	●	●			
	11	12	13	14	15	16	17	18	19	20
					○			×	×	×
	21	22	23	24	25	26	27	28		
		●	×	×	×		×	○		

조참이 27회라는 것은 북경에서 체류한 5개월이라는 일수로부터 본다면, 결코 많은 것은 아닐지도 모르나, 조참하지 않은 날에는 예부에 가거나, 의식을 위해 예의를 익히는 등 조공에 수반하는 용무가 다양했다. 여기에 소비된 날은 횟수로 24회였다. 이것을 합하면 51회가 된다. 따라서 북경 체류 150일 중 3분의 1, 바꿔 말하면 3일 중 하루는 조참·알현·조공관계공무에 소비되었던 것이다.

명과 일본의 관계가 명과 조선왕조, 명과 유구왕조와 같은 宗藩관계는 아니었다고 할지라도 명황제에 國書를 가지고 북경에 갔다 온 일본의 정사 일행은 좋든 싫든 조공예의제도 안에 편입되어 그 행동과 기일에 일정한 제약을 받았다.

그런데, 동지와 正旦 등의 조례는 황성 서북쪽에 있는 朝天宮에서 백관 및 외국의 견명사절과 함께 배웠다. 경태 4년(1453)에 조공왔던 지역과 국가에 대해『明史』卷11, 景帝本紀, 景泰 4年 是年條에

　　是年, 琉球中山·安南·瓜哇·日本·占城·哈密·瓦剌入貢.

라고 기록하고 있는데, 이 외에도 高麗·女眞·回回 등 많은 조공사절이 일본의 견명사절과 같은 시기에 회동관에 체류한 사실이『소운입명기』에 기술되어 있다. 일본의 정사 일행도 이들 조공사절과 함께 회동관에서 숙박하였고, 동지와 세단 등에 관한 조례를 배웠으며, 또 그 의식에도 참가하고 사연에도 동석하였다. 따라서 접촉할 기회는 많았다고 생각되는데『소운입명기』를 보는 한에선, 일본의 정사 일행이 외국 사절과 적극적으로 교류했다고는 말할 수 없다. 최초의 교류가 있던 상대는 瓜哇國人이다. 瓜哇國 백 여인이 회동관에서 거주했는데, 그들은 10월 13일에 연락을 요구해 왔다. 같은 달 21일에는 回回人이 글자를 적어 보여 주었는데, 笑雲은「字가 橫行하고, 梵字와 비슷해 보이나 다르다.」는 감상을 느꼈다. 12월 21일에는 고려의 견명사절과 회동관에서 茶飯席의 자리 위치를 둘러싸고 다툼이 일어났다.

이것은 명이 일본을 왼쪽에 고려를 오른쪽으로 정하면서 결말이 났다.

북경에서의 외국사절과의 교류 기록은 이상과 같이 매우 적다. 북경에 도착한 후, 며칠 지나지 않은 10월 9일에 笑雲에게 한 편의 시를 증정했던 한 中書舍人은 「外域 중 大明에 朝貢하는 국가는 대략 5백여 국이지만, 日本人만 독서를 한다.」고 칭찬했다고 한다. 이 말에는 약간의 겉치렛말도 섞여 있다고 생각은 하지만, 일본 정사 일행 중 많은 사람이 漢籍을 읽을 수 있었다는 점은 비록 필담일지라도 중국인과 의사소통을 도모함에 있어 비교적 용이하였던 것이다. 그렇지만 의사소통을 가능하게 하는 공통언어 없이 외국의 조공사절과는 교류가 어려웠다.

상기의 외국 견명사절 이외에 접촉한 사례가 없지는 않으나, 일본의 정사 일행 및 笑雲 개인에 의해서도 인적 교류가 결코 많았다고 할 수는 없다. 皇都遊覽의 기회도 많지 않았다. 이것은 조공사절이 정해진 의례제도 속에 편입되어 한정된 기한과 행동으로 하여금 그 사명을 완수하는 일이 우선되었기 때문이다.

3. 寧波에서 (下)

150일간 체류했던 북경을 떠나는 날이 왔다. 이것은 다음 해인 2월 28일의 일이었다. 이 날을 기록한 『소운입명기』의 원문에는 다음과 같이 기록되어 있다.

奉天門早朝欽奉聖旨賜歸, 午前出會同館.

이것이 경태제에게 한 최후의 알현이었다. 무조는 단순하게 이른 아침 시간대를 가리키는 것이 아니라, 朝政에서의 무조·晩朝·午朝 3朝制 중의 무조이다. 조조는 일출 전에 시작해 해가 떠오를 무렵에 散會하는 것이 방침이다. 이 때문에 관인들은 오전 2시부터 4시까지 관아로 가고, 황제는 동트기 직전에 일어나 奉天門으로 出御하여 각 관청 관인의 상주를 듣고 신임관과 외국의 조공사절 등을 引見한다. 이러한 명 조정제도에 맞춰 살펴보면, 상기의 원문 사료는 「奉天門에서 행해진 早朝에 대해 聖旨를 공경히 받들어 귀국 명령을 받았다. 그래서 오전 중 조속히 會同館을 출발했다」라고 해석하지 않으면 안 된다. 귀국 허가 그 자체는 이보다 앞선 2월 24일에 이미 나와 있었다. 그 날 예부로부터 귀국시켜야 한다는 상주가 나왔고 경태제가 재가 했으므로,[15] 일본 일행도 그 귀띔을 받고 있었을 것이다. 28일의 출발 까지 그 사이에는 불과 4일밖에 남지 않았기 때문에 출발 준비는 대단히 바빴을 것이다. 그럼에도 笑雲은 26일 회시의 합격발표를 보러 가고 있었다. 아마도 전년도 11월 25일에 회동관에 방문해 준 벗 張伯厚의 결과가 신경이 쓰였기 때문이지 않았을까.

이것이 어떻든 간에 정사 일행은 2월 28일 오전 중에 회동관에 이별을 고하고 말 60필, 노새 40필, 나귀 100필, 수레 120량을 대동하고 그날 저녁 통주의 통진역에 도착했다.

그리고 5월 30일에 영파부의 안원역에 안착하고 회동관에 입관했다. 북경에서 영파로 귀환하기까지 걸린 시간은 3개월이었다. 영파에서 북경까지 가는 날짜가 1개월 반이었기 때문에 돌아올 때는 그 2배의 시간이 걸리게 되었다. 정사 일행은 북경에서 그 사명을 완수했다는 안도감에 젖어 여정을 느긋하게 즐겼을지도 모른다. 갈 때는 들리지 않았던 남경에서 20여 일 체류했던 것도 이러한 마음의 여유가 나타난 것일 것이다.

한편, 정사 일행이 영파에 체류하고 있던 잔류인원과 합류해 귀국을 향해 안원역을 출발했던 날은 6월 15일이었기 때문에 영파에서 지낸 시간은 겨우 2주 밖에 되지 않았다. 이 짧은 기간에도, 笑雲 개인

---

15) 『英宗實錄』景泰 5年 2月 乙巳條. 오히려 『笑雲入明記』에는 景泰帝가 재가한 귀국 성지를 흠봉한 2월 28일에는 황제에게 알현했다는 기록은 없다. 조참했을 때 예부관으로부터 직접 하달받은 것일까. 後考에 기대하고 싶다.

은 옛 친구들과 오랜만에 만나서 이야기를 나누거나, 새로운 사람과 만남을 갖는 등 다양하게 교류하였다. 이것들을 요점만 기술하면 다음과 같다.

6월 1일	영파시박사의 勤政堂에서 陳大人에게 北京·南京의 이야기를 하며 즐거워했다.[16] 이때 笑雲은 陳大人과의 회화가 대체로 통했으므로 중국어 실력이 늘었음을 자각했다.
4일	鏡淸寺에 갔다가 돌아올 때 張楷의 집에 들러 송별의 시를 받았다.
7일	寧波知府로부터 茶飯 접대를 받았는데, 일본인 천 여인이 이 연회에 초대되었다.
9일	淸源·天寧寺院에서는 일본인들이 앞다투어 송별사를 요청했다.
10일	笑雲은 전년도 7월 4일에 초대해 차를 대접해 준 天童寺 주지 可庵에게 시를 요청했는데 거절당했다. 이날 의학서인 『瞿仙活人心』를 얻었다.
11일	四明驛에서 宋恢先生으로부터 시를 받았다.
12일	八分字 書體에 뛰어난 二卿坊의 鄭惟廣으로부터 書를 받았다.

이상은 영파에 도착한 후 15일에 안원역을 작별하고 나와 영파를 떠날 때까지, 시박사로부터의 關米 지급과 같은 사무적인 사항은 생략하고 문화적인 측면만 살핀 교류 기록이다. 7일과 9일 이외는 전부 笑雲 개인과 관련된 사항이다.

笑雲에게 시를 선사했던 宋恢先生은 字가 宏之, 寧波府 鄞縣 출신

---

16) 南京은 『笑雲入明記』 원문에는 南台로 적혀있는데, 譯注本에서 지적했듯이 南京의 誤記일 것이다.

으로 시에 정통한 사람이었다. 宋恢는 후에 天順이래 영파의 여러 명인의 시를 모아서 『四明雅集』을 편찬했다. 이것은 국초이래 鄭千之가 편찬한 『四明文獻集』, 李孝謙이 편찬한 『四明文獻錄』의 뒤를 잇는 것이었다. 宋恢의 傳은 康熙·雍正·乾隆 어느 『寧波府志』에도 수록되어 있다. 鄭惟廣은 字는 汝誠, 같은 鄞縣 출신 사람이다. 鄭惟廣은 書뿐만이 아니라, 시인으로도 뛰어나 明 曹學銓이 편찬한 『石倉歷代詩選』卷334에는 5수가 수록되어 있다.

笑雲이 영파에서 당대 유명한 문인들과 어떠한 경위로 알게 되었는가. 『소운입명기』에는 기록되어 있지 않다. 전년도 4월 10일에 중국에 도착한 이래 1년이 지나 중국어 회화실력이 상당히 늘었다는 점은 앞에서 언급했다. 『소운입명기』 전권을 통독하다면 누구든 똑같이 느끼겠지만, 笑雲은 적극적으로 타인과 친해질 수 있는 좋은 자질을 지녔다. 게다가 호기심도 왕성했던 사람인 듯하다. 그것이 어학능력과 상승해 인적인 네트워크를 넓혀 갔을 것이다. 이렇게 많은 사람과 만나고 많은 佛閣·史跡 등을 방문해 큰 견문을 넓힐 수 있었던 이 1년 4개월 동안의 중국 체류 및 8개월간의 영파·북경의 왕래는 笑雲의 생애에서 아마도 가장 행복이 넘쳤던 나날들이었을 것이다.

IV. 소통과 교류의 실태

『소운입명기』는 견명사절로서 기록한 復命書지만, 이것은 명과의 교섭 기록과 笑雲 자신의 사적인 교류 기록 어느 쪽에도 편향되지 않은 장점이 있다. 그렇다면 이제부터는 명과의 교섭 기록을 발췌하면서, 정사 일행과 명과의 소통과 교류의 실태에 대해 검토하고자 한다.

1. 景泰帝의 引見과 恩惠

정사 일행이 이때 북경에서 완수해야 할 사명은 크게 2가지로 구별된다. 하나는 국서를 경태제에게 봉정하는 일이고, 다른 하나는 적재한 화물[附搭貨物]을 官에서 收買하기를 원활하게 행하는 것이었다.

이번 견명사절은 경태제에게 9번 알현하였다. 이것은 〈표 1〉에서보이는 것처럼 ◎기호로 표시한 날이다. 이 중에는 물론 앞에서 언급한 것처럼 동지와 원단 의식과 같이 많은 관인·외국의 견명사절과 함께한 것도 포함되나, 경태제가 일본 정사 일행만을 인견한 적도 있었다. 9회의 알현 내용을 살펴보면, 다음과 같다.

景泰 4年(1453)

9월 28일 　○朝參, 奉天門見皇帝, 官人唱, 鞠躬拜, 起平身, 跪叩頭, 快走闕左門, 賜宴.

10월 1일 　●朝參, 奉天門見天子. 朝儀如前, 賜宴闕左門.

2일 　○朝參, 正使, 入奉天門捧表文, 綱司以下立午門, 賜宴闕左門.

4일 　○馬船衆, 朝見天子奉天門, 賜宴如常.

5일 　○朝參, 天子御奉天門, 觀日本進貢馬二十匹, 闕左門賜宴如常, 宴罷歸館, 官給米·麵粉·酒·醋·菓子·醬·柴等が.

15일 　●朝參, 見天子於奉天門, 賜宴如常.

11월 1일 　●朝參, 入西角門, 左奉天門, 右到奉天殿, 見皇帝, 朝礼畢, 賜新曆景泰五年甲戌曆, 百官幷諸人爭進而奪之, 賜宴闕左門.

14일 　冬至朝參, 自左掖門入東角門, 過鳳凰池到奉天殿, 見天子, 文樓·武樓之間, 万官排班, 三呼万歲, 聲動天地.

景泰 5年(1454)

正月 1일　　●五更朝參, 皇帝御奉天殿, (中略), 入闕左門, 賜光祿宴, 日
　　　　　　　本·賴麻·高麗·回回·韃旦·達々·女眞·雲南·四川·琉球等,
　　　　　　　諸番皆預宴焉.

　聖俗兩權의 최고권력자인 황제가 자금성에서 행한 공무는 大朝와
常朝로 나뉜다. 大朝는 원단·동지·만수성절(황제의 탄생일) 3대절의
의식을 말한다. 대조 의식은 예교 국가인 중국에서 가장 중요한 의식
으로, 황제가 봉천전에 출어해 행하였다. 문무백관은 물론이고 북경
에 체류 중인 외국사절도 모두 의식에 참가하기를 요구되었다. 이에
반해 상조는 조조·만조·오조 3조에 대해 정무를 보는 것이다. 상조는
매일 행해졌는데, 월삭(1일)과 월망(15일)에만 봉천문에서 조하식을
거행하였고, 그 뒤 계속해서 朝政이 행해졌다. 이러한 황제의 정무 실
상을 대조해 살펴보면 ●기호로 표시한 날의 알현은 3대절 의식 및
조하식에 관한 것이었다고 말할 수 있다. 따라서 경태 4년(1453) 11월
15일, 12월 1일, 12월 15일에도 조참할 때에 알현했다고 생각되지만,
조참과 賜宴 기사밖에는 없다. 기사가 빠졌을 가능성에 대해 없다고
하지는 않겠다.

　이상의 의식과 관련한 알현을 제외하면, 일본 정사 일행은 단독으
로 경태제에게 4번 알현했다. 足利義政(당시는 義成)이 명 황제에게
보낸 국서가 봉정된 것은 단독으로 찾아뵈었던 2번째 알현 때였다.[17]
大內義隆이 가정 18년(1539)에 足利義晴의 이름으로 碩鼎을 정사로
파견했던 견명사절의 경우는 한 번도 일현할 수 없었다. 조참할 때에
도 午門을 넘는 일은 허락되지 않았다.[18] 정사가 東洋允澎일 때와 碩
鼎일 때를 비교해 보면, 대우에 큰 차이가 있었다. 경태제는 인견했을
뿐만 아니라 다음과 같이 恩詔도 내려 은혜를 베풀었다.

---

17) 이 國書는 瑞溪周鳳의 『善隣國宝記』에 수록되어 있다.
18) 『策彥和尙初渡集』下之上(牧田諦亮 編, 『策彥入明記의 硏究 上』, 法藏館,
　　1955年) 參照.

景泰 4年(1453)

10월 17일	上命設茶飯於本館, 以享日衆, 內官一員幷礼部侍郎光伴, 倡優伎技事々驚人.
11월 2일	上命入大隆福禪寺, 々乃景泰三年勅建也.
3일	又命見大慈恩寺, 々有胡僧二百員, 皆耳帶金環.
4일	又有旨, 入大興隆禪寺, 々設茶飯, 綱司貞令衆不赴.
19일	上憐日本人伴等, 賜冬衣裳.

　　일본의 견명사절은 경태제가 보인 이러한 은총에 대해 각별한 감사의 마음은 가졌던 것일까. 11월 4일, 황제의 성지를 받고 大興隆禪寺가 베푼 茶飯席에 대한 출석거부에서 단적으로 보이듯, 정사 일행에게는 조공에 대한 의식이 낮았던 듯하다. 즉, 조공은 교역 수단이라는 의식이 있었기 때문에 황제가 보인 은혜와 자비를 걷어찰 수 있었던 것이다. 영파에 상륙한 시점부터 이미 조공의례제도에 편입되었다는 의식이 일본 견명사절에게는 매우 희박했는데, 이것은 이 보다 앞서 영파에서 체류하던 때인 경태 4년(1453) 8월 3일, 황제의 26번째 만수성절에서도 이미 드러나 있었다. 영파의 관료·諸寺院의 僧衆은 천녕사에 모여, 일동 북경을 향해 만수성절의 예를 행했다. 그런데 일본의 견명사절만은 비를 이유로 참가하지 않았기 때문에 내관인 진대인을 매우 화나게 하였다. 중국체류비, 영파와 북경 왕복비용, 그리고 귀국할 때의 식료인 쌀 지급 등의 모든 경비를 명이 부담했던 것은 먼 동해 저편에서 파도를 넘어 조공하러 온 것에 대한 명조의 후한 대접이었다. 명의 논리대로라면, 견명사절은 당연한 일이면서 명조의 조공의례제도 속에서 그것을 답습해 행해야 하는 의무였던 것이다. 그러나 일본은 이러한 의무의식이 희박했고, 이것을 조심성 없이 드러낸 것이 8월 3일의 황제탄생의식 취소와 11월 4일의 茶飯席 거부와 같은 불경한 행동이었다.

2. 正使一行과 禮部

명조가 정사 일행이 반입한 적재 화물[附搭貨物]을 사들이는 일은 국서 봉정을 주체로 한 조공행위에 따르는 은택에 지나지 않는다. 조공의 진공품에 대해서는 회사품을 하사해 주었다. 물건에는 물건으로 보답하는 것이 정식적인 지급이었다. 따라서 일본 정사 등에게는 명 조정으로부터 회사품을 얻기보다는 적재한 화물[附搭貨物]을 고가로 官買해 받는 것이 渡航 航團의 경영자들로부터 맡겨진 사명이며 책무였다.

예부가 일본 정사 일행에게 적재 화물[附搭物]의 收買가격을 보여 준 때는 『영종실록』에 의하면 경태 4년(1453) 12월 2일로, 이때부터 1개월 후인 정월 13일에 정사 允澎 등이 그 가격에 불만을 가져 가격 인상을 청원하려고 상주문을 올렸다.[19] 그다지 효과가 없었던 것일까. 『소운입명기』에 의하면 2월 1일에도 정사가 표문을 올려 방물 가격을 올려줄 것을 청하고 있다. 『소운입명기』에는 이후의 교섭경영을 다음과 같이 기록하고 있다.

2월 4일   禮部召趙通事, 問日本人所求. 日給価若不依宣德八年例,
             再不歸本國云々.

6일   禮部曰, 方物給価其可照依宣德十年例.

7일   綱司謁礼部曰, 十年例還本國誅戮, 只願憐察.

8일   禮部院集侍郎・々中・貝外郎・主客司等, 議定給価.

일본이 품은 불만과 반발에 대해 예부의 시선은 냉담했다. 「禮部官은 그의 염치없음을 탄핵(추궁)했다.」(『英宗實錄』景泰5年 正月 乙丑條), 「이미 후한 상을 받았는데도, 展轉하며 가지도 않고, 대우해 줌

---

19) 『英宗實錄』景泰 5年 正月 乙丑條.

에 예로써 해도 恤을 알지 못하고, 더군다나 은혜로써 대해도 감사할 줄 모르니 오직 마음대로만 하고 욕심 부림에 거리낌이 없다」(同上, 景泰5年 2月 乙巳條) 등 매도하는 말이 『영종실록』에 남아있다. 수매 가격 교섭은 일본과 명 쌍방이 불신감을 품으면서 진행된 것이기 때 문에, 명에서는 가격 교섭과 무관계이나, 북경으로 오는 도중과 체류 중의 정사 일행의 법도에 맞지 않는 행동(非道)을 문제 삼아 지탄하 며 일본에 대한 모멸감을 드러냈다. 법도에 맞지 않는 행동이란 山東 臨淸에서 일어난 관인을 구타해 빈사시켜 중상을 입힌 사건과 회동 관의 관부를 채찍질한 사건이다.[20] 『영종실록』에는 이 당시 몽골을 비롯한 외국의 견명사절이 야기한 사건과 수많은 소동이 기록되어 있는데,[21] 일본의 정사 일행도 그들과 똑같이 비열한 사건을 일으켰 던 것을 笑雲은 한마디도 언급하지 않았다. 정사 일행의 법도에 맞지 않는 행동을 글로 남기는 것이 내부 고발에 해당한다고 생각해 침묵 했던 것일 것이다. 전혀 언급하지 않았어도 그 사실은 일본으로 전해 졌다. 영종이 복벽한 후, 足利義政은 通事인 盧円을 조선 국왕에게 파견해 명으로의 사죄 전달을 의뢰하였다.[22] 조선 국왕이 주선하지 않았다면 아마도 足利義敎 때도 마찬가지로 재차 통교 단절이라는 최악의 사태에 빠졌을 것이다.

경태연간의 조공에 대해서는 조공이 가진 의미가 日·中 상호 간에 상당한 차이가 있었음을 확인할 수 있었다. 이것이 장애가 되어, 양자 사이의 소통과 교류 상에는 여러 가지 차질이 생겨났다. 공식 행사에 관해서도, 영파와 북경의 왕래에 대해서도, 그리고 적재 화물[附搭貨

---

20) 일본의 정사 일행이 일으킨 사건에 대해서는 同上書, 景泰 4年 10月 丙 戌條; 景泰 5年 2月 乙巳條.

21) 특히 수많은 사건을 일으킨 몽골의 遣明使節의 구체적인 불법행위에 대해 서는 拙著, 『明代長城の群像』(汲古書院, 2003年) 「第5章 瓦剌使臣団がやって 來る」 參照.

22) 『英宗實錄』 天順 3年 2月 癸酉條.

物] 官買에 관해서도 다양한 문제가 일어났던 것은 바로 조공에 대한 일중 상호 간의 인식 차이에서 유래했던 것이다.

V. 結語

이상에서 언급한 것처럼 경태연간의 조공사절이 가진 다양한 모습을 살피면서 구태어 부정적인 부분도 드러내 보였다. 조공은 명조에게는 威信·威靈의 구현이었지만, 이것이 특성이 되어 만들어 낸 다양한 독소도 내포하고 있었다. 앞서『소운입명기』는 명과의 교섭기록과 笑雲 자신의 사적인 교류 기록 어느 쪽에도 편중되지 않는 장점을 지니고 있다고 칭찬했는데, 이 생각은 변함이 없다. 笑雲이 從僧으로서 서기관의 역할을 담당한 것도 매우 적절했다고 평가한다. 그렇지만 在京 중인 경태 4년(1453) 11월 19일에 황태자인 見濟가 훙거했던 일에 대해[23] 애도의 말은 물론이고, 어떠한 언급도 없었던 점은 승려로서 삼가 조의를 표하는 마음이 없었던 것인지 의아하게 생각된다. 사절단이라는 조직체와 笑雲 개인과의 사이에서 끊임없이 흔들리고 침묵하며 말하지 못한 사실이 많은 것도 사실이다. 복명서로서의 성격을 가졌기 때문에 기록할 수 없었던 것도 많았을 것이다.

그렇지만 景泰帝가 간신히 생각해서 立太子한 황태자의 훙거는 경태제를 절망의 늪으로 빠져들게 했다.[24] 경태제가 輟朝하지는 않았시만, 소성의 누구든 수일동안은 喪中기간의 삼감이 있었을 것이다. 이 전후에도 정사 일행은 여러 번 조참하고 있었기 때문에 이러한 사실을 알지 못했을 리가 없다. 그러므로 기술함에 꺼려질 만한 것이

---

23) 同上書, 景泰 4年 11月 辛未條.
24) 英宗의 아들인 見深의 태자직을 폐위시키고 見濟를 태자로 삼았던 이른바 易儲問題에 대해서는 拙著,『モンゴルに拉致された中國皇帝 明英宗の數奇なる運命』(研文出版, 2003年), 197-202頁 參照.

없었다. 몇 차례나 引見해 주고 다양한 惠風을 나타내 보인 경태제의 은의에 보답해 애석한 마음을 전하는 일은 당연한 행동이라고 생각되지만, 견명사절이 조문하는 일도 없었고, 笑雲 개인이 애도의 말을 써서 남기지도 않았다. 이것은 적재 화물[附搭物] 收買의 가격 교섭에 관해 예부로부터 매도되었던 「더군다나 은혜로써 대해도 감사할 줄 모른다」라는 말이 결정적으로 틀리지 않았다고 말하지 않을 수 없다. 이 한 사건을 포함해 이번 일본 견명사절의 행동은 예절이 매우 결여되어 있었고, 日·中 상호 간의 교류를 생산적으로 양산할 수 없었다고 단정해도 틀리지 않을 것이다.

(번역 : 이미정)

从《燕行录》看清代康乾时期北方商业文化

赫晓琳*

Ⅰ. 《燕行录》研究在中国的现状
Ⅱ. 康乾时期北方城市和城镇的商业景象
Ⅲ. 北方商业文化的特点
Ⅳ. 燕行使与儒商的交往
Ⅴ. 结语

Ⅰ. 《燕行录》研究在中国的现状

朝鲜王朝(1392~1910)与中国明清两朝一直保持着频繁的使节往来关系。朝鲜使臣每次出使归来都要向国王禀告出使详情，因此，出使过程中形成了大量的纪行。清以前，朝鲜视中国为"天朝上国"，因此这些纪行大多名为"朝天录"。清代明而起之后，朝鲜在相当长一段时间内都是被迫臣服，其纪行也多名之为《燕行录》。笔者最早接触到《燕行录》，是在1995年，当时中韩建交不久，中韩之间的文化交流方兴初起，《燕行录》研究在中国学术界应当算是一个新学科。笔者所依据撰写的有关《燕行录》的硕士论文，是以1960、1962年韩国成均馆大学校大东文化研究院出版的两卷本《燕行录选集》和1970年代韩国民族文化促进会出版的《(国译)燕行录选集》为主要研究对象的，这两部选集共收录三十余种。随着中韩两国学术文化交流的日益频繁，到了20世纪末期，《燕行录》研究在中国逐渐得到重视，

---

* 中國文化部 國家清史纂修領導小組辦公室出版中心

很多学者从不同角度开始关注这些来自朝鲜半岛的笔记史料。

《燕行录》研究真正在中国得到繁荣发展, 应该是在21世纪初期, 其契机就是韩国东国大学校出版的百卷本 《燕行录全集》。由林基中教授主编的这套收录了380余种燕行录的全集, 甫一面世, 便令人叹为观止。这部皇皇巨著的编纂刊行, 为从事中韩关系史研究的学者提供了大量宝贵的历史资料, 同时也吸引了更多的学者来关注《燕行录》和明清时期的中朝关系和朝鲜对外交流史。近些年来, 有关《燕行录》的研究论文与论著不断涌现, 已经俨然成为学术潮流中的一颗新星。

限于篇幅, 笔者本篇文章仅以燕行使笔下清代康乾时期中国北方的商业文化为着眼点, 来展示《燕行录》对于中国文化研究的价值。

II. 康乾时期北方城市和城镇的商业景象

康乾时期, 清代商业文化正处于方兴未艾的阶段。朝鲜使者在"朝贡"之外, 还肩负着考察中国状况的任务, 以图"利用厚生"、"富国裕民", 改变本国经济文化的面貌。对于中国方兴初起, 蔚为繁盛的商业文化, 他们表现出浓厚的兴趣, 详尽地记录了亲见的中国商业文化状况。

中国自古以来就是农业大国, 农业被视为治国之"本"。从先秦韩非提出"农本工商末"[1]的主张直至明末, 历朝皆奉此为至理, 仅有少数学者间或有对重农抑商思想的批判, 如汉代桑弘羊提出"富国何必用本农"[2], 南宋叶适认为"抑末厚本, 非正论也"[3]。明末, 随着世界资本主义经济的发展, 中国的江浙及沿海地区开始出现资本主义萌芽。明末清初的许多杰出学者如黄宗羲、顾炎武、王夫之等人, 也逐渐意识到工商业的重要性, 不约而同地提出了"工商皆本"的思想, 以改变长期以来在人们心目中形成的农本商末的

---

1) 韩非子：《亡征》,《韩非子文选》第52页, 中华书局出版, 1965年9月版。
2) 桑弘羊：《盐铁论》。
3) 叶适：《习学记言序目》卷19《史记一》。

观念。黄宗羲指出："世儒不察，以工商为末，妄议抑之。夫工固圣王之所欲来，商又使其愿出于途者，盖皆本也。"[4]王夫之也很重视富商的作用，反对压制富民的政策，他认为："大贾富民者，国之司命也。"政府应对贪墨之官吏加以惩处，对富民采取舒缓之策，国家方可获得安宁。[5]随着生产技术的发展，生产关系的不断改变，商业经济的繁荣愈来愈成为一种不可遏制的趋势。尽管清代工商业始终受到政府的控制及行帮的压制，被有意贬低了在国民经济中的地位，然而，在潜移默化中，人们对工商业的重视程度不断提高，长期以来以末业看待经商者的观念有所改变。从明末海外通商贸易的开展到康乾时期商业文化的逢勃发展，清人重农抑商的观念不断受到冲击，商业文化呈现出一派繁荣景象。

在从山海关至北京的行程中，使臣们很留意各个城市、集镇及乡村的商业发展状况。在他们眼中，北京、盛京、通州、山海关这些中国北方的主要城市，大多街道宽敞平直，店铺分列于道路两旁，门户整齐，都以砖瓦建造。街道中车马纵横，店铺之间竞显奢华，分外热闹。

燕行使初入中国境内，见到的凤城是边界荒僻小城，货物萧索，而"市门尤加丹雘"，"至沈阳皆施真彩，若皇城则镂窗雕户、金银璀璨，招牌、门榜竟为新奇，椅桌帷廉穷极华侈"[6]，仅就开设店铺所需的设施即浪费不啻千金。

李宜万《入沈记》[7]中记述沈阳城的商业街，详尽地展现了乾隆年间这个北方重镇的繁华景象：

---

4) 黄宗羲：《黄宗羲全集》第一册，《明夷待访录·财计三》，浙江古籍出版社，1985年11月版。

5) 王夫之：《黄书》，《大正·六》，中华书局出版，1959年版。

6) 洪大容：《湛轩燕记》卷2 "京城记略"。《燕行录选集》上，韩国成均馆大学校大东文化研究所编刊，汉城，1962年。下同。

7) 中国辽宁大学历史系张杰教授考证《入沈记》作者应为李田秀，此处仍依《燕行录全集》作"李宜万"。见张杰《韩国史料三种与盛京满族研究》第86页，辽宁民族出版社，2009年7月。

过此以西, 市肆益繁庶。门外皆作翼棚, 高出檐端, 涂以金碧, 炫人眼目。棚外立招牌, 漆面金书, 高至数丈, 列置红漆大桶, 高几丈许, 中养各色鱼头者, 到处皆然。车载遍(扁)担, 来往相续, 人肩车毂, 几乎相戞。道北生药铺, 倚壁设千眼橱, 中藏诸种, 外书药名, 如我东洋契样。诸般丸剂贮于画缸, 外贴红签, 以标其名。而六味元小如豌豆, 其外木柜竹笼, 充牣栋宇, 皆生材也。两排楼间二书铺, 靠壁设长庋, 堆叠各种本子(华语 : 书册, 原注), 似不过四五千卷, 而皆是古文抄集及方剂小说之类, 印本亦无甚佳者, 盖因此中人读书者鲜少故也。书套上皆用纸包以防污点, 后观裕昆(指他们在沈阳结识的儒商——笔者注)所藏亦然矣。道南毛物铺, 各种毛裘挂张外铺, 而山獭、水獭, 皆以刷梳, 粗毛净尽, 一如貂皮。棚檐挂一虎皮, 而长几曳地, 其大可知也。其余卖缎、卖器, 杂货诸肆, 罗列成行。通论一城之内, 无廛之家十不能一二, 可见俗习趋利之甚也。[8]

这段文字, 生动地描绘了盛京城商业街市肆的繁庶。他所记录的药铺生熟药剂齐备, 书店中虽没有甚佳的印本, 却也十分爱惜地包着书皮, 防止沾污。商业街上各种货物杂陈于路旁, 几乎每家都有货物售卖, 商业气息十分浓厚。

沈阳还不是燕行使们见到的最为繁华的都市, 繁荣程度比较下来:"市肆, 皇城最盛, 沈阳次之, 通州又次之, 山海关又次之。"[9]康乾时期, 中国最为著名的四个商业中心称为"四聚"。刘献廷《广阳杂记》卷四记曰:"天下有四聚:北则京师, 南则佛山, 东则苏州, 西则汉口。"在燕行使所经地区, 商业文化最繁荣之处非北京莫属。北京自明代以来就是"八方兼四海, 无处不来行"的商业名城。作为全国政治文化中心, 这里聚集了大批皇室贵胄、富商官僚, 他们生活优裕闲适, 消费起来一掷千金。通州作为北京的门户之地, 也是北方物流重地, 朝鲜使臣们一面记录潞河漕运的繁盛, 一面感慨于运河上"舟楫之盛可敌长城之雄, 巨舶十万艘皆画龙的壮观", 如果

---

8) 李宜万:《入沈记》卷上, 八月初一日。《燕行录全集》30卷, 第119—121页。韩国东国大学校出版部, 2001年。以下凡出自此书者, 不再标注版别。

9) 洪大容:《湛轩燕记》卷2"京城记略"。

"不见潞河之舟楫，则不识帝都之壮也！"[10]北京城中的市集市肆，更是无处不在，场面也争相竞奇。

与坐贾林立的城市商业街相比，乡镇、农村的商业气息显得萧条一些，小商贩成为各地集市的主要组成者，他们或出售自己生产的物品，或转卖贩运来的货物，集市上熙来攘往，人流络绎不绝。朴趾源在《热河日记·馹汛随笔》中记载了蓟州闾阳的一处日间集市，其"百货凑集、车马填咽"的场面亦不亚于都会市肆。乡镇市集一般有固定日期，客商朝聚夕散，虽比不上城市坐铺早开门晚打烊稳定，却也独具风味。人们每逢集日，喜气洋洋，结队而往，谓之"赶集"，颇有些过节的喜庆色彩。集日常常会持续到很晚，直至"通街日夕，行人始稀"。[11]

除了集市上的坐贾，活跃于乡间闾里的流动商贩也引起了使臣们的注意："小贾之行于道者，或高声叫卖。而如卖青布者，摇手中小鼓；为人开剃者，弹手中铁简，卖油者敲钵，或有持金钲、竹篦、木铎而行者，周回街坊，不撤敲响，则人家门里走出小孩子叫之。未尝见大声叫卖者，但闻敲响，则已辨其货物。"[12]这些小贩常年行走于村舍之间，以其各自独特的行销方式为广大群众所熟悉、认知。他们出售的多为百姓居家常用之物，如油盐酱醋、针线布匹等等，虽然品种比较单一，但对于生活在乡村中的人们，也带来了很多便利。通过他们每日辗转于各地乡间，四方之财货得到更为广泛的流通，成为清人不可或缺的商业流通渠道之一。

Ⅲ. 北方商业文化的特点

朝鲜使臣们一路观察，看到了中国北方商业文化的多个特点，这些内容

10)　朴趾源：《热河日记》卷2，"关内程史"。自《燕岩集》本，韩国景仁文化社编，1974年11月版。下同。

11)　朴趾源：《热河日记》卷2，"关内程史"。自《燕岩集》本，韩国景仁文化社编，1974年11月版。下同。

12)　朴趾源：《热河日记》卷3，"馹汛随笔"。

在《燕行彔》系列著作中也有非常丰富的记彔。

首先，商业经营种类增多，商品生产数量扩大。康熙五十九年(1720年)，以正使身份入燕的李宜显看到的通州 "路上往来行人及商胡之驱车乘马者，填街溢巷，肩摩毂击，市肆丰侈，杂货云委，处处旗帜。左右罗列如绒裘、红帽子、画瓷、玉器、米谷、羊猪、姜、葫、葱、白菜、胡萝卜之属，或聚置廛上，或各在路边，车运担匀不可尽数。"[13]作为北方重要的通衢枢纽，通州市肆商品多为北方人日常之食、用物品。

除了商业经营品种日益增多，应有尽有之外，一些消费娱乐品的经营也逐渐繁盛起来。朴趾源在前往沈阳途中，曾见到一队结伴去沈阳的行商，这些人经营的多以画瓷、鸣蝉、响虫、观赏鱼为主。城市里除酒楼、茶肆、典当铺等之外，首饰铺、锦缎铺、彩鸟铺、花草铺等等亦生意兴隆。这些店铺的顾客多为达官贵人及富商，他们对这些高档消费品的追求滋长了社会的奢靡风气，虽也为商业市场增添了色彩，却亦可窥见康乾时期上层社会崇尚奢侈的不良习气。

其次，商业竞争更为激烈，商家不断加强经营手段。

为了吸引更多的顾客，各店家均在店铺装潢上花费了很多心思。清人《燕京杂记》记北京的各种铺面竞相争奇时说："京师市店，素讲局面，雕红刻翠，锦窗绣户，招牌至有高三丈者。夜则燃灯，数十纱笼角灯照耀如白日。其中东西四牌楼及正阳门大栅栏尤为卓越。中有茶叶店，高薨巨桷，细槅宏窗，刻以人物，铺以黄金，绚云映日，洵是伟观。总之，母钱或百万，或千万，俱用为修饰之具。"在这些金碧辉煌、金栏绿槛的市肆装扮下，城市越发显得繁华奢靡。

除店铺设施装备富丽堂皇外，店家都供奉关公像以为财神，"盖不若是，则卖买不旺，财神不佑。"[14]这种敬财神求佑护的心理不但是中国传统文化积淀在商业活动中的反映，还表现出商业竞争意识已渗透于经商者的日常

---

13) 李宜显：《庚子燕行杂识》上，自《陶谷集》卷29，"杂识"5。《燕行彔选集》
　　上，韩国成均馆大学校大 东文化研究所编刊，汉城，1962年。下同。

14) 朴趾源：《热河日记》卷3，"驲汛随笔"。

生活中。

经商者对于商品营业标志—市招的选择也颇费心机。市招, 俗称招牌、幌子等, 是各商家对所经营物品对外宣传的方式。城镇的招牌一般比较简单, 有直接用字写名称于纸上, 悬于店外的, 有画着货物图形的, 也有悬挂一些象形物的, 更有直接将货物摆设于门外的。街巷中的流动商贩大多数是以某种约定俗成的器物来发出声响, 人们在家中听到街巷中传来的敲击声便知道哪一种货郎到了门前, "不似我国终日叫号, 如卖槟榔者摇小铃以去, 卖油者打铜片以行矣"[15]。

到了大城市中, 商业的繁荣在招牌上则得到了更大的体现。各店铺的招牌, 因人因货而异, 一般都制作得精美华丽, 炫人眼目, 以此吸引顾客。尽管样式纷繁, 对于初来中国的朝鲜使者, 也发现了其中的规律: "市肆皆有扁圆额而必称号、称馆、称铺当。称馆铺者皆酒食肆, 称当者典物贷钱之肆, 称号者即百货之肆, 如长春、兴隆、昌盛等号, 皆取美名以题。"[16]

许多店铺的名称不再像以前那样直露, 开始追求高雅含蓄的风格, 更显得与众不同, 引人瞩目。朴趾源曾见一家面铺, 为"夸其面与霜争纤, 与雪胜白"的质量, 取店名为"欺霜赛雪"[17], 又如古董铺取名"艺粟斋"、锦缎铺名为"歌商楼"、首饰铺称为"晚翠堂"、书铺则曰"文粹堂"、"先月楼"等等。有的商家在门前柱子贴上对联或拉起条幅, 以诗句形式表达自己所经营物品的性质, 令顾客在门外无需询问, 一望可知。如辽阳城一家临街的大酒楼上, "扬出一面金字酒旗, 书着'闻名应驻马, 寻香且停车'"[18]。盛京的一个酒肆在酒旗上则写着: "天上已多星一颗, 人间空闻郡双名。"[19]宁远堡的一家典当铺, 门前柱联以金字大书: "洪范九言先言富, 大学十章半论财。"[20]很

15) 李宜万:《入沈记》卷下, "财货"。《燕行彖全集》第30卷, 第375页。
16) 李宜万:《入沈记》卷下, "财货"。《燕行彖全集》第30卷, 第375-376页。
17) 朴趾源:《热河日记》卷1, "渡江彖"。
18) 朴趾源:《热河日记》卷2, "盛京杂识"。
19) 朴趾源:《热河日记》卷2, "盛京杂识"。
20) 朴趾源:《热河日记》卷1, "渡江彖"。

坦率地表达了店主追求财货, 希冀发财致富的心理。

有些地方还出现了早期的品牌意识。一些店家出售的货物"又各有印署, 印之货物之上以卖之。盖华俗论货物甚重其出处。如某铺之货, 则人争以某谱为趋; 某工之手良, 则人争以某手为贵。故每货皆有本铺之记, 每物皆有本工之标, 如詹方寰之墨、李公道之针、王北川之剪刀, 未必其人尚存, 而人到于今冒名也"。[21] 可见能工巧匠们的杰出手工作品, 不但使消费者趋之若鹜, 甚至有些已经去世的匠人, 还有人冒其名来制造, 可以算作一种品牌的延续。

这些商业经营手段的不仅反映了康乾时期经济的繁荣, 还体现了日益兴盛的商业文化同中国传统文化渐趋融合的趋势, 也客观反映了清代经商者文化素养的提高。

日益繁荣的商业活动带动了奢侈豪华的社会生活习气, 而奢靡的生活方式又对商业活动产生了很强的支配和导向作用, 这在大都市中表现得尤为明显。城市中的商人无形之中审美观、价值观都受到影响, 生活习惯也愈来愈趋于追求上流社会的生活方式。因此, 城市商人, 尤其是垄断商人和大的铺户经营者生活质量远比市民阶层优越。他们中一部人沉迷于浮华奢侈的物质享受, 但也有一部分人则更注重精神生活的丰富。

Ⅳ. 燕行使与儒商的交往

尽管商人们的生活越来越奢侈, 但在清代康乾时期, "贵道贱利"、"崇本抑末"的思想在社会上仍有根深蒂固的影响。乾隆朝还有商家不得与士子通婚, "以清仕路"的规定, 在许多人心目中, 仍视商贾为末业。在商人眼里, 读书人的社会地位是极高的——"一为生员, 九族生辉", 许多世代从商者不惜靡费重金, 权补生员。经济力量的增长, 使商人更渴望在社会活动中拥

---

21) 李宜万:《入沈记》卷下, "财货"。《燕行彔全集》第30卷, 第376页。

有与其财力相符的地位，有更多的发言权，不甘心久居人下。他们希望通过加强自身的文化素养及与士人的交住改变人们贱商的观念，同时也运用知识来更多地了解社会，增强市场竞争力。因此，许多商人热衷于做诗著文、攻读经书，逐渐成为教育水平较高的一个社会阶层。商人凭借财力挤身官场已成为相当普遍的现象，他们过去为士人所不屑一交，而今却被广泛结纳。时人有曰："向昔士大夫以清望为重，乡里富人，羞与为伍，有攀附者，必峻绝之。今人崇尚财货，见有拥厚资者，反屈体降志，或订忘形之交，或结婚姻之雅。而窥其处心积虑，不过利我财耳。遂使此辈忘其本来，足高气扬，傲然自得。"[22]这些话表达了一些世代相传、希望巩固其缙绅地位的士人对士人交纳商人的不满，也从侧面反映出商人与大多数士人关系的改变。

与此同时，一些仕途不达的士人加入到了经商者的团体中。乾隆三十年(1765年)入燕的洪大容在三河镇遇到的山西太原府邓汶轩，就曾"入选贡生，为举子业"，而后改为经商，"与数友开铺卖盐"。[23]这些得到功名却因屡试不第，转而经商的人在 ≪燕行彔≫中还有很多，清人笔记中也多有反映。由士而商者的出现，进一步表明了当时士人对商人看法的转变。

城市之中的铺商以南方吴楚、蜀、晋地人居多，他们离乡背井，长年在外，倍受思乡念家之苦，因而对自己的事业倾注了大量心血。除在店铺的装饰、货物的宣传上极尽机巧外，他们对顾客也非常热情礼貌，看到顾客光临，主动让茶，或赠送一些小礼品以引发顾客的兴趣[24]，让人有宾至如归之感。商家努力营造出舒适优雅的经营环境，以优质的商品和周到细致的服务赢得顾客的信任，表现出高度的敬业精神和较高的审美情趣。

燕行使在行程中，与许多商人有过交往。他们发现这些商人中相当一部分具有很高的文化素养。他们讲究仪容、通晓义理，且能出口成章，给燕行使们留下很深刻的美好印象，甚至结为挚友。比如洪大容在盛京见到的一

---

22) 董含：≪三冈识略≫卷6，"三吴风俗十六则"。

23) 洪大容：≪湛轩燕记≫卷1。

24) 顾禄：≪清嘉彔≫，上海文艺出版社，1985年8月版。

队商人, "皆纹缎, 衣狐豹裘, 面貌净白如傅粉"[25]。朴趾源记他所遇到的几位吴楚商人:李龟蒙"面似傅粉, 朗然读书, 声出金石";裴宽"美须髯, 善饮酒, 笔翰如飞, 休休然有长者风"。他们言谈之中, 不但涉及许多南方风情俗尚, 还反映出他们具有深厚的文学功底。裴宽在回答朴趾源有关途经栈道的问询时说:"舟中时值季春天气, 两岸花树。最是蓬窗旅榻, 独夜难晓。鹃啼猿鸣, 鹤唳鹘笑, 此江空月明时景也。崖上大石崩落, 江中峡谷两石相触, 自生电火, 此夏天霖雨时景也。虽百镒黄金, 锦绣千纯, 争奈头白心灰。"[26]在问到他们远离家乡经商, 有无思乡之情时, 李东野(龟蒙)答曰:"每一念至, 魂神飘荡, 天涯地角, 所争锥毫, 而暮间空倚, 春闺独掩, 雁书久断, 莺梦不到, 如何不令人头白?更值月白风清, 木落花发, 尤难为情, 奈何奈何?"[27]这两段不假思索、出口成章的答语将客商们触景伤情, 思念故乡, 亲人, 倍受情感折磨的心境表达得淋漓尽致, 对途中景色的描绘更是辞彩飞扬, 生动细致, 展示了他们非同一般的文化素养。

除了这种"儒士"气质外, 这些商人长年游南闯北, 见多识广, 往往自身的艺术修养也很高, 比如鉴赏古玩、研习书法、演奏乐器等等, 极尽风雅。他们内心非常渴望与高层次的文人交往。李龟蒙对朴趾源说:"吾辈俱有友朋至性。三人行必有我师, 二人同心其利断金, 天下至乐, 无逾于此。人生百年, 苟无友朋, 一事都没佳趣。裹布啖饭的, 总不识此味。世间多少面目可憎, 言语无味者, 眼中只有些衣饭碗, 胸里全乏个友朋乐。"他们将以文会友、以酒邀朋当作平生快事, 渴望交结志趣相投、互相理解的朋友, 鄙视那些唯利是图, 寡情少义的庸俗市侩。洪大容在三河镇遇到了邓生, 在彼此投机畅谈一日, 日夕分别时, "含泪曰:'惟愿来世同生一国'。出门相别, 又含泪不忍舍马"[28]。这种真挚的友情和诚信的品质令燕行使们感动不已。

---

25) 洪大容:《湛轩燕记》卷2, "京城纪略"。

26) 朴趾源:《热河日记》卷2, "盛京杂识·商楼笔谈"。

27) 朴趾源:《热河日记》卷2, "盛京杂识·商楼笔谈"。

28) 洪大容: 《湛轩燕记》卷1。

V. 结语

　　《燕行彔》系列著作中所反映的康乾时期中国商业文化，从中国商业文化整体的发展角度来看，只能算作北方商业文化的代表。由于燕行使所经路线及交往人员的限制，他们不可能全面、准确地了解中国商业发展的整体状况。对于康乾时期工商业经济发展最迅速的南方地区，他们无法亲见，只能从交往人员中得知一鳞半爪。所以，《燕行彔》中对江南及沿海地区工商业的发展记彔得非常少，有的也只是从与中国人的交谈中得知，对于最能代表南方经济发展水平的南京、苏州、杭州丝织业，扬州盐业，广东佛山冶铁业，广州丝织业，汉口盐、当、花布、药材等工商业都缺乏足够的了解。如果他们能有机会对康乾时期中国的南方做一番详细的考察，一定会获益匪浅，而不仅仅限于对北方一些相对比较发达的工商业的关注。

　　受南方经济发展的影响，当时北方工商业中也出现了雇工性质的手工作坊，这种新型生产方式引起了燕行使的注意。洪大容详细记彔盛京一家有四五十人规模的帽厂：“一屋长十数间，中置五大炉，炭火烘烘，入户蒸暖如夏，汗出不可久留。帽匠四五十人环坐，班行不乱，皆浑脱衣帽，徒着单裤，身手齐力，挥霍骁敏，其踊跃跳荡之状，始见莫不惊怪。”[29]这个帽厂生产的冠帽很大一部分销往朝鲜半岛。经营者能够组织这样大规模的生产，且管理得井井有条，生产贸易互相保障、互不影响，足见这些商家已具有比较成熟的统筹管理的素质，对中国传统小手工业自给自足的生产方式构成了一股有力的冲击。朴趾源在 《热河日记·黄图纪略·琉璃厂》中也记彔了一个琉璃砖瓦厂家：“厂禁人出入，燔造时尤多忌讳，虽匠手皆持四月粮，一入毋敢妄出。”这种严明的厂禁，除对工匠进行纪律约束外，还有技术保密的作用，成为商者用以保证正常生产所采取的有效措施。《燕行彔》中对此类生产方式的记述还有很多。燕行使们从这种新型生产关系中看到了中国商业文化正由传统走向变革的趋势，发现了本国经济在发展方

---

29) 洪大容：《湛轩燕记》卷2“京城纪略”。

面存在的不足, 激发了他们引进先进生产技术以富国裕民的信念。

康乾时期中国商业文化正处于新旧形态并存、传统与开放相撞击的阶段, 经济表现出繁荣的景象, 朝鲜使者们观察到的仅是中国北方一部分方兴未艾的商业文化现象。本文是以他们的视角为出发点, 结合当时的历史条件, 对康乾时期商业文化做以简单分析, 对康乾时期商业文化的全貌权作管中窥豹而已, 有待于更进一步的探索。

『燕行錄』을 통해서 본 淸代 康熙·乾隆시기의 북방 상업문화

赫曉琳*

Ⅰ. 중국에서의『燕行綠』연구 현황
Ⅱ. 康熙·乾隆시기의 북방 城市와 城鎭의 상업 풍경
Ⅲ. 북방 상업문화의 특징
Ⅳ. 燕行使와 儒商의 교체
Ⅴ. 결론

Ⅰ. 중국에서의『燕行綠』연구 현황

朝鮮(1392~1910)은 중국의 明·淸과 빈번한 사절 왕래 관계를 줄곧 유지해 왔다. 조선사신은 외교사절로서 국외를 오고 갈 때 국왕에게 자신들의 외교 활동 전반을 보고해야만 했다. 그래서 이들이 중국을 나녀오면서 작성한 기행문도 상당히 많았다. 조선은 청조 이전의 중국에 대해서는 '天朝上國'으로 여겼기 때문에, 이 당시 쓰여진 기행문은 대부분 '朝天錄'이라고 이름을 지었다. 청조가 명을 멸망시키고 중국을 통일한 후, 조선은 오랫동안 신하의 예를 청에게 강요당했고, 이

* 中國 文化部 國家淸史纂修 出版部

때 쓰인 기행문 제목도『燕行綠』이라고 바꾸었다. 필자가 맨 처음으로『연행록』을 접했던 때는 1995년이다. 당시 중국과 한국은 국교를 수립한 지 얼마 되지 않았기 때문에, 중국과 한국의 문화교류가 막 일어나고 있을 때였다. 이 시기『연행록』연구는 중국 학술계에서 당연히 하나의 새로운 학문 분야로 간주되고 있었다. 필자는『연행록』관련 주제로 석사논문을 썼다. 이 논문의 주요 근거 자료는 1960년과 1962년에 한국 성균관대학교 대동문화연구원에서 출판한 2권의『연행록』과 1970년대 한국 민족문화추진회에서 출판한『(국역) 燕行綠選集』으로, 이 두 찬집에는 총 30여 종의 연행록이 수록되어 있었다. 이후 중국과 한국 양국의 학술문화 교류가 나날이 활발해짐에 따라, 20세기 말에 이르러『연행록』연구가 중국에서도 차츰 중시되었다. 그리고 수많은 학자가 서로 다른 각도에서 조선에서 온 이 필사사료에 관심을 기울이기 시작했다.

『燕行綠』연구가 확실히 중국에서 크게 발전하게 된 때는 21세기 초라고 할 수 있다. 그 계기가 된 것은 바로 한국 동국대학교에서 출판한 100권 본의『燕行綠全集』이었다. 林基中 교수 주관으로 편찬된 이 전집은 380여 종의 연행록이 수록되어 있어 막 세상에 나왔을 때 사람들은 크게 감탄하였다. 이러한 거작의 편찬 및 간행은 중한관계사 연구에 종사하는 학자들에게 귀중한 자료를 많이 제공하고, 동시에 더 많은 학자가『연행록』과 명청시기의 중한관계, 그리고 조선대외교류사에 큰 관심을 가지게 해 주었다. 최근 몇 년간『연행록』관련 연구 논문과 저작이 끊임없이 나옴으로써, 이미 학술 조류 안에서는 새로운 스타가 되었다.

지면의 한계로, 필자의 본 논문은 연행사의 글을 통해 청대 강희·건륭시기의 중국 북방 상업문화를 살펴보는 데 중점을 둘 것이며, 나아가 이를 통해『연행록』의 중국문화연구에 대한 가치를 드러내고자 한다.

Ⅱ. 康熙·乾隆시기의 북방 城市와 城鎭의 상업 풍경

강희·건륭년간은 청대의 상업문화가 한창 발전 중에 있던 시기였다. 조선사신은 '조공' 이외에도 중국의 상황을 고찰하는 임무도 맡아, '利用厚生', '富國裕民'을 도모하여 본국의 경제문화 양상을 바꿔보려고 했다. 이들은 중국의 발전과 함께 매우 발달한 상업문화에 큰 관심을 나타냈고, 직접 눈으로 본 중국의 상업문화 현황에 대해 모두 상세하게 기록했다.

중국은 예로부터 농업대국으로, 농업은 나라를 다스리는 '근본'이었다. 先秦시대의 韓非子가 제시한 '農本工商末'[1]이란 주장은 바로 明末까지 이어졌고, 역대 왕조도 모두 이것을 지당한 이치로 받들었다. 몇몇 소수학자만이 간혹 重農抑商 사상에 대해 비판하였는데, 그 예로 漢代에 桑弘羊은 '富國何必用本農'[2]이라고 지적하였고, 南宋 때의 葉適은 "抑末厚本, 非正論也"[3]라고 주장했다. 명말에는 세계 자본주의 경제가 발전함에 따라, 중국의 江浙 및 연해지역에도 자본주의 맹아가 출현하기 시작했다. 명말·청초의 많은 걸출한 학자 중, 黃宗羲·顧炎武·王夫之와 같은 사람들은 점차 상공업의 중요성을 인식하여, 약속이나 한 듯이 일제히 '工商皆本'이라는 사상을 제기함으로써, 오랫동안 사람들의 마음속에 형성된 農本商末의 관념을 바꾸려고 하였다. 黃宗羲는 "世儒不察, 以工商爲末, 妄議抑之. 夫工固聖王之所欲來, 商又使其願出於途者, 蓋皆本也."[4]라고 지적했다. 王夫之도 富商의 역할을 매우 중시하여, 富民을 억압하는 정책에 반대하였으며, "大賈富民者, 國之司命也"라고 주장했다. 또 그는 정부가 마땅히 탐욕스럽고 청렴하지 못한 관리를 처벌하고, 富民에게 온화한 정책을 취하

---

1) 韓非子, 「亡徵」『韓非子文選』, 中華書局, 1965, p.52.
2) 桑弘羊, 『鹽鐵論』.
3) 葉適, 「習學記言序目」권19, 『史記一』.
4) 黃宗羲, 『黃宗羲全集』제1책, 『明夷待訪錄·財計三』, 浙江古籍出版社, 1985.

면 국가는 평안해질 것[5]이라고 보았다. 생산 기술의 발전과 생산관계의 끊임없는 변화에 따라 상업적인 경제적 번영은 점점 억제할 수 없는 일종의 추세가 되어가고 있었다. 비록 청대의 상공업이 시종일관 정부의 통제와 동업 조직의 억압을 받았고, 고의적으로 국민경제 지위에서 경시되었다 하더라도 은연중에 사람들의 상공업에 대한 중요성은 계속 높아져 오랫동안 末業으로 상업에 종사하는 사람에 대한 관념이 다소 바뀌게 되었다. 명말의 국제통상무역의 전개부터 강희·건륭시기의 상업문화가 융성·발전하기까지 청대사람들의 重農抑商 관념은 끊임없이 충격을 받아 왔고, 상업문화는 크게 발전하는 모습으로 전개되었다.

山海關부터 北京까지 이르는 노정에서 사신들은 각각의 도시, 集鎭 및 향촌의 상업이 발전하는 모습에 큰 관심을 기울이고 있었다. 그들의 시야에 있는 북경·盛京·通州·산해관 등 중국 북방의 주요 도시는 대부분 대로가 넓고 일직선으로 평탄하게 뻗어 있었으며, 점포는 도로 양방으로 나뉘어 나열되어 있었다. 그리고 출입문은 가지런하였고, 모두 벽돌과 기와로 만들어졌다. 또 대로에는 수레와 말이 종횡하였으며 점포들은 경쟁하듯이 호화스러움을 뽐내며 유난히 시끌벅적 했다.

연행사가 처음 중국 경내에 들어서 마주친 鳳城은 국경의 황량하고 외진 작은 도시로 물건도 많지 않았다. 그런데 "市門尤加丹雘, 至瀋陽皆施眞彩. 若皇城則鏤窻雕戶·金銀璀璨, 招牌·門榜竟爲新奇, 椅桌帷廉窮極華侈"[6]라고 했다. 단지 점포가 필요한 시설만을 설립하는 데에도 돈이 천금이상 들었던 것이다.

李宜萬의 『入瀋記』[7]에 기술된 瀋陽城의 상업가는 건륭연간에 이

---

5) 王夫之, 「黃書」, 『大正·六』, 中華書局出版, 1959.
6) 洪大容, 『湛軒燕記』 권2, '京城記略'. 『燕行錄選集』 상, 한국성균관대학교 대동문화연구편찬, 한성, 1962, 下同.
7) 中國遼寧大學歷史系張傑敎授考證, 『入瀋記』, 作者應爲李田秀, 此處仍依, 『燕

북방의 重鎭이 얼마나 번화했는지 그 모습을 매우 상세히 보여주고 있다.

> 過此以西, 市肆益繁庶. 門外皆作翼棚, 高出檐端, 塗以金碧, 炫人眼目. 棚外立招牌, 漆面金書, 高至數丈, 列置紅漆大桶, 高幾丈許, 中養各色魚頭者, 到處皆然. 車載遍(扁)擔, 來往相續, 人肩車轂, 幾乎相戞. 道北生藥舖, 倚壁設千眼樹, 中藏諸種, 外書藥名, 如我東洋契樣. 諸般丸劑貯於畫缸, 外貼紅簽, 以標其名. 而六昧元小如豌豆, 其外木櫃竹籠, 充牣棟宇, 皆生材也. 兩排樓間二書舖, 靠壁設長皮, 堆疊各種本子(華語 : 書冊, 原註), 似不過四五千卷, 而皆是古文抄集及方劑小說之類, 印本亦無甚佳者, 蓋因此中人讀書者鮮少故也. 書套上皆用紙包以防汚點, 後觀裕昆(指他們在瀋陽結識的儒商—筆者註)所藏亦然矣. 道南毛物舖, 各種毛裘掛張外舖, 而山獺·水獺, 皆以刷梳, 粗毛淨盡, 一如貂皮, 棚簷掛一虎皮, 而長幾曳地, 其大可知也. 其餘賣緞·賣器, 雜貨諸肆, 羅列成行. 通論一城之內, 無廛之家十不能一二, 可見俗習趨利之甚也.[8]

이 단락의 글은 盛京城 상업가에 있는 시전의 복잡하고 번화한 모습을 생동감 있게 묘사하고 있다. 그의 기록을 살펴보면, 약방에는 生藥·熟藥이 갖춰져 있었고, 상점에는 비록 훌륭한 인쇄본이 없더라도 매우 소중하게 책표지를 잘 감싸서 오염을 방지하고 있었다. 그리고 상업가에는 각종 물품이 길가에 진열되어 있었으며 거의 집집마다 물건을 판매하고 있어 상업의 정취가 물씬 풍겼다.

심양은 연행사 사신들이 보게 되는 가장 번화한 도시는 아니었다.

行錄全集』作, 李宜萬. 見張傑, 『韓國史料三種與盛京滿族研究』86쪽, 遼寧民族出版社, 2009.

8) 李宜萬, 『入沈記』, 상권, 八月初一日. 『燕行錄全集』30권, 제119~121쪽, 韓國東國大學校出版部, 2001年. 이하 모든 자료는 이 책에서 나옴, 다시 다른 판별은 표시하지 않음.

도시의 번영 정도를 비교해 보면 "市肆는 皇城이 가장 발달했고, 瀋陽이 그 다음, 通州가 그 다음, 山海關이 그 다음"[9]이라고 했다. 또 강희·건륭시기에 중국에서 가장 유명한 4곳의 상업중심지는 '四聚'라고 불렀는데, 劉獻廷이 『廣陽雜記』卷4에서 "天下의 四聚는 북쪽의 京師, 남쪽의 佛山, 동쪽의 蘇州, 서쪽의 漢口"라고 하였다. 연행사가 지나간 지역 중, 가장 상업문화가 발달한 곳은 북경이었다. 북경은 명조이래 "八方兼四海, 無處不來行"이라 하여 상업적으로 유명한 도시였다. 국가 정치문화의 중심이 되자 이곳에 많은 皇室貴族과 富商官僚들이 모여들었고, 그들의 생활은 더욱 넉넉하고 여유로워져 돈을 물쓰듯이 소비하였다. 통주는 북경으로 오는 관문이자 북방 물류의 중심지였다. 조선사신들은 번영한 潞河의 漕運 풍경을 기록하는 한편, 운하에 대해서도 "舟楫之盛可敵長城之雄, 巨舶十萬艘皆畵龍的壯觀"이라 감탄하였으며, "不見潞河之舟楫, 則不識帝都之壯也!"[10]라고 하였다. 북경성 안에는 크고 작은 시장이 더욱 곳곳에 널려 있었으며, 서로 경쟁하는 그 모습도 매우 치열했다.

坐商이 즐비한 도시의 상업가와 비교하면 鄕鎭과 농촌의 상업 풍경은 약간 생기가 없어 보인다. 소상인은 각 지역 장터의 주요 구성원이었다. 그들은 자신이 생산한 물품을 판매하기도 하고, 사들이고 운반해 온 물품을 전매하기도 했으므로 재래시장은 북적거리며 사람들의 왕래가 끊이지 않았다. 박지원은 『熱河日記』·『馹汛隨筆』에서 薊州 閭陽의 한 장터에 대해 "百貨湊集, 車馬塡咽"이라 기록하며, 그 경관이 도시 시전에 못지않았다고 했다. 鄕鎭의 시장은 일반적으로 날짜가 고정되어 있었다. 행상은 아침 일찍 모였다가 저녁에 흩어졌는데 비록 도시의 坐鋪와는 비교할 수 없지만 아침 일찍 상점을 열고 해 질 무렵에 영업을 마치는 안정적인 체제 또한 이것의 독자적인 특

---

9) 洪大容 : 『湛軒燕記』卷2, '京城記略'.
10) 朴趾源 : 『熱河日記』卷2, '關內程史'. 自 『燕岩集』本, 韓國 景仁文化社編, 1974年 1月版, 下同.

색이었다. 사람들은 장이 서는 날마다 희희낙락하며 대오를 지어 다녔고, 이것을 일러 '趕集'이라고 하는데 꽤 이 행사를 즐겁고 경사스럽게 보내는 경향이 있다. 장이 서는 날에는 항상 늦은 밤까지 지속되어 바로 "通街日夕, 行人始稀"[11]까지 되기에 이르렀다.

시장의 坐賈 외에 시골 마을에서 활약하는 유동적인 소상인도 사신들의 관심을 끌었는데 박지원은 이에

> 小賈之行于道者, 或高聲叫賣. 而如賣靑布者, 搖手中小鼓 ; 爲人開剃者, 彈手中鐵簡, 賣油者敲鉟, 或有持金鉦·竹篊·木鐸而行者, 週回街坊, 不撤敲響, 則人家門裡走出小孩子叫之. 未嘗見大聲叫賣者, 但聞敲響, 則已辨其貨物.[12]

라고 기록하였다. 이들 소상인은 일년 내내 농가를 걸으면서 그들 각자의 독특한 판매 수단을 가지고 수많은 사람을 능숙하게 이해시켰다. 그들이 판매하는 대부분 물건은 백성의 일상용품으로 예를 들면 조미료, 실과 바늘, 천 등이었다. 비록 품종은 비교적 단일하나 향촌 사람들의 생활에 매우 편리함을 가져다 주었다. 그들이 매일 각 지역의 향촌을 전전함으로써 사방의 재화는 더욱 광범위하게 유통되었다. 그리고 이들은 청대사람들에게 없어서는 안 될 상업 유통 경로 중 하나로 자리를 잡았다.

Ⅲ. 북방 상업문화의 특징

조선사신들의 노정을 관찰하면 중국 북방 상업문화의 많은 특징이 보인다. 이 내용은 『燕行綠』 계통의 저작에도 많이 기록되어 있다.

---

11) 洪大容, 『湛軒燕記』 卷2, '京城記略'.
12) 朴趾源, 『熱河日記』 卷3, '馹汛隨筆'.

첫 번째 특징은 상업적으로 취급하는 물품의 종류가 증가하고, 상품생산의 수량이 확대되었다는 점이다. 강희 59년(1720) 正使 신분으로 燕京에 들어간 李宜顯은 통주를 보고

> 路上往來行人及商胡之驅車乘馬者, 塡街溢巷, 肩摩轂擊, 市肆豐侈, 雜貨雲委, 處處旗牘. 左右羅列如絨裘·紅帽子·畫瓷·玉器·米穀·羊猪·姜·葫·蔥·白菜·胡蘿蔔之屬, 或聚置塵上, 或各在路邊, 車運擔勻不可盡數.[13]

라고 기록하였다. 통주는 북방 교통의 중심지로 통주 시전의 상품은 대부분 북방사람들의 일상생활용품이 되었다.

상업 취급 품목이 나날이 증가해 없는 것이 없었고 이외에도 오락품을 판매하는 사업도 점차 번창하기 시작했다. 박지원은 이전에 심양으로 가는 도중, 심양의 한 행상단을 만나 동행한 적이 있었다. 이들 대부분은 畫瓷·鳴蟬·響虫·觀賞魚를 주로 취급하였다. 도시에서는 酒樓·茶肆·典當舖 등 외에도 首飾鋪·錦緞鋪·彩鳥鋪·花草鋪 등이 또한 성행하고 있었다. 점포의 고객 대부분은 고급 관리와 귀족 그리고 부유한 상인이었다. 이들의 고급 소비품에 대한 추구는 사회에 사치 풍조를 조장했다. 비록 이것이 상업시장이 낳은 특징이라고 할지라도 이를 통해 강희·건륭시기의 상층사회의 사치를 숭상하는 좋지 않은 습관을 엿볼 수 있게 해준다.

그 다음, 상업 경쟁이 더욱 치열해짐에 따라 상가는 끊임없이 경영 수단을 강화하였다. 더 많은 고객을 끌어들이기 위해 각 상가의 주인은 모두 점포를 꾸미는 데 크게 신경을 썼다. 청대사람이 지은 『燕京雜記』에서는 북경의 각종 상점이 외관을 앞다투어 뽐내는 상황을

> 京師市店, 素講局面, 雕紅刻翠, 錦窓繡戶, 招牌至有高三丈者.夜則燃燈,

---

13) 李宜顯, 『庚子燕行雜識』上, 自 『陶谷集』卷29, '雜識' 5. 『燕行錄選集』上, 韓國 成均館大學校 大東文化研究所編刊, 1962年, 下同.

> 數十紗籠角燈照耀如白日. 其中東西四牌樓及正陽門大柵欄尤爲卓越. 中有
> 茶葉店, 高甍巨桷, 細槅宏窓, 刻以人物, 鋪以黃金, 絢雲映日, 洵是偉觀. 總
> 之, 母錢或百萬, 或千萬, 俱用爲修飾之具.

라고 기록하였다. 휘황찬란한 금색 난간과 녹색 문턱으로 꾸민 시장
의 점포로 도시는 더욱더 화려하고 사치스러워졌다.

점포의 시설이 웅장하고 화려한 것 외에도 상점 주인들은 모두 관
우상을 재물 신으로 섬기고 있었고, "蓋不若是, 則賣買不旺, 財神不
佑."[14]라고 생각했다. 이렇게 재물신을 공경해 보호받으려는 심리는
중국 전통문화가 상업활동 속에 누적되어 반영된 것이 뿐만 아니라
상업 경쟁의식이 이미 상업에 종사하는 사람의 일상생활 속에 침투
했음을 보여준다.

상인들은 상품 영업의 표지인 간판을 선택할 때도 매우 신경을 썼
다. 간판의 속칭은 招牌·幌子 등으로, 이것은 각 상가가 취급하는 물
품에 대해 대외적으로 선전하는 방식이다. 城鎭의 간판은 비교적 간
단하다. 즉, 직접 종이에 이름을 써서 상점 밖에 걸어두기도 하고, 상
품의 도형을 그리기도 하고, 조그만 상형물을 걸어 놓기도 하는데 더
욱이 물품을 직접 상점 문 밖에 진열하기도 한다. 큰길과 골목에는
행상인 대다수가 어떤 일반화된 기물을 가지고 와서 크게 두드려 소
리를 낸다. 집 안에 있던 사람들은 행상인이 두드리는 소리를 들으면
바로 어떤 행상인이 문 앞에 왔는지 알 수 있어

> 不似我國終日叫號, 如賣檳榔者搖小鈴以去, 賣油者打銅片以行矣.[15]

라고 한 것이다.

큰 도시의 상업적인 번영은 간판에서도 구체적으로 드러난다. 각

---

14) 朴趾源, 『熱河日記』 卷3, '馹汛隨筆'.

15) 李宜萬, 『入沈記』 卷下, '財貨'. 『燕行錄全集』 第30卷, p.375.

점포의 간판은 사람에 따라 물건에 따라 다른데 모두 정교하고 화려
하게 만들어 고객의 눈을 사로잡는다. 양식은 복잡한 편인데 처음 중
국에 온 조선사신이

市肆皆有扁[區]額而必稱號·稱館·稱鋪當. 稱館鋪者皆酒食肆, 稱當者典
物貸錢之肆, 稱號者卽百貨之肆, 如長春·興隆·昌盛等號, 皆取美名以題.[16]

라고 하며 그 안의 규율을 발견해냈다.

많은 점포의 명칭은 예전처럼 솔직하고 직설적이지 못한 대신에
우아하고 함축적인 풍격을 추구하기 시작했고, 더욱더 남들과 다르게
지어 사람들의 이목을 사로잡았다. 박지원은 일찍이 점포가 "夸其面
與霜爭纖, 與雪勝白"이라 하여 품질을 위해 점포 이름을 '欺霜賽雪'[17]
이라고 지은 것을 보았다. 더 예를 들면, 골동품 상점명은 '藝粟齋',
비단 상점명은 '歌商樓', 장신구 상점명은 '晩翠堂', 책방은 '文粹堂'이
나 '先月樓' 등으로 이름 지은 것이다. 어떤 상가는 문앞 기둥에 對聯
을 붙이거나 족자를 걸어 시구 형식으로 자신이 취급하는 물품의 성
격을 표현해 고객이 문 밖에서 물어볼 필요 없이 한번에 알 수 있게
하였다. 다른 예를 들면, 遼陽城 길가에 인접한 큰 요리집의 경우는
"颺出一面金字酒旗, 書著 '聞名應駐馬, 尋香且停車'"[18]라고 썼고, 盛
京에 있는 한 주점의 酒旗에는 "天上已多星一顆, 人間空聞郡雙名"[19]
이라고 썼다. 寧遠堡의 한 전당포에는 柱聯이 크게 금색 글자로 "洪
範九言先言富, 大學十章半論財"[20]라 써 있었다. 이것은 점주가 재물
을 추구하고 돈을 벌어 부유해지기를 희망한 마음을 솔직하게 표현

---

16) 李宜萬, 『入沈記』 卷下, '財貨'. 『燕行錄全集』 第30卷, pp.375~376.
17) 朴趾源, 『熱河日記』 卷1, '渡江錄'.
18) 朴趾源, 『熱河日記』 卷2, '盛京雜識'.
19) 朴趾源, 『熱河日記』 卷2, '盛京雜識'.
20) 朴趾源, 『熱河日記』 卷1, '渡江錄'.

한 것이다.

어떤 지방에는 또한 일찍 상표에 대한 의식(브랜드 의식)이 출현하기도 했다. 몇몇 점포에서 파는 상품에 대해

> 又各有印署, 印之貨物之上以賣之. 蓋華俗論貨物甚重其出處. 如某鋪之貨, 則人爭以某譜爲趨; 某工之手良, 則人爭以某手爲貴. 故每貨皆有本鋪之記, 每物皆有本工之標, 如詹方寶之墨·李公道之針·王北川之剪刀, 未必其人尙存, 而人到於今冒名也.[21]

라고 묘사했듯이 솜씨 좋은 장인들의 훌륭한 수공품을 보기 위해 소비자들이 떼를 지어 몰려갈 뿐만 아니라 심지어는 장인이 세상을 떠난 뒤에도 사람들은 그 이름을 사칭해 계속 제조하였기 때문에 하나의 상표가 연속된 것으로 간주할 수 있게 된 것이다.

이러한 상업경영 수단은 강희·건륭시기의 경제적인 번영을 반영할 뿐만 아니라 점차 발전하는 상업문화가 중국 전통문화와 함께 점차 융합해 가는 추세를 구현한 것이다. 그리고 객관적으로 청대 상인의 문화적 소양의 제고를 반영한 것이기도 하다.

나날이 번창하는 상업 활동은 호화스럽고 사치스러운 사회생활 습관을 조장했다. 사치하는 습관은 또한 상업 활동에 대한 강력한 지배와 유도작용을 발생시켰다. 그리고 이것은 대도시에서 더욱 명확하게 드러났다. 도시 안의 상인들은 자신도 모르는 사이에 심미관과 가치관 양쪽에 영향을 받아 생활습관도 더욱 더 상류사회의 생활방식을 추구하였다. 이로 인해서 도시의 상인들 특히 상인과 큰 점포경영자의 생활의 질은 일반도시민에 비해 훨씬 높았다. 이들 중 일부는 화려하고 사치스러운 물질적인 향락에만 깊이 빠져 있는 반면 일부에서는 오히려 더욱 더 정신생활의 풍요로움을 중시하기도 했다.

---

21) 李宜萬, 『入瀋記』卷下, '財貨'. 『燕行錄全集』第30卷, 376쪽

IV. 燕行使와 儒商의 교체

비록 상인들의 생활이 점점 사치스러워졌지만, 청대 강희·건륭시기에는 '貴道賤利'와 '崇本抑末'의 사상이 여전히 사회에 뿌리 깊게 박혀 있었다. 건륭연간에도 상인 집안은 士계층의 자식과는 혼인할 수 없었다. '以淸仕路'란 규정은 많은 사람의 마음속에 여전히 상업을 말업이라고 생각하게 했다. 상인들 눈에는 독서인의 사회적 지위가 '一爲生員, 九族生輝'라 하여 매우 높게 보였기 때문에 오랜 세월 상업에 종사한 사람들은 아낌없이 거금을 들여 生員을 도와주었다. 경제적인 역량의 증강으로 상인은 더욱더 사회활동 속에서 자신의 재력과 부합하는 지위와 발원권를 얻기를 갈망하였고, 오랫동안 남들 밑에 있는 것에 만족하지 않았다. 그들은 자신의 문화 소양을 더 강화하는 한편, 士人과의 교제를 통해 사람들이 상인을 천하게 여기는 관념을 바꾸기를 바라였다. 그리고 동시에 지식을 운용하여 사회를 더욱 많이 이해해서 시장의 경쟁력을 증강시키길 희망했다. 이러한 까닭으로 많은 상인이 詩를 짓고 글을 쓰고 經書를 공부하는 데 열중하였고, 점점 교육 수준이 높은 하나의 사회계층으로 자리를 잡았다. 상인이 재력에 의지해 자신을 관료사회에 접근시키는 것은 이미 상당히 보편적인 현상이었다. 그들은 과거에 士人에게 함께 교제할 가치가 없다고 무시당했지만, 이제는 폭넓게 교제할 수 있게 되었다. 당시 사람들은

　　向昔士大夫以淸望爲重, 鄕里富人, 羞與爲伍, 有攀附者, 必峻絶之今人崇尙財貨, 見有擁厚資者, 反屈體降志, 或訂忘形之交, 或結婚姻之雅. 而窺其處心積慮, 不過利我財耳. 遂使此輩忘其本來, 足高氣揚, 傲然自得.[22]

---

22) 董含, 『三岡識略』 卷6, '三吳風俗十六則'.

라고 말하였다. 이것은 일부에서 대대로 전해져 내려온 말인데, 縉紳
지위를 견고히 하기를 바라는 사인이 상인과 교유하는 사인에 대해
불만을 나타낸 것이다. 이것을 다른 측면에서 바라보면 상인과 사인
의 관계가 많이 변한 것을 반영한다.

이와 동시에 몇몇 벼슬길에 달성하지 못한 사인이 상업에 종사하
는 단체에 가입한 경우도 있었다. 건륭 30년(1765) 연경에 온 홍대용은
三河鎭에서 山西太原府의 鄧汶軒을 만났다. 이 사람은 일찍이 "入選
貢生, 爲擧子業"으로 했다가 이후에 상업종사자로 변신해 "與數友開
舖賣鹽"[23]한 자였다. 이것은 功名을 얻으려 했지만 누차 시험에 합격
하지 못했기 때문이다. 상업종사자로 전직한 사람은 『연행록』에도 많
이 기록되어 있으며, 청대사람의 기록에서도 많이 반영되어 있다. 사
인을 통해 상인이 된 사람의 출현은 한 걸음 더 나아가 당시 사인이
상인에 대해 인식이 바뀌었음을 분명하게 밝히고 있다.

도시의 점포 상인은 남방의 吳楚·蜀·晉지역의 사람들이 다수를
차지하였고, 그 외 상인은 고향을 등지고 떠나 오랫동안 외지에 있으
면서 고향과 집을 그리워하였다. 그래서 이들은 자신의 사업에 더욱
심혈을 기울였다. 점포의 장식과 상품을 선전하는 온갖 기교들 외에
도 그들은 고객에 대해 매우 열정적이면서 예의를 다하였다. 고객이
왕림해 오면 자발적으로 차를 권하거나 작은 선물을 증정해 고객의
흥미를 이끌어[24] 손님이 마치 자기 집으로 돌아온 것처럼 편안함을
느끼게 했다. 상가의 노력은 편안하고 우아한 경영환경을 만들어 냈
고, 우수한 상품과 정교하고 세밀한 서비스로 고객의 신임을 얻었으
며, 고도의 敬業정신과 높은 심미적인 정취를 표현해 냈다.

연행사는 여정 중에 많은 상인들과 왕래하였다. 그들은 상인들 중
일부는 상당히 높은 수준의 문화적 소양을 가지고 있다는 것을 알게

---

23) 洪大容, 『湛軒燕記』 卷1.
24) 顧祿, 『淸嘉錄』, 上海文藝出版社, 1985.

되었다. 그 상인들은 사람의 용모를 중시하고, 의리에 통달했으며 게다가 글짓기와 말 재주에도 뛰어나 연행사들에게도 좋은 인상을 남겼으며, 심지어는 교유관계까지 맺기도 했다. 예를 들면, 홍대용은 盛京에서 한 상인단에 대해 "皆紋緞, 衣狐豹裘, 面貌淨白如傅粉"[25]이라고 했고, 박지원은 그가 만난 몇몇 吳楚 상인 중 李龜蒙에 대해서는 "面似傅粉, 朗然讀書, 聲出金石", 裴寬에 대해서는 "美鬚髥, 善飮酒, 筆翰如飛, 休休然有長者風"이라고 기록했다.

상인들과의 언담 중에는 많은 남방풍속과 관습이 언급되었을 뿐만 아니라 그들이 갖춘 깊은 문학 실력도 반영되었다. 배관은 박지원이 棧道를 지나는 것과 관련해 물어봤을 때 그 회답에

> 舟中時值季春天氣, 兩岸花樹. 最是蓬窗旅榻, 獨夜難曉. 鵑啼猿鳴, 鶴唳鵑笑, 此江空月明時景也. 崖上大石崩落, 江中峽谷兩石相觸, 自生電火, 此夏天霖雨時景也. 雖百鎰黃金, 錦繡千純, 爭奈頭白心灰.[26]

라고 했다. 그리고 그들이 멀리 집과 고향을 떠나 상업에 종사해 고향을 그리워하는 마음이 있는 지를 물어보았을 때에는 李東野(龜蒙)는 : "每一念至, 魂神飄蕩, 天涯地角, 所爭錐毫, 而暮間空倚, 春閨獨掩, 雁書久斷, 鴛夢不到, 如何不令人頭白? 更值月白風淸, 木落花發, 尤難爲情, 奈何奈何?"[27]라고 답했다. 이 두 단락은 생각할 필요도 없이 곧장 말하는 대로 글이 된 답문이다. 객상들이 현실에서 부딪히는 상심과 고향과 가족을 그리워하며 감정과 고통스러운 심경을 남김없이 표현해 낸 것이다. 그리고 길을 가면서 묘사한 풍경은 어투가 더욱 고양되어 더 생동감 있고 정교하게 그들의 뛰어난 문화적 소양을 드러내었다.

---

25) 洪大容, 『湛軒燕記』 卷2, '京城紀略'.
26) 朴趾源, 『熱河日記』 卷2, '盛京雜識'·'商樓筆談'.
27) 朴趾源, 『熱河日記』 卷2, '盛京雜識'·'商樓筆談'.

이러한 '儒士'의 기질 외에도, 이들 상인은 오랜 시간 동안 남북으로 돌아다니면서 보고 들은 것도 많아 식견이 넓었고, 예술적 소양도 높았다. 그래서 때때로 골동품을 감상하거나 書法을 연습하거나 악기 등을 연주하였다. 이들은 매우 고상하고 멋이 있었다. 상인들은 마음속으로는 고급계층 문인들과의 교류를 매우 갈망하고 있었다. 李龜蒙은 박지원에게

> 吾輩俱有友朋至性. 三人行必有我師, 二人同心其利斷金, 天下至樂, 無逾
> 於此. 人生百年, 苟無友朋, 一事都沒佳趣. 裹布啖飯的, 總不識此味. 世間多
> 少面目可憎, 言語无味者, 眼中只有些衣飯碗, 胸里全乏个友朋樂.

라고 말했는데 이들은 글로써 벗을 사귀고, 술로써 벗을 맞이하는 것을 평생의 즐거움으로 삼았다. 그리고 지향하는 바가 맞고 서로 이해해 주는 친구를 사귀기를 원했다. 그러나 이익만 도모하는 사람과 정이 부족하고 의리가 없는 저속한 奸商은 경멸하였다. 홍대용은 三河鎭에서 鄧生이란 사람을 만나 서로 의기투합하여 하루 종일 이야기를 나누었다. 날이 저물어 이별할 시간에는 "含淚曰, '惟願來世同生一國'. 出門相別, 又含淚不忍舍馬"[28] 라 하였다. 이러한 참된 우정과 성실한 인품이 연행사들 감동시켰다.

V. 결론

『燕行綠』에 반영된 강희·건륭시기의 중국 상업문화는 중국 상업문화의 전체적인 발전 각도에서 살펴본다면 단지 북방 상업문화의 대표인 셈이다. 연행사 사신들이 지나 간 노선과 왕래한 사람들의 한

---

28) 洪大容, 『湛軒燕記』 卷1.

에선 그들은 정확하게 전반적인 중국의 상업 발전 상황을 알 수 없었다. 사신들은 강희·건륭시기의 상공업의 경제발전이 매우 빨랐던 남방지역을 직접 볼 수 없었고, 왕래한 사람들을 통해 단편적인 지식만을 습득할 수 있었다. 그래서 『燕行綠』에는 江南 및 연해지역 상공업의 발전 기록이 적으며 중국인과의 이야기를 통해 얻은 지식으로는 가장 남방경제의 발전 수준을 대표할 수 있는 南京·蘇州·杭州지역의 絲織業, 揚州의 鹽業, 廣東 佛山의 冶鐵業, 廣州 絲織業, 漢口의 鹽·當·花布·藥材 등의 상공업을 충분히 이해하기 어려웠다. 만약 그들이 강희·건륭시기에 중국 남방에 가서 한번 상세히 관찰할 기회가 있었다면 분명히 많은 이득을 얻을 수 있었을 것이며, 북방에서 상대적으로 발달한 상공업에만 관심이 국한되지 않았을 것이다.

당시 남방 경제 발전의 영향을 받아, 북방의 상공업에서도 직공을 고용하는 형태의 수공업이 나타났으며, 이러한 새로운 생산방식은 연행사의 관심을 끌었다. 홍대용은 盛京에 있는 45명의 고용 규모를 갖춘 한 모자공장에 대해

　　　一屋長十數間, 中置五大爐, 炭火烘烘, 入戶蒸暖如夏, 汗出不可久留也.
帽匠四五十人環坐, 班行不亂, 皆渾脫衣帽, 徒著單袴, 身手齊力, 揮霍驍敏,
其踴躍跳蕩之狀, 始見莫不驚怪.[29]

라고 상세히 기록했다. 이 모자 공장에서 생산된 冠帽는 대부분 조선에 팔렸다. 경영자는 이러한 대규모의 생산 조직을 만드는 것이 가능했고, 게다가 관리도 질서 정연하게 잘 이루어졌으며, 생산과 무역은 서로 보장되고, 서로 영향을 주고받지 않았다. 이러한 상가들은 이미 비교적 성숙하게 사무를 총괄해 관리할 수 있는 기본을 갖추고 있었다고 볼 수 있으며, 중국 전통의 소규모 수공업인 자급자족의 생산방

---

29) 洪大容, 『湛軒燕記』 卷2, '京城紀略'.

식에 대해 유력한 충격을 가하는 데 한 몫 했다. 박지원은 『熱河日記·黃圖紀略·琉璃廠』에서 유리기와 제조상에 대해 "廠禁人出入, 燔造時尤多忌諱, 雖匠手皆持四月糧, 一入毋敢妄出."이라고 기록했다. 이러한 공장에 대한 엄격한 금기는 장인에 대한 규제이외에도 또한 기술의 유출을 막기위해 상인이 정상적인 생산을 보장하기 위해 채택한 효과적인 조치인 것이다. 『연행록』에는 이러한 생산방식에 대해 기술한 것이 많다. 연행사는 이러한 새로운 생산관계로부터 중국 상업문화가 바로 정통으로부터 변혁해 가는 추세로 생각했고, 본국 경제 발전 상에서 존재하는 부족함을 발견하고, 그들의 선진 생산 기술을 도입함으로써 부국유민의 신념을 불러일으켰다.

강희·건륭시기의 중국 상업문화는 바로 신·구형태의 병존, 전통과 개방이 서로 충돌하는 단계에 처하는 과정에서 경제는 번영한 모습으로 나타났다. 조선사신들이 관찰한 것은 단지 중국 북방 일부에서 발전한 상업문화의 모습이었다. 이 글은 그들의 시각으로부터 출발해 당시의 역사 조건과 결합하여 강희·건륭시기의 상업문화에 대해 간단히 분석한 것으로 이것은 강희·건륭시기의 상업문화 전체 중 일부에 지나지 않는다. 따라서 앞으로 한층 진일보된 연구성과를 기대해 본다.

(번역 : 이창섭)

朝鲜《燕行录》与中国清代区域文化研究

王政尧*

Ⅰ. 宣南地域文化
Ⅱ. 承德避署山庄文化
Ⅲ. 中朝戏剧文化

区域文化是中外史学界广泛关注和研究的热点之一。所谓区域文化是指由于地理环境, 人为干预等条件不同, 导致历史文化背景的差异, 从而形成了明显与地理位置有关的文化特征, 这种文化称之为区域文化。在朝鲜《燕行录》系列著作中, 特别是韩国东国大学燕行学研究所林基中教授编校的《燕行录全集》百卷本出版以后, 极大丰富了中国清代区域文化等诸多领域的研究。这些珍贵的历史文献为中国清代的区域文化留下了许多动人的、真实的历史记录。京师宣南文化和承德避暑山庄文化就是其中的两个具体事例。

Ⅰ. 宣南地域文化

宣南文化是北京地域文化的源头, 位列北京区域文化之首, 是京师区域

---

* 中国人民大学清史研究所教授

文化的根。《礼记·乐记》彖有孔子授徒曰:"武王克殷反商,　　未及下车而封黄帝之后于蓟。"蓟的中心位置就在北京宣南的广安门一带。金贞元元年(1153年),金中都建成,仍位于广安门内外。历史上,北京宣南是一个较为宽泛地域概念,与现在北京刚刚与西城区合并的原宣武区地域相近。泛指宣武门以南,正阳门大街以西,广安门外以东的这块宝地,。明清时期,这里是北京外城的西部。因此,北京的地域源头不仅在宣南,同时,宣南做为一个文化区域,也在此地。

明代在京师外城以西建有五个坊,它们分别是宣南坊、宣北坊、正西坊、正南坊、白纸坊。如今还可以看到的地域之名只有白纸坊。其时,宣南坊管辖的范围在今天的菜市口以南,具体位置在教子胡同和潘家河沿(今潘家胡同)之间。清顺治元年(1644年)五月初二日,也就是清军刚刚进入北京后的第九天,多尔衮即代表满族统治者强行旗、民分制政策,命令以南城为民居,尽迁居住在内城的东、西、北、中等区域的百姓、商人、士人、官员、艺人等汉族人等。此后,士人们遂将当时京师外城西部称之为"宣南",并相继出现在他们的诗文之中。由上述人等形成的文化即为宣南文化。显然,宣南文化是以士人文化和平民文化为主,因此,当时的书肆、商业、戏院和演出等情况都是清代宣南文化的重要组成部份。

在目前所见到的《燕行彖》系列著作中,大多数作者都程度不同地记述了与宣南区域文化密切相关的内容,有些学者则将此直接列人标题,如洪大容《湛轩燕记》卷二《京城纪略·大栅栏》、朴趾源《热河日记》卷五《黄图纪略·琉璃厂》等,此外,记载有关这方面内容的还有:李德懋《入燕记》、柳得恭《滦阳彖》、李宜显《庚子燕行杂识》和《燕台再游彖》、朴思浩《心田稿》、金景善《燕辕直指》等多部著作。需要说明的是,上述著作在《燕行彖全集》和《燕行彖选集》中多已收彖。这些作者们著彖的中心集中在书肆、戏园、商业等方面,全面展现了他们的敏锐目光和动人文字。这里,笔者试举二例加以说明。

一、朝鲜英·正年间(1725年~1800年),"二君致力于文艺,大量需要书籍,

尤其正祖, 以罕见之好学君主, 极重视中华文物。每使臣回还, 便召见详问文物一般, 并多方努力输人汉籍"[2]。使清的官员和学者在其未动身之时即已持有国王开列的书目, 有时甚至很"详尽。"因此, 当他们到达中国、特别是到达京都之后, 他们便不遗余力地搜求典籍, 其购书地点则首推在宣南文化占有重要位置的琉璃厂。朝鲜著名学者洪大容专门列目记述他所看到的琉璃厂的繁盛场景, 其他使者也在纪行中或多或少地加以记述。洪大容从琉璃厂之得名、地理位置、经营者经营物种等方面一一道来, 重现了乾隆时代古香古色的琉璃厂景象："市中多书籍、碑版、鼎彝、古董。凡器玩杂物, 为商者多南州秀才、应第求官者, 故游市者往往有名士。盖一市, 长可五里之豪侈不及他市, 珍怪奇巧充滥罗积, 位置古雅, 遵循徐步, 如入波斯宝市, 只见其环然烂然而已, 终日行不能鉴赏一物也。"藏书尤为丰厚的六、七家书肆"三壁周设悬架, 为十数层, 牙签整秩, 每套有标纸。量一肆之书, 已不下数万卷。仰面良久, 不能遍省其标号, 而眼已眩昏矣。"[3]

乾隆四十一年(1776年), 检书官李德懋在到达北京的第三天, 就来到琉璃厂, 并先后到嵩秀堂、文粹堂、圣经堂、文盛堂、郁文堂等十二家书店访书, 抄录了"国之稀有及绝无"、准备购买的图书一百三十余种。[4] 他们所记仅仅是琉璃厂肆中影响较大、藏书较多之处, 一些规模较小"猥杂不可观者"都被略去不记。即便如此, 琉璃厂"画舫书林列市齐, 游人到此眼都迷"的景象, 也已经在人们面前展示出来。至于购买了哪些书籍, 李宜显在《庚子燕行杂识·下》中的记载最具代表性。其时, 他在琉璃厂等地一次购书五十二种一千四百一十六卷、另有书画碑帖十种十五件。其中包括《册府元龟》、《续文献通考》 等史书六种六百六十五卷； 《楚辞》、

2) [韩国]郑锡元：《清朝时代韩中文化交流》, 见 《清兵入关与中国社会–中国第七届全国暨国际清史学术讨论会论文集》 1996年辽宁人民出版社出版。

3) [朝鲜]洪大容：《湛轩书》 卷10 《外集·燕记·琉璃厂》。参见1962年韩国成均馆大学校大东文化研究所编 《燕行录选集》、2001年韩国东国大学校林基中编《燕行录全集》, 说明：《选集》本未选李德懋之 《入燕记》, 而 《全集》本有之。余者皆同此注。

4) [朝鲜]李德懋：《青庄馆全书》 卷67 《入燕记》。

《汉魏六朝百名家集》、《全唐诗》、《钱注杜诗》、《陆放翁集》 等历朝闻名的诗文集二十八种六百卷；《西湖志》、《盛京志》、《通州志》、《山海经》、《黄山志》 等五种方志三十七卷；其余如人物传记 《四书人物考》；小说故事 《黄眉故事》 等，各种丛书、逸闻十二种一百一十四卷；所集书画也均出自历代名家之手，如米芾、颜真卿、赵孟俯、董其昌、明神宗等。雍正十年(17 32年)，李宜显再次使清，又购得各类图书十九种四百零六卷。[5] 从李宜显的购书情况，可以看出朝鲜士人所关注的书籍也多为中国历代有着广泛影响者，说明朝鲜对于中国文化了解及研究的深度和广度并不限于表面，他们能够准确地掌握中国文化精华所在，从而能够更精确地理解中国文化的内涵。与此同时，他们在琉璃厂访书之时，或因事、或问书，广交文友，并留下了世代相传的感人事迹，"洪严之交"即是一例！至此，琉璃厂在朝鲜使节和学者心目中的重要地位已可见斑，而清代京师的区域文化之首—宣南文化已在 《燕行录》中被描述得栩栩如生 … 。

二、戏剧文化是宣南区域文化的一个出彩的亮点，而清代戏剧文化则是诸多 《燕行录》 评述集中的内容之一，其中，道光十三年(1833年)，朝鲜使团书状官金景善于正月初五详细记录在位于宣南大栅栏街西边的广德楼看戏的情景和感触，本篇在作者的 《燕辕直指》卷之四〈留馆录·中〉内，林基中教授在 《燕行录全集》第70卷—第72卷将本书编入其内，是书有关广德楼的述评应是研究宣南区域文化的重要篇章。

本篇多达近三千字，涉及范围较广，这里，仅举其所记剧场与演出的实况。

1. 戏园建置与经营

"凡演戏之处必有戏台，其出财营建者谓之戏主，其创立之费银已七八万

---

5) [朝鲜]李宜显：《陶谷集》 卷30 《杂识》 三十八。

两，又逐岁修改，招戏子设戏，收息，上纳官税，下酬戏雇，其余则自取之，其收钱之多可知也。"[6]

与此同时，"昔年戏班不专主于一园，以四日为一转，各园约各班轮流演唱，故观众须记某日为某班，在某园也。"前文说道，如广德楼之规模者，演戏必以徽戏为主，而道光时，京师称三庆、四喜、春台、和春为四大徽班。三庆以演《三国志》等连台本戏见长；四喜专工昆曲，其中旦角最好；和春专演连台本戏《彭公案》、《施公案》中事迹；春台也以武戏见长。惟有嵩祝成班虽非大班，但能与四大徽班唱对台，且持久而不衰，光绪初年尚存，皆因邀请人活跃，每日调整戏码，大受观众欢迎。至此，我们可以从金景善等诸位作者在京师看戏的次数、对所看过的戏的描述和他们开列的剧目诸方面看出，他们分别看过四大徽班或其中几个徽班及其它戏班的演出当属无疑。所不同的是，金景善于道光十三年在京时和春班已报散。

2. 舞台规模和剧场实况

"戏台之制筑辄为广厦，高可六七丈，四角均齐，广可五六十间，间皆长梁，就北壁下截九分一设间，架属以锦帐，帐左右有门，门垂帘子，盖藏戏具而换服之所也。帐前向南筑方坛，周可七八间，此则演戏之所也。自方坛前至于南壁下，叠置长凳，前者稍低，后者渐高，使观戏者鳞距便于俯观也，南东西三壁别作层楼，每一间各有定贯，南壁正中最上楼贯为白银十两云，南壁西隅只设一门，一人守之，观者到门先收钱，乃许入，观者之众寡，债为之低仰，戏事方始。"

实际上，作者的记述不仅较朴思浩等以前燕行使的记载更加周详，同时，层次也很清楚，即：剧场，后台、前台、观众席(楼下、楼上)，收费处。

3. 当天的剧目是：《地理图》、《金桥》、《杀犬》、《跪驴》、《英

---

6) [朝鲜]金景善：《燕辕直指》卷之四《留馆录·中)，下同。

雄义≫。作者看到舞台上，"又有二人，服饰如我国官服，从帐中出，分坐东西椅。… 又有戏装者，一队出来，""如我国战巾样，身披黑色短后衣，各持双剑对舞。"武打方面，演员们各持双剑对打，"始缓渐急，手势烂熟，芒愕闪烁，浑如梨花乱飞，或不见人形，踊跃击刺，真若有杀伐之气，诸乐工鸣金鼓以助势，观者皆惊擦畏缩。"其次，"又有四个美女，亦出而舞剑，能与男子对敌，比向者剑舞尤为绝奇，观者不能正视，乃以筋斗角抵等戏杂之，使观者应接不暇。"上述这些对当时演出的直观而绘声绘色的记录，成为我们今天研究徽班进京之后、京剧姓"京"之前在大栅烂的广德楼等地演出的不可多得的宝贵史料。

4. 百卷本 ≪燕行彔全集≫第76卷-77卷编彔的李遇骏 ≪梦游燕行彔≫需要重视。因为，自清道光二十年(1840年)后，京剧在宣南诞生，并在京师成长。道光二十九年正月，李遇骏在是年正月初二日"… 同安生出正阳门外观棚戏。西入一胡同，路右有戏台，台为二层，四面各三四十间。"[7]作者去宣南，目的明确：看戏。此时此刻，根据李遇骏的记录，他们看的剧目有 ≪西厢记≫、≪水浒≫[演潘金莲和武大那段故事]≪平阳公主≫、≪三国志≫。因前三出"皆草草收了，"李遇骏最感兴趣的剧目是应为 ≪群英会≫的≪三国志≫。他评价"打扮孔明则儒雅似之，打扮公瑾则颖悟似之，打扮子敬则老实似之，至如曹操之奸态，孙权之英气，各得其一样。且取诸室中，百物皆足。如曹操临殿，则宝榻设焉；诸葛舌战，则坐椅列焉；军中置酒，蒋干见也；帐外打更，周瑜醉也；飞矢满船、鼓进而纷旋，孔明借箭也。此其大略，而当日事如在目击。可喜当时东风一炬火，能烧散了北船，使吾辈得见千古一快活事也。"这段述评是京剧姓"京"之后的生动记录，它不仅使我们看到了作者看戏时的喜悦心情，尤为重要的是，它还填补了宣南区域文化研究和中国京剧史之不足。

简言之，在清代的区域文化中，研究宣南文化，既具有重要的历史意义，

同时也具有重要的现实意义，而《燕行录》又以其直笔、全面、完整、细致、重要为其主要特点，此中有关清代宣南文化的诸多记载生动表明，博大精深的宣南文化同样闪烁着中朝文化交流的光辉。

II. 承德避暑山庄文化

在清代区域文化研究中，承德避暑山庄文化以其特殊地位而备受历代中外学者关注。谓其地位特殊，是因为承德承载着三百年以上的山庄文化。因此，自有避暑山庄之日起，承德区域文化与山庄文化就已融为一体。承德是中国统一的多民族国家形成的一个缩影，是历史发展的一个重要组成部分。承德历史文化上所形成的多元一体格局是客观的存在，也是历史发展的必然结果。清政府开始是以今天的承德市中心设热河厅，而热河的地理位置早已引起了清统治者的重视。清朝初年，山东、直隶、山西等地的汉族百姓陆续迁居此地。避暑山庄则于康熙四十二年[1703年]开始兴建，康熙五十年[1711年]初步建成，康熙帝为行宫题匾为"避暑山庄"，自此，避暑山庄正式得名。乾隆五十五年[1790年]，在历经八十七年后，避暑山庄得以竣工【一说乾隆五十七年竣工】。随着人口的增长和避暑山庄规模的不断扩大，承德迅速成为口外的一大都会，各民族间的经济交流日益繁荣。雍正十一年[1733年]，清政府改设此地为承德州，承德之名自此开始。其间，承德避暑山庄这一区域文化取得了长足的发展。

但是，康熙皇帝兴建承德避暑山庄的真实目的是为了统一大业的需要，这里实际是一个联络少数民族和指挥战争的中心。据统计，清朝皇帝每年大约有半年的时间住在山庄。康熙帝在位61年，来此53次；乾隆帝在位60年，来此45次；嘉庆帝在位25年，来此19次。他们在这里多次接见来自蒙古等地的各少数民族上层首领、宗教领袖和外国使节、进行一系列包括外事在内的重大活动，这样，既巩固了多民族国家的统一，也实现了睦邻友好的对外策略。所以说，承德避暑山庄是当时清王朝统治中国的第二个政治中

心。惟其如此, 朝鲜的燕行使者们便有了多次访问承德和避暑山庄机会, 并在 《燕行录》系列著作中多次记录了他们对这一特殊的区域文化的观感。其中, 名列首位的当属 《热河日记》。

清乾隆四十五年[1780年], 朝鲜北学派著名学者朴趾源在使清之后, 写出了名著后世的 《热河日记》。是书不仅是 《燕行录》系列著作在中国最有影响代表作, 同时, 此次中国之行加速了朴趾源对清朝是"夷狄"之邦认识的转变。该书1997年由上海书店出版, 朱瑞平校点, 全书共计380页, 而有关承德和避暑山庄的内容占去他本次中国之行的四分之一, 并主要集中在〈漠北行程录〉、〈山庄杂记〉、〈避暑录〉等数卷之中。这里, 需要进而说明的是:2001年出版的 《燕行录全集》用了近四卷的篇幅第53卷─第56卷校录了此著, 研究者应予关注和认真研读。在介绍热河时, 朴趾源以其亲身经历写道:1、"今清一统, 则始名热河, 为长城外要害之地。自康熙皇帝时, 常于夏月驻跸于此, 为清暑之所, … 谓之避暑山庄。帝居此, 书籍自娱, 逍遥林泉, 遗外天下, 常有布素之意。而其实地据险要, 扼蒙古之咽喉, 为塞北奥区。名虽避暑, 而实天子身自防胡。"[8] 2、避署山庄的壮丽和承德的动人之处都给朴趾源留下了美好而深刻的印象. 他曾动情的写道:热河"宫阙壮丽, 左右市廛连互十里, 塞北一大都会也。直西有棒棰山, 一峰矗立, 状如砧杵, 高百余丈, 直耸倚天, 夕阳斜映作烂金色, "今年春, "热河城池宫殿岁增月加, 侈丽巩壮胜于畅春、西山诸苑, 且其山水胜景, 逾于燕京故, 所以年来驻于此, "为此, "皆穷极奢丽。"朴趾源认为:个中皆因康乾诸帝"视漠北如门庭, 身不离鞍, 此圣人安不忘危之意云!"在观看演出时, 朝鲜副使从官柳得恭写到年迈的乾隆帝在避暑山庄清音阁大戏楼爱看 《黄发换朱颜》一剧的原因, 其诗曰:"清音阁起五云端, 粉墨丛中见汉官。最是天家回首处, 居然 《黄发换朱颜》[返老还童之意─笔者按]。"[9] 不同的是,

---

8) [朝鲜]朴趾源:《热河日记》·〈漠北行程录〉, 下同。上海书店出版社1997年12月版, 第112页。

9) 同 7), 第125页、第112页;[朝鲜]柳得恭:《滦阳录》卷二〈扮戏〉。韩国庆南大学校藏本。

朴趾源则深感清朝国势强盛，"此斯须之戏耳，其纪律之严有如是者。以此法临军阵，天下孰敢哉?！"[10]同时，他也指出"然而在德不在法，况以戏示天下哉！"

此外，举凡承德的风土人情、市农工商、酒楼茶肆、市容街景、文武臣僚、士子百姓、宫廷大戏、民间演出，以及承德沿途风光、百姓如何安居乐业，都在朴趾源和其他朝鲜使者笔下有生动的反映。笔者将在下文列举二例加以说明。

1. 朴趾源一行已近承德，仆役昌大渡白河时，"赤足为马所践，蹄铁深入，肿痛乞死。无代控者，事极狼狈。"朴趾源见他"又饥又寒，又病又睡，又涉寒溪，极可虑也。"此事被清朝的一名提督发现，于是这位四品提督对昌大嘘寒问暖，雇车载之，"亲为劝食。"待其渐愈，又以坐骑授之，嘱曰："汝先去追公子，若道中欲下，须系之过去车后，我自可赶得，毋虑也。"朴趾源等使团人员甚为感动，"提督之意甚厚可感也！""顾其年近六十矣，为外国一贱隶如此其费心周全，护此一行虽其职责，其行已简略，奉职诚勤，可见大国之风也。"[11]此事在朝鲜使团成为一时之热门话题。

2. 朴趾源在承德市区亲眼看到"一果肆，时新者颓积如丘。"而其亲身经历的酒楼饮酒事更是有趣。他写道："对楼酒旗飘扬槛前，银壶锡瓶舞蹲檐外。绿栏行空，金扁映日，左右青帘题'神仙留玉佩，公卿解金貂。'楼下车骑若干，而楼上人声如蜂闹蚁沸。余信步而上，则胡梯十二级矣。围桌坐椅者，或三四，或五六，皆蒙古、回子而无虑十对。"[12]"余叫斟生酒，一吸四两，"其结果是"吾叫生酒时，群胡已惊三分，及见一吸(四两—笔者注)乃大惊，"其后，朴趾源付了酒钱，"方起身，群胡皆降椅顿首，齐请更坐一坐。一房起，自虚其椅，扶余坐。彼虽好意，余背已汗矣。"此时，当他想到"今朝万

10) 同 7)，〈山庄杂记·万年春灯记〉，第247页，下同。

11) 同 7)，〈漠北行程彔〉第120页、121页、123页、124页。

12) 同 7)，卷二，〈太学留馆彔〉，第135页—第136页。

里塞上, 忽与群胡饮"之时, "一胡起斟三盏, 敲桌劝饮。余起泼碗中残茶于
栏外, 都注三盏, 一倾快嚼, 回身一揖, 大步下梯, 毛发淅淅然, 疑有来追
也。出立道中, 回望楼上犹动喧笑, 似议余也。"这段记载精彩传神, 它道出
了蒙、回等族百姓对朴趾源的友好热情。他们与燕行使者以酒为友, 沟通
交流, 真可谓"相逢何必曾相识!"二百三十余年过去了, 这段述评仍使人有
呼之欲出、如见其人之感。及至朴趾源返京后, 他还在〈幻戏记〉内再次回
忆了"热河酒楼, 繁华不减皇京"的情景。简言之, 《热河日记》的上述文
字为我们加深了解承德避暑山庄这一区域文化留下了动人史著。

不难看出, 以朴趾源为代表的朝鲜来华的使节、学者们对承德避暑山
庄文化的政治色彩、动人风光、历史地位及其重要作用已同我们的认识很
接近, 甚至是一致的。

在有清一代的 《燕行录》系列著作中, 除了 《热河日记》之外, 还有
乾隆五十五年(1790年)柳得恭著 《滦阳录》、同年徐浩修著 《热河纪游》、
嘉庆六年(1801年)柳得恭著 《热河纪行诗》、佚名之 《热河图》等等。此
外, 在其它很多 《燕行录》著作中, 有关他们在热河的所见所闻, 颇多记
述。对于以上内容, 有待于我们全面整理, 专题研究, 著录出如 《朝鲜〈燕
行录〉中的承德史料》, 从而, 进一步加深我们对这一极具特色的清代区域
文化及其唯一性的研究和认识。

Ⅲ. 中朝戏剧文化

一个文化的存在离不开地方文化的传承, 这样的传承就会产生不同的民
俗文化, 从而, 也就产生了特色不同的区域文化。如今, 以承德避暑山庄为
代表的承德区域文化通过她的悠久历史文化和人杰地灵、通过她的山水园
林和文物建筑等独具特色的区域文化向人们展示着清代全盛时期的历史,
展示着各民族间的和谐。康熙皇帝曾说:"安当思危, 治不忘乱"[13], "本朝
不设边防, 以蒙古部落为之屏藩, … 而较长城更为坚固!"[14] "可见, 守国

之道, 唯在修德安民, 民心悦服, 则邦本得而边境自固, 所谓众志成城者是也！"[15]　康熙皇帝的"唯在修德安民"应是承德避暑山庄文化的历史核心。朴趾源在《热河日记·山庄杂识》不是也说出了治国"在德不在法"吗。

同样, 做为清代北京独一无二的宣南区域文化, 更是燕行使者们关注的重点, 他们多次生动记彔并评述了宣南文化及其相关内容, 从而, 成为我们今天研究时必读的文献。例如, 这方面的著作较为突出者有：金昌业之《老稼斋燕行日记》、崔德中之《燕行彔日记》、洪大容之《湛轩书》、朴趾源之〈热河日记〉、柳得恭之〈滦阳彔〉、徐浩修之〈燕行记〉、李在学之〈燕行记事〉、朴思浩之〈心田稿〉、未名之〈赴燕日记〉和〈往还日记〉、金景善之〈燕辕直指〉等多部。以上所彔, 如李在学的《燕行记事》等著作就是在林基中教授的《燕行彔全集》出版后才读到的, 弥足珍贵。

清代戏剧文化不仅是宣南文化的极为重要的组成部分, 同时, 在诸多学科领域中, 又是独立一门, 自成一个领域。历届燕行使者们不惜笔墨, 为后人留下了为数甚多的史料。笔者在1995年访问了庆南大学校后,　曾发表了《略论〈燕行彔〉与清代戏剧文化》等相关篇章,（详见拙著《清代戏剧文化史论》、《清史初得》）。值得关注的是,　中韩学者对《燕行彔》中的清代戏剧文化与中朝戏剧文化的比较研究是其共同关注的热点之一。可喜的是, 2002年, 韩国东国大学林基中教授在其大著《〈燕行彔〉研究》中, 突出了戏剧文化的研究, 这部份内容占了全书七章内的二章、总计页数的四分之一以上。原书目彔如下："第三章　燕行彔的观戏记与观剧诗1、前言2、燕行彔的演戏记3、燕行彔的演戏用语4、燕行彔的演戏类型5、燕行彔的观戏诗6、结语。第五章　燕行彔的演戏记1、前言2、燕行彔的演戏实况2-1.18世纪的演戏　2-2.19世纪的演戏3、结语"。　以上事实说明,《燕行彔》中有关中朝戏剧文化的诸多史料已引起中韩学者的重视。对我而言,　这些史料填补了同一时期的不足和空白。有趣的是,　林基中先生在其大著中还

13）章梫：《康熙政要》卷一〈论君道〉。

14）章梫：《康熙政要》卷一〈论君道〉。

15）同上, 卷二十二〈论安边〉。

为清代幻术(杂耍)专列了一章, 并将其从16世纪写到了19世纪。对此, 笔者在新世纪初也写过 ≪〈燕行录〉与清代幻术研究≫(详见 ≪登州港与中韩交流国际学术讨论会论文集≫), 这些内容说明：包括中朝戏剧文化在内、在数百种的 ≪燕行录≫中还有更多的热点等待我们 。

新世纪开始的2001年10月, 韩国东国大学校出版部出版了迄今为止、含盖〈燕行录〉著作最多、内容最全的 ≪燕行录全集≫101卷及后来的 ≪续集≫ 50卷。与此同时, 还有韩国成均馆大学的 ≪燕行录选集补遗≫上、中、下三卷本。这里要说的是：东国大学校燕行学研究所的林基中教授自1970了年开始, 对 ≪燕行录≫给予了极大的投入, 他为了制作目录, 走访了韩国全国各地, 收集了为数甚多的史料, 同时, 他还发现了三百八十多种 ≪燕行录≫, 从而引起了中国许多研究者的高度关注。为此, 让我们向韩国东国大学校、向贵校的燕行学研究所和林基中教授致以由衷的敬意！源于此, 笔者以为：随着关注和研究 ≪燕行录≫学者的不断增多, 随着 ≪燕行录全集≫的出版发行, 随着燕行学日益显著的影响 , 中国大陆在新世纪开始后不久, 即迎来了研究 ≪燕行录≫的令人鼓舞的新时期。同时, 我们还在期待着有关 ≪燕行录≫文献的更新发现。

朝鮮 燕行錄과 중국 淸代 지역문화 연구

王政堯*

Ⅰ. 京師의 宣南文化
Ⅱ. 承德의 避暑山莊文化
Ⅲ. 中·朝 희극문화

지역문화는 국내외 사학계에서 광범위하게 관심을 기울이고 연구하는 화두 중 하나이다. 소위 지역문화라는 것은 지리적 환경과 인간에 의한 간섭 등의 조건이 동일하지 않은 데서 초래되는 역사문화적 배경의 차이가 지리적 위치와 연관된 문화 특징을 뚜렷하게 형성시킨 것을 가리킨다. 이러한 문화를 지역문화라고 한다. 조선 연행록 계열의 저작 중에 특별한 것은 한국 동국대학교 燕行學硏究所의 林基中 교수가 엮고 교정한 『연행록전집』 100권으로, 출판 이후 중국 청대 지역문화 등 수 많은 영역의 연구를 지극히 풍부하게 했다. 이들 진귀한 역사 문헌은 중국 청대 지역문화에 대해 대단히 많은 감동적이고 진실된 역사 기록을 남겼다. 京師의 宣南文化와 承德避暑山莊文化는 바로 그 중 두개의 구체적 사례이다.

---

* 中國 人民大學 淸史硏究所 敎授

Ⅰ. 京師의 宣南文化

宣南文化는 北京 지역문화의 근원이자 그 수위에 위치하며, 京師 지역문화의 뿌리이다. 『禮記』 「樂記」에서 공자가 제자들을 가르치며 "武王克殷反商, 未及下車而封黃帝之後于薊"라고 하였는데, 薊의 중심 위치가 바로 北京 宣南의 廣安門 일대이다. 金은 貞元 원년(1153)에 中都를 건설하였는데, 역시 廣安門 내외에 위치한다. 역사상 北京 宣南은 하나의 비교적 광범위한 지역개념인데, 현재의 北京에 있어서는 얼마 전 西城區와 합병된 원 宣武區 지역이 해당된다. 일반적으로 宣武門 이남, 正陽門 대로 이서, 廣安門 바깥 이동의 이 寶地를 가리킨다. 명청시기에 이곳은 北京 外城의 西部이다. 그래서 北京의 지역 원천이 宣南에 있을 뿐만 아니라 동시에 그것이 하나의 문화구역이 되어 여기에 존재하는 것이다.

명대에 京師 外城 이서에 세워져 있던 5개의 坊들을 분별해 보면, 宣南坊·宣北坊·正西坊·正南坊·白紙坊이다. 오늘날 여전히 볼 수 있는 지명은 오직 白紙坊 뿐이다. 당시 宣南坊의 관할 범위는 지금의 菜市口 이남, 구체적으로는 教子胡同과 潘家河沿(현재 潘家胡同)의 사이이다. 청 順治 원년(1644) 5월 2일, 청군이 北京에 진입한 지 불과 9일 만에 도르곤은 만족통치자를 대표하여 旗民分制 정책을 강행하고, 南城을 민가로 하도록 명령하여 內城의 東·西·北·中 등 구역에 거주하는 百姓·商人·士人·官員·藝人 등과 漢族 등을 모두 천거시켰다. 이후 士人들은 당시 京師 外城 西部를 '宣南'이라 칭하였고, 아울러 그들의 詩文 중에 잇따라 출현하게 된다. 위에서 서술한 사람들이 형성한 문화가 곧 宣南文化이다. 분명한 것은 宣南文化는 士人文化와 平民文化가 주가 된다는 것이고, 따라서 당시의 책방·상업·극장과 공연 등에 관한 정황이 모두 청대 宣南文化의 중요한 구성 부분이다.

현재 마주하는 연행록 계열의 저작 중 대다수의 작자는 모두 정도는 달라도 宣南 地域文化와 밀접히 관련된 내용을 기술했고, 일부 학

자는 이를 직접 표제에 집어넣었는데, 바로 洪大容의『湛軒燕記』권2
「京城紀略」'大柵欄', 朴趾源의『熱河日記』권5「黃圖紀略」'琉璃廠'
등과 같은 것이다. 이외에 이 방면의 내용과 유관한 것을 기재한 것
으로 또한 李德懋의『入燕記』, 柳得恭의『灤陽錄』, 李宜顯의『庚子燕
行雜識』와『燕台再游錄』, 朴思浩의『心田稿』, 金景善의『燕轅直指』
등 다수의 저작이 있다. 설명을 요하는 것은 상술한 저작들이『연행
록전집』과『연행록선집』중에 이미 많이 수록되어 있다는 것이다. 이
들 작자들이 기록한 것의 중심은 책방·극장·상업 등의 방면에 집중
되어 있는데, 그들의 예리한 눈길과 감동적인 문장이 전면에 드러나
있다. 여기서 필자는 두 가지 예를 들어 설명을 가하겠다.

　1. 조선 英·正祖 연간(1725∼1800)에 "두 군주는 文藝에 힘써 대량
으로 서적을 구하였는데, 특히 정조는 보기 드문 호학군주로서 중화
문물을 매우 중시했다. 매번 사신이 돌아오면 곧 그를 불러 문물 일
반에 대해 자세히 물음과 동시에 漢籍을 수입하고자 갖은 방법으로
노력했다."[1] 청에 사행가는 관원과 학자들은 출발하기 전에 이미 국
왕이 열거한 書目을 소지하고 있었으며, 때로는 매우 상세하기까지
했다. 때문에 그들이 중국에 도착했을 때 유달랐던 것은 京師에 도착
한 후 바로 있는 힘을 다해 전적을 찾는 것이었으니, 이때 서적을 구
매한 장소가 바로 宣南文化가 점유하고 있는 중요한 위치에서 제일
로 꼽히는 琉璃廠이다. 조선의 저명한 학자인 洪大容은 그가 본 琉璃
廠의 번성한 모습을 항목을 나열해 전론했는데, 그 외의 사신들도 기
행 중에 혹은 많게 혹은 적게 기술을 더하고 있다. 洪大容은 琉璃廠
의 이름 유래부터 지리적 위치, 경영자와 경영물의 종류 등의 부분에
대해 일일이 말하면서 건륭시대의 고색창연한 琉璃廠의 광경을 재현

---

1) 鄭錫元,「淸朝時代韓中文化交流」『淸兵入關与中國社會—中國第七屆全國
暨國際淸史學術討論會論文集』, 遼宁人民出版社, 1996.

했다. "시중에는 서적과 碑版, 鼎彝, 골동품이 많다. 무릇 器玩雜物로 상업을 하는 사람 중에 남방의 수재와 과거에 응시해 벼슬을 얻으려는 자들이 많아서 시장에 돌아다니는 사람 중에 종종 명사가 있다. 시장의 길이는 5리 정도 된다. 비록 누각과 난간의 호화로움과 사치스러움은 다른 시장에 못 미치지만, 진귀하고 괴이하고 기이하고 교묘한 물건들이 넘쳐흐르도록 늘어져 쌓여 있으며, 위치는 고아하다. 길을 따라 천천히 걸으면 마치 페르시아의 보물시장에 들어간 것처럼 단지 황홀하고 찬란할 뿐이어서 종일 다녀도 물건 하나 제대로 감상할 수 없다." 장서가 풍부한 예닐곱의 책방은 "삼면 벽으로 돌아가며 서가를 설치한 것이 십 수 층이고, 표식을 매달아 정연하게 진열해 두었는데 매 권마다 표지가 있다. 한 가게 안의 책을 헤아려 보면 수만 권을 내려가지 않는다. 얼굴을 들고 한참 있으면 표제를 두루 살피지도 못했는데 눈이 이미 아찔하고 가물가물해진다."[2]

乾隆 41년(1776), 檢書官 李德懋는 北京에 도착한지 3일 째에 琉璃廠에 도착하자마자 차례로 嵩秀堂·文粹堂·聖經堂·文盛堂·郁文堂 등 열 두 곳의 서점에 가서 서적을 조사하여 조선에 희귀하고 없는 책을 기록해 구매할 도서 130여 종을 준비했다.[3] 그들이 기록한 곳은 단지 琉璃廠의 책방 중에 비교적 영향력이 크고 장서가 많은 곳뿐으로, 비교적 규모가 작고 난잡하여 볼만하지 않은 곳은 모두 생략되어 기록되지 않았다. 설령 그렇다 하더라도 琉璃廠의 "화방과 書林이 시장에 가지런히 줄지어 있어 여행객이 여기에 이르러 눈이 모두 매혹되는" 광경은 이미 사람들 앞에 드러 나온다. 어떤 서적들을 구매했는지에 대해 보자면, 李宜顯이 『庚子燕行雜識』下에 기재한 것이 가장 대표

---

2) 洪大容, 『湛軒書』 卷10, 「燕記」, 琉璃廠. 1962年의 성균관대학교 대동문화연구소 편 『燕行錄選集』과 2001年의 동국대학교 林基中 편 『燕行錄全集』을 참조하여 설명하면, 『選集』에는 李德懋의 『入燕記』가 수록되지 않은 것에 비해, 『全集』에는 들어있다. 나머지는 모두 이 주와 같다.

3) 李德懋, 『靑莊館全書』 卷67, 「入燕記」

적이다. 그때 그는 琉璃廠 등지에서 일차로 서적 52종 1,416권을 구입
했고, 이외에 書畵와 碑帖도 10종 15건을 구입했다. 그 안에는『冊府
元龜』·『續文獻通考』등 史書 6종 665권,『楚辭』·『漢魏六朝百名家集』·
『全唐詩』·『錢注杜詩』·『陸放翁集』등 역대 왕조의 유명한 시문집 28
종 600권,『西湖志』·『盛京志』·『通州志』·『山海經』·『黃山志』등 5종의
지방지 37권이 포함되어 있으며, 나머지는『四書人物考』와 같은 인물
전기,『黃眉故事』등 소설 故事, 각종 총서·逸聞 12종 114권이다. 수집
한 書畵 또한 米黻·顏眞卿·趙孟頫·董其昌·明 神宗 등과 같은 역대
名家의 것이 골고루 있었다. 雍正 10년(1732), 李宜顯은 재차 청에 사
행하여 또 각종 도서 19종 406권을 구입했다.[4] 李宜顯의 도서 구매 정
황으로부터 조선 士人들이 관심을 기울인 서적도 중국에서 역대로
광범위한 영향을 끼친 것이 많다는 것을 발견할 수 있고, 조선의 중
국문화에 대한 이해 및 연구의 깊이와 폭이 결코 표면적인 것에 그치
지 않으며, 그들이 중국문화의 精華의 소재를 확실히 파악할 수 있다.
따라서 중국문화의 내용을 한층 정확히 이해할 수 있었다고 설명할
수 있다. 이와 동시에 그들이 琉璃廠에서 책을 찾던 때에, 文友와 널
리 교제하며 대대로 전해지는 감동스러운 사적을 남기기도 했으니,
'洪嚴之交'가 곧 한 예이다. 여기에 이르러 琉璃廠이 조선의 사절과
학자들의 마음속에서 점하는 중요한 위치를 이미 대충이나마 볼 수
있고, 청대 京師 지역문화의 정점―선남문화는 이미 연행록 안에 살
아있는 것같이 생생하게 묘사되어 있는 것이다.

2. 희극문화는 宣南 地域文化에 있어 훌륭한 하나의 하이라이트이
다. 청대 희극문화는 곧 많은 연행록이 논평을 집중한 내용의 하나인
데, 그 중 道光 13년(1833)의 조선 사절단 書狀官 金景善은 정월 5일에
宣南 大柵欄街 서변에 위치한 廣德樓에서 본 극의 정경과 감회를 상

---

4) 李宜顯,『陶谷集』卷30,「雜識」

세히 기록했다. 본편은 작자의『燕轅直指』권4「留館錄」中에, 林基中 교수의『연행록전집』70~72권에 수록되어 있다. 이 글은 廣德樓에 관한 논평으로 마땅히 宣南 地域文化 연구에 있어 중요한 글이다.

본편은 3,000자 가까이 이르며 서술이 미치는 범위가 비교적 넓은데, 여기에 기록된 극장과 공연에 관한 실황을 아래에 들어둔다.

1. 극장의 설립과 경영

"무릇 연희하는 곳에는 반드시 戱臺가 있는데, 재물을 내어 희대를 세운 자를 戱主라 하며, 창립 비용은 은 7~8만 냥이며, 또한 해마다 수리한다. 戱子를 불러 놀이를 베풀어 값을 받는데, 위로는 官稅를 바치고 아래로는 희자들의 삯을 주고 그 나머지는 자신이 가지니, 그 돈을 거두는 것의 많음을 가히 알 수 있다."[5]

이와 동시에 "옛날에는 극단이 한 극장을 전담하지 않고, 4日을 한 주기로 삼아 각 극장이 각각 순번을 정해 돌아가며 공연했다. 그래서 관중은 모일에 모단이 모 극장에서 한다는 것을 기록할 필요가 있었다." 앞에서 말한 廣德樓와 같은 규모의 것은 연희가 반드시 徽戱가 주가 되는데, 道光 연간에는 京師에서 三慶·四喜·春台·和春을 일러 '四大徽班'이라 하였다. 三慶은『三國志』등 장편극 공연에 뛰어났고, 四喜는 昆曲이 전공으로 그 중에서도 旦角(여자배역-역자주)이 가장 좋았다. 和春은 장편극『彭公案』·『施公案』중의 사적을 전문으로 공연했다. 春台도 무술극에 뛰어났다. 다만 嵩祝成班은 비록 큰 극단은 아니지만, 능히 四大徽班과 대적하여 오래도록 쇠퇴하지 않고 光緒 초년에도 상존하여, 배우들의 활약과 함께 매일 프로그램을 조정함으로써 관중들에게 큰 인기를 얻었다. 여기에 이르러 우리들은 金景善 등 여러 작자들이 京師에서 본 극의 횟수, 관람한 극에 대한 묘사와

---

5) 金景善,『燕轅直指』卷4,「留館錄」中. 이하 같다.

그들이 열거한 극 목록의 제 분야의 분별, 그들이 각각 본 '四大徽班' 혹은 그 중 몇 개의 徽班 및 기타 극단의 공연에 대해서 의심할 여지가 없다. 다른 것은 金景善이 道光 13년에 재경하고 있었을 때에는 和春班이 이미 해산을 고했다는 것이다.

2. 무대규모와 극장 실황

"戲臺의 제도는 벽돌을 쌓아 넓은 집을 만드는데, 높이는 6~7丈 정도 되고 네 각이 균등하다. 넓이는 50~60칸 정도 되는데 칸마다 긴 대들보가 있고, 북쪽 벽 아래에 1/9을 잘라서 間架를 만들어 비단 휘장으로 가렸다. 휘장 좌우 쪽에는 문이 있고 문에는 발을 드리웠는데 戲具를 간직하고 옷을 바꿔 입는 장소인 듯하다. 휘장 앞에는 남쪽을 향해 方壇을 쌓았는데 둘레가 7~8칸은 되니, 이는 연극하는 장소다. 방단 앞으로부터 남벽 아래까지 긴 걸상을 줄줄이 배치했는데, 앞의 것은 조금 낮고 뒤의 것은 점점 높게 하여 극을 보는 자로 하여금 차례로 걸터앉아서 굽어보기 편하게 만들었다. 남·서·동의 세 벽에는 별도로 層樓를 만들었는데, 1칸마다 각기 정해진 세가 있고, 남벽 한가운데의 가장 上樓의 세는 백은 10냥이라고 한다. 남벽 서쪽구석에 다만 문 하나를 설치해 한 사람이 지키는데, 관람자가 문에 이르면 먼저 요금을 받고나서야 들어가는 것을 허락한다. 관람자의 많고 적음에 따라 요금이 오르내린다. 극이 바야흐로 시작한다."

사실상 작자의 기술은 朴思浩 능 이전 연행사의 기재보다 더욱 자세할 뿐만 아니라, 동시에 내용의 순서도 매우 분명한데, 즉 극장, 後臺·前臺·관중석(樓下·樓上), 요금을 받는 곳 등이다.

3. 당일의 상연 목록

『地理圖』·『金橋』·『殺犬』·『跪驢』·『英雄義』. 작자의 눈에 닿은 무

대 위에는 "또한 두 사람이 있는데, 복식은 우리나라의 관복 같은 것을 입고 휘장 안에서 나와서 동쪽과 서쪽 의자에 나누어 앉는다. … 또 군복 차림을 한 자 1隊가 나온다." "우리나라 戰巾 모양과 같으며, 몸에는 검은 빛깔의 뒤가 짧은 옷을 입고 각각 雙劍을 들고 마주 서서 춤춘다." 무술 부분은 연기자들이 각각 쌍검을 들고 서로 싸우는데, "처음에는 느리다가 점점 급해져서 손이 난숙하고 칼날이 번득거리니 배꽃이 어지러이 나는 것 같다. 혹 사람의 모습은 보이지 않고 뛰고 치고 찌르고 하니, 진실로 살벌한 기운이 있는 것 같다. 모든 악공이 金鼓를 울려 성세를 돋우니, 보는 사람이 모두 두려워서 몸을 움츠린다." 그 다음으로는 "또한 미녀 네 사람이 있는데, 역시 나와서 칼춤을 춘다. 능히 남자와 대적하며 지난번 칼춤에 비해 더욱 뛰어나니, 관람자가 바로 볼 수가 없다. 이어 공중제비, 씨름 등의 놀이가 뒤섞이니 관람자가 응접할 겨를이 없게 한다." 상술한 이러한 당시의 공연에 대한 직접 관람과 생생한 기록은 우리들이 오늘날 大栅欄 廣德樓 등지의 공연에 있어 徽班의 北京 진입 이후, 京劇이 '京'을 姓으로 삼기 이전을 연구하기 위한 매우 드문 귀중한 사료가 된다.

4. 100권 본 『연행록전집』 76~77권에 채록된 李遇駿의 『夢游燕行錄』은 중시를 요한다.

왜냐하면 청 道光 20년(1840) 이후에 宣南에서 경극이 탄생하기 때문이다. 道光 29년 정월, 李遇駿은 이해 정월 2일에 "… 安生과 함께 正陽門 바깥으로 나가 棚戲를 보았다. 서쪽으로 한 골목에 들어가니 길 우측에 戲台가 있었는데, 대는 2층으로 4면이 각각 30~40칸이었다."[6] 작자가 宣南에 간 목적은 명확하다. 극을 보기 위해서이다. 이때 이

---

6) 李遇駿, 『夢游燕行錄』卷下. 林基中, 『燕行錄全集』(동국대학교출판부, 2001年 10月) 76-77권에서 인용. 이하 인용문도 모두 이 책에 근거했다.

시간, 李遇駿의 기록에 근거하면, 그들이 본 劇目에『西廂記』·『水滸』
(潘金蓮과 武大 부분의 故事를 공연)·『平陽公主』·『三國志』가 있다.
앞의 3건이 "모두 대강대강 끝난" 것으로 인해 李遇駿이 가장 흥미 있
어 한 극은 마땅히『三國志』의 群英會일 것이다. 그는 "孔明을 분장
한 즉 학문이 깊은 선비 같고, 公瑾을 분장한, 즉 총명한 듯하고, 子敬
을 분장한, 즉 온순한 듯하며, 曹操의 간악한 태도, 孫權의 용맹한 기
개 같은 것에 이르러서는 각각 그 같음을 얻었다. 또한 諸室의 만물
을 모두 충분하게 구비해 놓았다. 曹操의 臨殿에 이른 즉 寶榻을 설
치하고, 諸葛의 舌戰에서는 의자를 늘어놓았다. 軍中에서 술자리를
벌임에 蔣干이 나타나고, 휘장 밖에서 야경을 도는데 周瑜가 취한다.
날아다니는 화살은 배에 가득차고, 북을 두드리고 나아가면서 어지러
이 도니, 孔明이 화살을 얻는다. 이것이 그 대략인데, 당일의 일을 마
치 직접 본 것 같다. 기쁘구나, 당시의 동풍 큰 불이 北船을 능히 태
워 없앴으니, 우리들로 하여금 千古의 유쾌한 일을 볼 수 있게 해 주
었다."라고 평가 하였다. 이 단락에서 논평한 것은 京劇이 '京'을 姓으
로 삼은 후의 생생한 기록으로, 그것은 작자가 극을 봤을 때의 즐거
운 심정을 우리들이 볼 수 있게끔 해줄 뿐 아니라, 특히 중요한 것은
그것이 또한 宣南 地域文化의 연구와 중국 경극사에 있어서의 부족
한 부분을 메워주었다는 것이다.

　요컨대, 청대 지역문화 중 宣南文化에 대한 연구는 이미 중요한
역사적 의의를 가지고 있는 동시에 중요한 현실적 의의도 가지고 있
다. 여행록은 또 直筆·전면성·안정함·세밀힘·중요싱을 주요한 특징
으로 삼는데, 이 가운데에 청대 宣南文化와 관련 있는 수 많은 기재
가 생동감 있게 표명되어 있으니, 博大精深한 宣南文化와 마찬가지
로 中朝文化交流의 눈부신 빛이 번뜩거리고 있다.

II. 承德의 避暑山莊文化

청대 지역문화연구에 있어 承德避暑山莊文化는 그 특수한 위치로 인해 역대 국내외 학자들의 관심을 한껏 받아왔다. 그 지위의 특수함을 말하는 것은 承德이 300년 이상의 山莊文化를 지탱하고 있기 때문이다. 때문에 避暑山莊 시작되고부터 承德 地域文化와 山莊文化는 일찍부터 일체가 되었다. 承德은 중국 통일적 다민족국가 형성의 일개 축소판이며, 역사 발전의 하나의 중요한 구성부분이다. 承德의 역사문화상 형성된 다원일체 구조는 객관적 존재이자 역사발전의 필연적 결과이다. 청 정부가 오늘날 承德市 中心에 熱河廳 설치를 개시한 것으로 인해 熱河의 지리적 위치는 일찍부터 청의 통치자에게 중시되었다. 청조 초년, 山東·直隸·山西 등의 漢族 百姓을 계속해서 이 땅에 천거시켰다. 避暑山莊은 바로 康熙 42년(1703)에 착공을 시작해서 康熙 50년(1711)에 일차 완공되었는데, 강희제는 行宮의 편액을 지어 '避暑山莊'이라 하였고, 이로부터 避暑山莊이 정식으로 이름을 얻었다. 乾隆 55년(1790), 87년을 거친 후에 避暑山莊은 준공을 볼 수 있었다(일설에는 乾隆 57년 준공이라고 함). 인구의 증가와 避暑山莊 규모의 부단한 확대에 따라 承德은 빠르게 장성 밖의 일대 도회지가 되었고, 각 민족간의 경제교류는 날로 번창했다. 雍正 11년(1733), 청 정부가 이 땅에 承德州를 개설하니 承德의 이름은 이로부터 시작되었다. 그 사이 承德避暑山莊이라는 이 지역문화는 장족의 발전을 얻었다.

그렇지만 강희황제가 承德避暑山莊을 건설한 진짜 목적은 통일 대업의 필요를 위해서였고, 그 실제는 소수민족과의 접촉 및 전쟁 지휘를 위한 한 중심이었다. 통계에 의하면, 청조 황제는 매년 대략 반년의 시간을 산장에서 보냈다. 강희제는 재위 61년 동안 이곳에 53차례 왔고, 건륭제는 재위 60년 동안 45차례, 가경제는 재위 25년 동안 19차례 이곳에 왔다. 그들은 여기에서 여러 번 몽골 등지로부터 온 각 소수민족의 상층 수령, 종교 영수와 외국 사절을 접견하고, 일련의 외교 사무를 포함한 중대 활동을 진행했다. 이와 같이 해서 다민족국가의 통일을 공고하게 했고, 선린우호의 대외전략도 실현했다. 그런 까닭에 承德避暑山莊은 당시 청왕조가 중국을 통치하는 제2의 정치 중심이었다고 할 수 있다. 이렇기 때문에 조선의 연행사들은 여러 차례 承德과 避暑山莊을 방문할 기회를 가졌고, 아울러 연행록 계열 저작 중에 그들이 마주한 이 특수한 지역문화에 대한 감상을 누차 기록했다. 그 중 수위에 이름이 놓이는 것은 마땅히 『熱河日記』이다.

청 乾隆 45년(1780), 조선 북학파의 저명한 학자 朴趾源은 청에 사행한 후에 후세의 명저가 된 『熱河日記』를 써냈다. 이 책은 연행록 계열 저작 중에 중국에서 가장 큰 영향력을 가진 대표작일 뿐 아니라, 동시에 이 중국행은 朴趾源에게 청조가 夷狄의 나라라는 인식에 대한 전환을 가속시켰다. 이 책은 1997년 上海書店出版에서 나왔고, 朱瑞平이 校点했으며, 전체 380쪽으로 承德과 避暑山莊에 관한 내용이 그의 이번 중국행의 1/4을 차지하는데, 「漠北行程錄」·「山莊雜記」·「避暑錄」 등의 수 권에 주로 집중되어 있다. 여기서 설명을 필요로 하는 것은 2001년에 출판된 『연행록전집』이 거의 4권(53~56권)의 지면을 사용하여 이 저서를 교정·수록했다는 것이니, 연구자는 마땅히 관심을 두고 진지하게 연구해야 할 것이다. 熱河를 소개할 때에 朴趾源은 그가 친히 겪은 일을 쓰고 있다. 1. "지금 청이 천하를 통일하고 비로소 열하라 이름 하였으니, 장성 밖 요해의 땅이다. 강희 황제 때부터 항상 여름이면 여기에 거둥하여 더위를 식히는 장소로 삼았다. … 避暑山莊이라 이른다. 황제가 어기에 거하며 서적을 읽으며 즐기고, 林泉을 거닐면서 천하를 멀리하고는 평민이 되어 보겠다는 뜻이 있는 듯하다. 그러나 그 실제는 이곳이 險要에 거하고 있어 몽고의 목구멍을 막는 北塞의 깊숙한 곳이다. 이름은 비록 避暑라 하였으나, 실제로는 천자가 스스로 防胡하는 것이었다."[7] 2. 避暑山莊의 장려함과 承德의

---

7) 朴趾源, 『熱河日記』(上海書店出版社, 1997年 12月版), 「漠北行程錄」 p.112.

사람들이 이동하는 곳은 모두 朴趾源에게 아름답고도 깊은 인상을 남겼다. 그는 이미 격동적으로 쓰고 있다. 熱河는 "궁궐이 장려하고 좌우에 시전이 10리에 이어져 있으니, 塞北의 한 큰 도회이다. 바로 서쪽에 捧捶山의 한 봉우리가 우뚝 솟아 있는데, 모습이 다듬잇돌과 방망이 같고 높이는 100여 丈이며, 똑바로 하늘에 기대어 솟아서 석양이 기울어 비치니 찬란한 금빛을 만들어낸다." 올 봄은 "열하의 성지와 궁전이 해로 더하고 달로 늘어서, 사치스럽고 화려하고 튼튼하고 웅장함이 暢春苑・西山苑 등의 諸苑들 보다 더하다. 또한 그 산수의 경치가 연경보다도 나으니, 해마다 여기에 와서 머문다." 이 때문에 "모두 지극히 사치스럽고 화려하다." 朴趾源이 생각하길 그 안의 모두가 강희・건륭의 제 황제에 의한 것이니, "漠北을 집안 뜰처럼 여기고 몸이 안장 위에서 떠나질 않으니, 이는 성인이 편안할 때에 위태로움을 잊지 않으려는 뜻이다!" 공연을 관람할 때에 조선 副使從官 柳得恭은 노령의 건륭제가 避暑山莊의 淸音閣 大戲樓에서 『黃發換朱顔』이라는 극을 즐겨 본 까닭에 대해 썼는데, 그 시에 "淸音閣起五云端, 粉墨叢中見漢官. 最是天家回首處, 居然『黃發換朱顔』(노인에서 소년으로 돌아간다는 뜻·필자)"[8]라고 하였다. 다른 것은 朴趾源은 청조 국세의 강성함을 깊이 느껴 "이는 잠시 동안의 놀이일 뿐이지만 그 紀律의 엄함이 이와 같으니, 이 법으로 군진에 임한다면 천하에 누가 감당하겠는가?!"[9]라고 하였다. 이와 함께 그는 또한 "그러나 덕에 있는 것이요, 법에 있는 것이 아니니, 하물며 놀음으로 천하에 보일 수 있겠는가!"라고 지적하였다.

이 외에, 承德의 풍토와 인정, 市・農・工・商, 술집과 찻집, 시내의 풍경, 文武臣僚, 士人과 백성, 宮廷大戲, 민간 공연 및 承德 길가의 풍

이하 같다.

8) 朴趾源, 『熱河日記』, 「漠北行程錄」 125쪽·112쪽; 柳得恭, 『灤陽錄』(경남대학교 소장본) 卷2, 「扮戲」.

9) 朴趾源, 『熱河日記』, 「山莊雜記」, 萬年春燈記 247쪽, 이하 같다.

광, 백성들이 어떻게 安居樂業하는지 등, 이 모든 것이 朴趾源과 여타 조선사신들의 붓 아래 생동감 있게 반영되었다. 필자는 아래에서 두 가지 예를 들어 설명을 더하겠다.

1. 朴趾源 일행이 이미 承德에 가까이 왔는데, 부역하는 昌大가 白河를 건널 때 "맨발이 말에게 밟혀 발굽 철이 깊이 들어와 붓고 아파 죽을 지경이었다. 대신 말고삐를 잡을 사람도 없어서 매우 낭패스러웠다." 朴趾源이 그를 보고 "굶주리고 춥고 병들고 졸음이 오는데 또 차가운 개울을 건너니, 매우 걱정스럽구나."라고 했다. 이 일은 청조의 한 명제독에게 발견됨에, 저 4品의 제독이 昌大를 지극정성으로 보살펴주고 수레를 세내어 실어주고 "친히 식사를 권했다." 점차 낫기를 기다렸다가 자신이 탔던 말을 주며 당부하여 말하기를 "네가 먼저 가서 公子를 따르되, 만약 도중에 내리고 싶으면 지나가는 수레 뒤에 묶어 두어라. 내 스스로 따라잡을 테니 염려 말라."고 하였다. 朴趾源 등 사신단의 인원들이 심히 감동하여 "제독의 마음이 심히 두터우니 감동스럽다!"고 하였다. "생각건대, 나이가 육십에 가까운데 외국의 한 賤隷를 위하여 이토록 마음 써서 도와주니, 이 일행을 보호하는 것이 비록 그 직책이라고는 하나, 그 행동의 간략함과 직무를 받드는 것의 충실함에 가히 대국의 풍모를 볼 수 있구나."[10] 이 일은 조선사신단에게 일시 인기 있는 화제가 되었다.

2. 朴趾源은 承德의 시내에서 "한 과일가게에 마침 새 과일이 산더미처럼 쌓여있는 것"을 자신의 눈으로 직접 보았다. 그가 몸소 겪은 술집에서의 음주의 일은 더욱 흥미롭다. 그는 "맞은편 술집의 깃대가 난간 앞에 펄럭이고, 銀壺·錫甁이 처마 밖에 춤을 춘다. 푸른 난간은 공중에 걸치고, 금빛 현판은 햇빛에 빛난다. 좌우의 푸른 발에는 "神

---

10) 朴趾源, 『熱河日記』, 「漠北行程錄」, pp.120·121·123·124.

仙留玉佩, 公卿解金貂"라 씌어있다. 누각 아래에는 수레와 말 약간이 있고, 누상에서는 사람들의 소리가 마치 벌과 모기떼가 어지럽게 들끓는 것 같았다. 나는 발길이 내키는 대로 위로 올라가니, 층계가 열두 계단이었다. 탁자를 둘러싸고 의자에 앉은 자들이 혹은 세넷, 혹은 대여섯인데, 모두 몽골인·回族이었고, 무려 열 패였다."[11]라고 말하고 있다. "나는 生酒(데우지 않은 술-역자주)를 달라고 해서 단번에 넉 량을 마셨다." 그 결과는 "내가 生酒를 달라고 했을 때 群胡가 이미 3分쯤 놀랐는데, 단번에 마시는 것을 보고는(四兩-필자주) 크게 놀랐다." 그 후 朴趾源은 술값을 주고 "몸을 일으키는데 群胡가 모두 의자에서 내려와 머리를 조아리며 다시 한번 앉기를 삼가 청했다. 한 오랑캐가 일어나 자신의 의자를 비워주며 나를 붙들어 앉혔다. 그는 비록 호의로 한 것이나 나는 등에 이미 땀이 배었다." 이때 그가 "오늘 아침에 만리의 변새 위에서 문득 群胡와 술을 마시는 것"에 대해 생각이 미쳤을 때, "한 오랑캐가 일어나 술 석 잔을 붓고 탁자를 두드리며 마시기를 권한다. 내가 일어나 그릇에 남은 차를 난간 밖에 버리고는 세 잔을 모두 부어 한 번에 들이키고 몸을 돌려 한번 읍한 뒤 큰 걸음으로 계단을 내려오는데, 머리칼이 부슬부슬 한 것이 뒤따라오는 것이 있는 것 같았다. 나와서 길 가운데에 서서 누상을 돌아보니 떠들썩하게 웃어대는 것이 내 이야기를 하는 것 같다." 이 단락의 기재는 훌륭하고 생생해서 몽골족·회족 등의 백성들이 朴趾源을 대하는 우호의 열정이 드러나고 있다. 그들은 燕行使들과 술로 벗을 삼고 소통·교류했으니 실로 "相逢何必曾相識!"이라 할 만하고, 2백 30여 년이 지나간 이 단락의 논평은 아직도 사람들로 하여금 부르면 걸어 나올 것 같은 느낌을 갖게 하며, 그 사람의 감정을 보는 것 같게 한다. 朴趾源은 北京에서 돌아온 후에도 여전히 「幻戲記」 내에서 재차 "熱河의 술집은 번화하여서 皇京에 못지않았다."고 정경을 추억했다. 요컨대 『熱河日

---

11) 朴趾源, 『熱河日記』 卷2, 「太學留館錄」 pp.135~136.

記』의 위 문장은 우리들에게 承德避暑山莊이라는 이 하나의 지역문
화가 남긴 감동적인 역사의 자취를 더욱 깊이 이해하게 해준다.

朴趾源을 대표로 하는 조선에서 중국에 온 사절학자들이 承德避
暑山莊文化의 정치적 색채, 사람을 감동시키는 풍광, 역사적 위치 및
그 중요 효과에 대해 이미 우리들의 인식과 매우 접근해있고, 심지어
일치하기까지 한다는 것을 알아차리는 것은 어렵지 않다.

청 일대 동안의 연행록 계열 저작 중에는『熱河日記』외에 또한
乾隆 55년(1790) 柳得恭이 지은『灤陽錄』, 같은 해 徐浩修가 지은『熱
河紀游』, 嘉慶 6년(1801) 柳得恭이 지은『熱河紀行詩』, 작자 미상의『熱
河圖』등이 있다. 이 외에 기타 매우 많은 연행록 저작들에 그들이 熱
河에서 보고 들은 것에 관해 자못 많이 기술되어 있다. 이상의 내용
에 대해 우리들의 전면적 정리와 전문 연구,『朝鮮 燕行錄 中의 承德
史料』와 같은 저록이 나오는 것을 기다릴 필요가 있으며, 그렇게 함
으로써 우리들은 이 극히 특색 있는 청대 지역문화 및 그 고유성에
대한 연구와 인식을 더욱 심화시킬 수 있다.

Ⅲ. 中·朝 희극문화

하나의 문화의 존재는 지방문화의 전수·계승과 떨어질 수 없고,
이러한 전수·계승은 서로 다른 민속문화를 낳게 될 것이므로, 곧 특
색이 다른 지역문화가 출현한다. 오늘날 承德避暑山莊을 대표로 하
는 承德地域文化는 그 유구한 역사문화와 걸출한 인물에 의한 명성
의 획득과정을 거치면서 山水園林과 文物建築 등을 통해 사람들을
향한 특색 있는 지역문화를 독자적으로 갖추어 청대 전성시기의 역
사를 드러내 보이고, 각 민족 간의 조화로움을 보여주었다. 강희 황제
는 일찍이 "편안할 때에 마땅히 위급함을 생각하고, 다스림에 어지러
움을 잊지 않는다."[12], "本朝는 邊防을 설치하지 않고 蒙古部落을 屛

藩으로 삼아 … 견주어 보면 長城이 오히려 堅固함을 얻었다!",[13] "守國의 道는 오직 修德安民에 있고, 民心이 悅服하면 나라의 근본을 얻고 변경이 스스로 굳어짐을 볼 수 있으니, 소위 衆志成城이 이것이다!"[14]라고 했으니, 강희 황제의 "오직 修德安民에 있음"은 응당 承德避暑山莊文化의 역사적 핵심이다. 朴趾源이 『熱河日記』「山莊雜記」에서 治國은 "德에 있는 것이요, 法에 있는 것이 아니다"고 말하지 않았던가.

마찬가지로, 청대 北京에서 견줄 것이 없는 宣南地域文化는 더욱 연행사들이 관심을 기울이는 중요한 점이 되었고, 그들은 宣南文化 및 그 관련 내용에 대해 다수의 생동감 있는 기록과 논평을 남김으로써 우리들의 오늘날 연구에 있어 필독 문헌이 되었다. 예를 들면 이 방면의 저작으로 비교적 돋보이는 것으로 金昌業의 『老稼齋燕行日記』, 崔德中의 『燕行錄日記』, 洪大容의 『湛軒書』, 朴趾源의 『熱河日記』, 柳得恭의 『灤陽錄』, 徐浩修의 『燕行記』, 李在學의 『燕行記事』, 朴思浩의 『心田稿』, 작자 미상의 『赴燕日記』와 『往還日記』, 金景善의 『燕轅直指』 등 다수가 있다. 이상 기록한 李在學의 『燕行記事』 등과 같은 저작은 林基中 교수의 『연행록전집』 출판 이후에야 읽히게 된 것으로 더욱 더 진귀하다.

청대 희극문화는 宣南文化의 극히 중요한 구성 부분일 뿐만 아니라, 동시에 수많은 학과 영역 안에 독립된 일문으로 하나의 영역을 이루었다. 매회 燕行使들이 筆墨을 아끼지 않고 후인을 위해 아주 많은 수의 사료를 남겼다. 필자는 1995년에 경남대학교를 방문한 후 일찍이 「略論〈燕行錄〉與淸代戲劇文化」 등 관련 글들을 발표했다(상세한 것은 拙著 『淸代戲劇文化史論』・『淸史初得』을 보라). 관심을 기울일 가치가 있는 것은 中韓學者들이 연행록 내 淸代戲劇文化에 대해

---

12) 章梫, 『康熙政要』 卷1, 「論君道」.
13) 章梫, 『康熙政要』 卷1, 「論君道」.
14) 章梫, 『安當思危』 卷22, 「論安邊」.

中朝戱劇文化의 비교연구를 하는 것으로, 공통으로 관심을 기울이는 관심사의 하나이다. 반가운 것은 2002년, 한국 동국대학 林基中 교수가 그의 대저『연행록 연구』에서 희극문화의 연구를 부각시켰다는 것으로, 이 부분의 내용이 책 전체 7장 중에 2장을 점하고 있고, 총 페이지 수로는 1/4 이상이다. 본서의 목차는 아래와 같다. 제3장 연행록의 觀戱記와 觀劇詩 : 1. 前言, 2. 연행록의 演戱記, 3. 연행록의 演戱用語, 4. 연행록의 연희유형, 5. 연행록의 觀戱詩, 6. 結語. 제5장 연행록의 演戱記 : 1. 前言, 2. 연행록의 演戱實況, 2-1. 18세기의 演戱, 2-2. 19세기의 演戱, 3. 結語. 이상의 사실로 설명하면, 연행록 내의 中朝戱劇文化와 관련된 많은 사료가 이미 中韓學者들의 중시를 받고 있다. 나에 대해 말하면, 이들 사료는 동일시기의 부족과 공백을 메워주었다. 흥미롭게도 林基中 선생은 그 대저 중에서 또한 청대 幻術(雜耍)에 대해 한 장을 전적으로 할애해 16세기부터 19세기까지 기술했다. 이에 대해 필자는 신세기 초에「〈燕行錄〉與淸代幻術研究」(자세한 것은『登州港與中韓交流國際學術討論會論文集』을 보라)를 쓴 적이 있는데, 이러한 내용을 설명하여 中朝戱劇文化를 포함한 또한 많은 화두들이 수백 종의 연행록 안에서 우리들을 기다리고 있다고 하였다.

신세기가 개시된 2001년 10월, 한국 동국대학교출판부는 지금에 이르기까지 연행록 저작을 가장 많이 포함하고 내용적으로 가장 완전한『연행록전집』101권 및『續集』50권을 출판했다. 이와 동시에 한국 성균관대학에서 ≪燕行錄選集補遺≫ 上·中·下를 출판했다. 여기서 말하고 싶은 것은, 동국대학교 연행학연구소의 林基中 교수는 1970년대부터 연행록에 대해 지극히 몰두하기 시작하여 목록을 제작하고 한국의 전국 각지를 방문하여 수적으로 매우 많은 사료를 수집하는 동시에, 3백 80여 종의 연행록을 또한 발견하여 중국의 허다한 연구자로부터 높은 관심을 불러일으켰다는 점이다. 그런 까닭에 우리는 한국 동국대학교에 대해, 귀교의 연행학연구소와 林基中 교수에 대해 마음속에서 우러나오는 경의를 보낸다! 이에 필자는 연행록에 대해 관심을 기울이고 연구하는 학자의 부단한 증대에 따라,『연행록전집』의 출판·발행에 따라, 燕行學이 나날이 현저한 영향을 가지게 됨에 따라, 중국대륙이 신세기의 개시 후에 오래지 않아 연행록 연구의 고무된 신시기를 맞이했다고 생각한다. 동시에 우리는 또한 연행록 관련 문헌의 새로운 발견을 기대한다.

(번역 : 박기범·배윤경)

'嘔血臺' 이야기의 형성과 연행록

김일환[*]

Ⅰ. 들어가며
Ⅱ. 연행 노정과 寧遠衛
Ⅲ. 燕行錄 속의 '嘔血臺'
Ⅳ. 결론

Ⅰ. 들어가며

燕行錄은 외교적 사건의 '보고서'이기도 하고, 연행을 통해 새로운 생각을 가진 여행 주체들의 생각을 담아낸 '기행문학'이기도 하다. 또한 朝天, 燕行으로 이어지는 그 연원이 오래되었고 산출된 기록들이 방대하며 그 자료가 산포되어 있어 연행록에 대한 총체적 접근이 용이하지 않았다. 그리고 작품에 따라 양적·질적 편차가 심해 몇몇 작품에 연구가 집중되다가 연구 자료가 집적되고 데이터베이스화 되면서[1] 시대를 아우르는 접근이 가능하게 되었다.[2]

---

[*] 동국대학교 연구교수
[1] 임기중 편저, 燕行錄叢刊, KRPIA.CO.KR, ⓒ 2012 ㈜누리미디어 All Rights Reserved.(http://www.krpia.co.kr/pcontent/?svcid=KR&proid=187)
이 DB는 세기·왕대·저자 별로 탭(찾아보기)을 구성하고, 작품·작자별로 使行 연도를 색인화했고, 날짜와 제목을 뽑아 각 원전에 없는 세부 목차를 달았다. 다만 텍스트 검색이 불가능한 이미지 파일로 구성되어 있고, 작품

발표자는 연행노정에 있는 한 장소와 그곳에 얽힌 이야기가 만들어지는 과정을 통해 조선 후기 연행사들의 역사 인식, 특히 대청인식을 살펴보고자 한다. 선정된 장소는 만리장성 밖에 있는 寧遠城의 '嘔血臺'이다. 이와 연관을 맺고 있는 역사는 明淸 교체기에 있던 한 '戰鬪'이고, 그 이야기에는 後金의 추장 '누르하치(奴爾哈赤)'(또는 淸나라 황제 홍타이지)와 명나라의 都督 '袁崇煥'이 주연으로, 조선의 역관 '韓瑗'이 조연이자 증인으로 등장한다. 사건은 "대규모의 군사를 이끌고 西進한 누르하치가 寧遠城에서 袁崇煥의 방어작전에 수하 장졸들을 대거 잃고, 그 충격으로 피를 토한 (그리고 마침내는 그게 원인이 되어 죽은) 일"이다.

우리나라 譯官 韓瑗이 사신을 따라 明나라에 갔다가 마침 崇煥을 만났는데, 崇煥이 기뻐하며 사신에게 韓瑗을 빌려 달라고 청하여 자기 鎭으로 데리고 들어갔다. 이 韓瑗이 그 전투를 목격하였는데 崇煥이 군사를 지휘하는 것은 비록 알 수 없었으나 軍中이 매우 고요하고 崇煥이 두세 명의 막료들과 서로 한담을 나눌 뿐이었다. 적이 습격해 온다는 보고가 들어오자 崇煥이 가마를 타고 望樓로 가서 韓瑗 등과 함께 옛 역사를 논하고 글을 이야기할 뿐 조금도 걱정하는 기색이 없었다. 얼마 있다가 대포 한 방이 터졌는데 그 포성이 천지를 뒤흔들므로 韓瑗이 무서워서 머리를 들지 못했다. 崇煥이 웃으면서 "적이 왔다." 하였다. 곧 창문을 열고 내려다 보니 적병이 들에 가득히 몰려오는데 성 안에서는 전혀 사람의 소리가 없었다. 그날 밤 적이 外城에 들어왔는데, 대개 崇煥이 미리 외성을 비워두고 적을

원본이 아닌 영인본의 이미지라는 한계가 있다.

2) 연행록에 대한 국내외의 방대한 연구 성과는 근래 있던 대동한문학회의 '연행록' 학술대회와 『大東漢文學』 특집에 잘 정리되어 있다. 최은주, 「연행록 자료 집성 및 번역의 현황과 과제」 ; 김현미, 「연행록 문학 방면 연구 성과와 향후 과제」 ; 김영진, 「燕行錄의 체계적 정리 및 연구 방법에 대한 試論」 등, 『大東漢文學』 34, 대동한문학회, 2011.

유인한 것이다.

적이 병력을 합쳐 성을 공격하자 또 대포를 쏘니 성 위에서 일시에 불을 켜 천지를 환히 비추고 화살과 돌을 함께 떨어뜨렸다. 싸움이 바야흐로 치열해지자, 성 안에서 城堞 사이마다 매우 크고 긴 나무궤를 성 밖으로 밀어 냈는데, 반은 성첩에 걸치고 반은 성 밖으로 내놓았다. 궤 속에 실상 甲士가 엎드려 있다가 궤 위에 서서 내려다 보면서 화살과 돌을 던졌다. 이렇게 여러 차례 거듭하다가 성 위에서 마른 풀과 기름과 솜을 함께 던졌다. 각 성첩마다 무수하게 내던졌다. 잠시 뒤에 땅 속에 묻었던 砲가 크게 폭발하여 성 밖에서 안팎으로 흙과 돌이 두루 날아 흩어졌다. 불빛 속에서 오랑캐들을 바라보니 무수한 人馬가 함께 하늘로 솟구쳤다가 어지럽게 떨어지고 있었다. 이로써 적은 크게 꺾여 물러갔다.

이튿날 아침 적의 대열이 큰 들판 한쪽에 마치 잎사귀처럼 뭉쳐 모여 있는 것을 보고 崇煥이 곧 한 사람의 사자를 보내 예물을 갖춰 인사하기를, "老將이 천하를 횡행한 지 오래 되었는데, 오늘 나에게 패전당했다. 어찌 아마도 운수가 아니겠는가" 하였다. 이때 누르하치는 먼저 중상을 입었는데, 이에 이르러 숭환에게 예물과 名馬를 갖추어 답례하고 다시 한번 싸울 기약을 하였으나, 그로 말미암아 분통이 나서 죽었다고 한다.[3]

---

3) 李星齡, 『春坡堂日月錄』 권14, 我國譯官韓瑗, 隨使命入朝, 適見崇煥. 崇煥悅之, 請借於使臣, 帶入其鎭. 瑗目見其戰, 軍事節制, 雖不可知, 而軍中甚靜, 崇煥與數三幕僚, 相與閑談而已. 及賊報至, 崇煥輴到敵樓, 又與瑗等論古談文, 略無憂色. 俄頃, 放一砲, 聲動天地, 瑗怕不能擧頭, 崇煥笑曰: "敵至矣." 乃開窓俯見, 賊兵滿野而進, 城中了無人聲. 是夜賊入外城, 盖崇煥預空外城, 以爲誘入之地矣. 賊因幷力攻城, 又放大砲, 城上一時擧火, 明燭天地, 矢石俱下. 戰方酣, 自城中每於堞間, 推出木樻子, 甚大且長, 半在堞內, 半出城外, 樻中實伏甲士, 立於樻上, 俯下矢石, 如是累次. 自城上投枯草·油物及綿花, 堞堞無數, 須臾地砲大發, 自城外遍內外, 土石俱揚, 火光中見胡人, 俱人馬騰空亂墮者無數, 賊大挫而退. 翌朝, 見賊隊擁聚於大野一邊, 狀若一葉. 崇煥卽送一使, 備物謝曰: "老將橫行天下久矣. 今日見賊於小子, 豈其數耶?" 奴兒哈赤先已重傷, 及是俱禮物及名馬回謝, 請借再戰之期, 因滿恚而薨云. 李星齡(1632~1691)이 저술한 『春坡堂日月錄』은 정치사 중심의 편년체 역사

분통이 나서 죽은 '老將'을 누르하치로 보면 1626년의 寧遠大捷, 청 태종으로 보면 1629년의 寧錦大捷을 배경으로 한다. 그러므로 명청교 체기 이후의 연행록에 이 이야기가 등장한다. 17세기 후반에 작성된 연행록에는 시로 노래되거나 단편적인 이야기 형태로 산발적으로 출 현하다가, 18세기 초반에 이르면 완성된 이야기 형태로 보인다. 그러 다 正祖 이후에는 아예 사실처럼 굳어지면서 論·說의 대상이 되기도 하고 허구화되어 야담집에 실리기도 한다. 이 발표는 嘔血臺가 있던 寧遠城을 다룬 연행록을 일별하고, 특히 명청교체기부터 18세기 전반 기까지의 연행록을 중심으로 '袁崇煥이 寧遠城에서 누르하치를 물리 친' 역사적 사건과 연행 노정의 '嘔血臺'라는 장소가 결합되는 양상을 추적한다. 이를 통해 한 사건이 어떻게 공통의 역사 기억으로 만들어 지는 방식을 살피는 것을 목적으로 한다.

II. 연행 노정과 寧遠衛

嘔血臺는 연행 노정 중 廣寧과 山海關 사이에 있는 寧遠城[寧遠 衛] 부근에 있다. 寧遠衛는 遼陽-廣寧-山海關으로 이어지는 명나라의 요동 방어 축선에 있는 중요한 요새였다. 寧遠衛의 역사에 대해서는 1790년에 熱河를 다녀온 徐浩修의 『燕行紀』에 잘 정리되어 있다.

寧遠州는 漢나라 徒河縣의 땅이다. 隋나라에서는 柳城縣의 땅을 삼고 唐나라에서는 營州와 瑞州의 땅이 되었고, 遼나라에서는 嚴州의 興城縣을

서로 조선 태조에서 인조 16년까지의 기록이다. 『燃藜室記述』에 『日月錄』 이라는 이름으로 인용되는 책이다. 李肯翊(1736~1806)은 『燃藜室記述』 依例 에서 "자료 수집을 다하지 않고 책을 빨리 만들었기 때문에 상세한 데는 지 나치게 상세하고 소루한 데는 너무 소루하여 조리가 서지 아니한다"고 평 하기도 하였다. 하지만 '丁卯虜亂' 조에서 이 일화를 그대로 인용하고 있다.

두어 錦州에 예속시켰으며, 또 남쪽 지경에 來州를 두었다. 金나라에서는
嚴州를 폐지하여 興城을 興中府에 붙이고, 來州를 고쳐 瑞州로 하였다. 元
나라에서는 이곳을 錦州와 瑞州의 땅으로 만들었다. 明나라에서는 처음에
廣寧前屯·中屯의 2衛를 설치하였다가 宣德 3년(1428, 세종 10)에 2위의 땅을
분할하여 寧遠衛를 설치하고 遼東都指揮使司에 예속시켰다. 淸나라에서는
康熙 2년(1663, 현종 4)에 동쪽의 塔山所 땅을 떼어서 錦縣에 넣고, 서쪽으
로는 前屯衛의 땅을 다 병합하여 고쳐서 寧遠州로 하였다. 康熙 3년(1664)
에는 廣寧府에 예속시키고, 4년에는 고쳐서 錦州府에 예속시켰다.

寧遠의 城池는 明나라 宣德 3년에 總兵 巫凱가 세운 것이다. 성의 둘레
는 5리 196보, 높이는 3장이다. 못은 둘레가 7리 8보, 깊이가 1장 5척이다.
문은 네 곳에 있고, 鐘鼓樓는 中街에 있다. 天啓 3년(1623, 인조 1)에 監軍
袁崇煥이, 옛 성이 성기고 엷다 하여 규모와 제도를 고쳐 정하고 증축하니,
높이가 3장 2척이요, 雉堞의 높이가 6척, 기초의 너비 3장, 頂上의 너비는
2장 4척이다. 또 外城을 쌓았으니, 둘레가 9리 124보요, 높이는 內城과 같
다. 문이 넷 있고 角樓도 넷이다. 지금 외성은 퇴락하여 겨우 遺址가 있을
뿐이다. 내성은 乾隆 계묘년(1783, 정조 7)에 중수하였다. 駐防軍으로 佐領
이 2인, 驍騎校가 2인, 筆帖式이 1인, 倉官이 1인이다. 거느리는 군대는 만
주군과 漢軍 병졸 140명이다.[4]

---

4) 徐浩修, 〈九月十六日癸巳〉,「起燕京至鎭江城」『燕行紀』권4, 寧遠州, 漢徒
河縣地, 隋爲柳城縣地, 唐爲營州及瑞州地, 遼置嚴州興城縣, 屬錦州, 又於
南境置來州, 金廢嚴州, 以興城, 屬興中府, 改來州, 爲瑞州, 元爲錦州, 及瑞
州地, 明初置廣寧前屯·中屯二衛. 宣德三年, 分二衛地, 置寧遠衛, 屬遼東都
指揮使司. 淸康熙二年, 東割塔山所地, 入錦縣, 西盡併前屯衛地, 改爲寧遠
州, 三年屬廣寧府, 四年改屬錦州府. 寧遠城池, 明宣德三年, 總兵巫凱建, 城
週五里一百九十六步, 高三丈, 池週七里八步, 深一丈五尺, 門四, 鍾鼓樓在
中街. 天啓三年, 監軍袁崇煥, 以舊城疏薄, 改定規制增築, 高三丈二尺, 雉高
六尺, 址廣三丈, 頂收二丈四尺, 又築外城, 週九里一百二十四步, 高如內城,
門四, 角樓四. 今外城頹廢, 僅存遺址, 內城乾隆癸卯重修, 駐防佐領二, 驍騎
校二, 筆帖式一, 倉官一, 所領滿洲漢軍兵一百四十名.

寧遠衛는 漢나라부터 元나라 때까지는 縣이나 州의 일부인 일반
행정구역, 明나라에 이르러 군대가 주둔[屯]한 '衛'로서 지역의 군사
거점, 淸나라에 이르러서는 다시 일반 행정구역으로 바뀌었음을 알
수 있다. 明나라가 寧遠에 衛를 설치한 것은 북방의 유목민족을 방어
하기 위함이었다. 寧遠은 遼東의 중심인 遼陽에서 山海關으로 이어
지는 주요한 통로, 이른바 '遼西走廊'에 놓여있어 중요한 연행 노정이
되었다.

연행노정으로서의 寧遠衛를 최초로 언급한 사람은 李承召(1422~
1484)이다. 1459년(세조 5)에 謝恩副使[5]로 北京에 갈 때, 寧遠衛를 지
나며 요동벌에 길게 펼쳐진 城堡와 주민들의 풍족한 삶을 언급하며
문명의 땅으로 들어가는 감격을 노래했다.[6] 이듬해[1460년] 謝恩副使
로 北京을 다녀오던 徐居正(1420~1488)도 寧遠衛의 한 道觀에 들러 평
화로운 분위기를 전하기도 했다.

성문으로부터 역마를 타고 와서	城門來遞馬
도관에 들러 한참 동안 섰노라니	道觀立移時
은행나무는 어려서 열매가 없고	銀杏稚無子
작은 소나무는 가지가 서려 있네	矮松蟠有枝
머리 조아려 옛 소상에 예배하고	低頭禮古像
뒷짐 지고 새 비문도 읽어봤는데	負手讀新碑
노인들은 그 어드메서 왔는지	白叟從何處
만나도 말을 못 알아듣겠네	相逢語不知[7]

---

5) 『세조실록』 05/07/27(병오).

6) 李承召, 「寧遠衛途中作」 『三灘先生集』 권2(문집총간 11), 聖代籌邊計不遺,
地當要害必城池, 長墻雲起連遼野, 列堡星分入帝畿, 禹貢山河輿地廣, 堯民
耕鑿雨暘時, 何人解撰河淸頌, 寫出文明万古輝.

7) 徐居正, 「寧遠衛道觀」 『四佳詩集』 권7(문집총간 10).

여진족이 강성해져 明나라의 위협이 되기 전까지 寧遠衛는 遼陽
과 山海關 사이에 있던 다른 군사 도시와 다를 바 없었다. 이후 연행
사들은 寧遠衛의 장군이 萬里長城을 위협하는 오랑캐를 추적하는 모
습을 노래하기도 하고,[8] 이태 동안 흉년을 당해 굶주리는 상황을 슬퍼
하기도 하고,[9] 숙소 이웃집의 아름다운 아가씨들이 노는 모습을 훔쳐
보기도 하였다.[10] 이처럼 寧遠衛의 다양한 모습은 조선에 임진왜란의
기운이 싹트고, 後金 세력이 발흥하면서 점차 군사도시의 모습으로
바뀌어갔다. 1591년 일본이 중국을 침략하려는 의사가 있음을 알리기
위해 북경에 파견된 進奏使 韓應寅(1554~1614)[11], 임진왜란 이후인
1609년 성절사로 柳夢寅(1559~ 1623)[12] 등의 기록이 이를 잘 보여준다.

---

8) 洪貴達,「在曹家莊, 聞寧遠衛大人領兵向長城, 候靼子來屯形迹」(1481년),『虛
　白先生續集』권4(문집총간 14), "人言靼子牧長城, 寧遠將軍甲冑行, 誰信身
　無搏雞力, 胸中還有百萬兵."

9) 蘇世讓,「寧遠鋪, 逢老叟歌」(1533년),『陽谷先生集』권3(문집총간 23), "寧遠
　城邊逢老傖, 揖我謂我向何方, 看君急急歸意忙, 勸君行李煩周防, 去歲夏旱
　天早霜, 前年蝗飛蔽穹蒼, 年年菽粟不登場, 哀哀赤子多流亡, 草根木實無留
　藏, 在處道饉還相望, 鬻妻賣子不充腸, 噉人之肉如啗羊, 我聞此語心蒼皇,
　不覺涕下爲霑裳, 殺人相食古所傷, 豈意盛世罹此殃, 嗚呼何時順雨暘, 民歌
　擊壤遊康莊, 熙熙時俗回虞唐."

10) 崔演,「暮投寧遠衛人家宿, 東隣有女, 年可二八, 頗有姿, 戲作二絶」(1534년),
　『艮齋先生文集』권3(문집총간 32), "日幕途窮倍苦辛, 暫投村店駐行塵, 挑琴
　縱有東隣女, 服異音殊不可親. 勞人草草厭酸辛, 堪笑衣衫已灑塵, 贈藥投梭
　非我事, 天涯風俗自難親."

11) 韓應寅,「寧遠衛, 賦一律示兩同事」2수 중 첫째 수,『百拙齋遺稿』권1(문집
　총간 60), "塞天殘照淡無晶, 草白沙黃接虜營, 壯士幾年空撫劍, 將軍今日已
　休兵, 梯航萬里通朝聘, 闈闔千秋祝聖明, 東土微臣能撰頌, 瑞雲佳氣繞皇
　城."

12) 柳夢寅, 〈中州雜詠〉18수 중 제1~2수,「朝天錄」『於于集』권2(문집총간 63),
　"溝壘金湯捍外窺, 飛文糊壁繞委蛇, 誰言墨翟易縈帶, 方覺樓生難犯危, 碧眼
　雖來不敢上, 紫淵何必以爲池, 流聞繡史陳雄略, 將截長城靑海湄."[城池] ;
　"一線狼烟裹戍堛, 角聲吹起萬旗叢, 金鱗耀日彌長野, 汗血嘶雲軼迅風, 塵洗
　胡沙封燕頷, 紅漫白草斫駝峯, 龍堆鴨水三千里, 烟火茫茫樂鼎鐘."[兵馬]. 柳

그러다 後金의 세력이 강성해지면서, 寧遠衛는 연행사들의 노정에
서 사라진다. 1621년 3월 13일 瀋陽을 함락시킨 누르하치는 다시 6만
의 병력을 이끌고 遼陽을 공격한다. 遼東의 '首府'로 정치, 경제, 군사,
교통의 중심지인 遼陽은 나흘을 버티다, 3월 21일 함락되고 만다. 이
를 계기로 朝鮮과 明의 육지 교통로는 단절되었다. 1620년에 육로로
北京에 들어갔던 進香使 柳澗(1554~1621)과 陳慰使 朴彝敍(1561~1621)
가 登州에서 배를 타고 귀국을 시도하면서, 海路 사행길을 다시 열렸
다.[13] 海路 사행은 丙子胡亂으로 朝鮮이 淸에게 항복할 때까지 계속
되었다. 그러나 1629년부터 袁崇煥이 旅順口에서 登州로 가던 뱃길을
覺華島 노선으로 바꾸면서, 조선사신들은 다시 寧遠衛를 밟을 수 있
었다. 1629년 진하변무사 李忔(1568~1630)의 사행을 시작으로 1636년
동지사 金堉(1580~1658)의 사행까지 覺華島를 거쳐 寧遠衛에 상륙하여
山海關을 통해 북경으로 들어갔다.[14] 그리고 北京에서 南漢山城의

───────────────

夢寅의 연행 체험이 갖는 의미는 이승수, 「柳夢寅의 연행 체험과 중국 인
식」『동방학』136집, 연세대 국학연구원, 2006 참조.

13) 1368년 明나라가 南京에 도읍을 정한 이후 北京으로 천도할 때까지, 고려
와 조선의 사신들은 海路를 이용해 사행을 수행했다. 해로사행에 대해서
는 이승수, 「고려말 對明 使行의 遼東半島 경로 고찰」『漢文學報』20, 우리
한문학회, 2009 참조. 한편 柳澗과 朴彝敍는 불행히도 旅順 근처 鐵山 앞바
다에서 난파하여 죽었다. 『광해군일기』13/04/13(갑신) 이에 대한 자세한 논
의는 박현규, 「17세기 전반기 對明 海路使行에 관한 행차 분석」『한국실학
연구』21, 한국실학학회, 2011, 126~127쪽 참조.

14) 예외가 있다. 旅順의 長山島에서 覺華島까지 渤海를 가로지르는 뱃길은 廟
島 群島를 따라 등주로 가는 뱃길보다 훨씬 길고 위험했다. 이에 1630년 진
주사 鄭斗源과 동지사 高用厚 일행은 각화도 노선을 따르지 않고, 등주 노
선으로 직행했다. 박현규, 앞의 논문, p.129. 鄭斗源은 일기와 그림으로 이
루어진 『朝天記 地圖』, 高用厚는 시로 된 『朝天錄』을 남겼다. 현재『연행
록전집』16권과 『연행록총간』에는 高用厚의 『朝天錄』이 1630년의 결과물
로 되어 있다. 하지만 본문의 협주에 있는 것처럼 前稿와 後稿가 구분되어
있다. 「渡江過鳳凰城遇雨 以下前稿」부터 「在鄕舍, 聞萬曆皇上昇遐, 西望
痛哭, 詩以志哀」까지의 12편은 1613년 사행과 관련된 작품이고, 「椵島, 次

항복 소식을 들은 金堉 일행은 1637년 명나라의 寧遠衛를 마지막으로
밟고 朝鮮으로 돌아왔다. 이후 淸나라가 北京으로 수도를 옮기는
1644년까지 朝鮮의 사신은 청의 황제가 있는 瀋陽으로 사행을 가게
되었고 다시 寧遠衛에는 조선사신의 발길이 끊어졌다.

한편, 1637년 朝鮮의 항복을 받으면서 '後患'을 제거한 淸 太宗은
1640년 대규모 군대를 이끌고 山海關 방향으로 진출한다[松錦戰役].
淸軍은 祖大壽(?~1656)가 지키던 錦州를 포위했고, 이를 구원하기 위
해 總督 洪承疇(1593~1665)가 山海關에서 출동한다. 한편 淸의 지속적
인 파병 요구를 받아들인 조선은 柳琳(1581~1643)을 대장으로 2,000명
의 병력을 파견했다. 朝鮮軍은 錦州가 함락될 때까지 계속 병력을
교체하며 전투에 임했고, 본국으로부터 지속적으로 軍馬와 軍糧을
공급받았다.[15] 瀋陽에 억류되었던 昭顯世子(1612~1645)와 鳳林大君
(1619~1659)도 1641년 8월 16일부터 9월 18일까지 한 달여 동안 淸 太
宗을 따라 종군하기도 했다.[16] 1642년 3월 明軍의 總督 洪承疇가 항
복하고 그의 투항 권유에 祖大壽 역시 항복하면서 淸軍은 錦州, 松
山, 杏山, 塔山의 4성을 점령한다. 이듬해 淸은 다시 공격을 시작하
여 寧遠城과 山海關 사이에 있는 中後所, 前屯衛, 中前所를 차례로
함락시킨다. 1644년 3월 寧遠城을 외로이 지키던 吳三桂(1612~1678)가
山海關으로 철수하면서 寧遠城은 마침내 淸나라의 수중에 떨어진
다.[17] 吳三桂는 李自成(1606~1645)의 北京 함락과 崇禎帝(1611~1644)의

陳慰使鄭下叔(斗源)韻 以下後稿」이하의 16편이 1630년 사행에 해당한다.
그의 문집인 『晴沙集』의 권2는 '文'만 싣고 있는데, 登州로 직접 가는 해로
사행에서는 방문할 수 없는 '정녀묘' 참관기가 실려 있다. 「觀貞女祠序」
"蓋萬曆紀元之歲在癸丑秋, 余以賀節陪臣, 赴京師."

15) 계승범, 『조선시대 해외파병과 한중관계』, 푸른역사, 2009.
16) 세자시강원, 「辛巳西行時治行事件」(서울대 규장각 소장, 奎 9891) : 『昭顯瀋
陽日記』(규장각 소장). 규장각 소장의 8책본과 10책본을 교감하여 번역한
역주본이 있다. 서울대 규장각한국학연구원 동궁일기 역주팀, 『역주소현
심양일기』(전4권), 민속원, 2008.

자살에 山海關을 열어 淸에 항복하고 淸軍과 함께 北京으로 진군한
다. 이 北京行에 昭顯世子와 鳳林大君이 동행하는데 이들은 한밤중
에 寧遠城을 지나간다.[18]

다시 漢陽-北京으로 확정된 육로 연행로를 통해 처음으로 寧遠城
을 지난 연행사는 麟坪大君 李㴭(1622~1658)였다. 그가 참여한 1645년
의 사행은 조선이 처음으로 '淸나라의 北京'으로 사신을 파견한 것이
었다. 寧遠城이 마지막으로 보이는 연행록은 1894년(고종 31) 진하겸
사은사(정사 李承純, 부사 閔泳喆, 서장관 李裕宰)를 수행했던 金東浩
(1860~1921)의 『燕行錄』이다. 그는 육로를 통해 북경으로 들어갔지만,
귀국할 때는 天津에서 배를 타고 제물포로 귀환했다.

Ⅲ. 燕行錄 속의 '嘔血臺'

1. 지워진 이름, 袁崇煥

嘔血臺 이야기의 주인공은 '袁崇煥'이다. 그는 寧遠大捷의 공으로
遼東巡撫, 兵部右侍郎로 승진하였다. 한편 後金에서는 누르하치가 죽
고 淸 太宗이 즉위하였다. 국호를 '後金'에서 '淸'으로 바꾼 太宗은 朝
鮮을 침략하여 '兄弟之盟'을 맺고 개선했다. 여세를 몰아 자신이 직접

---

17) 세자시강원, 「갑신년 3월 18일의 일기」 『昭顯瀋陽日記』 ; 閻崇年, 「三桂降
淸」 『明亡興淸六十年』, 中華書局, 2008.

18) 세자시강원, 〈갑신년 4월 20일의 일기〉, 『昭顯瀋陽日記』. 『昭顯瀋陽日記』
는 이 날의 일기가 두 번 있는데, 이는 심양의 세자시강원의 일기와 소현
세자의 종군일기가 함께 있기 때문이다. 규장각 동궁일기 역주팀은 소현
세자의 종군일기를 北京에 들어간다고 하여 '北行日記'라고 이름을 붙였는
데, 원문에 있는 것처럼 이들은 '西行'했다. 그러므로 당연히 '西行日記'라
고 해야 한다. 『연행록전집』에 있는 작자 미상의 『西行日記』가 바로 이것
이다.

군대를 이끌고 錦州와 寧遠을 쳤다. 이번에도 袁崇煥이 지키던 寧遠은 물론 錦州도 함락시키지 못하고 돌아왔다. 袁崇煥은 다시 兵部尙書兼遼薊督師를 제수받고, 새로 등극한 崇禎帝와 면담하여 山海關 전선에서의 全權을 부여받는다.[19] 袁崇煥은 조정에 건의해 조선의 조공 길을 覺華島를 경유하도록 바꿨다.[20] 이 바뀐 사행길을 처음으로 이용한 사행이 진하사 李忔과 동지사 尹安國이다. 이 사행은 袁崇煥을 대면한 유일한 사행이다.[21] 이처럼 袁崇煥을 만난 조선 지식인들이 드물었기 때문에 그의 생애가 신화화될 소지가 많았다.

袁崇煥의 죽음은 1630년 李忔의 유해와 함께 조선에 알려졌다.[22] 벼슬을 그만두고 모친의 상을 치르고 있던 李景奭(1595~1671)은 그 다음 해가 되어서 袁崇煥의 죽음을 전해 들었다. 李景奭은 袁崇煥의 죽음을 슬퍼하면서 시를 한 편 지었는데, 그 序文에 袁崇煥의 억울한 사정과 寧遠城 전투에 대한 소개가 있다.

袁 經略이 처음 군대를 낼 때, 5년 안에 遼東을 평정하겠다고 서약하였다. 그 시기를 지키지는 못했지만, 寧遠衛를 지키면서 도적들을 크게 물리친 것이 여러 차례였다. 도적들은 감히 가까이 오지 못하였다. 그러다 작년에 도적들이 황성[北京]을 육박해 들어가니, 대개 喜峯口로 우회한 것이었다. 조정에서는 국가 방어를 전담하기로 한 경략이 이를 제대로 막아내지

---

19) 1629년 7월 袁崇煥이 조선에 보낸 첩문에 적은 직위는 '欽命出鎭行邊督帥薊遼天津登萊等處軍務兵部尙書兼都察院右副都御史'였다. 『인조실록』 07/07/28(신해). 袁崇煥의 행적에 대해서는 閻崇年, 『明亡興淸六十年』, 中華書局, 2008을 참조.

20) 『인조실록』 07/윤04/21(병자).

21) 李忔, 『雪汀先生朝天日記』(임기중 편, 『燕行錄全集』 13, 동국대 출판부, 2001) ; 邱瑞中·崔昌源, 「朝鮮使臣李忔筆下的袁崇煥」 『韓國民族文化』 25, 부산대 한국민족문화연구소, 2005 참조.

22) 李忔은 1630년 6월 8일 北京에서 병사했다. 그의 시신은 製述官 李長培가 운구하여 그해 10월 18일 평양에 도착했다. 『雪汀先生朝天日記』의 6월9일부터 10월 18일까지의 일기는 李長培가 기록한 것이다.

못했다고 죄를 물어, 마침내 그를 죽여 버렸다. 듣는 사람들이 마음 아파하지 않는 사람이 없었다. 슬프다, 처음에는 비록 적을 차단하는 데는 실패했지만, 끝내는 떨쳐 일어나 그들을 물리쳤다. 황성의 포위를 풀고, 관내의 난리를 평정한 것은 모두 공[袁崇煥]의 功이었다. 총병 祖大壽가 크게 이길 수 있던 것도 공이 죽을 힘을 다했기 때문이었다. 또한 寧遠城에서의 일을 보더라도, 전후 도적들을 죽인 것이 몇 천 명인지 모를 정도였다. 지금 비록 죄가 있다고 하나, 그 공이 또한 천하에 드러낼만한 데도 끝내 죽음을 면하지 못하였으니, 슬프도다. 처음에 그 죽음을 들었을 적에 의심을 했었는데, 작년에 聖節使가 돌아오면서 그 죽음을 확실히 알게 되었다. 천하의 모든 사람들이 마치 친척이 죽은 것처럼 슬퍼했다고 한다.[23]

　李景奭은 영원성의 전투에 대한 구체적인 묘사 없이 몇 천 명이 죽었다고 하고 있다. 하지만 그 몇 천 명이 단지 1626년 '寧遠大捷' 뿐만 아니라 1629년의 '寧錦大捷'의 사상자를 포함한 수치임을 밝히고 있다. 즉 그는 袁崇煥의 공적에 대해 비교적 정확하게 파악하고 있던 것이다. 그리고 袁崇煥의 사인에 대해 직접적으로 말하지 않았지만 시를 통해 오랑캐의 反間計였음을 시사하고 있으며, 이것이 明나라에 가져올 결과에 대해서도 정확하게 예측하고 있다.[24]

　그로부터 15년이 지난 1646년, 李景奭은 謝恩使가 되어 연행길에

---

23) 李景奭, 〈聞袁經略(崇煥)被戮, 痛惜口號〉,「休官錄」『白軒先生集』권3(문집총간 95), 袁經略初出師, 誓以五年平遼言, 不可若是其期, 而其守寧遠衛, 大敗賊者屢矣, 賊不敢近. 去年賊鋒進迫皇城, 蓋由喜峯口徑突也. 朝廷以經略專制關防, 不能遮遏殺之, 竟被戮, 聞者莫不痛之. 噫, 始雖未及遮截, 終能奮翼而擊却之, 解皇城之圍, 平關內之難者, 皆公之功也. 祖摠兵大壽之能大捷, 亦以公之得死力也. 且以寧遠時言之, 前後殺賊, 不知其幾千. 今雖曰有罪, 其功亦足以暴於天下, 卒不免焉, 悲夫. 始聞其死, 猶以爲疑, 去年聖節使行之回, 知其死的矣. 海內遠近悲之, 如親戚云.

24) 李景奭, 〈聞袁經略(崇煥)被戮, 痛惜口號〉,「休官錄」『白軒先生集』권3(문집총간 95), "狂胡一入多凶計, 壞却中原萬里城."

오른다. 그는 명청교체기의 전장을 지날 때마다 당시를 회고하는 시
편을 남기고 있는데, 후대의 연행록에 비하면 비교적 침착하게 감회
를 말하고 있다. 明나라와 淸나라에 대해 직접적인 언급을 자제하고
있다. 大凌河를 지날 때는 교위 王驥의 무덤 비석에서 '皇明'이라는
글자를 보았다고 하였다.[25] 소릉해[錦州]를 지날 때는 이곳을 지키다
항복하여 명나라[南朝]의 장수에서 청나라[北朝]의 신하가 된 祖大壽
(?~1656)가 여전히 건재하고 있는 것과 小凌河에서 수많은 전쟁에서
죽어간 젊은 청춘들을 대비하였다.[26] 그런데 정작 寧遠衛에 이르러서
는 袁崇煥이나 명청교체기에 일어난 전쟁에 대해서 일절 말하지 않
는다. 다만 사행을 떠나기 앞서 맞은 손위누이의 죽음[27]를 슬퍼하고
있다.[28] 寧遠衛 다음에 있는 '中前衛'나 '山海關'에서도 '長城'을 소재
로 하여 회고조로 시상을 전개하고 있다. 北京에 도착했을 때도 부사
인 金堉의 시에 차운하면서 文天祥이나 荊軻 같은 강개한 선비를 떠
올리기도 했지만,[29] 고향과 가족 생각이 주된 정조를 이루고 있다. 이
는 연행 당시 의도적으로 역사적·사회적 발언을 자제했거나, 훗날 자

---

25) 李景奭, 〈大凌河堡, 過王校尉驥墓有感〉, 「燕行錄」『白軒先生集』 권7(문집
총간 95), 何狀王校尉, 身埋道邊地, 墳前一片石, 尙帶皇明字.

26) 李景奭, 〈小凌河道上, 望錦州衛城口號 乃祖摠兵所曾守也〉, 「燕行錄」『白軒
先生集』 권7(문집총간 95), 南朝老將北朝臣, 七尺長身白髮新, 粉堞可憐經百
戰, 健兒曾喪幾千人.

27) 이경석이 북경으로 떠나기 이틀 전에 그의 둘째 누나가 죽었다. 이경석이
辭朝한 날이 2월 26일(『인조실록』 24/02/26(제묘), 金堉, 「潛谷年譜」『潛谷全
集』(성균관대 대동문화연구원)이고, 그의 누이[현감 尹滰의 아내]는 2월 24
일에 죽었다. 李景奭, 「稷山縣監贈兵曹參判尹公墓誌」『白軒先生集』 권48
(문집총간 96).

28) 李景奭, 〈燈夕宿寧遠發行前纔遭姊喪〉, 「燕行錄」『白軒先生集』 권7(문집총
간 95), 戚戚孤生在, 哀哀一姊亡, 異方今作客, 佳節倍增傷, 縱使家鄕住, 何
心燈燭張, 天邊新月色, 添却鬢毛霜.

29) 李景奭, 〈燕京用副使韻〉, 「燕行錄」『白軒先生集』 권7(문집총간 95), "文山忠
節千秋凜, 易水歌聲萬古哀, 安得相逢慷慨士, 令渠擊筑與銜杯."

신이 쓴 시를 刪定한 데서 기인한 것으로 볼 수 있다.

이런 정서는 金堉(1580~1658)에게서도 발견된다. '明나라의 北京'을 다녀왔던 기록[朝京日錄]은 충실히 정리했을 뿐만 아니라, 만년에 자신이 직접 李敏求(1589~1670)에게 그 서문을 받아 문집의 서두를 장식할 정도로 공을 들였다. 반면 '청나라의 北京'을 다녀온 기록은 제대로 정리가 되어 있지 않다. 물론 그의 문집이 아들 金左明(1616~1671)이 편찬하고, 시는 詩體別로 정리가 되어 연행 시편이 나뉜 점도 있지만, 각 詩體에서도 날짜와 노정에 따라 배열되지도 않았다. 논란이 될 것을 피한 것으로 보인다.

요양 땅 절반이나 오랑캐의 하늘에 들어감에	遼陽半入犬羊天
탄식하자니 모르는 새 두 눈에 눈물 나네	感慨不覺揮雙淚
금성탕지 견고한 곳 영원위라 부르는데	城池壯固稱寧遠
십만 정병이 엄하게 수비하네	十萬精兵嚴守備
군중에는 호랑이 산에 있는 형세 있으니	軍中又得虎在山
조가 집안 형제들은 참된 원수일세	祖家兄弟眞元帥
금창 들고 철마 타고 서쪽에서 달려옴에	金戈鐵馬從西來
한밤중에 오랑캐들 동쪽으로 달아났네	中宵東走千胡騎[30]

金堉이 명나라의 北京을 다녀올 때도 袁崇煥은 금기의 인물이었다. 왜냐하면 그는 황제에게 逆賊의 이름으로 처형을 당했기 때문이다. 寧遠城에서 오랑캐를 물리친 사람은 袁崇煥이고 祖大壽나 祖大樂 모두 그의 副將에 불과했다. 물론 두 사람이 遼東 출신으로 대대로 군직을 세습했고, 寧遠衛에 각기 牌樓가 세워질 정도[31]로 군공이

---

30) 金堉, 「玉河館紀行, 書懷, 示書狀」 『潛谷先生遺稿』 권1(문집총간 86). 한국 고전번역원의 번역을 가감함.

31) 두 사람의 牌樓가 세워진 때는 1638년으로, 金堉이 두 사람을 노래한 이후의 일이다.

있었지만, 袁崇煥의 공에는 미치지 못한다. 오랑캐의 서진을 굳게 방어한 금성탕지 寧遠衛를 노래할 때에는 응당 袁崇煥을 말해야 했건만, 金堉은 황제의 '陪臣'으로서 감히 역적을 입에 올릴 수 없었던 것이다. 金堉은 뒷날 太祖 원년(1368)에서 天啓 연간(1627)까지의 明나라 역사를 정리했는데, 여기서도 寧遠城의 싸움에 대해서는 "金나라 군대를 袁崇煥이 물리쳤다"라고만 적고 있다.[32]

　袁崇煥 사후 명나라로 간 사행사들의 기록에서 袁崇煥이 배제한 한 예로 1632년 사행을 꼽을 수 있다. 정사 洪霶(1585~1643), 부사 李安訥(1571~1637), 서장관 洪鎬(1586~1646)로 이루어진 이 사행은 모두 2건의 사행 기록을 남기고 있다. 李安訥은 두 번째 사행이었다. 1601년에는 進賀使 서장관으로서 육로로, 이번에는 奏請使의 부사가 되어 해로로 연행을 하였다. 1601년에는 北京으로 갈 때, 北京에서 나올 때 모두 寧遠衛는 경유처일뿐 숙박하는 곳이 아니었다.[33] 당시는 아직 後金이 건국하기 전으로 遼東은 평화를 누리고 있던 때였다.[34] 하지만 그가 32년만에 다시 찾은 遼東은 옛날의 遼東이 아니었다.[35] 그동

---

32) 金堉, 『皇明紀略』 권6, "(天啓)六年(丙寅) 正月, 金兵犯寧遠, 兵備袁崇煥却之."

33) 李安訥, 〈六月二十六日, 發杏山, 午憩塔山所, 宿連山驛. 二十七日, 午憩寧遠衛, 宿曹莊驛. 二十八日, 次東關驛, 連日早發, 冒熱而行〉 / 〈九月十九日, 發沙河所, 次寧遠衛〉 / 〈寧遠衛途中, 遇大風〉 / 〈九月二十日, 宿連山〉, 「朝天錄」 『東岳集』 권2(문집총간 78).

34) 이안눌은 당시 요동 수비의 중심이었던 광녕을 지날 때, 옛날의 전쟁터가 지금은 유협의 장이 되었다고 노래하고 있다. 李安訥, 〈廣寧行〉, 「朝天錄」 『東岳集』 권2(문집총간 78), "廣寧是雄鎭, 士馬最精强, 拔地旗亭峻, 連雲粉堞長, 土風喜馳射, 氓俗盛農桑, 形勢環滄海, 封疆闢大荒, 將軍專節制, 天子重關防, 列校分貔虎, 開營壓犬羊, 星流白羽箭, 電擊綠檀槍, 漠漠胡塵息, 堂堂漢道昌, 鐃歌閑部曲, 鼓吹鬧康莊, 昔日戰征地, 今爲遊俠場." 당시 廣寧은 摠兵 李成樑(1526~1615)이 지키고 있었다.

35) 李安訥, 〈二十二日丁巳, 入山海關〉, 「朝天後錄」 『東岳集』 권20(문집총간 78), "三十年前鬢如漆, 走馬九月朝天廻, 三十年後鬢如雪, 乘槎九月朝天來, 遼水至今何蕩瀁, 遼山依舊空崔嵬, 關門小吏不相識, 按劍獨望單于臺."

안 오랑캐 女眞族은 後金을 건국하여 瀋陽, 遼陽을 점령하여 조선과
명을 분리시켰고, 丁卯胡亂으로 朝鮮은 後金의 아우가 되어 있었다.
청나라 기마군의 연전연승을 寧遠城에서 袁崇煥이 막아내면서 겨우
명과 청의 균형이 유지되던 상황이었다. 하지만 청의 反間計에 袁崇
煥이 역적으로 처형되면서, 요동은 중심을 잃은 지역이 되고 말았다.
삼천리 바닷길을 천신만고 끝에 달려온 李安訥 일행은 覺華島에서 3
일을, 寧遠城에서 12일을 묵었지만, 袁崇煥에 대해서는 한마디도 말
하지 않았다.[36] 그의 이름은 물론 그가 거둔 승리에 대해서도 함구하
고, 오로지 자신의 힘들었던 경험만을 말하고 있다.

　洪鎬의 아들 洪汝河(1620~1674)는 부친이 寧遠에서부터 北京에 이
르는 길의 방어 설비를 꼼꼼히 관찰하여 그 방책에 국가에 적용할 것
을 상소했음을 강조하고 있다.[37] 그러나 洪鎬의 사행 기록[38]에는 寧
遠城이나 萬里長城의 성곽 제도나 연대, 돈대에 대한 관찰은 자세하
지 않다. 그는 寧遠城에서 4박을 했는데, 첫날은 상륙, 둘째날은 遼東
都司 衙門에서 현관례, 셋째날은 '太監'의 현관례 요구에 대한 거절,

---

36) 李安訥, 〈九月初四日己亥, 夕遇西南風, 放船南汛口, 夜二鼓, 南風大起, 掛
　　席渡海, 直抵覺華島, 日初出矣〉;〈覺華島舟中書事〉;〈九月初八日, 出舟入
　　寧遠衛〉;〈九月九日〉;〈九月十六日辛亥, 留寧遠衛. 黎明, 天乍雪, 至夕,
　　水微氷. 去歲是日, 發吉州城津, 踰磨天嶺, 次端川〉;〈九月十九日甲寅, 發
　　寧遠衛, 憩沙河所, 宿東關驛. 余於萬曆辛丑九月十九日癸丑, 朝發中後所,
　　午憩曹莊驛, 夕宿寧遠衛. 前後三十二年之間, 往來日月, 乃與之相同, 故書
　　以志之〉,「朝天後錄」『東岳集』권20(문집총간 78).

37) 洪汝河,『木齋先生文集卷之八』,「先考通政大夫司諫院大司諫府君家狀」『木
　　齋集』권8(문집총간 124), 乙亥冬, 上疏曰:"(중략)及奉使中國, 諦審形勢, 見
　　自寧遠, 抵燕京九百里間, 如通薊·永平巨鎭及撫·玉·黎·河等縣, 大小雖縣絶,
　　其城堞高壯牢緻如一, 亦不是小縣, 資於巨鎭, 各自爲守也明矣. 卽關西合依
　　此, 爲沿路大商, 號爲墩主, 墩門雉堞, 亦壯固, 特爲藏鏹而自爲捍也. 統營之
　　爲要劇與力勢, 方諸墩主何如也. 捐自肥之資, 何難爲之慮. 通薊雄鎭, 須傍
　　大路, 則兵營之不宜于晉亦可知. 臣目擊此, 然後益信曾所言西南事, 不爲欺
　　負之歸矣."末段, 反覆論務實德去虛文之.

38) 洪鎬,『朝天日記』(『연행록총간』).

넷째날은 수레와 역마를 요구하는 일만 적어놓았다. 山海關에서도 별반 다르지 않다. 山海關의 아성인 '邏城'에 대해 말하고 있지만, 이는 산해관에 들어가려는 사람들의 안전을 확보하는 것이 건립목적임을 밝히고 있는 것으로 볼 때, 군사적인 접근 방식은 아니다. 오히려 '이제 명나라는 영원에서 북경으로 한줄기 도로만을 가지고 있다'는 한탄이 주된 정조를 이룬다. 다만 이 일기에는 9월 27일부터 10월 3일까지, 노정으로 보면 永平부터 北京 입성까지의 기록과 北京에서 출발하는 익년 2월 6일부터 한양에 復命하는 5월까지의 귀로가 생략되어 있다. 그 생략된 부분에 洪汝河가 말한 洪鎬의 '(국방에 대한) 견문과 인식'이 기록되었을 가능성은 있다. 城郭에 의한 방어 전술의 성공의 예로 寧遠大捷을 언급했을 가능성이 높기 때문이다.

2. 袁崇煥의 복권과 嘔血臺 이야기의 형성

'嘔血臺'가 나오려면 '袁崇煥'이 먼저 복권이 되어야 하고, 연행사들이 '嘔血臺'가 있는 '寧遠衛'를 지나가야 한다. 그러므로 '寧遠衛'가 다시 연행 노정에 등장하는 1645년 이후의 연행 기록이 중요해진다. 임기중 교수가 정리한 『연행록총간』과 기타 전집에서 해당시기의 연행록을 살펴보면, 1669년 成後龍(1621~1671)의 『赴燕日記』에 袁崇煥이 地雷砲로 성을 침범한 오랑캐를 죽였다는 기록이 보인다.[39] 여전히 '嘔血臺'에 대한 언급은 없다.

> 지난 날 청인이 거센 기세로 공격하다가 여기에 이르러 함락시키지 못하여, 서로 대치하여 몇 달을 끌었다. 청나라는 大碗口로 공격하여 성의 여장을 무너뜨렸다. 이에 명나라 군대는 밤마다 방패로 가리면서 석회 벽돌로 무너질 때마다 새로 완전하게 복구하였다. 그러자 마침내 우리나라 군

---

39) 成後龍, 「(乙酉十二月)初九日」 『赴燕日記』(『연행록총간』). 초서로 쓴데다 수정 표시까지 있어 정확하게 판독하기 힘들다. 다만 '嘔血'은 보이지 않는다.

대를 불러들여 공격하였다. 우리나라 병사는 조총으로 성을 쌓은 사람을
쏘았는데, 100명에 1명도 놓치지 않았다. 명나라 군대가 지탱할 수가 없었
으므로 끝내 함락되기에 이르렀다. 그 성이 함락되던 날에 명나라 사람들
늙은이나 젊은이나 성에 올라 큰소리로 외쳤다. "너희들은 임진년에 나라
를 다시 세워준 일을 잊었느냐? 어찌하여 우리에게 이다지도 잔인했단 말
이냐?" 듣던 사람들 가운데 눈물을 흘리지 않는 사람이 없었다.[40]

1670년 진하겸사은사의 李元楨(1622~1680)을 수행했던 李海澈(1645~?)
이 남긴 기록이다. 淸軍의 寧遠城 공격에 朝鮮軍이 참여했다는 증언
인데, 이 일화는 분명한 오류다. 기록 속의 전투는 松錦戰役으로, 錦
州를 중심으로 松山, 杏山이 중요한 전장이었다. 그러나 이 전투에서
조선군은 寧遠城에 가지 않았다. 李海澈과 동행한 李元楨은 이런 사
실을 정확히 알고 있어, 松山堡 대목에서 이 일화를 적고 있다.[41] 李
元楨은 錦州城에서 나와 풀뿌리와 땔감을 구하던 사람들을 조선군이
조총으로 사살했다고 하고 있다. 죽은 사람은 굶주림에 지쳐 나온 민
간인이었다. 그렇기 때문에 성안에 있던 사람이 '조선말'로 원망을 한

---

40) 李海澈,「(庚戌七月)「二十七日」『慶尙道漆谷石田村李進士海澈燕行錄』(『연
   행록총간』), 往者, 淸人陸梁之日, 到此不能陷沒, 相支屢月, 淸人以大碗口,
   毁圮女墻, 則明軍夜必擁干以石灰甕, 輒復築完. 故卒請我國軍兵以滅之. 我
   國兵以鳥銃放其築城者, 百不一失, 明軍不能抵爲, 竟至陷, 才其城陷之日,
   明人老少登城大呼曰: "爾忘壬辰再造恩耶? 何乃虐我之至." □聞者莫不墮淚.
41) 李元楨,「7월 26일」『燕行後錄』, 嘗聞當時從軍武人之言, 錦州及松·杏山, 受
   圍兩月, 樵絶糧盡, 東南漕運之米, 盡爲淸人所掩取, 城中人, 採草根於城外,
   以代薪者, 輒爲鮮兵砲丸所中殺. 城中有解我國語者, 登城呼曰, "朝鮮忘我神
   宗皇帝之恩耶?"城中之人, 今將盡劉, 採取草根, 能延幾日之命, 而爾等必殺
   之, 何忍爲此哉.(조영호,「歸巖 李元楨의 燕行錄 硏究」, 계명대 석사논문,
   2011, 26쪽에서 재인용) 李元楨은 1660년과 1670년에 사행을 다녀왔는데, 각
   각『燕行錄』과『燕行後錄』을 정리했다. 두 작품 모두 문집『歸巖先生文集』
   (원고 필사본)에 실려있는데, 간행된 목판본과 목활자본에는 들어가 있지
   않다. 이에 대해서는 김영진 외,『계명대학교 동산도서관 소장 고서의 자
   료적 가치』,(계명대출판부, 2010)와 조영호의 앞의 논문 참조.

것이 이해가 된다.[42] 하지만 李海澈의 이야기에서 나온 사상자는 민간인보다는 군인에 가깝다. 女墻을 부술 수 있는 위력을 지닌 大碗口가 방패를 들고 나온 병사들을 날려버리지 못했다는 설정은 희극에 가깝다. 그렇다면 李海澈이 이 일화를 寧遠城으로 가져온 것은 "성을 복구하는 明軍"의 이미지를 강화하기 위해서다. 淸軍이 寧遠城을 함락시키지 못한 이유는 기마병을 굳건히 막고 있는 '城'이 있기 때문이다. 결국 이 이야기는 "(성벽을 그린) 천으로 적의 시선을 잡아둠으로써 (그 사이에 성을 다시 복구하여) 청군의 사기를 꺾은 일화"와 같은 구조를 지니고 있음을 알 수 있다.

1683년에 연행한 金錫胄(1634~1684)는 귀국 후 바로 「擣椒錄」이라는 제목의 시집을 만들어, 평범한 연행 노정에 새로운 의미를 부여한 바 있다. 그는 寧遠衛에서 무려 6편의 시를 남기고 있다. 특히 영원에 들어서자마자 지은 「寧遠述感」은 24운이나 되는 비교적 긴 시였다. 그 중에 일부가 '嘔血臺' 전설을 떠올리게 한다.

차츰 성첩과 보루가 함락되더니	漸看隳堞壘
곧장 다시 북경에 들였네	旋復納門庭
선비는 군대의 막을 부끄럽게하니	士媿軍容幕
사람들은 도독[원숭환]이 갇힘을 불쌍히 여겼네	人憐督府囹
가서한은 살아 부끄러울만 하고	哥舒生足恥[43]

---

42) 임진왜란 이후 난을 조선의 많은 流民늘이 요농으로 늘어갔다. 특히 조선의 파견되었던 明軍이 철수할 때 많은 사람들이 이를 따라갔는데, 특히 당시 요동의 군사 중심이었던 遼陽과 廣寧 등에 많았다. 이들에 대해서는 임란 이후부터 육로 사행의 길이 끊길 때까지의 사행록에 두루 산견된다. 이에 대해서는 서인범, 「조선전기 연행록 사료의 가치와 그 활용」『明淸史硏究』30, 명청사학회, 2008 참조.

43) 哥舒는 哥舒翰을 말한다. 그는 돌궐족 哥舒部族의 후예로 당나라의 장군으로 활약했다. 安史의 난 때에는 潼關을 지키다 安祿山 군에게 패배했다. 이에 수하들이 그를 체포하여 적에게 항복하였다. 이에 玄宗은 장안을 버

노혁은 죽어 더욱 향기롭네 　　　　　　　　盧奕死彌馨[44]

진수 터져 성이 삼판만 남음에 　　　　　　晉水城三版[45]

여릉에 불을 지르니 큰 별만 같고 　　　　驪陵火一星[46]

삼군 정예가 모두 뒤흔들려 　　　　　　　三精歸震蕩

우주의 모두 암흑에 빠졌더라 　　　　　　九宇盡迷冥[47]

　　金錫胄의 시는 강렬한 이미지를 가진 전고를 사용함으로써 寧遠城 전투의 성격을 극명하게 드러내고 있다. 智伯이 韓·衛와 연합하여 趙襄子가 웅거한 晉陽城을 물로 공격하니, 물에 차지 않은 곳은 널빤지 세 개 너비뿐이었고, 잠긴 부뚜막에서 개구리가 생겨날 정도였다. 하지만 백성들은 한 사람도 배신하지 않고 趙襄子를 신뢰했다. 때를 노리던 趙襄子는 하룻밤만에 물길을 知伯의 진영으로 돌려 군사들을 수장시켰고, 知伯을 잡아 죽여 그 두개골을 요강으로 삼았다. 趙襄子는 턱밑까지 찬 위험에도 아랑곳하지 않다가, 전격적으로 전세를 뒤집은 袁崇煥과 겹쳐진다. 하지만 袁崇煥은 '砲'로 적을 물리쳤으므로, '불'이 필요하다. 新安에서 20만의 진나라 병사를 묻었던 項羽는 다시 咸陽에 불을 질러 秦始皇의 흔적을 모두 없앴다. 천하가 등을 돌릴 정도로 무자비한 행위였다. 金錫胄가 袁崇煥의 포를 '紅夷砲'로 본 것

리고 피란길에 올랐다.

44) 盧奕은 安史의 난 때에 東都의 留守로 있다가 붙잡혀 죽었다. 그는 安祿山의 죄를 열거하고 서쪽을 향하여 재배하였으며 적을 꾸지는 말이 입에서 끊이지 않았다고 한다.

45) 智氏가 韓과 衛를 이끌고 趙 襄子를 공격하여 晉陽을 포위하였다. 그리고 晉水를 터뜨려 진양을 물바다로 만들어 城이 三板 정도만 남고 물에 잠겼다. 『戰國策』.

46) 驪陵은 진시황의 무덤이 있는 곳이다. 항우는 진군이 앞서 초나라의 夷陵을 불태운 것에 대해 함양의 백성들을 도륙하고 진나라 아방궁을 불태우는 것으로 보복했다. 『史記』 권73, 「白起王翦列傳」.

47) 金錫胄, 〈寧遠述感二十四韻排律〉, 「擣椒錄」上, 『息庵先生遺稿』 권6(문집총간 146).

인지 '地雷'로 본 것인지 알 수 없지만, 그날의 전투를 활활 타오르는 하나의 큰 별로 그려냈다. 청나라의 정예군 전체가 그 불에 사라진 것이다.

그리고 金錫冑가 가진 사회적·문화적 역량이 '嘔血臺' 전설의 형성에 영향을 미쳤을 것으로 추정된다. 金錫冑는 자신의 연행 체험을 공유하고자 노력했다. 그는 귀국 직후 바로 연행에서 지은 시 360여 수를 『擣椒集』라는 제목으로 묶어냈다. 그는 사행 기간 내내 부사 柳尙運(1637~1707)과 함께 지속적으로 시를 주고 받았다. 그는 副使가 먼저 시를 지으면 자신이 따라 이에 맞추었다고 하고 있으나, 柳尙運이 남긴 연행 시편을 살펴보면 金錫冑가 詩作을 주도했음을 알 수 있다.[48] 金錫冑는 '毋忘在莒'[49]의 정신을 강조하기 위해 시를 묶었다고 했다.[50] 金錫冑가 말하는 '毋忘在莒'란 "淸나라에게 당했던 일을 결코 잊지 말고 경계로 삼으라."는 뜻이다. 숙소의 벽에 적혀있던 季文蘭의 시 한편을 소개함으로써,[51] 연행 노정의 평범한 경유처에 불과했던 '榛子店'을 후배 연행사들이 "북쪽으로 끌려가는 여인의 슬픈 사연"이 깃든 곳으로 끝없이 노래하게 만든 金錫冑였다.[52]

1695년의 동지사행은 三使가 모두 연행 체험을 시로 남기고 있다.

---

48) 柳尙運의 「燕行錄」에는 약 258題의 시가 있는데, 金錫冑의 시에 次韻한 작품이 많다. 柳尙運, 「燕行錄」 『約齋集』 권2(문집총간 속42).

49) 춘추시대 齊나라 小白이 鮑叔牙와 함께 莒 땅으로 망명했다가 귀국해서 桓公으로 즉위하였다. 이때 포숙아가 축배를 들면서 "거 땅에서 있었던 일을 잊지 말라"고 당부했던 고사가 있다. 『新序』.

50) 金錫冑, 〈擣椒錄 後序〉, 「擣椒錄」 下, 『息庵先生遺稿』 권6(문집총간 145), "姑以志不敢忘莒之意云爾." '後序'는 필자가 임의로 붙인 제목이다. 「擣椒錄」 (下)의 맨 뒤에 실린 〈次副使蔥秀山韻〉 아래에 저작 동기가 덧붙어 있다.

51) 金錫冑, 〈榛子店主人壁上, 有江右女子季文蘭手書一絶, 覽之悽然, 爲步其韻〉, 「擣椒錄」 上, 『息庵先生遺稿』 권6(문집총간 145).

52) 연행록에서 季文蘭을 노래한 작품은 거명하기 어려울 정도로 많다. 이에 대해서는 중국 학자가 먼저 주목했다. 葛兆光, 「想象異域悲情―朝鮮使者關於季文蘭題詩的兩百年遐想」 『中國文化』, 2006.

寧遠衛에서 부사 洪受疇(1642~1704)가 먼저 시를 짓고, 이에 정사 李世白(1635~1703)이 차운하였다. 두 작품 모두 祖大壽와 祖大樂의 항복을 비판하는 내용이 주를 이룬다. 두 사람이 北京에 들어갈 때 1편씩만 지은 것에 비해 서장관 崔啓翁(1654~1710)은 들어갈 때와 나올 때 1편씩 남기고 있다. 귀국할 때 지은 시는 발해의 일출과 명청교체기에 회한을 노래한데 반해, 처음 寧遠衛에 들어와 지은 시는 '嘔血臺' 전설에 가깝다.

듣자하니 원 총독께서	傳聞袁總督
여기에서 雄兵을 틀어쥐고	於此擁雄兵
북소리 한 번에 하늘 가득 우레소리	一鼓天聲震
만 대 포 터트려 지축을 놀래켰다	萬炮地軸驚
조나라 사람 굳센 옥을 잃고	趙人失堅壁
송나라 사람은 장성을 허물었네	宋國壞長城
다시 林 元帥[林慶業] 생각나니	更憶林元帥
간담이 뒤틀린 듯 참기 힘들도다	那堪肝膽橫

袁崇煥은 寧遠城에서 자신의 정예 군대를 밖으로 내놓지 않았다. 앞선 명군의 지휘관들이 淸軍과 野戰을 벌이다 실패한 전철을 밟지 않았다. 일사분란하게 움직이는 그의 부대는 강력한 火戰을 준비했고, 단번에 일제히 폭발시켜 천지를 진동시켰다. 그 결과 누르하치가 오래도록 길러낸 소중한 기마병이 모두 쓰러지고 만다. 그런데 이처럼 강력한 기병을 막아낸 장수를 명나라는 反間計에 빠져 스스로 죽여 버린다. 崔啓翁은 袁崇煥에게서 林慶業을 보았다.

[1] 담소 중에 병사 무찌르고 장군 베었는데	鏖兵斬將笑談中
계속되는 유언비어에 성총이 흐려졌네	三至流言誤聖聰
원숭환의 위풍에 크게 놀란 지라	自是威風曾破膽

북군은 원공이 죽은 뒤에도 두려워했노라   北軍猶解畏袁公[53]

[2] 일찍이 들으니, 經略 袁崇煥이 이곳에 府를 열고, 누차 건주의 오랑캐를
격파했다. 오랑캐가 분이 나서 쓰러지는 데까지 이르렀다고 한다. 나라
에서 제일 뛰어난 군대로 몇 달 동안이나 성을 포위했는데, 끝내 패배해
서 돌아가기를 면하지 못하였던 것이다.[54]

[3] 세상에 전해지기를, 老酋가 이 성을 습격할 적에 우리나라의 역관이 때
마침 이곳에 도착하여 袁崇煥 공을 뵈었는데, 그때 원공은 만 권 장서가
쌓인 한 방에 앉아 있었다. 온 성안이 고요하고 밤이 깊었는데 한 장수
가 들어와 무어라고 고하니 원공이 고개를 끄덕였다. 이윽고 성 밖에서
포성이 하늘을 뒤흔들기에 보니, 호인의 기마가 화염 속에 부서지며 나
부끼고 간혹 성안으로 떨어지기도 하였다. 미리 성 밖에 묻어 두었던 紅
夷砲를 적병이 이르자 폭발시킨 것이다. 적의 맹장과 정병이 여기서 몰
살당하였다. 이튿날 아침 원공이 올라가 굽어보며 탄식하기를 "사람을
이토록 많이 죽였으니, 아! 나 또한 죽음을 못 면하겠구나!" 하였다. 老
酋는 겨우 목숨을 건져 수십 기를 데리고 달아나는데, 원공이 양고기와
술을 보내서 위로하기를, "다시는 오지 말라."고 하니, "그 추장은 분이
받쳐 피를 토하고 죽었다."고 한다.

또 이유량의 말은, 언젠가 늙은 역관에게 들은 이야기라 하면서 "뱃길로
명나라에 가는 길이었는데 覺華島에 상륙하여 이 성에 도착하니 때마침
胡兵의 공격이 있었다. 이때 조대수가 필마단기에 창 하나를 잡고 성을
나와 동쪽으로 가는데 그 용기는 삼국 때 趙子龍인들 그보다 더하였겠
는가!" 하는데 들을 적에 털이 곤두섰다고 하였다.[55]

---

53) 洪萬朝, 「寧遠衛憶素軍門崇煥」『燕槎錄』(『연행록총간』).
54) 孟萬澤, 『間間堂燕行錄』(『연행록총간』), "(十一月)初六日己丑(중략), 曾聞袁
經略崇煥開府於此, 屢破建奴, 奴憤之, 至於傾, 國人冠數月圍城而終未免敗
歸."

1696년에 연행한 洪萬朝(1645~1725)에게 袁崇煥은 더 이상 금기시되거나 회피해야하는 대상이 아니다. 이름 석자뿐만 아니라 그의 억울한 죽음이 황제의 의해 이루어진 것까지 당당하게 말하고 있다[1]. 1701년에 연행했던 孟萬澤(1660~1710)은 '寧遠大捷'이라는 하나의 사건이 아니라 명청교체기에서 袁崇煥이 했던 '干城'의 역할을 말하고 있다[2]. 1712년 金昌業(1658~1721)에 와서야 李星齡이 전하고 있는 만큼의 내용이 확충된다. 하지만 여전히 문제가 되는 것은 '紅夷砲'다. 袁崇煥이 누차 後金[淸]의 공격을 막아낼 수 있던 것은 그가 적의 기병대를 城에 의지하여 砲로 대응했기 때문이다. 袁崇煥이 갖고 있던 紅夷砲는 서양인 아담 샬[湯若望]이 설계하여 주조한 것으로 기존의 明나라 화포에 비해 사거리와 폭발력을 크게 향상되었다. 누르하치는 이 '紅夷砲'의 위력을 모르고 기존의 전술로 접근했다가 큰 피해를 입은 것이다. 그런데 후대의 '문제적' 연행자들로부터 견식이 넓은 것으로 인정받은 金昌業도 '紅夷砲'를 여전히 '地雷'로 인식하고 있다. 毛文龍의 부하였던 孔有德과 耿仲明이 함대를 이끌고 淸나라에 항복하면서 가져간 '紅夷砲'로 포격을 받은 병자호란의 체험자들이라면 '砲'와 '地雷'를 구분했겠지만, 18세기를 전후한 연행사들은 모두 '戰後'세대였다.

寧遠臺는 명나라 때에 설치한 연대이다. 그 모양이 네모 반듯한데, 거

---

55) 金昌業, 「(十二月) 十五日, 甲子」『老稼齋燕行日記』권2(한국고전번역원의 DB), 世傳, 老酋來襲此城時, 我國譯官適到此, 謁袁崇煥公, 積萬卷書, 坐一室, 城中寂然. 夜深, 有一將入來有所告, 袁公點頭. 俄聞城外砲聲震天, 見胡騎飄騰於烟焰中, 或墜於城內, 蓋預埋紅夷砲於城外, 賊至而發也. 虜之猛將精卒, 盡於此. 翌朝, 袁公登城, 臨視歎曰: "殺人此多. 噫, 吾其不免乎?" 老酋僅以身免, 與數十騎走. 袁公送羊酒慰之, 謂曰: "後勿更來," 老酋憤走, 遂嘔血而死云. 又李惟亮言, 嘗聞老譯言, 水路朝天時, 至覺華島下陸, 到此城, 胡兵適至, 祖大壽單騎出城, 持一鎗向東而去, 見其勇氣, 雖三國時趙子龍, 何以加此. 聞之, 亦令人髮動.

의 다 무너져 내렸다. 어떤 사람은 이 대가 '崇德(청태종)'이 지은 것이라고
한다. 대개 袁崇煥이 寧遠을 지키던 때에 崇德이 군대를 이끌고 공격하였
다. 崇煥이 이를 막아 지키기를 매우 엄히 하였다. 崇德은 산 위에 대를 쌓
고, 성 안을 내려다보았다. 하루는 여러 장수들과 함께 성을 꼭 깨뜨릴 수
있는 방책을 고민하였다. 하루는 특별히 큰 대포를 만들어 전력을 다해 포
격을 하여 성의 한 쪽 귀퉁이를 헐어 무너뜨렸다. 마침 밤이 깊어 군대를
물리고는 이른 아침에 군대를 몰고 들어가 도륙을 내자고 의논하였다. 새
벽이 되어 대에 올라 바라보니 치첩이 번듯하니 무너진 곳이 완벽하게 복
원되어 있었다. 崇德이 크게 놀라 "이건 귀신이 한 것인가?"라고 하더니,
원통함이 심해 피를 몇 되나 토하였다. 포위를 풀고 군대를 물렸다. 처음
성을 공격할 때에 지키던 병사가 달려가 袁崇煥에게 알렸다. 마침 손님과
바둑을 두고 있던 袁崇煥은 고개를 끄덕이면서 천천히 말하였다. "잘 알겠
다. 함부로 움직여서 사람들을 혼란스럽게 만들지 말라." 다시 종사관을 부
르더니, 귀에 대고 말하였다. 종사관이 물러나 큰 포장을 만들어 벽돌 성을
그려 무너진 곳을 가리게 했다. 그리고 포장 안에서는 몰래 성을 쌓으니,
하루가 가기 전에 성이 다시 완성되었다. 나중에 崇德帝가 정탐하여 그 소
식을 알아내고는 감탄을 금치 못하였다. 崇德이 재위에 있는 동안에는 감
히 다시 침범할 생각을 하지 못하였다. 지금도 성 안에 있는 사람들은 그
대를 가리켜 '嘔血'이라고 한다.[56]

56) 韓祉,『燕行日錄』(『연행록총간』), 十五日戊子晴.(중략) 寧遠臺, 乃明朝設烟
臺也. 其形方正, 頹毀幾盡, 或曰此臺乃崇德所築. 盖袁崇煥鎭守寧遠時, 崇
德以兵攻之, 崇煥拒守甚嚴, 崇德築臺于山上, 俯瞰城裡, 日與諸將商思必破
之策, 一日別作大砲, 盡力攻打, 毁破城□□隅, 適夜深, 退軍, 議以早朝驅入
屠之, 及曉登臺望之, 雉□□□毁處已完. 崇德大驚曰: "是何神也?"恨甚嘔血
數升, 撤圍□□□, 當城之破也. 守者奔告崇煥, 方對客圍棊, 點頭徐應曰: "□
□□, 愼毋動以惑衆." 回招從事, 附耳語, 從事退作大布帳, 畫甎□□以蔽之,
從帳底潛築, 不日城且完, 後崇德偵知之, 歎服不已. 崇煥在時, 不敢復有侵
犯意, 至今城中人指其臺曰: '嘔血'云.

1713년 동지사의 서장관으로 연행한 韓祉(1675~?)의 연행록에 '嘔血臺'라는 명칭을 처음으로 보인다.[57) 산 위에 있는 퇴락한 네모난 방형의 구조물에 얽힌 전설을 풀어 놓고 있다. 그런데 이 전설을 꼼꼼히 따져보면 비논리적인 부분이 보인다. 우선 '崇德'이 문제가 되는데, 太宗이 누르하치의 뒤를 이어 왕위에 올랐을 때[1626년]의 연호는 '天聰'이었다. 1636년 後金의 국호를 淸으로 고치고 '皇帝'에 즉위하면서 '崇德'이라는 연호를 사용했다. 1630년에 袁崇煥이 죽었으므로, 피를 쏟은 황제는 '天聰帝'여야 했다. 실제로 청 태종은 1628년에 袁崇煥과 錦州, 寧遠 등지에서 전투를 벌이자 패전했다. 병자년에 조선을 들어올 때 태종이 쓰던 연호가 '崇德'이기 때문에 벌어진 혼란으로 보인다. 崇德과 그의 장군들이 고안한 '必破'의 대책인 '大砲'는 袁崇煥이 사용한 '紅夷砲'의 오류다. 앞에서 말한 것처럼 '紅夷砲'로 편제된 함대가 통째로 항복하기 전까지 淸나라에는 성을 무너뜨릴 정도의 화력을 가진 '砲隊'를 가지고 있지 못했다. 성벽을 무너뜨리고 다음날까지 공격을 기다리는 것도 이해하기 힘들다. 남한산성의 체험 기록을 보면, 낮에는 포격을 하고 밤에는 攻城을 하고 있다. 또한 무너진 성을 벽돌 모양을 그린 천으로 가리고, 그 밑에서 몰래 벽돌을 쌓아 성벽을 완성시켰다고 했다. 천을 덮은 이유는 벽돌을 다시 쌓은 일을 은폐하기 위함인데, 천을 뒤짚어 씌우면서 갑자기 멀쩡해진 성을 오랑캐들이 눈치채지 못하는 점도 쉽게 이해되지 않는다. 일이 진행될 때는 偵探兵이 없고, 일이 다 이루어진 뒤에 저간의 사정을 알아내는 偵探兵이 등장한다. 무엇보다 성의 어느 방면이 얼마나 무너졌는지, 성벽 자체가 사라졌다는 것인지, 여장이 없어졌다는 것인지, 그 일이 실제로 일어날 수 있는 일인지 아닌 지를 비판적으로 검토하지 않는다. 왜냐하면 역사적으로 袁崇煥이 전투에서 승리했고, 정서적으로도 '오랑캐'는 패배해야하기 때문이다.

---

57) 연행록 자료가 계속 발굴되고 있기 때문에 바뀔 가능성은 있다.

3. 嘔血臺에 대한 異說과 批判

18~19세기에 산출된 연행록에 모두 '嘔血臺' 이야기가 기재되어 있
는 것은 아니다. 아예 실리지 않은 경우도 있고, 그 내용을 간략하게
축소시킨 서술도 있다. 우선 寧遠衛와 嘔血臺를 제한적으로 기술한
예를 본다.

> 寧遠은 바다에서 불과 십리도 떨어져 있지 않아 명이 망할 무렵에는 급
> 소인 목과 같을 정도로 중요해서 늘 십만 명을 주둔시켰다. 袁崇煥도 이
> 곳에 진지를 두고 머물면서 계책을 내어 크게 북쪽의 군사들을 무찔렀던
> 것이다.[58]

1668년 동지사 서장관으로 연행한 朴世堂(1629~1703)은 연행사들이
본격적으로 袁崇煥을 말하기 전에 寧遠衛와 袁崇煥에 대한 핵심적인
사항을 기술하고 있다11. 寧遠衛가 지리적 요충지에 있고 그에 걸맞
는 군사력이 확보되어 있었기에 袁崇煥의 계책이 위력을 발휘한 것
이다. 여전히 정치적으로 민감하기 때문에 긍정·부정의 평가를 전혀
넣지 않았다.

> 首山의 세 봉우리 중 가운데 봉우리에는 연대를, 북쪽에 있는 봉우리에
> 는 장대를 두었다. 汗이 寧遠을 공격할 때 이 봉우리에 올랐다. 寧遠城이
> 굳게 방비되어 있어 공격하기 어려운 것을 보고는 경악하여 피를 토하였
> 다. 이로 인해 그 봉우리를 '嘔血峰'이라고 부른다고 한다.[59]

---

58) 朴世堂, 「(戊戌十二月)壬申」『西溪燕錄』(『연행록총간』), 寧遠去海不能十里,
　　明之未亡, 爲咽喉重地, 常屯十萬兵. 袁崇煥亦留鎭於此, 嘗以計, 大殲北兵.
59) 李器之, 『一菴燕記』(한국은행 소장본), 十二月 初七日, "首山三峰, 中峰置
　　烟臺, 北峰置將臺, 汗伐寧遠時, 登此峰, 望寧遠城堅壯難攻, 驚愕嘔血, 因名
　　其峰爲嘔血峰云."

　　1720년 肅宗의 죽음을 알리는 告訃使[李頤命]의 자제군관으로 연행했던 李器之(1690~1722)는 시임 영의정의 아들이라는 배경과 아버지의 든든한 후원, 그리고 선배 金昌業의 「日記」을 지침으로 삼아 燕行의 구성원으로 누릴 수 있는 최대한의 체험을 남긴 사람이다. '訃告'를 알리는 사행임에도 불구하고, 사행단에서 빠져나와 醫巫閭山, 角山, 盤山 등 연행로에서 벗어나 있는 산을 두루 섭렵했다. 그런 그가 首山은 오르지 않았다. 그가 방문했던 산들은 자연물이기도 했지만 오래된 연원을 가진 사찰이 있고 賀欽이나 耶律楚材, 袁宏道와 같은 중국의 인물뿐만 아니라 李廷龜, 金尚憲, 金昌業 등 조선의 인물들의 발길과 숨결이 깃들어 있는 곳이다. 首山은 다른 산들과 달리 문화의 자취가 전혀 없다. 벌판에 우뚝 솟아 있어 평야와 바닷가를 조망할 수 있을 뿐이다. 그렇기 때문에 '烟臺'가 그 위에 있던 것이다. 李器之가 '嘔血峰'에 매료되었다면 응당 답사에 나섰겠지만, 그는 '嘔血峰'을 연행 노정의 한 장소로만 여겼다. 또한 이야기의 비사실적인 내용을 산삭하여 그런대로 합리적으로 정리하고 있음을 볼 수 있다.

　　'嘔血臺'를 아예 부정한 인물도 있다. 1765년 동지사 서장관의 자제군관으로 연행한 洪大容(1731~1784)이다. 그는 『燕記』의 「沿路記略」에서 袁崇煥이 地雷를 써서 淸王을 죽이고자 했으나 칸이 겨우 살아남아 피를 토했다는 전설을 짧게 소개하고 있다.[60] 嘔血臺의 위치와 외양에 대해 전혀 언급하지 않고 있다. 그는 嘔血臺 이야기의 전승에 매우 중요한 언급을 하고 있는데, 이 이야기가 중국에 전해지는 것이 아니라 조선인들의 '傳說'이라고 한 점이다. 그리고 조선인들의 '傳說'은 허망한 경우가 많아 믿을 만한 것이 못된다고 평가함으로써 '嘔血臺' 이야기의 신빙성을 의심하고 있다.[61] 그런 그가 한글본 연행록에

---

60) 洪大容, 〈沿路記略〉, 「燕記」『湛軒書外集』 권8(문집총간 248), "有嘔血臺, 在寧遠城東十里山上. 傳言袁崇煥以地雷砲大殺淸兵, 淸汗僅以身免, 憂憤嘔血於此, 因以名之云."
61) 洪大容, 위의 글, "東人傳說多妄, 不足信也."

서는 '嘔血臺 傳說'을 매우 자세하게 언급하고 있다.

구혈딕라 ᄒᆞᄂᆞᆫ 말은 피를 토혼 딕란 말이니, 건륭의 조샹의 한(汗)이라 ᄒᆞᄂᆞᆫ 오랑캐 이시니, 대명 말년의 심양을 웅거ᄒᆞ야 듕국을 침노ᄒᆞ니, 이째 대명이 됴졍이 어즈러워 변방이 소활하야 군시 즈로 패ᄒᆞ고, 빅셩이 어육이 되엿더니, 원슝환이라 ᄒᆞᄂᆞᆫ 댱슈ᄂᆞᆫ 나히 이십여 셰요, 위명과 지략이 일셰의 딘동ᄒᆞᆫ디라. 관동 군스를 거ᄂᆞ려 녕원셩을 딕희엿더니, 한이 수십만 군스를 거ᄂᆞ리고 녕원셩을 에우니, 슝환이 외셩 안과 ᄂᆡ셩 밧긔 디뢰포를 ᄆᆡ복하엿다가 외셩이 파ᄒᆞ고 ᄂᆡ셩을 에오매, 흔소릭 방포의 따 속의 화양이 일시의 니러나 벽녁ᄀᆞᆮᄐᆞᆫ 소릭 텬디를 움즉이며 경긱의 수십만 군스를 숫과 직를 만ᄃᆞ라 공듕에 늘니이니, 한이 이 봉의 올나 몸은 비록 죽기를 면ᄒᆞ나 놀나고 분ᄒᆞ야 피를 토ᄒᆞ고 도라가 병드러 죽다 ᄒᆞ니, 그 적 일을 샹샹ᄒᆞ면 원슝환의 모략과 공녈이 빅셰 후의 오히려 사름의 ᄆᆞ음을 용동ᄒᆞᄂᆞᆫ디라. 이런 댱쉬 오라디 아녀 간신의 모함을 면티 못ᄒᆞ니 엇디 애닯지 아니 ᄒᆞ리오.[62]

우리나라 사람들만 말하는 이야기라면서 굳이 한글본에 실은 까닭은 무엇인가? 한문본과 한글본이 대상으로 하고 있는 독자가 다른 까닭이요, 저술 목적이 다른 까닭이다. 한글본은 연행의 시작부터 끝까지 시간의 축선에서 진행되지만, 한문본『燕記』는 '燕行'이라는 '대사건'을 시간과 공간과 인물과 사안별로 구분하여 엄정하게 기술하고 있다. 그런 면에서 허망한 구서이 많은 '嘔血臺'에 대해시는 '地名'만 살리고, 나머지는 삭제한 것이다.

---

62) 홍대용, 「12월 16일의 일기」『을병연행록』(숭실대 소장본) ; 소재영 외 주해, 『을병연행록』, 태학사, 1997, p.116.

Ⅳ. 결론

연행로는 明·淸의 영역에 속하지만, 그 길을 지속적으로 다니면서 문화적으로 향유한 사람들은 조선의 연행사들이다. 누대에 걸쳐 작성된 연행록은 漢陽부터 義州까지, 다시 鴨綠江을 건너 北京에 이르는 길의 주요한 문학지리를 구성한다. 明나라가 東北의 유목민들을 성공적으로 통제하던 시기에는 '寧遠城' 같은 군사도시들이 특별히 주목받지 못하였다. 遼陽이나 廣寧같은 오랜 연원을 지닌 도시들이 연행사들의 사랑을 받아왔다. 그러나 명청교체기를 거치면서 瀋陽에서 山海關에 이르는 길에서 接戰을 벌어진 戰場이 큰 관심을 받아왔다. 이는 明나라를 위하여, 그리고 淸나라를 위하여 파병된 조선 병사들의 참여가 있었고, 淸나라에 항복한 조선이 明나라의 멸망에 동질감을 느꼈기 때문이기도 하다. 그 가운데 寧遠城은 지속적으로 영토를 잃어가던 明나라가 後金 그리고 淸나라의 공격을 완벽하게 막아낸 유일한 곳이라고 할 수 있다. 포위된 南漢山城을 구해내지 못하고 항복한 조선인에게 포위를 완벽하게 막아낸 寧遠城은 통쾌함을 주는 장소였다. 하지만 오랑캐의 공격을 물리친 袁崇煥이 그 오랑캐의 反間計에 의해 '皇帝'에게 죽임을 당하여 스스로 '干城'을 허물어버리는 슬픈 역사에 절망하기도 하였다. '嘔血臺'는 이런 조선인들의 정서를 잘 보여주는 이야기라 할 수 있다.

호란을 경험한 세대들은 袁崇煥과 寧遠城의 이야기를 묘사함에 주저하는 바가 많았다. 袁崇煥이 皇帝[崇禎帝]에 의해 역적으로 규정되었고, 신원이 되지 않은 상태로 있기 때문에 그의 억울함에 공감했다 하더라도 이를 공개적으로 거론하기는 어려웠다.[63] 그들은 호란 때에 남한산성이나 강화도에서 포격을 경험했기 때문에 영원성의 전투를 언급할 때에도 "사람과 말이 함께 공중으로 솟구쳤다가 피를 뿜

---

63) 명나라가 완전하게 망한 것은 1662년이다.

리며 떨어진다. 人馬騰空, 雨血而墜"는 식의 구체적인 묘사를 하지
못했다. 척화를 논의했다는 이유로 瀋陽에 억류되는 사태를 직간접적
으로 목도한 세대인지라 袁崇煥에게 격퇴당한 '칸'을 입에 올리기도
어려웠다. 하지만 전쟁 이후에 태어난 세대들, 명나라의 멸망을 목도
한 세대들은 '袁崇煥'의 억울함이나 '참혹한 폭발'을 묘사함에 주저함
이 없었고, 淸나라의 직접 개입이 줄어듦에 따라 '反淸' 감정을 이야기
로 풀어내기도 하였다. 오히려 조선이 아닌 명나라를 등장시켜 통쾌한
복수극을 꾸며낼 수 있었고 그 좋은 예가 '嘔血臺'의 전설이 된 것이다.
　'嘔血臺' 전설은 뒷날 아예 연행 노정, 즉 연행록에서 벗어나 독자
적인 읽을거리로 전환된다. 『靑邱野談』에 있는 「山海關都督鏖虜兵」[64]
에서는 조선사신이 직접 등장하여 원숭환과 마주 앉아 바둑을 두면
서 빠른 속도로 전진해오는 청군과 침착하게 대응하는 袁崇煥의 모
습을 드러내고 있다. 이로써 '嘔血臺'라는 지리적 증거와 '韓瑗'으로
설정된 목격자, 袁崇煥이 '寧遠城'에 주둔했다는 역사적 사실이 모두
소거된 채 흥미로운 이야기화한 것을 알 수 있다.

---

64) 작자 미상, 「山海關都督鏖虜兵」『靑邱野談』. 大明末, 我國使臣, 入中原. 時
都督袁崇煥, 鎭山海關, 以防建虜. 都督年纔二十餘, 迎接使臣, 與之某, 其雍
容雅閑 談笑可掬, 城中闃若無人. 日纔午, 軍校一人, 趍而前告曰: "奴兒哈赤
率十萬兵來, 駐三十里外矣." 都督曰: "唯." 使臣曰: "今大敵臨境, 公何不施
備禦之策乎? 請停棋." 都督曰: "不怕, 已有措處矣." 圍棋如故, 俄而又告曰:
"二十里矣." 又告曰: "十里外矣." 都督乃與使臣, 登樓而觀之, 一望平野, 虜
騎如蟻, 黑雲慘憺, 朔風淅瀝, 使臣回顧城中, 則各堡樓上, 虛張旗幟, 兵且不
滿三千云. 使臣大懼, 都督呼一校, 附耳語曰: "如是如是." 校唯〃而退, 仍酌
酒如故, 俄而城樓上, 砲聲一起霎時間, 忽聞天崩地塌之聲, 烟焰漲野, 虜陣
盡入於灰燼中, 腥臭塞鼻, 使臣始聞其地雷砲之預設, 誠天下壯觀也. 日已曛,
烟塵稍息, 見野山邊, 一燈明滅而走. 都督嘆曰: "天也!" 呼一校謂曰: "彼燈
影, 乃奴兒哈赤也. 持壺酒, 走馬往遺之, 且傳吾語, '十年養兵, 一朝成灰, 吾
以薄酒慰之'云. 往傳則虜酋受其酒, 痛飮而走. 使臣收拾精神, 請問其顚末,
辭而去云.

朝·淸의 學術交流와 實學的 會通의 學術觀
-19世紀 前半 揚州學派와 秋史 金正喜-

이원석*

Ⅰ. 머리말
Ⅱ. 揚州學人과 金正喜의 交誼와 그 주변
Ⅲ. 阮·淩의 實學會通的 通學과 金正喜의 수용
Ⅳ. 汪喜孫과 金正喜 등의 학술교류와 論辨
Ⅴ. 맺음말: 金正喜의 通學體系와 그 한계

Ⅰ. 머리말

19세기 전반은 동아시아에서 국가통치체제가 이완되고 서구열강의 강력한 압박을 받아 식민지로 전락하는 과도기인 관계로 크게 매력적인 시대로 간주되지 않았다. 그러나 조청관계의 시각에서 본다면 19세기 전반은 나름대로 양호한 국제관계가 유지된 시기였다 1세기가 넘는 유례없는 경제호황과 통일사회의 안정을 경험한 청조는 조공체제의 외형적 틀에 조선을 묶어 안정된 관계를 유지하였다. 조선에서는 英正朝의 사회경제발전과 함께 18세기 후반 이래 강고한 주자학적 흐름에도 불구하고 청조의 선진문물을 수용하려는 북학운동이 공감을 얻기 시작하였고 전통적 화이론에 근거한 대청인식도 변모하

* 동국대학교 다르마칼리지 조교수

였다. 이와 같은 추세에 따라 조청 사이의 학술문화교류가 심화 확대되었는데, 그 중요한 매개는 燕行使였다.

한양에서 북경을 왕복하는 연행사가 冬至使兼賀正使의 경우를 기준으로 北京의 使館에 체류하는 기간은 기껏해야 40여 일 정도지만, 자문과 공물의 예부 봉납, 朝賀를 비롯한 각종 의례 참석 등을 제외하면 연행사절에게는 별다른 일이 없었다. 특히, 三使가 거느리는 子弟軍官과 중인의 자제나 시문에 뛰어난 인물로 선발된 書記는 상대적으로 활발하게 움직였다. 이들은 삼사와 함께 의례 청조의 고관뿐만 아니라 학자 서화가 등을 만나 筆談으로 詩賦를 酬唱하였고, 또한 18세기 후반에 이르면 연행하기 전에 미리 기획한 詩文集을 전하거나 序跋을 주고받았다. 예컨대, 劉琴이 4家의 시집 『韓客巾衍集』을 가지고 북경의 학계에 소개하였고, 朴齊家는 유리창에서 만난 陳鱣에게 『貞蕤藁略』의 서문을 받았다. 이러한 흐름에서 洪大容의 선구적 사례[1]를 바탕으로 삼아 19세기 본격적인 조청학술교류를 전개한 것은 바로 秋史 金正喜(1786~1856)였다.

한편, 청조 건륭 후반에 정치경제적 안정과 함께 사고전서의 편찬 등을 배경으로 장강 하류지방에서 이른바 吳派와 皖派의 考證學이 출현하였는데, 그 吳派와 皖派를 계승 발전한 것이 揚州學派였다. 乾嘉年間 화북과 강남, 양자강과 대운하의 교차점에 위치한 양주는 漁業, 漕運業, 流通業, 典當業, 茶, 향료, 염료, 출판, 공예 등의 각종 산업이 발달함에 따라 최고의 상업도시로 성장하였다. 특히 제염업의 흥성을 배경으로 국가권력과 결탁한 염상의 활약은 보다 두드러졌다.

---

1) 1765년 洪檍의 子弟軍官으로 연행한 洪大容이 북경의 乾淨 골목에서 필담을 통하여 浙江 출신의 嚴誠 陸飛 潘庭筠과 함께 朱子學과 陸王學의 사상 논쟁을 전개하면서 절친한 교제를 맺었다. 이는 이후 朴齊家, 李德懋, 柳得恭, 朴趾源, 金正喜 등 연행사신으로 이어진 점에서 조선 지성사에서 획기적인 일대 사건이었다. 강명관, 『책벌레들 조선을 만들다』, 푸른역사, 2007, p.214; 金泰俊, 『洪大容과 그의 時代』, 一志社, 1982; 洪大容, 『杭傳尺牘』, 『湛軒書』(外集) 권2, 3, 참조.

사회적으로도 紳商이 출현하고 다양한 직업군이 등장하는 가운데에
인구증가와 함께 대규모의 인구가 유입되었다. 梅花書院과 安定書院
에는 사방에서 학업을 익히려 몰려들었고, 훌륭한 學士와 문예에 뛰
어난 자들이 운집하였으며, 과거합격자도 대거 배출하였다. 양주는
이른바 '人文會萃'의 고장이었다.[2]

이를 배경으로 18세기 후반에서 19세기 중엽인 乾嘉道咸 연간에
揚州學派가 성립 발전하였다. 양주학파는 명말청초 이래 劉永澄 王
方槐 朱澤雲 王懋竑 陳厚耀 등과 같은 양주학인의 학술을 기반으로
惠棟의 吳派와 戴震의 皖派, 특히 환파의 장점을 계승하였다. 그 구
성원들은 주로 揚州籍을 지닌 학자, 양주에 장기간 머물며 수학하던
學人들이었다. 그 대표적 인물은 賈田祖 鍾懷 汪萊 李惇 任大椿 王念
孫 汪中 劉台拱 朱彬 凌廷勘 凌曙 江藩 焦循 阮元 王引之 黃承吉 汪
喜孫 劉文淇 劉寶楠 劉毓崧 등이다. 양주학파의 학술특징은 小學, 禮
學과 左傳學을 비롯한 經學이다. 訓詁 文字 音韻으로 이루어진 小學
은 先王 先聖의 義理 微言大義를 규명하거나 모든 학술연구에 필수
기초로 강조되었다. 古學과 實學의 특징으로 실천 경세의 측면이 주
목된 禮란 今과 古, 孟子와 荀子, 天理와 人情, 內와 外, 漢學과 宋學
등을 회통한 것으로, 고금을 통하여 천하를 다스리는 방법에서 나아
가 朱子學的 天理를 예로써 대치하는 '以禮代理'의 명제로 나아간다.
左傳學은 고학 열풍이나 예제의 강조와 관련하여 제고되거나 孔穎達
의 『五經正義』와 杜預의 『春秋左氏傳集解』의 주소가 비판적으로 재
검토되었다.

특히, 양주학파가 다양한 會通論을 통하여 구축한 '通學'과 '通儒'
를 학술과 儒者의 이상으로 삼은 것은 보다 중요하다. 양주학인의 通
學은 小學에 근거한 古經 연구와 今古의 縱通을 통하여 古學의 연구

---

2) 拙稿, 「淸 中期 揚州學人의 實學思想과 日常文化 改變運動」 『역사와 담론』
   제51집, 2008, pp.146~152.

를 통하여 實學을 중심으로 義理學이 결합된 형태를 이상적인 학술로 상정하고, 이를 준거로 삼아 漢學의 병폐를 치유하면서도 宋學을 비판하고 旁通하여 한송학을 초월하려는 新正學이었다. 그 체계는 經學 諸子學 今古文經學 陽明學 史學 文學 金石 小學 考證 義理 등의 방대한 전문학이 절충되었다. 여기에는 門戶의 견해가 배제되고 실사구시적인 관점에서 우량 학술이 집대성된다. 그 성격은 일상생활에서 이용 실용 실천이 가능하고 현실 사회에서 경세적 사공적 성격이 강하며 천문 역법 과학기술도 포함한다. 여기에는 실천적 실용적인 선왕 성현의 의리와 미언대의가 담긴, 주자학적 의리와 다른 新義理學이 포함되었다. 필자는 이를 實學으로 義理學을 회통한 관계로 '實學的 通學'으로 명명하였다. 나아가 양주학파는 실학적 통학에 기초하여 政學一致와 함께 通經致用 經明行修의 유학이념에 따라 학행의 겸비에서 나아가 통학을 기초로 각종 經世와 事功을 추진하여 합일하였다.[3]

嘉慶年間 이후로 백련교의 반란과 같은 중국의 다양한 사회변화로 인해 양주학파의 통학도 점차 보수화된다. 특히 주자학에 대한 격렬한 비판이 점차 순화되고 의리나 미언대의를 강조하는 현상이 제고되어 한송절충이 강화된다.[4] 동시에 揚州學派의 學術은 北京 浙江 安徽 山東 廣東 湖南 등으로 확산되었을 뿐만 아니라 연행사의 네트워크를 통하여 조선으로도 전파되었는데, 바로 金正喜는 1809년 연행하여 阮元과의 만남을 계기로 揚州學派의 實學會通的 通學을 최초로

---

3) 拙著, 『近代中國의 國學과 革命思想』, 국학자료원 2002, pp.58~77; 拙稿, 「19世紀 전반 揚州學派의 學術觀-汪喜孫의 實學的 通學-」『明淸史硏究』 제29집, pp.208~209.
4) 19세기 전반 주자학에 비판적인 汪中과 달리 그의 아들 汪喜孫은 실학회통의 통학 입장에서 漢宋學을 절충하였고, 이는 19세기 중반에 劉毓崧에 이르러 보다 강화되었다. 拙稿, 「19世紀 전반 揚州學派의 學術觀」『明淸史硏究』제29집; 「19世紀 중반 揚州學派 劉毓崧의 實學的 通學」『東國史學』제51집, 2011, 참조.

수용한 학자였다.

현재 김정희를 중심으로 한 朝淸士人의 학술교류에 대한 선구적 연구는 후지츠카 지카시[藤塚鄰]의 『淸朝文化의 東傳』의 연구이다.[5] 이 책은 방대한 서간자료 등을 이용하여 서예가 김정희에서 벗어나 경학자로서 金正喜를 정립하는 데에 크게 기여하였으나, 朝淸의 문화 교류에 치중하거나 학술의 개략을 소개하는 하는 데에 그쳤다. 또한, 全海宗의 「淸代 學術과 阮堂」[6]은 시대를 초월하여 현재까지도 줄곧 인용되는 걸작이지만, 양계초의 『청대학술개론』에 기초한 전통적 고 증학관에 머물러 있다. 위의 두 논문은 모두 揚州學派를 독립된 학파 로 설정하지 않고 漢學으로 통합하여 접근하였다. 정혜린은 「金正喜 의 淸代 漢宋折衷論 수용 연구」[7]에서 양주학파를 처음으로 언급하였 지만, 조청사인의 학술교류를 다소 경시하거나 汪喜孫을 양주학파에 서 언급하지 않았다.[8]

이상을 연구를 토대로 필자는, 19세기 전반 청의 양주학인과 조선 의 金正喜를 비롯하여 金命喜, 金善臣, 申在植 등을 중심으로 전개한 朝淸의 학술교류와 論辨을 검토하고자 한다. 먼저, 스승 朴齊家와 김 정희와 북경학계에 활약하는 양주학인과의 인적 네트워크를 고찰하

5) 藤塚鄰, 『淸朝文化의 東傳: 嘉慶道光學團と李朝の金阮堂』, 國書刊行會, 東京, 1975; 朴熙永 譯, 『추사 김정희 또 다른 얼굴』, 아카데미하우스, 1994; 윤철규 외 옮김, 『추사 김정희 연구』, 과천문화원, 2009. 본고는 藤塚鄰의 저서를 인용할 적에 朴熙永의 번역본에 의거하였다.

6) 全海宗, 「淸代 學術과 阮堂」 『大東文化研究』 1집, 1963; 全海宗, 『韓中關系史研究』, 一潮閣 1970.

7) 정혜린, 「金正喜의 淸代 漢宋折衷論 수용 연구」 『韓國文化』 제31집, 2003, 참조.

8) 기타 논문은 김인규, 「秋史 金正喜의 學問觀」 『溫知論叢』 제11집, 2004; 이선경, 「秋史 金正喜 思想의 實事求是的 特徵」 『한국철학논집』 제19집, 2006; 정재훈, 「청조 학술과 조선 성리학」 『추사와 그의 시대』, 돌배개, 2002; 高在旭, 「金正喜의 實學思想과 淸代 考證學」 『泰東古典研究』 10, 1993; 徐坰遙, 「阮堂의 經學觀」 『韓國學』 18집, 1978, 등 참조.

되, 후지츠카가 오해하거나 학계에 알려지지 않은 내용을 중심으로
서술하겠다. 이어 양주학파의 핵심인 淩廷勘 阮元 등의 실학 회통적
학술관을 고찰한 다음 김정희가 어떻게 수용하였는지를 그의 찬술을
통하여 확인하겠다. 또한, 양주학파의 중견 汪喜孫이 김정희 등에게
보낸 척독과 서한에서 그의 학술관을 확인하고, 양주학파의 實學的
通學이 조선에 전해지는 과정에서 주자학적 경향성이 강한 조선 학
계와의 충돌로 표출된, 汪喜孫 등과 金善臣 등의 學術論爭도 살펴보
겠다. 특히 이는 기존에 알려진 '漢宋學論爭'[9]이라기보다 '通學과 宋
學의 논쟁'임을 제기할 것이다. 마지막으로 김정희의 實學會通的 학
술관으로 학술체계를 분석하고 양주학파의 경우와 비교하여 그 한계
를 음미하겠다. 다만, 필자는 서술의 편의를 위해 양주학파의 중요학자
나 양주지역과 관련성이 있는 인물도 필요하면 서술하겠지만, 朝淸 文
士의 교류에서 간단한 詩賦·書畵·예물의 수작을 비롯한 문화교류는
모두 제외하고 학계에 잘 알려지지 않은 부분을 위주로 서술하겠다.

Ⅱ. 揚州學人과 金正喜의 交誼와 그 周邊

양주학인과 金正喜 등과의 교류에 직접적인 영향을 미친 것은 스
승 朴齊家(1750~1805)였다.[10] 그는 1778년, 1790년(2차), 1801년에 모두 4

9) 夫馬 進, 「朝鮮燕行使申在植の筆譚に見える漢學·宋學論議とその周邊」, 岩井
   茂樹 編, 『中國近世社會の秩序形成』, 京都, 京都大學人文科學硏究所 2004;
   후마 스스무, 대표 옮긴이 정태섭, 「조선연행사 신재식의 『필담』에 보이는
   한학·송학논의와 그 주변」 『연행사와 통신사』, 신서원, 2008, 참조.
10) 현재까지 박제가와 김정희의 관계를 보여주는 것은 『貞蕤閣集』의 「答金大
   雅正喜」뿐이다. 후지츠카 지카시는 근거를 명확히 밝히지 않았지만, 필자
   는 각종 정황적 증거들을 고려해 판단하였다. 藤塚鄰, 朴熙永 譯, 『추사 김
   정희 또 다른 얼굴』, pp.92~93; 全海宗, 「淸代 學術과 阮堂」 『韓中關係史硏
   究』, p.209.

차례, 특히 1차에는 李德懋, 2차와 4차는 柳得恭과 함께 연행하였다.
1790년에 江德量 羅聘 阮元 [王念孫] 등의 양주학인을 직접 만났고, 阮
元뿐만 아니라 그와 밀접하였던 孫星衍·洪亮吉과 같은 考證漢學界의
일급학자들도 교류하였다. 당시에 박제가와 이들과의 만남은 1776년
柳琴이 중국문단에 소개한『韓客巾衍集』을 통해 호평을 받은 점이
크게 작용하였고, 홍대용과 유금이 구축한 潘庭筠·李調元을 통한 인
적 네트워크를 적극적으로 이용하였다. 박제가가 유득공과 함께 이들
을 만난 것은 후지츠카 지카시의 연구서를 참고로 하고,[11] 필자는 翁
方綱과 함께 詩文 명가 袁枚와 蔣士銓을 주목한다. 그들은 일찍 관직
에서 물러나 江寧의 小昌山 '隨園'에 머물거나 후일 揚州의 安定書院
主講이 되어 강남의 학인들과 관계가 많았다.[12] 이덕무도『淸脾錄』「袁
子才」에서 이들을 언급하였고, 박제가도 시를 읊었으며,[13] 조선의 사
신이 이미 蔣士銓의 樂府를 구하여 갔다는 기록이 있다.[14] 이상을 살
펴보면, 박제가 등은 연행하기 전에 이미 袁枚 蔣士銓을 알았을 가능
성이 있고, 제1차 연행에서 이조원 반정균을 통하여 원매와 장사전의
정보를 확인한 다음 그 인적 네트워크를 통하여 2차 연행에서 양주학

---

11) 藤塚鄰, 朴熙永 譯,『추사 김정희 또 다른 얼굴』, pp.38~63.
12) 方濬師,『隨園先生年譜』,『袁枚全集』권8, 江蘇古籍出版社, 1993, pp.10~11;
    孫星衍,『袁枚傳記資料』,「故江寧知縣前翰林院庶吉士袁君枚傳」『袁枚全集』
    권8, pp.3~6; 袁枚,『小倉山房(續)文集』「翰林院編修候補御史蔣公墓誌銘」
    『袁枚全集』권2, pp.442~444; 阮元,『揅經室2集』권3,「蔣士銓傳」『揅經室集』
    上, 中華書局, 北京, 1993, pp.442~444; 王昶,「翰林院編修蔣君士銓墓誌銘」
    『淸代碑傳全集』上, 上海古籍出版社, 1987, p.263.
13) 朴齊家, 정민 외 옮김,「장난삼아 왕어양의 세모회인시 60수를 본떠 짓다」
    의『55 서상원매』,「회인시, 심여 장사전을 흉내내다」『정유각집』上·中, 돌
    베개, 2010, p.258, 159. 시의 내용이나 원매 장사전의 활동 영역을 고려하면
    이전에 시문집을 통해 알았거나 적어도 이조원 반정균을 통해 소개받은
    것으로 보인다.
14) 袁枚,『小倉山房(續)文集』「翰林院編修候補御史蔣公墓誌銘」『袁枚全集』
    권2, p.444.

인과 손성연과 홍량길에게 의도적으로 접근하였을 것이다. 박제가가
유리창에서 손성연의 교감서를 읽고 그의 問字堂을 방문하였다는 우
연론적 접근은 보다 숙고할 필요가 있다.[15] 다만 양주학파는 시문보
다 경학을 점차 중시하는 학풍으로 인해 원매 장사전 등에 대해 그다
지 호의적이지 않았다.[16]

　박제가는 翁方綱의 石墨書樓에서 揚州 甘泉 출신의 秋史 江德量
과 만났다. 이와 관련하여 후지츠카 지카시에 의하면, 건륭 44년 謝墉
과 翁方綱은 江南 鄕試의 正副考官이 되어 남경에서 향시를 치렀는
데, 합격한 汪中이 감사의 뜻으로 家藏하던 〈化度寺〉唐拓本과 그 宋
飜刻本을 보여주었다. 그는 그해 겨울 회시에 응시하는 강덕량을 통
해 두 탑본을 옹방강에게 보냈는데, 옹방강은 唐本을 구매하였고 번
각본은 왕중의 부탁대로 朱珪에게 주었다고 한다.[17] 그러나 왕중은
鄕試에 응시하지도 않았고 그 진본을 朱筠, 번각본을 옹방강에게 '贈'
하려 하였지만, 주균이 곧 세상을 떠나자 옹방강이 정밀한 진본으로
바꾸어 소장하였다.[18] 왕중-강덕량-박제가의 교류는 후술하듯이 왕중
의 아들 汪喜孫과 박제가의 제자 김정희의 神交로 이어지는 점에서
흥미롭다.

　박제가 유득공이 완원과 만난 것은 김정희와 관련하여 기술하지

---

15) 藤塚鄰, 朴熙永 譯, 『추사 김정희의 또 다른 얼굴』, pp.51~52.

16) 예컨대, 왕희손은 김정희에게 보내는 편지에서 袁枚는 인품이 매우 비루
　　하고 詩格도 낮다고 했고, 申在植과의 필담에서 시문으로 일시의 명성을
　　얻는 친구와 어울리지 않는다고 하였다. 국립중앙연구원, 『秋史 김정희:
　　學藝 일치의 경지』, 통천문화사, 2006, pp.126~128; 申在植, 李相敦 譯註, 『筆
　　譚』, 保景文化社, 2004, p.12.

17) 藤塚鄰, 朴熙永 譯, 『추사 김정희의 또 다른 얼굴』, pp.104~105.

18) 汪喜孫, 『汪容甫先生年譜』, 『汪喜孫著作集』下, 中央研究院中國文哲研究所,
　　臺北, 2003, pp.1117~1118; 『汪容甫年表』, 같은 책, p.1167. 옹방강이 唐拓本을
　　구매하였다는 내용도 옹방강의 행실과 관련하여 보면 설득력이 부족하다.
　　후마 스스무, 대표 옮긴이 정태섭, 『연행사와 통신사』, 신서원, 2008, pp.
　　156~161.

않을 수 없다. 그들의 교우는 座師 翁方綱이나 孫星衍 洪亮吉과의 접
근을 통하여 이루어졌을 것이다. 그런데, 조선의 中人詩人 趙秀三과
청의 吏部尙書 劉鐶의 네크워크와 관련하여 編修 阮元이 그의 조카
檢討 劉鐶之와 使館을 방문하자, 자신이 안내하여 만났다는 유득공
의 기록이 있다.[19] 박제가의 『貞蕤閣集』에 옹방강 강덕량 홍량길 손
성연을 그리워하는 시가 있지만 완원을 대상으로 하는 시가 없는 것
으로 보아 유득공의 발언이 중요해 보인다. 덧붙여 1801년 4차 연행에
서 유득공과 박제가는 유리창의 서점에서 陳鱣을 만났는데 유득공은
진전을 '孝廉'으로 소개하였지만,[20] 진전은 이미 1798년 擧人을 거쳐
그해 進士가 되었다. 그런데 바로 그를 '孝廉方正'으로 천거한 인물이
座師 완원이었고, 그의 『論語古訓』에 서문을 쓴 것도 완원이었다.[21]
박제가가 1805년에 세상을 떠남으로써 양주인을 비롯한 고증한의 명
사들과 관계는 일단락되지만, 완원과의 만남은 제자 김정희와 연결되
는 점에서 중요하다. 또한, 박제가와 양주학인을 비롯한 淸儒들의 교
유는 詩題文과 예물을 위주로 한 문화교류의 측면에 머물러 학술교
류를 중시한 김정희와 달랐다. 덧붙여 劉鐶之의 아들 劉喜海는 1823
년 김노경과 김명희 등과 교유하고 뒤에 趙寅永 김정희와도 교우한
다.[22]

　이제 양주학파와 김정희의 교우로 시선을 돌려보자. 당시 24세의
김정희는 1809년 10월 부친 冬至兼謝恩副使 吏曹判書·金魯敬을 수행
하였다. 그는 스승 박제가의 영향과 인적 네트워크를 이용하여 '太和

19) 王章燾, 『阮元年譜』, 黃山書社, 合肥, 2003, p.33; 柳得恭, 「劉阮二太師」『灤
　　陽錄』 권2, 遼海叢書本, 11左~12右.
20) 柳得恭, 「陳鱣」『燕臺再遊錄』, 遼海叢書本, pp.10右~11左.
21) 陳鱣, 「貞蕤槀略敍」, 續修四庫全書編纂委員會, 『簡莊文抄』 권2(續修四庫全
　　書本, 1487책), 上海古籍出版社, 上海, 2002, pp.252~253; 「陳鱣傳」『淸代碑傳
　　全集』下, p.1541; 陳祖武 朱彤窗, 『乾嘉學術編年』, 河北人民出版社, 石家莊,
　　2005, pp.497~498.
22) 藤塚鄰, 朴熙永 譯, 『추사 김정희의 또 다른 얼굴』, pp.363~405.

雙碑之館'으로 阮元을 방문하였다. 상경하면 완원이 의례 머물던 그 곳은 繼室 孔璐華의 부친 衍聖公 孔憲增의 저택이었다. 당시 완원은 劉鳳浩科場舞弊案에 연좌되어 浙江巡撫에서 해임, 상경하여 조정의 조사를 받던 중이었다.[23] 47세의 완원은 황급히 그를 맞이하여 龍團勝雪茶로 환대하고는 각종 탁본 비첩 서화 금석 비서 등을 두루 열람시켰고, 소학 경학을 필두로 考古 金石 書學 自然科學 등을 비롯한 각종 학술과 實事求是로 대표되는 연구방법론을 일렀을 뿐만 아니라 각종 진귀한 탁본 서적 등을 보여주거나 제공하였다.[24] 후술하듯이 완원은 김정희에게 가장 큰 영향을 미친 인물이었고, 그의 아들 阮常生과 阮福 형제도 부친의 명을 받들거나 서찰을 왕복하여 학연을 이었다.[25]

賈田祖 汪萊 李惇 任大椿 汪中 劉台拱 등의 선학을 계승한 阮元은 19세기 전반 淩廷勘 焦循 江藩 凌曙 등을 후원하였고 양주로 퇴임한 뒤에도 劉文淇 劉寶楠 梅植之 陳立 丁晏 羅士琳 등과 학술공동체를 이끈 양주학파의 실질적인 리더였다.[26] 뿐만 아니라 學政, 考官, 督撫를 역임할 적에 浙江 杭州에 詁經精舍, 廣東 廣州에 學海堂을 설립하는 등 50여 년 동안 학술과 문교를 흥기하고 인재를 배양한 泰山北斗였다.[27] 특히 그는 개인적 저술을 제외하고도 청대의 경학을 집대성하고 13경의 주소를 정리하여 편집케 하여『황청경해』,『13경주소』,『13경주소교감기』를 출간하였다. 그는 19세기 전반기 중국의 學術史에서 가장 중요한 인물이었다. 완원과 김정희의 신교는 朝淸學術交流를 상징한다고 보아도 좋을 것이다.

23) 王章濤,『阮元年譜』, 黃山書社, 合肥, 2003, pp.505~510.

24) 藤塚鄰, 朴熙永 譯,『추사 김정희의 또 다른 얼굴』, pp.123~134.

25) 藤塚鄰, 朴熙永 譯,『추사 김정희의 또 다른 얼굴』, pp.406~418.

26) 王章濤,『阮元評傳』, 廣陵書社, 揚州, 2004, pp.37~39; 劉師培,『左盦外集』「近儒學術統系論」『劉申叔先生遺書』3, 臺北, 1965, p.1777.

27) 劉毓崧,「阮文達公傳」『通義堂文集』권6, 文物出版社, 北京, 1987, pp.36~38.

양주학파와 김정희의 교류에 중요한 인물은 바로 동갑내기 汪喜
孫(1786~1848)이다. 그는 양주학파 초기 리더의 한 사람이었던 汪中의
아들로 실학으로 의리학을 회통한 통학의 소유자이자 이를 토대로 經
明行修 通經致用을 몸소 실천하다 懷慶知府로 세상을 떠난 循吏였
다.[28] 그는, 金正喜와 金命喜를 비롯하여 權敦仁, 金善臣, 李尚迪, 申
在植 등과 교류하면서 많은 편지를 보낸 인물로,[29] 후술하듯이 북경
강남의 유리창이나 서적시장에 밝았고 인적 네트워크가 폭넓어 김정
희 형제가 서적구입을 주로 의뢰한 인물이었다. 또한 옹방강과 완원
이 스승의 입장에서 김정희를 敎導하였다면, 옹방강과 완원을 동시에
모셨던 왕희손은 동등한 입장에서 김정희 일파와 학술의 교류나 논
변을 가장 많이 진행한 淸朝側의 학술전담자였다. 또한, 그는 阮元의
지시를 수행하거나 중개한 매개인이자 양주 재지의 학자들을 직접
연결하는 측면에서 핵심적인 역할을 수행하였다.

왕희손과 김정희의 교우는 도광 2년 金魯敬이 冬至正使가 되어 金
命喜와 金善臣을 거느리고 연행한 데에서 비롯되었다. 그가 36세인
도광원년까지 기술한 『汪荀叔自撰年譜』에는 朝鮮士人에 대한 언급
이 없다. 그가 조선 士人에게 보낸 편지는 김명희에게 7통으로 김정
희보다 1통을 더 보냈고, 김선신에게 2통을 보낸 분포도 이를 보여준
다. 특히 李璋煜을 통하여 추사에게 처음으로 부친의 『述學』 등을 보
낸 것은 1824년 3월이었다.[30] 이 무렵 왕희손은 河南司主稿兼貴州司
主稿로 호부에 재직하여 북경에 머물며, 刑部 主事인 進士 李璋煜,
옹방강의 수제자로 장서가이자 금석가인 葉志詵(1779~1863), 蔣士銓과
옹방강의 문인으로 捐納入官한 吳崇梁(1766~1834) 등과 어울렸다. 그

---

28) 왕희손의 생애는 拙稿, 「19世紀 전반 揚州學派의 學術觀—汪喜孫의 實學的
   通學」 『明淸史硏究』 제19집, 2008, pp.202~205, 참조.
29) 왕희손은 김정희를 비롯해 그의 주변 인물들에게 모두 29통의 편지를 보냈
   다. 藤塚鄰, 朴熙永 譯, 『추사 김정희의 또 다른 얼굴』, pp.420~423.
30) 藤塚鄰, 朴熙永 譯, 『추사 김정희의 또 다른 얼굴』, p.333.

가운데에 김정희에게 가장 먼저 편지를 보낸 인물은 섭지선으로 1818
년 정월 옹방강의 죽음을 전후한 시점이었고, 이장욱은 1823년 초에
두 차례에 걸쳐 燕行한 김노경과 김명희 김선신과 만났다.[31] 이렇게
보면, 왕희손은 옹방강[32] 섭지선을 매개로 삼아 1823년 오숭량 이장욱
과 김노경 김명희 김선신의 만남을 통하여 김정희와 교류하였던 것
이다.[33] 또한 왕희손은 1836년 2월 진하사 겸 사은정사로 연행한 권돈
인도 만났다.[34] 다만, 왕희손이 오로지 서간만을 통해 김정희와 신교
를 맺은 점은 옹방강 완원이 김정희와 만났던 경우와 달랐다.

　　朝清의 학술 교류와 관련하여 儀徵의 優貢生 劉文淇(1789~1854)는
왕희손과 양주학인을 매개한 左傳學의 전문가였다. 그는 완원의 명
을 받아 친구 왕희손의 墓表를 찬술하였고,[35] 김정희가 왕희손에게
보낸 元 朱世杰의『算學啓蒙』을 전달받아 科學家 羅士琳에게 넘겨주
어 출간하게 하였다.[36] 특히 김정희가 權敦仁의 명의로 보낸「海外墨
緣」을 왕희손에게 받아 양주학인에게 회람시킨 주역이었다. 이에 아
들 優貢生 劉毓崧은『海外墨緣』에 「跋尾」를 저술하였고,[37] 江都의
增貢生　李祖望은 「汪孟慈先生海外墨緣册子問答16則」을　찬술하였
다.[38] 그런데, 유육숭은 長次男 劉壽曾과 劉貴曾을 모두 친우인 이조

31) 藤塚鄰, 朴熙永 譯, 같은 책, p.333.
32) 1827년 1월 26일자 편지에서 옹방강 선생으로부터 김정희의 이름을 들은
　　지 오래되었다고 하고 있다. 국립중앙박물관,『秋史 김정희: 學藝 일치의
　　경지』, 통천문화사, 2006, p.126.
33) 천금매,「金命喜와 清朝 文士들의 尺牘 交流」『淵民學志』제13집, 2010, p.244.
34) 藤塚鄰, 朴熙永 譯, 같은 책, pp.436~437.
35) 劉文淇, 「誥受中憲大夫道銜懷慶府知府汪君墓表代」『劉文淇集』문집　권9,
　　中央研究院 中國文哲研究所, 臺北, 2007, pp.209~216. 왕희손은 그에게 4통
　　의 편지를 보냈다. 汪喜孫,『汪孟慈集』권5,「與劉孟瞻書」1~4,『汪喜孫著
　　作集』上, pp.163~169.
36) 藤塚鄰, 朴熙永 譯, 같은 책, pp.415~417.
37) 劉毓崧,「海外墨緣册跋尾」『通義堂文集』권12, 文物出版社, 北京, 1987, p.32
　　左~34左; 汪喜孫,『海外墨緣』,「跋尾」『汪喜孫著作集』下, pp.1201~1202.

망의 長次女에게 장가보냈다. 근대로 시야를 넓히면, 劉貴曾은 바로 淸末民初 國學大師로 한때 일본 東京에서 아나키스트로 활약한 劉師培(1884~1919)의 부친이고, 劉壽曾은 그의 백부요, 李祖望은 그의 외조부이다.[39]

덧붙여 유문기는 19세기 전반 조청문인의 교류에 중요 인물이었던 阮元 汪喜孫과의 관련을 제외하고도 李璋煜 劉喜海 등과 교류하였다. 그는 1838년 4월에 이임하는 揚州知府 李璋煜의 학행과 치적을 송축하는 글과 이장욱을 대신하여 文簡公 王引之의 제문을 劉毓崧에게 대작시키는 한편 이장욱의 부탁으로 문집의 後書를 두 편 찬술하였다.[40] 유문기와 이장욱의 교류는 아마도 왕희손을 통하여 맺어졌을 것이다. 또한, 그는 김정희와 교유관계에 있던 劉喜海에게도 4통의 편지를 보냈다. 이는 아마도 완원을 통한 것으로 보이는데, 그 내용은 대체로 양주학인의 저작물을 보내면서 안부를 전한 것이다.[41] 그밖에도 유문기는 김정희의 〈歲寒圖〉에 題辭를 남긴 張穆과도 교유가 있다.[42] 그 밖에 양주출신의 화가 朱學年도 김정희와 교류가 있지만 지면관계상 생략한다.

Ⅲ. 阮·淩의 實學會通的 通學과 金正喜의 수용

먼저 완원(1764~1849)의 學行과 經世를 가장 잘 논평한 것으로 보

38) 李祖望,「汪孟慈先生海外墨緣冊子問答16則」『汪喜孫著作集』下, 1223~1264.

39) 万仕國,『劉師培年譜』, 廣陵書社, 揚州, 2003, p.4.

40) 劉毓崧,「送李方赤太守序」·「祭王文簡公文」『通義堂文集』권9, 14, pp.17右~19右, 25左~26右, ; 劉文淇「李西林先生知稼堂集書後」「李松谿先生研錄軒詩集書後」『劉文淇集』문집 권7, pp.155~158.

41) 劉文淇,『附錄 增補』「致劉喜海書」1~4,『劉文淇集』, 2007, pp.277~281.

42) 劉師培,『左盦題跋』「跋張石洲與劉孟瞻書」『劉申叔先生遺書』4, 大新書局, 臺北, 1965, p.2247; 劉文淇, 같은 책, pp.455~457.

이는 劉毓崧의 「阮元傳」을 중심으로 그의 학술체계와 학술관을 간결하게 검토하겠다.

> 그가 학술을 논한 종지에 대해서는 實事求是에 두고 經史 小學에서부터 金石 詩文에 이르기까지 크고 작음을 포함하지 않음이 없었지만, 특히 大義의 발명을 위주로 삼았다. 지은 바 「性命古訓」·「論語孟子論仁論」·「曾子十篇注」는 옛 성현이 세상을 훈계한 뜻을 미루어 밝힌 것으로 일용에 간절하여 사람들로 하여금 몸소 체득하고 힘써 행하도록 힘쓰는 데에 있었다. 史館에 재직할 적에 서적들을 채집하여 「儒林傳」을 지어 師儒와 異派를 합하여 그 공평함을 유지하였고, 조금도 문호의 견해를 가진 적이 없었다.[43]

필자가 이해한 완원의 학술관은 실사구시를 통한 옛 성현의 대의를 천명하는 것으로 古學의 연구가 그 중심이었다. 阮元은 노불의 영향이 없고 성현과 가까운 漢學을 매개로 孔子, 孟子, 曾子 등을 소급하고 金石·考古·書法·典章制度의 연구로 성현의 실용적 대의를 발명하거나 실학적 의리학을 정립하였다. 완원에 의하면, 이는 공자가 강조한 효의 재발굴, 실행 실천을 겸비한 學, 言行 行事로 보는 一貫解, 실천을 강조한 格物解, 仁解을 '相人偶', '愛人'으로 풀이하여 人己의 절충을 지향한 仁解, 한학과 고경에 보이는 性命의 재정립 등으로 구체화된다. 보다 중요한 것은 성현의 의리가 천근한 일상생활에서 분리되는 것이 아니라 현실에서 실행 실천 이용 경세되어야 하니, 孝悌, 예의, 오륜, 德行, 下學, 경세 등이 중시된다. 다시 말하면, 고학이란 실학을 중심으로 의리가 합해진 형태가 이상적인 학술이자 正學으로 규정되고, 이에 따라 師儒 道藝 孟荀 天理人情 漢宋學 등이 합일된다. 예학의 강조도 이런 측면에서 필연적이다. 이제 실학으로

---

43) 劉毓崧, 『阮文達公傳』 권6, p.38.

의리학을 회통한 고학을 준거로 삼아 朱子學的 宋學을 비판하여 수
용할 뿐만 아니라 考據的 漢學마저도 수정 보완하는 하는 새로운 학
술체계가 수립된다. 동시에 각종 經學, 史地, 小學, 考據, 辭章, 書學,
金石 등도 절충하여 광대한 통학이 모색된다. 나아가 학술을 연구하
는 것은 바로 그 政事를 하기 위한 것이라는 것에서 보이듯이[44] 학술
은 經世를 뒷받침한다.

실학적 회통의 통학수립과 관련하여 완원의 實事求是論은 매우
중요한 개념이다. 그는 자신의 經說이란 古訓을 미루어 밝혀 實事求
是할 뿐이라거나,[45] 儒者는 經에 대해 그 옳음만을 구할 뿐이라고 주
장하였다. 그에 의하면 독서는 經學부터 시작하고, 經學은 注疏부터
시작한다. 그런데 그 경설이 옳다면 注를 따를 수도 있고 注를 어길
수도 있으니, 굳이 孔穎達 賈公彦의 義疏에 맞출 필요가 없다. 創見
인듯해도 [古]經義에 맞고 新解인 듯해도 古制에 적합하면 그만이었
다. 거꾸로 傳注를 굳게 지켜 왜곡 附會하는 폐단은 전주를 따르지
않고 자신의 생각에 근거하여 空談하는 것과 같아 모두 유의해야 할
대상이었다. 이는 聖賢의 古訓에서 허황하거나 고루한 두 가지 잘못
에서 벗어나는 길이다.[46] 이에 따라 학술의 공평성이 유지되고 문호
의 견해가 배제되어 漢宋學 가운데에 훌륭한 실학과 의리학은 하나
로 회통된다.[47]

또한 완원은 實事求是의 개념을 "일을 충실히 하여 타당함을 추
구"하는 의미로도 확대하였다. 『漢書』에서 "修學好古하여 實事求是
한다"고 하였다. [그런데] "後儒[宋儒]는 虛로 숨어들어 규명할 수 없는

---

44) 阮元, 『揅經室三集』 권5, 「是程堂集序」 『揅經室集』, 北京, 中華書局, 1993,
　　pp.688~689.

45) 阮元, 「揅經室集自序」 『揅經室集』, p.1.

46) 阮元, 『揅經室一三集』 권2, 11, 「焦里堂循群經宮室圖序」 「江西校刻本宋本
　　十三經注疏書後」, 같은 책, p.250, 620~621; 陳東輝, 『阮元與小學』, 中國文聯
　　出版社, 1999, 참조.

47) 阮元, 『揅經室一集』 권2, 「擬國史儒林傳序」, 같은 책, pp.36~37.

경지에서 是非를 다투었으니, 어찌 河間獻王이 필경 미리 헤아려 알
수 있었겠는가? 우리 청조의 儒者들은 몸을 단속하고 행실을 닦으며,
好古하여 민첩하게 구하며, 門戶를 세우지 않고 二氏[老佛]를 언급하
지 않으니, 實事求是의 가르침에 부합하는 것 같다."[48] 요컨대, 완원
에게 實事求是란 말 그대로 학술적 측면의 學과 실제 생활에서의 行
을 충실하게 하여 옳음을 추구할 뿐이었다.

완원의 실사구시론은 양주학파의 선배 淩廷堪의 이론을 발전시킨
것이었다. 능정감은 戴震의 학술을 '실학'이라고 규정하면서 '實事求
是'를 논정하였다. 實事를 연구하는 六書·九數·典章制度의 경우에는
나의 是를 타인이 억지로 非라 할 수 없고, 나의 非를 다른 사람이 억
지로 是라고 할 수 없다. 虛理를 연구하는 理義[義理]의 경우에는 나
의 是를 타인이 非라 하고, 나의 非를 타인이 是라 주장할 수 있다는
것이다.[49] 능정감의 실사구시론은 문호를 배제하면서도 주자학에 대
해 考證漢學의 학술적 우위성을 언급한 것인데 비해 완원의 경우는
주자학적 의리도 실사구시에 합당하면 수용하겠다는 학술적 객관성
과 함께 학술연구에서 나아가 德行이나 人事마저 수용하는 점에서
규모가 보다 확대되었다.

학술적 실사구시와 관련하여 중요한 것은 小學이다. 완원은 經에
담긴 성인의 도를 발명하는 수단으로 小學 가운데에 訓詁를 매우 강
조하였다. "성인의 도는 비유하면 담장[宮牆]이고, 문자 훈고는 그 문
과 길[門逕]이다. 문과 길이 잘못되면 걸음[跬步]이 모두 잘못되니 어
찌 堂에 올라 室에 들어갈 수 있겠는가?"[50] 따라서 훈고를 버린 경학
은 그 실질이 없어서 燕說을 大寶로 삼거나 五經과 四史를 무용지물
[鼠璞]로 삼는 격이었다.[51] 다만 훈고에만 머무는 학술을 배격하였는

---

48) 阮元, 『揅經室三集』 권5, 「惜陰日記序」, 같은 책, pp.687~688.

49) 淩廷堪, 「戴東原先生事略狀」 『校禮堂文集』 권35, 中華書局, 北京, 1998,
p.317.

50) 阮元, 『揅經室一集』 권2, 「擬國史儒林傳序」 『揅經室集』, pp.37~38.

데, 이는 아마도 吳派를 염두에 둔 것으로 보인다. 그런데 성현의 말씀 가운데에 深遠한 것은 훈고가 아니면 不明할 뿐만 아니라 淺近한 것도 훈고가 아니면 밝힐 수가 없다.[52] 구체적으로는 성현과의 거리가 아주 가까운 漢人의 훈고가 중시되니, 멀리 있는 것은 가까이 있는 자보다 견문이 충실할 수가 없기 때문이다.[53] 그 밖에 완원의 소학도 양주학파와 마찬가지로 소리를 중시하였다거나 훈고의 구체적인 연구 작업과 그 범위 등은 지면 관계상 생략한다.[54] 요컨대, 실사구시와 관련된 완원의 소학중시관은 성현의 말씀에 대해 훈고하여 혹 잘못이 있다면 성현의 道도 잘못이라는 확신에 찬 선언으로 귀결될 수 있다.[55]

양주학파의 실학적 통학과 관련하여 완원은 미신을 배격하고 실용적인 자연과학이나 천문학에도 관심을 기울였다. 어려서 산수와 천문 도형 등을 익혔던 완원은 산수, 자연과학, 천문, 역법 등을 儒者의 학술로 규정하며 實事求是의 學으로 삼았다.[56] 여기서도 실사구시가 실용적인 측면에서 실학으로 확장되는 점은 유의할 필요가 있다. 완원은『疇人傳』을 편집하여 중국 고대에서 청대에 이르기까지의 수학, 천문, 역법, 자연과학 등을 집대성하였다. 여기에도 실증적·實測的·논리적인 방법론과 中西·古今의 회통한 것은 말할 것도 없다.[57] 이는 말할 것도 없이 민생일용의 편리를 도모하기 위한 實測之學=實學이었다. 후학 羅士琳이 완원을 이어『續疇人傳』을 편찬하였다.

---

51) 阮元, 『揅經室一二集』 권5·7, 「王伯申經義述聞序」「西湖詁經精舍記」, 같은 책, p.120·547.
52) 阮元, 『揅經室一集』 권2, 「論語一貫說」, 같은 책, p. 53.
53) 阮元, 『揅經室二集』 권7, 「西湖詁經精舍記」, 같은 책, p.547.
54) 阮元, 『揅經室一集』 권5, 「與高郵宋定之論爾雅書」「與郝蘭皐戶部論爾雅書」, 같은 책, pp.124~125; 陳東輝, 『阮元與小學』, 中國文聯出版社, 1999, 참조.
55) 阮元, 『揅經室一集』 권2, 「論語一貫說」『揅經室集』, p.53.
56) 阮元, 「疇人傳序」, 阮元 等 撰, 『疇人傳』上, 廣陵書社, 揚州, 2009, pp.1~2.
57) 阮元 手訂, 「疇人傳凡例」『疇人傳』上, pp.1~5.

이상을 살펴보면 實學會通의 古學을 상정하여 특정의 문호가 배격되고 공평한 학술태도가 중시되어 주자학적 송학은 통학으로 수용되기도 하지만 적지 않은 비판으로 배제되기도 한다. 주자학은 노불과 같은 이단의 영향이 남아 있고, 그 의리가 너무 고원하여 실제생활과 유리되어 그 실행 이용이 불가능하며, 실사구시적 방법으로 접근이 불가능한 학술로 규정된다. 또한 주자학에서 강조되는 先知, 一己, 天理, 道學, 學術 등의 개념이 躬行, 與人, 人情, 儒林, 經世 등으로 합일하거나 대치되기도 한다.[58] 특정 견해의 고집이나 문호의 배제를 기치로 세우지만, 주자학의 비판성향은 양주학파의 발전과 비례하여 비등하고, 宋學 진영의 불만은 方東樹의 『漢學商兌』로 표출된다.

金正喜에게는 淩廷勘(1755~1809)의 영향도 컸다. 淩廷勘은 戴震의 예설을 계승 발전하여 『禮經釋例』, 『校禮堂文集』 등을 저술하여 예학을 專門家學으로 정립하였다. 그는 공자가 理를 한 마디도 언급한 적이 없고 오직 禮만 말하였음을 피력하면서 성인의 가르침이 바로 禮요, 性善을 회복하는 방법도 禮를 벗어나지 않는다고 주장하였다. 성인은 人性에 고유한 五倫에 따라 士冠, 聘覲, 士婚, 鄕飮酒, 士相見 등의 五禮를 정하였으니, 이를 따라 잘 실천하면 人性의 善을 회복할 수 있다. 上古 성현의 학술은 일상생활과 人倫에 간절한 禮에 다름 아니었으며, 예의 교습과 실천을 통하여 義理나 仁을 회복할 수 있다고 보았다. 또한 예는 五德의 하나이면서도 五性을 절제하고 親親의 仁과 尊賢의 義를 조절하며 好惡도 조화시키는 매개로 간주하였다.

---

58) 이상 완원의 학술에 대해서 필자는 별도의 논고를 준비하고 있다. 특별한 주가 없는 것은 우선 曹秉漢, 「乾嘉 考證學派의 체제통합 이념과 漢宋折衷 思潮—阮元 焦循 淩廷堪의 古學과 實學」 『明淸史硏究』 제3집, 1994; 張舜徽, 『淸代學記』, 齊魯書社, 濟南, 2004, pp.423~459; 陳祖武, 「揚州諸儒與乾嘉學派」·王章濤, 「阮元與揚州學派」, 馮爾康 等著, 『揚州硏究』, 中華書局, 臺北, 1996; 章權才, 「阮元與淸代經學」, 楊晉龍 主編, 『淸代揚州學術』下, 中央研究院 中國文哲研究所, 臺北, 2005; 王章濤, 『阮元評傳』, 廣陵書社, 揚州, 2004, 등 참조.

이에 따라 格物은 禮의 器數 儀節을 익히는 것, 致知는 禮의 근원이
性에 있음을 아는 것으로 규정하였다. 특히 「復禮」下篇에서는 성인
의 도는 지극히 '淺近'한 日常의 禮에 포함되어 있는 것이지 宋儒가
주장하는 心과 理의 논설은 '幽深微渺'한 불교의 논리와 같아서 이단
에 들어가는 길이라고 논파하였다. 결국 그는 '以禮代理'의 명제를 주
장하여 程朱學의 天理를 배격하였던 것이다. 이는 孟子와 荀子의 학
설뿐만 아니라 漢宋學을 회통한 것으로 양주학파를 대표하는 禮說이
라 하겠다. 능정감의 학설은 實學的 新義理學의 정립을 모색하기 위
하여 實學과 古學을 중시하던 학풍을 배경으로 今古 孟荀 性善善惡
漢宋 內外 天理人情을 회통하였다. 또한 만년에 理와 人情을 동시에
충족시키려는 방법으로 예를 중시한 戴震이 양주에 기거하면서 江永
戴震의 예학이 양주학파로 전승 발전되었던 계기도 있었다. 게다가
양주의 화려 사치하고 퇴폐적인 사회문화적 배경 아래 현실 사회에
서 예의 실천을 통하여 풍속과 사회의 정화를 바로잡으려는 경세적
목적도 병존하였다.[59]

　이상을 염두에 두고 먼저 『阮堂全集』 제1권을 중심으로 김정희의
학술관을 살펴보자. 그의 古學觀을 알 수 있는 글은 「格物辨」과 「禮
堂說」이다. 완원의 「大學格物說」을 抄略 加減한 「格物辨」에서 그는
格物을 '止事'로 보아 "事物에 이르러 그친다."고 해석하였다. 여기서
事物이란 家·國·天下의 五倫, 明德 新民의 事로 모두 마땅히 몸소 그
곳에 이르러 실천하여 至善에 그쳐야 한다는 것이다. 이는 현실사회
에서 오륜의 실천을 강조하는 논리로 그 마지막에 "성현의 도는 실천
아님이 없고, 모두 實事求是의 뜻이다."고 하였다.[60] 능정감의 예설을

---

59) 拙著, 『近代中國의 國學과 革命思想』, 국학자료원, 2002, pp.62~63.
60) 金正喜, 「格物辯」 『阮堂全集』 권1(한국문집총간 301), 민족문화추진회, 2003,
　　p.28. 비슷한 견해로 物이란 인의 도덕의 明德과 예악 형정의 新民을 포함
　　하는, 몸[身]으로 체득하고 일[事]로 체험하는 것이라고도 했다. 「書韓文公
　　原道後」 『阮堂全集』 권7, pp.140~141.

대표하는 『교례당문집』의 「復禮」下篇을 그대로 轉寫한 「禮堂說」은 위에서 이미 설명하였으므로 다시 논하지 않는다.[61] 능정감의 「復禮」의 下篇은 禮說 가운데에 가장 과격하여 정주학 계열의 학자들에게 가장 많은 비판을 받아 완원조차도 『황청경해』에서 제외였는데, 조선 학계의 사정과 옹방강의 관계를 고려할 때에 김정희가 그 과격한 예론을 학습한 사실은 매우 주목된다. 이상에서 김정희의 고학관은 완원과 능정감의 영향을 받아 실용 실천으로 의리를 회통한 학술을 이상으로 삼는 양주학파의 고학관과 동일하다.

실학으로 의리학을 會通한 학술을 이상의 학술로 규정하면 당대의 전문학술을 旁通하는 과정에서 필요한 것이 實事求是이다. 金正喜의 「實事求是說」은 실사구시가 학문하는 가장 중요한 道이고 공소한 학술이나 선입견을 중시하면 성현의 도와 어긋난다는 명제에서 시작된다. 漢儒 老佛 宋儒의 학술을 장단점을 분석한 다음에 학문하는 도는 요·순·우·탕·문·무·주공을 귀의처로 삼았으니, 마땅히 實事求是해야 한다. 그 방법은 한유처럼 訓詁라는 門逕을 거쳐 昇堂入室해야지, 宋儒처럼 훈고를 버리고 至妙高遠한 허공이나 별도의 門逕으로 들어가면 성현의 도를 발명할 수 없다. 성현의 도는 躬行에 있지 공론의 숭상에 있지 않다. 결론적으로 "학문하는 방법은 굳이 한송의 도를 구분하지 말고 정현 왕숙 정자 주자의 장단점을 비교할 필요가 없으며, 굳이 주자 육구연 설선 왕양명의 문호를 나눌 필요가 없다. 단지 심기를 편안하고 고요하게 하여 널리 배우고 독실히 행하여 오직 實事求是라는 한 마디를 위주로 행하면 가할 것이다."[62]

---

61) 藤塚鄰은 完福이 淩廷勘의 『校禮堂文集』을 김정희에게 보낸 정확한 연도를 알 수 없다고 서술하면서도 1833년을 전후한 시점으로 의정하였다. 藤塚鄰, 朴熙永 譯, 『추사 김정희의 또 다른 얼굴』, p.414. 그러나 「復禮」上中下는 『孧經室二集』 권4 「次仲淩涒傳」에 실려 있으므로 연행 때에 완원에게 증여받아 귀국하였다.

62) 金正喜, 「實事求是說」 『阮堂全集』 권1, pp.21~22. 「實事求是說」에 이어 있는 「適千里說」도 비슷한 논지를 비유적으로 설명한 것이다.

「실사구시설」은 논지, 비유, 이단관 등에서 완원의 강한 영향력을 확인할 수 있다. 다만 陸王學의 회통은 양주학파에서 중시되는 경향이 있었지만 그 찬술시기 문제와 지나치게 단편적 언급으로 결론을 내기 어렵고, 한송학의 절충에서 송학을 약간 높이거나 육왕학의 논지가 전후로 차이를 보이는 점은 학설의 미성숙이나 옹방강의 견해와 함께 조선의 주자학적 경향성이 투영된 것으로 보인다. 또한 「실사구시설」에 다소 불명확하게 드러난 김정희의 고학관보다 全海宗의 견해처럼 閔魯行이 부기한 「後敍」가 완원의 견해에 더욱 가까워보인다.[63] 김정희의 실사구시론은 그의 학술체계 전반을 관통하는 것으로 매우 중요하다.

小學의 專論은 「聲韻辨」에 보이는 形聲說 연구에 불과하다. 聲은 문자의 소리이고 韻은 문자의 소리를 고르게 하는 개념을 전제로 當代 形聲과 反切의 오해를 바로잡는 한편 牙舌脣齒喉의 五音과 36字母의 結合說의 폐해가 홍수나 맹수보다 심하다고 공격하였다. 또한 소리로 形을 겸한다는 논리를 비판하여 형이 소리 가운데에 합쳐서 하나가 된다고 주장하였고, 淸儒 가운데에 洪榜 江聲 丁杰 등의 학설에 의문을 표하는 반면 聲韻學에 미진함이 없는 것은 顧炎武 江永 戴震 段玉裁 王念孫 등 徽揚系列 학자들의 공로라고 평가하였다.[64] 또한, 字義를 訓詁하는 小學 가운데에 『爾雅』가 소학가의 으뜸으로 經師家法으로 七十子의 微言과 遺義가 전수된 것이라는 견해도 있다.[65] 비슷한 관점에서 器皿 服飾 古器에 닮기 고훈 의리도 經師의 가법에

---

63) 全海宗, 「淸代 學術과 阮堂」 『한중관계사연구』, 일조각, 1970, pp.226~229. 다만, 전해종이 '不實以事'에서 事를 학술로만 규정하거나, 그 일부가 송명 이학에 반대하는 청대 한학파의 입장과는 正反된다는 주장은 재고의 여지가 있다. 양주학파에는 事(행사로 충실히 한다는 의미가 있고, 송명이학도 무조건 반대하는 것이 아니라 그 회통을 강조하는데, 19세기 이후에는 보다 현저해진다.

64) 金正喜, 「聲韻辨」, 같은 책, pp.25~26.

65) 金正喜, 「論小學書」 『阮堂全集』 권7, p.135.

따라 연구해야지 억측해서는 불가능하다는 논리도 주목된다.[66]

한송학이나 학술과 관련한 글로는「漢儒家法說」「漢十四經師頌幷序」「理文辨」「私廢辨」「學術辨」이 있다. 「漢儒家法說」은 완원이 편정한 『詁經精舍文集』 권11에 실린 胡紹의 『兩漢經師家法考』를 그대로 傳寫한 것이다. 김정희는 漢代 經師의 家法으로 '守師說' '通小學' '明天人之理'를 열거하여 설명한 다음 "家法이 정밀하면 경학이 밝고, 가법이 버려지면 경학이 폐기된다."고 하여 가법의 존재유무가 경학의 흥망을 결정짓는 기준으로 삼았다. 凌廷勘의 『校禮堂文集』 권10 訟에서 일부를 삭제한「漢十四經師頌幷序」는 漢代의 易 尚書 詩 禮 春秋公羊의 14經師의 학술을 찬양한 것이고, 능정감의 『校禮堂文集』 권23 書2「與胡敬仲書」의 일부씩을 초략 轉寫한「學術辨」은 전한~청 중기까지의 학술의 생성과 발전, 유폐를 정리한 학술변천사다. 두 논문의 결론부에 삭제된 핵심 내용은 "세상의 학자들이 단지 宋學이 행해지지 않아 양한의 緖論이 드디어 없어지는 것만 애석해 하고 정현의 학술이 행해져 六藝의 길이 막히는 것을 알지 못하였다."[67] "천고의 학술원류를 밝히지 않고 단지 송유의 기탄을 능사로 삼는 것은 이른바 천하가 학술의 차이를 모른다는 것이니, 그 폐단을 장차 이루 말할 수 없을 것" 등이다.[68] 이는 고학을 기준으로 한학과 송학을 동시에 비판하고 회통하여 새로운 新正學=實學的 通學의 방향성을 제시하는 내용으로, 바로 양주학파의 正學을 염두에 두고 당시의 학술 폐단을 지적한 것으로 보인다.[69] 이는 조선의 경우 고증한학마저도 수용하지 못하는 현실에 비추어 삭제되었을 것이다.

「理文辨」은 '聖人之心渾然一理'라는 문구의 '理'를 實事求是的인

---

66) 金正喜,「與咸聖中書」『阮堂全集』 권4, p.95.

67) 凌廷勘,「漢十四經師頌幷序」『校禮堂文集』 권10 頌, p.79 참조.

68) 凌廷勘,「與胡敬仲書」『校禮堂文集』 권23 書2, p.206 참조.

69) 全海宗은「淸代 學術과 阮堂」에서 옹방강 완원을 推尙하거나 학술의 유폐보다 업적에 심취하였기 때문이라고 주장하였다. pp.221~222.

관점에서 풀이한 글이다. 孔孟 이래로 文理 條理 義理 등에 불과한
'理'를 性理 天理로 삼는 것이나, 주자가 "情意로 헤아려 조작함이 없
고 다만 정결하고 공활한 세계로 자취가 없지만 그것은 도리어 조작
할 수 없다."고 '理'를 풀이하는 것은 이해하기 어렵다. 이는 성인의
말씀이 천근한 것과 다르기 때문이다. 특히, 傳注에서 멋대로 인용하
는 것은 주자의 말대로 '釋迦의 『논어』'라고 격렬하게 비난하였다.[70]
이와 관련하여 「私蔽辨」은 2/3정도가 戴震의 『原善』 上下에서 인용한
것이다. 性인 血氣와 心知에 欲情과 巧智가 징험되어 자연과 합일하
면 천하의 일이 거행되고, 이를 정밀히 미루어 필연의 경지에 이르면
천하의 能事가 거행된다. 그래서 사람들은 得情遂欲하되 도에 어긋
나지 않게 하고 군자는 道와 情欲을 합일한다. 그러므로 음식과 학문
으로 혈기와 심지를 확충함으로써 마련된 仁義禮忠信恕를 통하여 私
蔽를 벗어난다. 반면에 道佛은 神識과 無欲을 숭상하는데, 理를 學으
로, 道를 通으로, 心을 宗으로 삼는 朱子學은 道佛과 같다.[71]

　　여기에서 김정희는 천근한 일상생활의 情欲에 의리가 담겼다는
古學的 義理나 실사구시적인 관점에서 주자학을 비판하면서 신의리
학적 理觀을 모색하였다고 볼 수 있다. 心知와 血氣를 性으로 보는
관점은 대진의 영향일 뿐만 아니라 그를 계승한 완원에게도 보이는
것처럼[72] 양주학파의 영향도 있다. 그러나 여기에는 논리적 치밀성의
결여를 제쳐두더라고 '理觀'의 구체적 내용도 밝혀있지 않고, 학계의
지적처럼 대진의 '義理殺人'과 같은 강력한 주자학 비판도 없다. 이는
대진을 비판한 옹방강과 함께 주자학적 경향의 학계 성황을 반영된

---

70) 金正喜,「理文辨」『阮堂全集』 권1, p.25.

71) 金正喜,「私蔽辨」, 같은 책, pp.27.

72) 阮元,『揅經室一集』 권10,「性命古訓」『揅經室集』, p.217. 性字從心, 卽血氣
　　心知. 有血氣無心知, 非性也, 有心知無血氣, 非性也. 血氣心知, 皆天所命,
　　人所受也. 人皆有血氣心知之性, 卽九德五典五禮七情十義, 故聖人作禮樂
　　以節之, 修道以敎之, 因其動作以禮義爲威儀.

것이라고 하겠다.[73] 이상과 같은 학술관을 염두에 두고 김정희의 각
종 경학에 대한 분석은 다음 장으로 넘긴다.

이상에서 실학으로 의리학을 회통한 김정희의 학술관은 완원과
능정감을 중심으로 한 양주학파의 학술관으로부터 막대한 영향을 받
은 것이 확인된다. 물론, 학술관과 관련한 김정희의 논문이 독창성의
측면에서 나름대로 한계가 있겠지만, 그렇다고 하여 양주학파의 영향
을 부정할 수 없을 것이다.[74] 일반적으로 완원과 옹방강을 김정희의
經師로 병론하지만,[75] 주자학을 상대적으로 중시하는 옹방강의 학술
보다는 완원을 비롯한 양주학파의 실학회통적 학술관이 심대한 영향
을 미쳤다. 김정희가 완원을 통해 수용한 능정감의 학설도 주목된다.
능정감은 김정희가 연행할 적에 이미 세상을 떠났고, 옹방강이 인정
하지 않는 『예경석례』를 즐겨 읽었다는 김정희의 발언[76]을 주자학적
학술경향의 조선 학계사정과 결부하여 보면, 김정희에 대한 능정감의
영향은 보다 중시되어야 한다. 다만 필자가 생각하기에 김정희의 학
술관은 일관하여 평생을 지속한 것 같지는 않다. 김정희의 논문은 작
성연대가 밝혀진 것이 거의 없지만, 「실사구시설」을 작성할 무렵에
그는 겨우 31세였다. 이를 기준으로 고려하면, 양주학파 학술관의 영
향을 받아 위의 각종 논찬을 저술한 시기는 아마 30대 중반, 늦어야
30대 후반이면 거의 매듭지어질 것으로 보인다.

---

73) 全海宗, 「淸代 學術과 阮堂」, pp.232~233.
74) 阮元과 阮常生 阮福 부자들이 김정희와 주고받은 전적은 정은주, 「金正喜
    의 燕行과 繪畵交流」, 과천문화원, 『金正喜와 韓中墨緣』, 2009, p.192, 197,
    참조. 다만 197쪽의 阮福의 『文筆考』와 阮元이 撰集한 『兩浙輶軒錄』은 두
    책명이고 완복의 『孝經義疏報』, 凌廷勘의 『校禮堂文集』을 추가하면 된다.
75) 藤塚鄰, 「朝鮮金正喜の入燕と翁阮二經師」 『日鮮淸の文化交流』, 中文館書
    館, 東京, 1947, 참조.
76) 金正喜, 「與李月汀璋煜」 『阮堂全集』 권5, p.98.

Ⅳ. 汪喜孫과 金正喜 등의 學術交流와 論辨

양주학파와 김정희 등의 학술적 교류나 논변에서 주역은 왕희손 이었다. 汪喜孫은 부친 汪中(1744~1794)과 양주학파의 古學을 계승하 여 '實用'으로 '義理'를 회통한 학술을 이상으로 삼았다. 고학이란 官 府가 관장하여 가르치고 백성이 배운 五倫, 六藝·六書·九數[구장산술] 의 小學, 『詩』·『書』·『禮』·『樂』이나 大學의 六經을 넘지 않았다. 이는 모두 실제 생활에서 실천 실용하는 것이며 여기에는 先王 先聖의 道 나 修齊治平이라는 大學의 道가 담겨져 있다. 교육은 小學에서 大學 으로 나아가고, 학술이란 일용음식의 실제생활에 의리가 담긴 것이므 로, 이를 확대하면 修齊治平의 경세가 가능하였다. 이에 근거하여 漢 學을 일정부분 비판하여 통학의 기반으로 삼은 다음 宋學을 반박하 여 절충하였고, 다양한 개념들을 회통하는 한편 새로운 實學的 義理 學을 추구하여 '通學'을 수립하였다. 특히, 經明行修·通經治用의 기치 아래에서 立言보다 立德·立功을 강조하였고, 學·仕·政·事의 合一, 독 서 지식과 실천의 합일 등을 중시하였다. 특히 실학적 통학=경세학을 기반으로 삼아 열정[狂]적으로 경세론을 전개하였다.[77]

왕희손이 김정희에게 보낸 서간은 김명희와 공동 수신한 경우를 포함하여 모두 6통이 후지츠카의 저서에 보인다. 아래에서 필자는 왕 희손의 실학회통의 학술관이 그 편지에 어떻게 반영되었는지를 검토 해 보고자 한다.[78] "堯舜의 道는 孝弟를 벗어나지 않고 周公 孔子의 道와 『시』·『서』·『예』·『약』·『춘추』의 文은 倫理와 日用을 벗어나지 않으니, 道는 『六經』에 있고 道는 五倫에 있습니다. 先王을 외워 본

---

77) 拙稿, 「19世紀 전반 揚州學派의 學術觀」『明淸史硏究』제19집, 2008; 「19世 紀 전반 揚州學派 汪喜孫의 經世論」『明淸史硏究』제32집, 2009, 참조.

78) 藤塚鄰, 朴熙永 譯, 「汪孟慈와 阮堂」『추사 김정희의 또 다른 얼굴』, pp. 420~423. 아래에서 왕희손이 김정희에게 보낸 서찰의 내용과 관련하여 특 별한 주가 없는 것은 모두 같은 책, pp.423~425 참조.

받는 것이 여기에 있고, 천하를 平治하는 것이 여기에 있으며, 후세에 가르침을 드리울 것이 여기에 있고, 그대의 방[爾室]에서 살필 것도 여기에 있습니다."이전에 동국의 人文은 訓詁를 말미암아 義理를 통하고, 小學을 말미암아 大學으로 들어가며, 六經으로 말미암아 道를 밝히고, 兩漢으로 말미암아 70子를 闡明할 줄 몰랐습니다. 閣下의 학문은 탁월하여 經明行修하고 通經致用할 수 있으니, 한갓 紀昀으로 서로 기대할 뿐만이 아니고 한갓 段玉裁로 서로 미룰 뿐만이 아닙니다."

이상에 의하면, 고학이란 孝弟나 五倫, 실천을 배우는 小學과 같은 일상의 일용과 윤리에 벗어나지 않는다. 그런데, 효제 오륜 소학에는 옛 성현의 도가 담겨있으니, 그 밖에 성현의 道나 文이나 大學이 없다. 教化 修身 治國 平天下도 여기에서 벗어나지 않는다. 아울러 성인의 의리와 도를 추구하는 방법도 훈고로 육경에 담긴 성인의 도와 의리를 규명하되, 한학을 소급하여 공자 70제자의 논설을 천명하는 것이다. 다만 訓詁나 考證은 중요하지만 거기에 매몰되어 제2의 紀昀 段玉裁가 되기보다 양주학파가 강조하는 通儒가 되어야 함을 넌지시 제안한다. 여기에는 師儒와 道藝의 겸비, 실학을 중심으로 의리학을 회통한 古學觀과 政學一致의 經世觀이 잘 드러나 있다.

이에 따라 문호의 견해에 따라 漢學과 宋學, 실학과 도학=의리학으로 나누기보다 會通해야 하고, 漢宋 유자들의 저서를 읽지 않을 수 없다. 그러므로 "漢宋을 어찌 변별하고, 道學을 어찌 구분하며, 성현과 제왕이 세상을 구제하려는 마음을 어찌 구별하겠습니까? 董仲舒의 對策은 道를 행하려는 것이고 鄭玄이 경서에 傳을 낸 것은 道를 밝히려는 것이며 주자가 몸소 행하고 실천한 것은 道를 보호하려는 것입니다." 한대의 대표적 학자 동중서와 정현 및 송대의 대표적 학자 주자는 절충되지 않으면 안 되었다. "士人이 천년 뒤에 태어나 주공과 공자의 책을 읽는다면, 賈誼 董仲舒 許愼 鄭玄 程子 朱子 湯斌 陸隴其의 책을 읽지 않을 수 없습니다. 책을 읽어 세상을 논하고 타인을 논평하는 것은 그 주공과 같은 것을 취하고 주공과 다른 것을 제쳐 두며, 가의 동중서 허신 정현 정자 주자 탕빈 육롱기의 장점을 취하고, 가의 동중서 허신 정현 정자 주자 탕빈 육롱기의 단점을 버리면 고인을 잘 배운 자가 됩니다." 그 기준은 周公으로 명시된 古學이 분명하고, 그 방안은 실사구시일 것이다.

왕희손이 김정희에게 보내는 편지의 결론은 이상을 종합한 당부였다. 그는 김정희가 조선의 重望과 斯文의 책임을 동생 김명희와 함께 지기를 기원하였다. 특히, 후학을 잘 양성하여 인도하지만 "변통성 없고 고착된 견해"나 "시야가 좁고 편협된 학설"에 구애받거나 고집하지 말고 "객관적 사실을 통해 정확한 해답을 얻어 '實事求是' '好古敏求' '通知古今'하여 몸소 實踐"할 것을 권유하였다.[79] 이는 다름 아닌 실학적 회통의 통학관이고, 이에 근거한 經明行修 通經致用은 한학의 폐단을 바로잡는 측면과 함께 주자학의 비판이 포함되어 있다.

왕희손은 청대의 經學도 소개하였다. 예컨대, 『역』을 완성한 費直 鄭玄 苟爽 虞飜의 특징을 간결하게 서술하면서 이들은 원래 전문분야만을 연구하지 않았으니, 예컨대 費直의 微言大義는 역시 爻象 卦氣 消息만을 논한 것이 아니었다. 또한 주자에서 시작되어 梅驚을 거쳐 惠棟에 이르는 『위고문상서』의 연구사를 밝히면서 經訓의 古義와 典謨가 밝게 드리우고 憲章을 조술함이 해와 달이 하늘을 가로지르고 장강과 황하가 땅위를 흘러가는 것처럼 위대하다고 주장하였다. 여기서 주의힐 것은 『고문상서』의 득실과 시비를 결정한 인물로 양주학파와 밀접한 戴震의 제자 段玉裁로 삼았다.

또한 淸學과 淸儒에 대한 언급에서 양주학인의 실학적 통학은 현창되었다. 그는 揚州學派 王引之의 『經義述問』과 皖派 程瑤田의 『通藝錄』을 매우 높이 평가하는 동시에 王念孫 王引之의 소학이 段玉裁보다 뛰어나다고 하면서 두 책을 조선으로 증여했고, 焦循과 江聲의

---

79) 국립중앙박물관, 『秋史 김정희: 學藝 일치의 경지』, 통천문화사, 2006, p.128.

학술은 넓지만 조예가 아직 靜粹하지 않다고 소개하였다. 算學에서
絶學을 이은 羅士琳의 『勾股容三事拾遺』은 정밀하고 탁월하다고 논
평하였고, 『管子』의 교정에 뛰어난 학자도 盧文弨와 함께 왕념손 왕
중을 거론하였다.[80] 時運과 관련한 학자의 出處와 관련하여 進士 翰
林 擧人 生貝 17명은 한학계열이 모두 혼재되어 있는데, 양주학파는
완원, 왕념손, 유태공, 초순 등이 거론되어 있다. 기타는 주로 왕희손
이 교제하는 인물이었다. 아래 주석의 인용문은 비슷한 관점이지만,
후지츠카의 저서에 나오지 않는 자료이므로 간결하게 소개한다.[81]

앞에서 서술하였듯이 왕희손의 척독에는 서적의 전달과 증여에
대한 내용이 있다. 각종 자료를 분석하면 왕희손이 부친의 저술이나
自撰書를 제외하고 김정희 형제, 신재식, 홍양후 등에게 보낸 전적은
王引之의 『經義述聞』, 鄭瑤田의 『通藝錄』, 魏源의 『詩古微』, 劉逢綠
의 『申甫集』, 王念孫의 『管子』, 張惠言의 『箋易注元室遺稿』, 段玉裁
의 『古今尙書撰異』, 江聲의 『尙書集注音疏』, 黃承吉의 『夢陔堂詩』,
何休의 『春秋公羊經傳解詁』(宋紹熙本), 張際亮의 『婁廣堂稿』, 『廣雅』,
『段墓志』, 『賞雨茆屋集』, 曾撫軍 鄧廣文 賈榴 黃景仁 등 시문집 등이
있다.[82]

---

80) 藤塚鄰, 朴熙永 譯, 『추사 김정희의 또 다른 얼굴』, p.436.

81) "우리고향에서는 才人으로 詩名을 떨친 자는 黃景仁만한 인물이 없고, 擧
人으로 詩才를 지닌 자는 賈榴만한 인물이 없습니다. 저는 어제 가류의 시
를 사신 신재식에게 보냈습니다. … 子才 袁枚는 인품이 매우 비루하고 시
격도 낮으니 빠져들지 않으면 심히 다행입니다. 우리고향에서 경세학은
顧炎武가 제일이고 顧祖禹[讀史方輿紀要]가 그 다음입니다. 경학은 戴震이
제일이고 張惠言이 다음입니다. 장혜언의 易學도 申在植에게 보냈습니다.
사학은 錢大昕이 제일이고 先君子(汪中)가 그 다음입니다. 문사는 고염무
대진이 으뜸이고 선군자가 다음입니다. … 理學은 高愈와 彭定求가 으뜸이
고 다음은 王懋竑입니다. … 黃承吉의 『夢陔堂詩』는 洪良厚에게 있으니,
읽어보소서." 국립중앙박물관, 『秋史 김정희: 學藝 일치의 경지』, 통천문화
사, 2006, pp.126~128.

82) 왕중의 저술 『述學』 『廣陵通典』과 自撰 『先儒林年譜』 『尙友記』 『先子詩篇』

한편, 왕희손과 김정희 등과의 교류에서 가장 중요한 서찰은 단연
『海外墨緣』이다. 왕희손은 1837년 정월 14일 李尙迪에게 편지를 보내
그 내용을 김정희 형제에게 전해달라고 부탁했고, 비슷한 내용은 權
敦仁에게도 보냈다. 『海外墨緣』은 바로 그 서찰에 대한 김정희의 장
편 답신이다. 『해외묵연』을 검토하기 전에 왕희손이 李尙迪에게 보낸
편지부터 살펴보자. 서찰의 내용은 크게 두 가지이다. 하나는 산천이
요구하거나 자신이 마련한 서적을 보낸다는 내용과 다른 하나는 『황
청경해』의 보완에 대한 내용이다. 그 대상은 염약거의 『古文尙書疏證』,
고염무의 『音學五書』, 강영의 『古韻標準』, 호위의 『易圖辨明』, 혜동
의 『易漢學』·『易例』, 張爾岐의 『儀禮鄭注句讀』 등이다. 특히, 『황청
경해』의 교각자의 솜씨가 떨어지고 완원이 노쇠하여 기억력이 떨어
진다는 점이 언급되었다.[83]

왕희손이 보낸 편지의 배경은 매우 궁금하지만, 현재의 자료로는
설명이 불가능하다. 필자는 이 편지가 『皇淸經解』와 관련이 있을 것
으로 본다. 『황청경해』가 阮元과 阮常生 부자, 劉喜海, 李尙迪을 거쳐
김정희에게 전달된 것은 늦어도 1832년 초였다.[84] 김정희는 『황청경
해』를 탐독 연구하면서 스승 翁方綱의 『諸經附記』가 누락된 사실을
확인하였다. 또한, 『황청경해』의 經部 편찬을 담당한 陳壽琪, 나아가
완원과 옹방강의 갈등도 알고 있었다.[85] 김정희가 『황청경해』에서 스
승 옹방강의 경설을 모두 배제한 것에 유감을 품고 완원과 가까운 왕
희손에게 그 내막을 묻거나 『황청경해』의 보각계획에 대해 질문하는
편지를 李尙迪을 통해 보냈고, 위에서 언급한 왕희손의 편지는 그 편

『壽母小記』『孟慈自訂年譜』도 보냈다. 藤塚鄰, 朴熙永 譯, 「汪孟慈와 阮堂」
『추사 김정희의 또 다른 얼굴』; 국립중앙박물관, 『秋史 김정희: 學藝 일치
의 경지』, 통천문화사, 2006, pp.126~134; 정은주, 「金正喜의 燕行과 繪畵交
流」, 과천문화원, 『金正喜와 韓中墨緣』, 2009, pp.195~196.
83) 藤塚鄰, 朴熙永 譯, 『추사 김정희의 또 다른 얼굴』, pp.434~435.
84) 藤塚鄰, 朴熙永 譯, 같은 책, p.411.
85) 藤塚鄰, 朴熙永 譯, 같은 책, p.409~411.

지에 대한 답장이었을 것이다. 사실, 李尙迪을 통해 보낸 편지의 핵심은 『황청경해』의 보각이었다. '賣書易米'하는 생활에서도 김정희 형제가 요구하는 서적 등을 보내는 배경이나 교각자의 솜씨를 언급하면서 완원의 노쇠와 기억력 감퇴 등을 언급한 것도 『황청경해』에 대한 김정희의 문제제기를 봉합하려는 의도였을 가능성이 크다. 특히, 그 보각문제의 핵심은 분명 옹방강의 『諸經附記』였다.

필자는 『황청경해』와 관련된 왕희손 서찰에 대한 김정희의 답신이 바로 『해외묵연』이라고 본다. 이 장편서찰은 權敦仁이 1838년 8월 20일자로 작성하여 冬至使 李義準 일행을 통해 다음해 초 무렵 왕희손에게 전달되었다. 왕희손은 이 서찰을 받아 황장한 다음 『해외묵연』이라는 제목을 달아 양주의 劉文淇에게 보내 양주학인의 회람과 함께 序跋을 요청하였다. 그의 아들 유육숭은 「跋尾」를 찬술하여 "그 의논의 大端은 古義를 발명하는 데에 있었다. 본조 諸儒의 찬술을 공경하고 기뻐함이 매우 심하였으니, 아마도 조선의 학자들 가운데에 학문을 쌓은 선비일 것"[86]이라고 하여 청학 수용에 대한 열정이나 고학 지향적인 학술성향을 지적하면서 撰述者를 높이 평가하였다. 서찰의 발신자가 권돈인으로 되어 있지만, 일찍이 그 초고를 발견한 후지츠카는 김정희가 초안하여 권돈인의 명의로 발송한 것이라고 주장하였다. 필자는 『해외묵연』의 내용을 비추어 볼 적에 김정희라야 찬술이 가능하다는 후지츠카의 견해에 공감한다.[87]

후지츠카 지카시는 학술의 범주와 질문 내용, 淸儒와 淸學의 논평 등을 14대목으로 나누어 소개하였는데, 그 내용은 詩書를 중심으로 小學 天算學 校讎學 書論 등 당대 淸儒의 연구서를 두루 언급하였다.[88] 반면에 이는 金石學 史地 禮學 諸子學 등에 대해서는 다소 소

---

86) 劉毓崧, 「海外墨緣册跋尾」『通義堂文集』 권12, 文物出版社, 北京, 1987, pp.32左~34左; 汪喜孫, 『海外墨緣』, 「跋尾」『汪喜孫著作集』 下, 中央硏究院 中國文哲硏究所, 臺北, 2003, pp.1201~1202.

87) 藤塚鄰, 朴熙永 譯, 같은 책, pp.436~440.

략하거나 생략되어 있고 고학의 내용이 부족하지만, 전체적으로 김정
희 通學의 규모와 수준을 보여주는 매우 중요한 자료이다. 여기서 필
자는『해외묵연』의 특징 두 가지만 언급한다. 우선 첫째는『황청경해』
를 둘러싼 문제가 크게 부각된 점이다. 김정희는 7단락에서『皇淸經
解』가『通知堂經解』보다 못하다고 주장하면서 염약거의『古文尙書疏
證』과 호위의『易圖辨明』이 누락된 것을 큰 흠으로 여겼고, 10단락에
서『황청경해』의 경부 편집을 담당한 陳壽琪의 각박한 편찬태도를 지
적하였다. 또한 8, 9단락에서 羅士琳의『春秋朔閏表』, 顧棟高의『春秋
大事表』, 姚文田의『春秋朔閏表』을『황청경해』에 補刻할 것을 요구하
고 있다. 이상은 전체의 편지의 1/3에 가까운 비중을 차지하고, 특히
7단락은 왕희손의 편지와 동일하다. 요컨대, 이 서찰은 옹방강의『諸
經附記』를『황청경해』에 補刻하기 위한 여론조성을 목적으로 보낸 것
이었다.

　둘째는 今文公羊學 등을 전공하는 常州學派에 대한 관심이 크게
제고된 점이다. 이는 3, 4, 5, 6, 10단락에 보인다. 김정희는 魏源의『詩
古微』에 관심을 표명하면서 전한의 今文遺法으로 바로 70자의 遺言
微義를 계승한 학자로 그를 높이 평가하였고, 장혜언과 유봉록의『虞
易』『공양춘추』는 수천 년 동안 끊어진 絶學을 이은 공로라고 치하하
였다. 張惠言과 惲敬의 문장을 고문의 정맥으로 인정하는 한편 李兆
洛을 일찍이 깊이 흠모하였다고 고백하였으며, 장혜언 형제의 篆書와
隷書는 조선인에게 동경의 대상이라고 기술하였다. 상주학술에 대한
관심은 이미 김명희도 마찬가지였다. 왕희손이 1837년에 누 형제에게
보낸 편지에서 공양학자 위원 유봉록 공광삼을 소개하고 문집을 구

---

88) 藤塚鄰은 같은 책에서 14단락으로 나누고 마지막 印刻은 권돈인이 부기한
　　것으로 판단하여 배제하였다.『汪喜孫著作集』下에는 모두 16則으로 나누
　　었는데, 10대목을 10則 11則으로 나누었고, 印刻을 16칙으로 삼았다. 藤塚
　　鄰, 朴熙永 譯, 같은 책, pp.440~444; 汪喜孫,『海外墨緣』,『汪喜孫著作集』下,
　　pp.1224~1264.

득하려는 과정이 서술되어 있다.[89] 아마도 김정희의 상주학술관에 대
한 관심은 유봉록 위원과 학연이 있던 왕희손에 의한 것이었다.[90]

이와 상대적으로 양주학술을 어느 정도 인식하고 수용한 결과인
지 몰라도 양주학파에 대한 언급은 상대적으로 축소되었다. 물론 2,
8, 14단락에서 김정희는 羅士琳의 천산학을 정밀하고 독보적이라고
평가하면서『황청경해』의 補入을 주장하였고, 양주의 주자학자 朱澤
雲 王懋竑을 朱門에 공이 있다고 논평하였으며, 문선을 고문으로 삼
은 능정감 완원의 견해를 묻기도 하였다. 반면에 왕념손과 단옥재의
소학을 강영에 귀결시키자는 주장이나 완원의 남북서파론을 일방적
으로 보는 관점을 의심하는 등에서 보면, 다소 비판적인 측면이 증가
했다고 볼 수 있다.

김정희의 논평과 질문의 이면을 잘 몰랐던 양주학파의 李祖望은
1845년 5월(음력) 實事求是的인 관점에서 충실하게 답변서를 찬술하
였다. 그는 권돈인=김정희가 淸 通儒의 서적을 읽어 청학에 대한 이
해수준이 일본의『七經孟子古文』과『補遺』를 지은 야마이 데이[山井
鼎] 부쓰 간[物觀]보다 아래에 있지 않다고 그의 博聞彊識을 칭송하였
다.[91] 여기서는 지면 관계상,『황청경해』와 관련된 부분만 설명한다.
이조망은,『황청경해』는 실사구시라는 기준이나 義例의 엄밀성이『통
지당경해』보다 뛰어나고, 염약거 호위 혜동의 저술을 배제하는 것이
합당하다고 주장하면서도『황청경해』의 문제점을 지적하고『皇淸經

89) 藤塚鄰, 朴熙永 譯, 같은 책, pp.433~434.
90) 왕희손은 1804년부터 包世臣과 양주학인을 통하여 常州學派 李兆洛과 함
   께 張惠言을 從遊하였고, 10년 뒤에는 북경 宣武門 밖에서 劉逢祿, 龔自珍,
   魏源 등과 교유하며 경세학에 관심을 기울였으며, 위에서 언급하였듯이
   張惠言의『箋易注元室遺藁』를 김정희에게 보냈다. 拙稿,「19世紀 전반 揚
   州學派 汪喜孫의 經世論」『明淸史硏究』제32집, 2009, pp.216~217. 기타 이
   조락 유봉록 등과 주고받은 詩書와 序題 記表는『汪喜孫著作集』참조.
91) 李祖望,『王孟慈先生海外默然册子答問16則」『汪喜孫著作集』下, pp.1223~
   1224.

解校勘記』가 착수되는 정황도 전하였다. 校讐學과 관련하여 청대 顧
千里 등 청대의 교수가와 그 작품, 특히 『13경주소교감기』는 문호를
배제하면 잘못이 없다고 높이 평가한 뒤에 校讐에 '圖'를 붙일 것을
제안하였다. 羅士琳의 『춘추삭윤표』가 『황청경해』에 편정되지 못한
일은 화재로 인한 망실 때문이었고, 顧棟高의 『春秋大事表』와 姚文
田의 『經傳朔閏表』는 『황청경해』에 「敍錄」이 실려 있다고 전제하고
「표」를 싣지 않는 문제점을 열거하는 한편 양주학파의 李尙之를 높
이 평가하였다. 요컨대, 李祖望은 『황청경해』와 관련한 문제에서 왕
희손보다 강력하게 김정희의 주장에 반대하였다.[92] 필자가 보기에 이
는 대체로 양주학파의 기본적인 입장이라고 할 수 있는 의견이었다.

이조망의 답신이 김정희에게 전달되었는지는 확인할 길이 없다.
이 답문이 작성된 1845년 5월(음력)에 김정희는 尹尙度의 옥사에 관련
된 혐의로 제주도에 유배중이었다. 1848년에 석방되었지만 다시 1851
년 북청으로 귀양갔다가 2년 뒤에 풀려나 1856년 세상을 떠났다. 한
편, 왕희손은 1845년에 懷慶知府로 보임되었다.[93] 이어 1851년이 되면
중국은 태평천국운동의 격동에 휩싸인다. 태평군이 1853년 揚州府城
을 함락시키자 유육숭과 이조망은 가족을 이끌고 피난길에 올랐고,
이로 인한 장서각과 도서 판각의 훼멸과 학자들의 죽음으로 양주학
파도 사실상 해체의 길을 걷는다. 물론 이조망이 그 답변을 작성하기
4개월 전에 김정희의 제자 李尙迪은 〈歲寒圖〉를 가지고 북경에 이르
러 淸儒들에게 題文을 받기도 하였다.[94] 이로 비추어보면 李祖望의
답문이 전달되었을 가능성을 배제할 수 없지만, 그나시 크지 않을 것
으로 보인다.

---

92) 李祖望, 같은 책, pp.1241~1244, 1251~1254.

93) 汪保和 等, 『附錄 生平資料彙編』, 「皇淸誥授中憲大夫覃恩例晉通奉大夫欽
加道銜河南懷慶府知府加三級紀錄四次顯考孟子府君行述」 『汪喜孫著作集』
下, p.1286.

94) 藤塚鄰, 朴熙永 譯, 같은 책, pp.468~483.

　이제 시기를 거슬러 올라가 1827년의 정월의 학술 논쟁으로 거슬러 올라가보자. 汪喜孫 李璋煜 王筠 등은 1826년 冬至兼謝恩副使로 입경한 申在植과 그 다음해 정월 4차례 만났는데, 1, 4차 회합에서 학술논쟁이 전개되었다. 그 논쟁은 김선신이 보낸 한학비판의 편지가 촉발하였다.[95] 1822년 연행에서 김명희와 김선신은 이장욱, 섭지선, 왕희손을 만나 학술에 관해 필담하였다. 귀국하자 충분한 시간을 가지고 고민한 김선신은 汪喜孫에게 董仲舒 鄭玄을 비방하고 漢儒의 학설을 邪說로 통박하는 편지를 왕희손에게 보냈다. 王筠도 4차 회합 전날 金命喜에게 수천 자에 이르는 장문의 편지를 김선신에게 전해 주기를 당부하였고, 왕희손도 필담한 당일 김정희에게 편지를 보냈으며,[96] 이장욱도 이를 알았을 것이다. 다만, 그 논쟁은 夫馬進의 견해처럼 '漢學과 宋學의 논쟁'[97]이 아니라 '通學과 宋學의 논쟁'이었다. 필자의 관점에서 申在植의『筆譚』에 담긴 논쟁을 간략하게 재구성한다.

　논쟁의 핵심은 '通學과 宋學' 가운데에 어느 쪽이 이상적인 학술인가 하는 것이고, 이와 관련한 논제로 양자를 분리하여 문호의 견해를 유지하여 한쪽에 학술의 우월성을 둘 수 있느냐는 것이었다. 왕희손을 중심으로 이장욱·왕균은, 1)古學이 중요하다. 공자의 博文約禮에서 漢儒와 宋儒가 각각 그 博과 約을 얻었는데, 이를 나누면 漢儒와 宋儒의 經이지 聖人의 經이 아니다. 李塨, 淩廷勘 등이 '鄕三物', '五禮' 孔門의 '六藝'를 중시하는 古學說을 소개하면서 6行의 실천을 벗

---

95) 논쟁의 배경과 그 중요인물 金善臣에 대해서는 후마 스스무, 대표 옮긴이 정태섭,『연행사와 통신사』, pp.121~132; 辛로사, 「金善臣의 生涯와 그의 著作에 관한 一考」, 東方漢文學會,『東方漢文學』제36집, 2008; 同, 「辛未(1811) 通信使行과 문화교류에 관하여」, 우리한문학회,『한문학보』제23집, 2010, 참조.

96) 국립중앙박물관,『秋史 김정희: 學藝 일치의 경지』, 통천문화사, 2006, pp.126~129.

97) 후마 스스무, 대표 옮긴이 정태섭, 「조선 연행사 신재식의 필담에 보이는 한학·송학의 논의와 그 주변」『연행사와 통신사』, 참조.

어나 理學이 없고, 司徒의 교육 내용=先王의 敎育 내용이 바로 大學의 道이다. 2) 先聖의 고학을 회복하기 위해서는 청초의 주자학자 湯斌 李光地 뿐만 아니라 주자도 漢學을 긍정한 것처럼, 학술의 분리와 문호의 견해를 벗어나 注疏→訓詁→義理라는 실사구시적 공부로 양자의 장점을 회통한다. 구체적으로는 학술과 실천에 뛰어난 한학을 중심으로 의리와 미언대의를 강조하는 송학을 회통한 通學이 이상적인 학술이다. 董仲舒 鄭玄 등 漢儒는 학문이 해박하고 고증이 근거가 있거나 순박하여 實踐躬行하였고, 宋儒는 訓詁가 상세하고 사인들의 인품이 훌륭하거나 학술이 넓고 精密하다. 반면에 한유는 '破碎'에 매몰되었고, 송유는 '虛空'에 빠진 폐단이 있다. 그런데, 3)정말로 불가피하게 양자 가운데에 택일한다면, 주자학적 의리나 학술이 아니라 실천 실용 경세를 강조하는 한학이다. 따라서 독서는 古人의 저술을 읽고 쉬운 詩文이나 학술보다 어려운 덕행을 강조하며, 理學은 空言이나 著述에 있는 것이 아니라 실천에 있다. 考證 訓詁에 의리가 있음을 모르거나 訓詁를 버리고 義理를 논하는 송학은 佛敎에 가깝다. 즉, 한학이 송학보다 우월하다. 결론적으로 왕희손은 김선신이 동중서 정현 등 한유의 학설에 수긍하지 않는 것은 가능하지만 邪說로 비방할 수 없다고 주장하였다.

　　이상에서 설명하였지만, '漢學과 宋學의 논쟁'이 아니라 '通學과 宋學의 논쟁'으로 보는 근거는 다음과 같다. 1) 실학[한학]으로 의리학[송학]을 회통한 왕희손의 학술관이 논쟁에도 그대로 반영되었고, 따라서 왕희손 등이 주장한 근거는 한학에만 머물지 않고 宋學과 함께 古學이 많이 언급되었다(특히 4차 논쟁). 2) 고학과 관련하여 송학뿐만 아니라 당시 考證漢學의 병폐도 비판과 수정의 대상이 된다. 일부 한학자가 인품을 강구하지 않거나 大義를 강구하지 않고 단지 '잘디잔' 字句에 매몰되었다는 지적이 바로 그것이다. 3) 따라서 '한송학의 논쟁'이라고 보고 왕희손의 학술을 漢學에 한정할 경우 통학의 범주에 포함된 송학뿐만 아니라 보다 중요한 고학은 배제될 수밖에 없다.

이는 통학이 아니라 그 일부인 한학만으로 논쟁의 대상을 규정하는 것으로 名實이 괴리된다. 4) 왕희손이 이 논쟁을 '漢儒不可廢論'이라고 지적한 점은 '宋儒不可廢論'을 포함하는 通學的 관점과 직결되어 있지만, '한학과 송학의 논쟁'이라는 관점은 申在植의 주장으로 송학 중심적 시각에서 한학을 배척한 것이다. 5) 신재식과 김선신은 청학의 최근 흐름, 특히 양주학파의 실학회통적 통학에 대해 잘 알지 못하고 한학과 동일시하여 오해한 측면이 적지 않았다. 특히 김선신의 경우는 1827년 9월 20일자로 王筠에게 보낸 편지도 실학적 회통의 通學에 대한 관념 없이 오로지 漢學만으로 접근한 것으로 보인다.[98] 요컨대 왕희손 등의 논지는 실학적 회통의 通學이 正學이므로 宋學正統論보다 우월하고, 통학의 한 구성요소로서 송학보다 우월한 한학을 폐기하거나 한유를 비방할 수 없다는 것이다.

반면에 양주학파의 통학에 대한 이해가 부족하고 그 규모와 수준에서 열세였던 신재식이 생각하지도 못한 논쟁에 참여하여 왕희손 등과 논쟁에서 우위를 차지하기란 실제로 어려웠다. 그는 김선식을 변호하는 한편 청유들의 예봉을 무마시키려 노력하였다. 그는 조선에서 주자를 표준으로 삼고 있으며 공자 이후로 주자 한 사람만 있다고 주장하거나 주자학적 관점에서 古學的 格物說의 한계를 비판하였다. 결국, 그는 "서로의 견해가 처음부터 통하지 않은 것이 없었다."고 강변하거나 자신이 "無敵無莫"하다는 등의 뛰어난 해학으로 미봉하는 차원에 머물렀다. 그렇지만, 왕희손을 비롯한 청유들의 통학적 주장에도 주자학을 부정하는 논지가 적지 않게 포함되었고, 거꾸로 이는 김선신 뿐만 아니라 신재식도 수용할 수 없었던 것이다. 따라서 신재식은 "왕희손과 김선신 사이에 다른 학설의 분쟁을 풀어주려는 것"이라는 자신의 발언과 달리 단순한 조정자는 아니었다. 아무튼, 이는 주

---

98) 金善臣이 1827년 9월 20일자로 왕균에게 보냈다는 장문의 편지도 古學 通學에 대한 언급보다 송학우월론에 근거한 한학폐기론이 반복되고 있다. 후마 스스무, 대표 옮긴이 정태섭, 『연행사와 통신사』, pp.123~126.

자학 중심의 조선학계가 연행사를 매개로 양주학파의 통학이나 고증
한학을 중심으로 하는 청조의 학술을 수용하는 과정에서 필연적으로
거쳐야 하는 과정이기도 하였다.[99]

북경에서 通學과 宋學의 논쟁을 마친 뒤, 위에서 언급한 것처럼
김선신이 王筠에게 장문의 서한을 보냈고, 왕희손도 이 논쟁과 관련
하여 김정희에게 편지를 보내 김선신에 대한 敎導의 책임을 넘겼다.
"만일 그 사람이 정주의 학술을 배웠다면, 하필 다시 그와 정주의 학
술만을 말하겠습니까? … 어찌 一端에는 각자 합당한 바가 있지 않겠
습니까? 공께서는 바로잡아 증명해 보이소서. 金善臣은 博學하고 재
주가 뛰어난 일시의 英俊이니, 각하께서 가르치시면 그 부족함을 보
완할 것입니다(洪良厚에 대한 언급은 생략). 선배들이 이끌어 후학들
이 다행히 앞으로 나아간다면 가르쳐서 재목을 만들어야지 문밖에
세워두어서는 안 됩니다."[100] 다만, 여기에는 학술논쟁의 쟁점이 언급
되지 않았다.

마지막으로 이장욱도 왕희손과 거의 동일한 학술관을 지녔다는
점도 언급되어야 한다. 李璋煜이 김정희 김명희에게 보낸 서찰에 의
하면 그가 김정희에게 소개하거나 비평한 청유로 고향인 山東 출신
의 학자를 제외하면 주로 양주학자와 그 주변인물이었다. 아울러 생
존한 학계 권위자로 거론한 것은 畢亨과 함께 王念孫, 王引之, 阮元
등 양주학자였고, 특히 왕념손, 단옥재, 유태공 등의 학술이 翁方綱보
다 뛰어나다고 주장하였다. 또한, 학술관으로는 存古를 주장하는 한
편 실사구시의 학술을 연구하고 노장과 불교의 학술에 빠지지 말며,
훈괴한학와 의리[송학를 나누지 말고 회통할 것을 재론하였다. 또한
북경에서 통학과 송학의 논쟁을 이어서 김선신의 宋學萬能論을 비판

---

99) 이상 汪喜孫 등과 申在植의 논쟁에서 특별한 주가 없는 것은 申在植, 李
相敦 譯註, 『筆譚』, 保景文化社, 2004, pp.10~21, 52~65, 참조.

100) 국립중앙박물관, 『秋史 김정희: 學藝 일치의 경지』, 통천문화사, 2006, p.
132.

하였다. 金善臣은 宋儒를 배격하지 않은 자신과 달리 주자학에 지나치게 경도되어 한유를 배척하는데, 이는 후세에 결코 전해지지 않을 것이라고 격렬하게 비판하였다. 끝으로 김선신이 주자학을 전공하더라도 송유의 학술을 견문한 다음에 실천해야지 견문과 지식만 많다고 좋은 일이 아니며, 문장에 힘을 허비하지 말 것을 권유하였다.[101]

추사 김정희도 이장욱의 편지를 통하여 스승 옹방강과 청유의 논평이나 김선신과 왕희손 사이에 벌어진 한송학 논쟁을 알고 자신의 견해를 표명하였다. 김정희는 단옥재 유태공 학술의 문제점과 存古方式을 비판하는 한편 스승 옹방강의 『群經附記』를 설파하였지만 스승을 무조건 따르지 않고 실사구시적인 태도를 유지하고 있으므로 千秋의 평가를 기다리자고 제안하였다. 김선신의 송학적 편견에 대한 이장욱의 비판에 대해서는 이해를 요청하였다. "淸山[김선신]은 본래 功令文[科文]을 짓던 사람이니, 처음부터 經術에 工力을 들인 적이 없습니다. 그 말이 모두 裁量이 없어, 비록 宋 이후의 門戶에 대해서 바로 잘 언급할 수가 없었습니다. … 뜻밖에 청조의 諸公들 앞에서 뻣뻣하게 대들어 굽히지 않음이 이와 같았습니다. 오직 제공들이 너그러이 보아주시길 바랄 뿐이고, 또한 밝게 살펴 계속 변별할 필요조차 없습니다. 이른바 漢學을 논한 따위의 글은 동서를 분간하지 못하여 顚倒되고 창피하니, 또한 더욱 開導해주시면 다행이겠습니다."[102] 여기에는 '통학'과 '송학'의 논전이 확대되기를 바라지 않으면서도 김선신에 대한 비판과 보호를 동시에 겨냥한 김정희의 고충이 담겨 있다. 그러나 김선신은 특히 주자학적 古文尙書에 경도되어 점차 김정희의 의도에서 벗어났다. 김정희는 김선신의 『尙書』說이 더욱 기괴하여 魔魁로 들어갔다고 공박하면서 자신이 웃어넘긴 湖洛論爭의 찌꺼기를 모으려 한다고 그를 혹평하였다.[103] 김정희는 김선신의 경학에 대해

---

101) 藤塚鄰, 朴熙永 譯, 『추사 김정희 또 다른 얼굴』, pp.342~350, 357~361.
102) 金正喜, 「與李月汀璋煜」 『阮堂全集』 권5, p.99.
103) 金正喜, 「與人」, 같은 책, p.111.

부정하였던 것으로 보이고 통학과 송학의 논쟁에서도 객관적인 자세
를 유지하면서도 通學쪽에 무게 중심을 두었을 것으로 추정된다.

V. 맺음말: 金正喜의 通學體系와 한계

　필자는 본장에서 지금까지 논의한 實學會通의 學術觀과 관련하여
김정희의 학술체계를 검토한 다음 양주학파의 경우와 비교하여 그
한계를 고찰하는 것으로 결론을 대신하고자 한다. 그 대상은 김정희
찬술의 모든 내용을 포함해야 하지만, 지면관계상 학술의 요점을 담
고 있는『阮堂全集』제1권의 攷·說·辯 25편을 중심으로 하고 기타 필
요한 부분만 제한적으로 이용하겠다. 먼저 학술체계를 재검토한다.
全海宗의 분류[104] 가운데에 諸經部에 포함된「漢儒家法說」,「學術辨」
은 '學術'로 재분류하고 考據部의「實事求是說」, 性理部의「私蔽辨」,
經學部의「太極乾坤說」도 '學術'에 편입시키고, 雜說에 속하는「人才
說」,「格千里說」도 밀접하므로 포함한다. 아울러 聲韻部는 '小學'으로
고치고, 13경은 經學으로, 史地와 金石은 金石으로 묶는다. 이에 따라
김정희의 실학적 통학체계를 재분류하면 經學 8편, 學術 8편, 書論 3
편, 天文 2편, 金石 2편, 小學 1편, 佛敎 1편이다. 학술체계상으로 보면
추사의 通學은 經學이 중심이고, 대중들에게 가장 잘 회자되는 書論
과 金石이 보조적인 위치이며, 학술은 경학과 맞먹는 분야로 그 바탕
을 제공하는 동시에 학술체계를 묶어주는 역할을 담당한다. 물론 여
기에 詩文·佛學과 기타 학술을 통합하면 김정희의 학술분류는 완성
된다.
　그런데 이 가운데에 戴震과 揚州學人의 저술 7편이 轉寫 抄略하거
나 改竄되었다. 제3장에서 논의한 것을 제외하고도 완원의『揅經室集』

---

104) 全海宗,「淸代 學術과 阮堂」, pp.189~193.

「太極乾坤說」과 「南北書派論」이 「北極卽太極辯」, 「書派辨」으로 실려 있다. 기타 「漢儒家法說」과 「私弊辨」도 대진과 함께 양주학파의 학술과 밀접한 관련성이 있다. 여기에 淩廷勘의 찬술을 轉寫한 『완당전집』 권7의 「漢十四經師頌 幷序」를 합해 보면, 김정희의 학술체계에서 1/3가량을 치지하는 學術部는 阮元을 비롯한 양주학파의 實學會通的 通學에서 막중한 영향을 받았다. 반면에 학술분야에는 완원과 함께 金正喜의 2대 경사로 일컬어지는 옹방강의 영향은 金石學을 제외하면 양주학파에 비해 크게 떨어지지만, 시대의 추이에 따라 주자학이 보강됨으로써 보다 세심한 고찰이 필요하다.

김정희 통학의 실학성을 보여주는 天算學이 있다. 「天文攷」와 「日月交食攷」는 기존의 중층적 우주설을 대신하여 다양한 원이 엇물려 회전하는 諸圓說을 제시하고, 이에 근거하여 일월식이 지구를 중심으로 합하는 實會와 관찰자를 중심으로 보는 似會로 나눈 다음 그 각각의 경우를 고찰한 것이다.[105] 또한 귀양간 제주도에서도 김정희는 한라산에서 弧南老星 北極星 瑞星이 지구위로 나오는 고도의 자료를 구하거나 地平象限儀로 직접 관찰을 시도하였고, 추사의 제자 金檢이 중국에서 구장산수에 정통하였다는 평가를 받은 점으로 그가 산학에 뛰어났음을 알 수 있다.[106]

경학 가운데에 실학과 관련된 禮學으로는 「一獻禮說」이 있다. 一獻이란 獻→酌→酬를 한 차례 거치는 것을 의미한다. 김정희는 鄭玄 등의 注疏를 면밀히 검토하여 士人은 冠禮, 婚禮, 鄕飮酒禮 등에 아헌 없이 一獻한다고 주장하였다.[107] 그 밖에 그는 深衣와 巾制 등에 관심이 많아 江永 任大椿 등의 服制說에 깊은 관심을 표명하였고, 다양한 경우의 喪服禮를 논의하고 있다. 그가 실사구시적 접근으로 鄭

---

105) 金正喜, 「天文攷」 「日月交食攷」 『阮堂全集』 권1, p.10.
106) 金正喜, 「書權彛齋敦仁」22, 23, 『阮堂全集』 권3, pp.62~63; 藤塚鄰, 朴熙永 譯, 『추사 김정희 또 다른 얼굴』, p.408.
107) 金正喜, 「一獻禮說」 『阮堂全集』 권1, p.21.

玄 등 漢學에 경도된 점을 비롯하여 다양한 예설을 제기한 것은 기존
연구를 참조하고,[108] 필자는 양주학파와 관련된 김정희의 예론만 간
단하게 정리한다. 김정희는 荀子가 孔門의 예학이 계승한 점에서 공
로가 있으므로 주자학적 관점에서 순자의 말살시도에 반대하였다.[109]
이는 왕희손을 통하여 汪中의 「荀卿子通論」이 수용되었을 것이다.
양주학파는 汪中이 순자를 정통유가로 복권시킨 이래로 그에 대한
관심이 커져 19세기 중반이면 『荀子』를 '經'으로 승격시키자고 제안
한다.[110] 또한 고인의 統治는 寬大하여 人情에 가까웠지만, 후인의 통
치는 周密하여 義理와 義節로 백성을 속박 엄금하고 금법을 엄중하
게 시행하였다. 萬物이 各得其所하여 편안하게 하기 위해서는 古今
과 天理人情의 회통이 강조되었는데,[111] 이는 양주학파의 핵심적인
예론으로 주자학 비판과도 밀접하다.

書論·金石·佛敎를 제외하면 김정희의 전문학인 易學이 중요하다.
易學에서 양주학파의 영향을 가장 많이 받은 것은 「易筮辨」과 「太極
北極辨」이다. 전자는 춘추시대 이래로 길흉화복의 점술서로 『주역』
을 오해하는 경향을 반박하며 일상생활에서 허물의 축소가 성인의
뜻임을 천명하였고, 孔穎達 이래의 周公作爻辭說도 완곡하게 비판하
면서 非實事求是的인 접근의 流弊를 경계하였다.[112] 동일한 입장에
서 『周易』의 가르침이 男女飮食의 人道之常에 불과하다고 지적하며
荀爽 虞翻의 動易=漢易과 정자의 言易=宋易, 『大學』의 治平과 『中庸』
의 中和를 절충시켰다.[113] 음식남녀의 강조는 焦循과 비슷한 논리로

---

108) 임민혁, 「秋史 金正喜의 禮說」『溫知論叢』 제13집, 2005, 참조.

109) 金正喜, 「與人」『阮堂全集』 권5, p.108.

110) 汪中, 「荀卿子通論」『新編汪中集』, 廣陵書社, 揚州, 2005, pp.412~414; 劉師
培, 『左盦題跋』「跋劉叔俛與伯山書」『劉申叔先生遺書』 4, p.2249; 劉恭冕, 『廣
經室文鈔』, 「廣經室記」『寶應劉氏集』, 廣陵書社, 揚州, 2006, pp.575~577.

111) 金正喜, 「與權彝齋敦仁」 3, 『阮堂全集』 권3, p.52.

112) 金正喜, 「易筮邊」 上下, 『阮堂全集』 권1, p.23.

113) 金正喜, 「書權彝齋敦仁」『阮堂全集』 권3, pp.51~52.

양주학파와도 밀접하지만, 象數易이나 荀爽 虞翻의 漢易보다 상대적
으로 程子의『周易程傳』을 강조하였으니,[114]『周易程傳』의「革卦」를
轉寫한「革卦說」에도 동일한 관점이 반영되었다. 또한, 완원의「太極
乾坤說」을 抄略한「太極北極辨」은 漢易說과 주자의 太極說을 절충하
여 太極이 바로 北極이라고 주장한 것이다.[115] 그리고,「周易虞義考」
는 왕희손이 보낸 張惠言의『周易虞氏義』등을 읽고 虞翻이 卦의 旁
通으로 해석한 易說이 易經의 원래 뜻에 통하지 않음을 다양한 사례
를 열거하며 반박한 것이다.[116]「其子攷」는『역』明夷卦의 六五爻辭
에 나오는 '箕'자가 東夷로 온 殷 太師로 箕子로 보는 통설을 비판하
고 실사구시적 접근으로 漢의 易說을 검토하여 '荄'자임을 밝힌 것이
다.[117]

마지막으로 尙書學에서「尙書今古文辨」上下는 당시에 조선 학계
가 蔡沈의『書經集傳』에만 의거하여 금고문의 동이와 득실을 연구하
는 병폐를 통렬하게 지적한 글이다. 이는 김정희가 眞古文 31편과 僞
古文으로 이루어진 梅賾本 56편이 孔穎達의『五經正義』를 거쳐 蔡沈
의『書經集傳』으로 결집되는 尙書學史를 일일이 규명하였고, 그 결
과 馬融 鄭玄의 眞古文注本은 사라졌다는 것이다. 따라서 현재의『書
經集傳』에서 漢代 尙書學으로까지 소급하여 고금문의 이동뿐만 아니
라 고문에도 진본과 위작의 차이, 진본이나 위작 내에서의 同異가 있
고, 금문도『오경정의』이전과 그 이후가 다르다.[118] 이는 전해종의
주장처럼 중국의 각종 연구성과나 완원 등이 보내준 전적을 바탕으
로 정리한 것이다.[119] 그의 고문상서관은 金善臣과 다른 점에서 양주

---

114) 金正喜,「書權彝齋敦仁」22, 같은 책, p.62.

115) 阮元,『揅經室一集』권2,「太極乾坤說」『揅經室集』pp.38~40; 金正喜,「太極
    卽北極辨」『阮堂全集』권1, pp.3~24.

116) 金正喜,「周易虞義攷」『阮堂全集』권1, pp.9~10.

117) 金正喜,「其子攷」, 같은 책, pp.9~10.

118) 金正喜,「尙書今古文辨」上下, 같은 책, pp.23~24.

학인과 김선신의 논쟁 및 금문경학에 대한 관심의 증대라는 측면에
서 시사점을 제공하고, 중국학계에서 금고문의 분화와 논쟁이 바야흐
로 일어나려는 시점에서 금고문상서론을 정립하려는 것은 매우 유의
할 필요가 있지만, 독창적인 상서학의 정립에는 이르지 못하였다.[120]

　사실 19세기 전반 김정희가 연행사절을 매개로 양주학인과의 학술
교류를 통하여 考證漢學을 초월한 당시 중국에서 가장 선진적인 실
학회통적 통학을 본격적으로 수용한 점은 전통시대 한중학술교류의
최후의 절정이었다. 마지막으로 필자는 김정희의 통학을 양주학파의
학술과 비교함으로써 그 한계를 살펴보고자 한다. 우선 김정희의 학
술체계에서 易學 尙書學 禮學이 중요하고 여기에 金石 書學이 추가
된다. 양주학파와 비교하면, 대체로 춘추학에 대한 관심이 크게 결여
되어 있는데, 이는 청학의 수용을 갈구하는 측면과 무관하지 않다. 小
學은 실사구시와 관련하여 애용되었지만,「聲韻論」「論小學書」 정도
를 제외하면 전론이 없다. 김정희가 젊은 시절에 원고를 남기려 하지
않아 두 차례에 태웠다는 사실[121]로 비추어 성급한 결론을 내리기 어
렵지만, 김정희의 소학연구는 북학파의 李德懋를 크게 초월한 것으로
보기 어려울 듯하다.

　그리고 양주학파의 통학과 관련하여 김정희의 경학체계에는 고학
적 성격이 크게 반영되지 않았다. 양주학파의 實學會通的 學術觀이
가장 잘 반영된 것은「易筮辨」,「太極北極辨」이다. 이를 제외한「其
子攷」,「一獻禮說」,「周易虞義考」는 모두 漢學으로 양주학파의 학술
특징이라고 언급하기가 곤란하고,「尙書今古文辨」와「周易虞義考」는

119) 全海宗,「淸代 學術과 阮堂」, pp.236~237.
120) 지두환에 의하면, 김정희가 漢代 京房 등의 역학을 비판하는 동시에 성리
　　학적 역학을 일정부분 인정하면서도 실사구시적인 관점에서 北學派의 易
　　學을 재구성하려 했다.「秋史 金正喜의 易學思想」『韓國思想과 文化』 제
　　16집, 2002, 참조. 다만 여기에는 양주학파적인 관점은 없다.
121) 金正喜,「書權彝齋敦仁」18,『阮堂全集』권3, p.59; 閔奎鎬,「阮堂金公小傳」
　　『阮堂全集』, p.7.

常州今文經學의 영향을 동시에 받은 것으로 주목된다. 김정희의 경학체계는 通學的 성격보다 漢學的 성격이 다소 강해 보인다. 이와 관련하여 양주학파의 학술특징은 각종 회통을 통하여 독창적인 학술을 수립하는 것이 궁극적 목적이다. 그런데, 김정희의 경학 가운데에 구성이나 수준에서 나름대로 평가되는 「周易虞義考」, 「尙書今古文辨」조차도 이와 거리가 있다. 양주학파의 경우 經師家法을 중시하지만 그 묵수를 배격하는데 반해 김정희는 漢學經師의 家法을 지나치게 중시함으로써[122] 도리어 독창적인 경학수립에 이르지 못하였다. 회통을 통한 학술의 통일성과 독창성이 결여되었던 것이다.

김정희의 주자학적 관점의 검토는 매우 중요하다. 새로운 학술의 창출은 조선학계를 지배하고 있는 주자학과 밀접하기 마련인데, 양주학파의 학술과 비교하면 김정희는 외견상 주자학 쪽으로 옮겨가 있었다. 이점에서는 옹방강과 닮은 부분도 있다. 김정희가 "馬融 鄭玄을 널리 종합하고 주자를 떠나지 않는다."[123]는 옹방강의 가르침을 문구에 구애받지 않고 확대하려 노력하였지만, 전체적으로 보면 병렬적인 수준에 머물렀다. 이는 『황청경해』의 補刻이나 왕희손에게 보낸 『海外墨緣』과의 연관성을 시사한다. 특히, 이는 19세기 중반으로 가면서 조선학계의 포용력이 약해지고 주자학적 경향성이 강화되는 한편 형해화 되는 흐름이나, 학술의 외면과 내면의 괴리가 흔히 발생하는 측면과 관련하여 정밀한 천착이 필요하다.

또한, 실학적 측면과 관련하여 현실생활에서의 실용 실천 경세 등이 강조되는 것은 양주학파의 학술의 궁극적 지향에 다름 아니었다. 이에 비해 김정희는 양주학파의 통학관을 수용할 적에 실천 실용 경

---

122) 심경호, 「추사 金正喜의 書牘에 담긴 사유양식과 정신세계에 대한 일 고찰」『어문논집』 제58집, 2008, p.165~168; 임민혁, 「秋史 金正喜의 禮說」『溫知論叢』 제13집, 2005, 참조.

123) 藤塚鄰, 朴熙永 譯, 『추사 김정희 또 다른 얼굴』, p.342. 博綜馬鄭 無畔程朱.

세를 부정하지 않았지만, 그 강도나 의지는 현격한 차이가 있었고, 이도 시간이 지나면서 정치적 입장의 부침과 함께 약화되었다. 『완당전집』에 보이는 현실 경세는 가뭄의 극복을 위한 龍尾車의 이용과 區田農法과 선박제도의 도입을 제안한 점에 그친다.[124] 특히, 그가 趙冕鎬의 經世濟民的 재능을 인정하면서도 그 결과를 염려하여 권면하지 않았듯이 정치제도의 개혁에는 미봉적인 태도를 취하였다. 또한, 김정희는 李尙迪 등을 통하여 열강 영국이 중국을 침탈하고 중국의 민중이 소요하는 조짐이나 왜인의 조선 표류와 함께 제주도의 영국 이양선 출몰 등 국내외 상황을 잘 알고 있었다. 게다가 근대중국에서 서양의 과학기술과 문물을 수용하자는 魏源의 경세서 『海國圖志』를 보배로 여겼다. 그러나 그는 영국의 중국침략을 염려하였지만 중국 민중의 소란을 더욱 위험하다고 보았고, 조선에서의 이양선의 출몰도 대수롭지 않게 여겼으며, 『해국도지』의 中西紀年年表가 통하지 않다거나 천주교를 사교로 간주하는 전통적 견해에 머물렀다.[125] 서양에 대한 위기의식이나 문물 수용에 대한 문제의식은 거의 존재하지 않았던 것이다.

---

124) 金正喜, 「書權彝齋敦仁」 18, 32, 「與沈桐庵熙淳」 7, 『阮堂全集』 권3, 권4, p.59, 67, 77.

125) 金正喜, 「與舍仲命喜」 5, 「與舍季相喜」 7, 「答趙怡堂冕鎬」, 「書權彝齋敦仁」 18, 32 「與張兵使寅植」 7, 「與李藕船尙迪」 6, 같은 책 권2, 3, 4, p.36, 39, 45, 59, 67~68, 82, 89.

베트남 한문 연행록의 특징적 면모

김영죽*

Ⅰ. 문제제기
Ⅱ. 월남 사행의 구성과 실제
Ⅲ. 『집성』을 통해 본 월남 사행 기록의 대략적 특징
Ⅳ. 남은 문제

Ⅰ. 문제제기

최근 동아시아의 상호 교류와 소통에 대한 관심이 높아지고 있으며, 한·중·일 삼국을 주축으로 이와 관련한 문헌자료 분석이 진행되고 있다. 따라서 연행 및 통신사 자료 집성과 연구는 이 분야의 중심축이 된다. 2010년 중국 復旦大學文史硏究院과 越南 漢喃硏究院이 공동 작업으로 영인 출간한 『越南漢文燕行文獻集成(越南所藏篇)』 25책은 연행록 연구의 범위를 '동아시아' 전체로 확대한다는 데에서 그 의미를 찾을 수 있다. 그러나 『월남한문연행문헌집성』(이하 『집성』으로 표시) 은 '異域의 눈으로부터 중국을 본다.'라는 중국학계의 연행록 연구 붐 속에서 탄생했다고 해도 과언이 아니다.[1] 때문에 이들의 자

---

* 성균관대학교 대동문화연구원
1) 이에 대한 내용은 『越南漢文燕行文獻資料集成』의 해제부분에서 葛兆光 선생이 상세히 밝혀 놓았다.

료 접근 방식은 연행 문헌들을 중국의 史料적 차원에서 분석하고자
하는데 치중하고 있다.

동아시아의 허브(hub)였던 燕京을 중심으로 한 사신들 간의 만남
과 소통을 통해 '동아시아 문화공동체'의 일부를 확인하려는 작업은
그간 지속적으로 이루어져 왔다. 朝·淸 간의 관계 혹은 朝·日 간의
관계를 활발히 연구하는데서 한걸음 나아가 월남과의 관계 역시 연
구자들의 관심을 받는 분야였다. 하지만, 자료의 접근이 용이하지 않
았고, 월남측 정황을 이해하기에 조선 측의 자료만으로는 해결되지
않는 부분들이 더러 있었다. 그럼에도 적지 않은 연구 성과들이 축적
되었다.[2] 이러한 학계의 경향은 동아시아 문화교류에 대한 연구가 일
방향이 아닌 다각적이고도 객관적인 시각을 확보할 수 있다는 가능
성을 내포하고 있다. 동아시아를 염두에 둔 연구는 무엇보다 地域史
에 대한 이해를 기본으로 해야 하고, 이를 통해 역사인식의 균형을
효과적으로 이끌어낸다는 데에 동의한다.[3]

월남의 사행 문헌은 중국을 중심으로 한 유교질서체제에 적극 가
담하여, 안팎으로 정당성을 획득하려는 노력에서 나온 상징적인 결과
물이라 할 수 있다. 월남 사행 문헌의 전모를 적확하게 파악하려면,

---

2) 최상수 「한국과 월남과의 관계」(한월협회, 1966)을 필두로 하여, 최신호,
「한국과 안남·유구와의 문학교류고」(『한국한문학연구』5집, 1980) 등은 이
분야 연구의 초석을 다졌다. 이후로 강동엽, 「이수광의 문명의식과 대외교
류」(『우리문학연구』12집)·「조선시대 동남아시아 문학과의 교류연구」(『연
민학지』8집, 2000) 등은 조·월 사신간의 수창 기록 자료의 보강으로 후속
연구에 큰 도움이 되었다. 이후, 박현규, 「〈황월시선〉과 베트남사신의 조
선 관련 시」(『베트남연구』4집)는 자료의 제시라는 측면에서 의미가 있으
며, 최근 김용태, 「1790년 유득공이 만난 동아시아」(『한문학보』20집, 우리
한문학회, 2009)·「한국한문학 자료에 나타난 베트남 인식의 몇 가지 갈래」
(『한국한문학연구』45집)은 그간의 자료 현황을 개괄하고 동아시아적 시각
속에서 베트남에 대한 인식을 분석하는 시도와 성과를 이루었다.
3) 유용태, 박진우, 박태균, 『함께 읽는 동아시아 근현대사』서장, 창작과비평
사, 2010 참조.

유교 이념질서로 구분되는 동북아 문명권 안에서 논하는 것뿐만이 아니라 동남아질서 체계 안에서의 월남을 반드시 염두에 두어야 한다.[4] 하지만, 이는 월남 역사에 대한 해박한 지식과 체계적인 연구를 바탕으로 하기에 필자의 역량으로는 당장 감당하기 어려움을 절감한다. 이에, 기존 조선 연행록과 다른 그 지점들이 월남의 사행록에는 어떤 식으로 드러나는가 그 특징들을 단편단편 제시하는 수준에 머물러 있다. 향후, 정밀한 연구를 기약하면서 우선 월남 사행록에 전반적으로 드러나는 특징과 그에 대한 근거자료를 분석해나가는 방식으로 발표문을 구성하고자 한다.

II. 월남 사행의 구성과 실제

明淸 기간에 出使한 사신들의 면면을 보면 漢文 文學의 수준이 높으며 대부분 과거에 입격한 이들로 충원이 되어있다. 黎朝 초기에는 과거의 입격자 수가 많지 않다가 점점 늘어나는 추세가 되어 18세기에 들어서 사신의 80% 이상이 進士 입격자들로 구성되었다.[5] 詩賦에 능했고, 기지가 용감했으며, 명민했다. 풍극관 같은 인물은 대표적이라 할 수 있다. 하지만 후대에도 이러한 능력을 지닌 외교 실무자들이 대량 배출되었다. 使行은 정치적인 목적 달성을 담보로 한다. 특히 월남의 사행인원은 조선과 비교했을 때 그리 많지 않았던 반면, 체류기간은 길게는 몇 년이나 걸리는 경우가 다반사였으므로 유교

---

4) 이에 대해서는 최병욱, 『동남아시아사 - 전통시대』(대한교과서주식회사, 2006), 유인선, 『새로 쓴 베트남의 역사』(이산, 2007)가 많은 도움이 된다. 최병욱 교수는 "베트남의 국제질서는 중국적이라기 보다는 동남아적이라고 해야할 것이다."라 하여 동남아적 세계관의 요체는 바로 세력 범주의 중첩성과 조공제도 임을 지적했다.

5) 陳文, 「安南后黎朝北使使臣的人員构成与社會地位」『中國邊疆史地研究』, 2012 참조.

문화적 역량을 지닌 사람들을 사신으로 보내는 것은 당연지사였다. 본고에서 주요 텍스트로 다룬『星槎紀行』,『華原隨步集』,『華軺吟錄』의 저자들인 武輝瑨, 潘輝益, 潘輝注 등의 인물은 서산조와 완조의 대표적인 공신들이자 지식인들이었다. 또한 대대로 使臣의 내력이 있는 이들이 많았다. 반휘익과 반휘주는 父子관계로 추정되며, 무휘진과 아버지 무휘정 역시 대를 이어 사신의 경력을 지닌 이들이었다. 특히 반휘주는 1825년을 포함한 두차례의 使行 뿐만이 아니라 동남아 官船 무역에 革員으로 판견되기도 했다. 반휘주를 포함한 유가관료들은 阮朝의 明命帝 이후 동남아를 통한 서구 견제와 제도 문물의 見聞 보고 등의 임무를 지니고 참여했다. 이들은 정세의 파악이나 서구 기술력을 직접 목도하는 경험을 했으며, 이는 北使와는 또 다른 해외인식의 스펙트럼을 넓힐 기회가 주어진 것이나 마찬가지였다.[6] 증기선의 출현이나 西人의 車制 등은 北使를 통해 경험할 수 없었던 수준 높은 과학 기술들이었으며, 반휘주는『海程誌略』을 통해 상세하게 언급했다.[7] 요약하자면, 월남에서 중국으로 보낸 사신들은 외교 실무와 문학적 역량을 골고루 갖춘 인재들이었다는 것이다. 이에 대한 언급은 무휘진의『화원수보집』을 통해서도 볼 수 있다.

> 우리나라 사신들은 예의 장원급제나 명신들로서 등용했으며, 더욱이 문장에 통달하여 반드시 전대할 수 있는 자들만 취했다. 그러나 나의 재능과 쓰임은 거칠고도 얕아, 게으름에 마흔이 되도록 1등 한번 못하니 어떻게 사신의 소임을 맡겠는가?[8]

---

6) 최병욱,「19세기 전반 베트남의 동남아시아 관선무역」『동양사학연구』70집 참조.

7) 앞의 논문 참조.

8)『집성』6책, 무휘진,「華原隨步集」'自序'"吾之使者 例用科甲名臣, 益取其能以文章達, 必能以專對者也. 吾才用粗淺, 偃蹇四旬, 未能一第, 何使之爲"

국내에서 인정받는 공신들이거나 專對할 수 있는 문학적 역량이 뛰어난 문인 지식인들이 使臣의 자격이 있다고 하며, 본인은 이에 훨씬 미치지 못한다는 겸사를 한다. 그러나 이야기의 초점은 자국 사신들의 자질이 뛰어나다는 자부심을 표현함에 있다.

사신의 경험은 월남 내에서도 유리한 사회적 지위를 보장했다. 사신의 임무를 마치고 돌아오면 승직도 가능했으며, 포상도 종종 받았다. 이는 노정의 험난함으로 인해 생명을 잃는 수가 비일비재했기 때문에 이에 대한 응분의 대우라고도 할 수 있다. 陳文의 서술에 따르면, 18세기 후반까지 중국으로 파견된 사신들의 면면은 각각의 임무가 정확하게 주어졌으며, 정확한 등급의 구분이 있었다. 대체적으로 正使와 甲副使, 乙副使로 구성되었다.

중국 측에서 월남사신에 대한 배려 또한 후했다. 경유하는 지역은 명청의 지방정부에서 전문적으로 伴送官을 두었다. 북경에서 돌아올 때 역시 廣西까지 반송관을 두어서, 편의를 제공했다. 광서는 월남사신이 入關하는 곳으로 이들에게 쓴 경비가 상당히 많으며 입관과 출관에 임해 연회를 베풀거나 연경까지 가고 돌아오는 경로에서 도움을 주었다. 반송관의 직책은 안남사신을 좌우에서 배행하며, 명승지와 풍경을 둘러보고 창화하는 직임이었다. 월남사신들의 중국 체류비용에 대해서는 明淸이 모두 책임을 졌으며 체류기간이 길 때에는 29개월 혹은 27개월 정도나 되었으므로, 비용에 대해서는 더욱더 부담이 늘어나기 마련이었다. 명조에서는 이를 부담으로 느껴서 3년에 한 차례로 줄이고, 사행인원 역시 줄여서 경비 부담을 덜고자 하였으나, 계속 인원을 초과하며 지키지 못한 듯하다. 급기야 청조에 이르러서는 총인원 100명을 넘지 못하게 하였으며, 연경으로 오는 이들의 행렬을 20인 이내로 제한하고 나머지는 변경에 체류하게 했다. 회동관에서 무역을 허락하여 서로의 수요를 충족시켰다. 청조에 들어서는 이완되기 시작한 중화 질서 때문인지 面子(체면)를 세우기 위해 조공국들에게 많은 비용을 들였는데, 접대비용이 사신가는 비용보다 몇 배

는 더 들었다고 한다.[9] 월남사신들의 여정과 체류기간이 길어서 생겨
나는 사행 이면의 현상이라 할 수 있다.

이러한 일련의 상황을 보더라도 분명 使行은 책봉국에 대한 무조
건적인 추종이나 복속을 의미하는 것이 아님을 알 수 있다.

Ⅲ. 『집성』을 통해 본 월남 사행 기록의 대략적 특징

1. 人文景觀과 旅程의 감회

월남 사행의 수로 여정은 반드시 鎭南關을 거쳐서 이동하기 마련
이다. 관내로 진입하면서 수많은 명승고적을 만나게 되는데 특히 廣
西, 湖南, 湖北, 江蘇 등 중국 남부 유수의 자연경관과 역대 유적지들
에 착목하지 않을 수 없게 된다. 월남 사행문헌 가운데 많은 부분이
이들 人文景觀을 주제로 삼는다. 사신의 개성에 따라 지역의 민심을
살핀다든가 조선사신과의 수창에 할애하는 이들도 있지만, 거개가 이
들에 대해 언급한다. 순수한 문학적 소재로 접근하는가 하면, 행간에
역사의식을 발현시키기도 한다. 혹은, 지역적 특성보다는 개인의 감
회나 여정의 노고를 표현하는데 힘을 기울인다. 다음은 「受降城誌古」
라는 시이다.

진남관 내 오십리	鎭南關內五十里
길을 끼고 연이은 뾰족한 푸른 산	夾道連山簇蒼翠
막부를 지나면서 여전히 험한데	途經幕府尙崎嶇
수항성에 이르자 텅비어 평평하다	地屆受降空坦易
먼 숲이 아득하게 옛 성을 감싸고	遠林緲緲擁古城

---

9) 상기 월남사신단 비용과 대우 문제는 陳文의 「安南黎朝使臣在中國的活動
  与管待」(東南亞縱橫, 2011)을 참조하였다.

사람 자취 사신단 옆에 모여든다	人烟湊集傍華程
사신의 수레 지나다가 한번 쉼에	使軺經過一憩息
옛 지도 살펴 지명을 알아보네	按古覽圖知所名
기억나네, 명나라 중엽 가정연간에	憶昔有明中葉號嘉靖
우리나라 막등용이 여조를 찬탈하고	我國登庸篡黎鼎
사죄하며 땅 바쳐 휴전을 구걸하는데	叩關獻地乞休兵
明軍 앞에 기어가 몸소 줄로 목을 매자	匍匐軍前躬繫頸
황제가 항복을 받아들여 군사를 거두고는	明帝納降罷出師
조서 내려 위유하며 도호사로 봉했다네	下詔慰諭封都司
대군은 이로부터 의심 없이 받아들여	元戎向此受莫疑
좋은 이름 후히 내려 兵威를 기록했네	嘉名用錫誌兵威
지난 일 아득히 삼백년이 지났고	往事悠悠三百載
세상사와 경물이 몇이나 거쳤던고	世故幾經雲物故
朱明山 봉해진 땅 석양이 남다른데	朱明封域夕陽殊
성곽은 텅 비어 유적만이 남았구나	城郭空留遺跡在
이제 남쪽에서 산하에 제사드려	仰今南服奠山河
화목하고 평화로워 전쟁이 없어졌네	講信修睦消干戈
玉帛을 안고 때때로 왕래하니	雍容玉帛時來往
이곳에 수레를 멈출 수 있게 했다네	逌敎斯地駐輶車
周에서 이번에 말달리는 것을 허락한다면	周諾此度聯馳驅軒
산과 시내 역력하여 경치를 감상하리	歷歷巖溪看景色
고금의 변화 한번 감회 일으키니	古今事變一興懷
긴 여정에 눈을 닦고 연경을 바라보네	長道拭目燕雲北

이 시는 潘輝注(1782~1840)의 『華軺吟錄』에 수록된 시이다. 반휘주의 字는 霖卿이며, 호는 梅峰으로 阮朝의 유명한 학자이자 역사가이며, '書癖'이라 불릴 정도로 상당한 독서가였다. 그의 대표작으로 『歷朝憲章類志』가 있는데, 이는 일종의 백과전서식의 방대한 역작이

다.[10] 마치 조선 후기의 거학 李德懋를 연상케 한다. 그는 1821년 阮
祖 明命帝 때 한림편수직을 맡았고 1825년 侍讀으로 승직하여 如淸甲
副使의 직임으로 연경에 다녀왔다. 이후, 1831년 두 번째로 사행에 임
했으며, 연경을 다녀온 것 이외에도 官船 무역에 革貝으로 참여하여
동남아 해외정세를 직접 체험하였다.[11] 그의 아버지는 1790년 완광평
의 안남왕 책봉 사안으로 사행에 참여했던 潘輝益으로 알려져 있다.
使譜의 연원이 있으며, 家學을 겸비한 월남 최고의 외교관이라 칭해
도 무리가 없을 듯하다.

이러한 그의 외교 실무 경력과 학자적 면모는 연행시에도 고스란
히 표현된다. 「受降城誌古」는 일국의 使臣으로서 월남의 지난 역사
와 현재 중국과의 외교적 관계에 대해 고심하는 흔적이 담겨 있다.
古風 형식으로 써내려간 이 시에는 상세하게 小注가 附記되어 있다.
내용은 다음과 같다.

관북 20리쯤 막부에 다다라서 다시 50리쯤 가다보면 수항성에 이른다.
그 성은 협지에 우뚝 서 있는데, 공관 하나가 있고, 여기에 우리나라(월남)
사신들이 묵는다. 그러나 성의 이름과 내력을 고구할 수 있는 碑記가 없다.
'수항성'이라는 이름에 대해 상세히 말해줄 사람은 근자에는 거의 드물다.
세간에 전하기를, 명나라 세종 가정 20년에 우리나라 막등용이 여조를 찬
탈하고 스스로 옹립했는데, 이에 세종이 군사를 내어 그에게 죄를 물었으

---

10) 『歷朝憲章類志』는 1821(완조 명명 2)년에 완성되었으며 輿地志(월남의 지
리와 역사정황), 人物志(皇親白戚과 文武百官들의 生平), 官職志(월남 관리
제도의 역사), 禮儀志(조정의 각종 大禮儀와 皇家 관리의 品服등), 科目志
(과거제도 및 黎朝 이전의 進士 명단), 國用志(각조의 稅收와 재정제도), 刑
律志(각조의 병률제도), 兵制志(여조이전의 군사제도), 文籍志(여조이전의
漢字와 쯔놈 서적), 邦交志(월남과 중국의 역대 외교관계와 외교예절)로
구성되어 있다.
11) 이와 관련하여, 최병욱 「19세기 전반 베트남의 동남아시아 관선무역」 『동
양사학연구』 17집 참조.

며 모백온을 장수로 삼아서 南下하여 각 지방의 병사들을 이끌고 關으로 출병시켰다. 막등용이 이 소식을 듣고는 두려워서 표를 올려 사죄하고 葛, 森, 考, 丁 四州를 바치고는 항복을 청하니 內屬에 봉해주었다. 그는 처자식을 이끌고 관내 수십리로 들어와 명을 기다리고 이를 아뢰자 황제가 이를 윤허하고는 병사를 해산시키고 그를(등용) 안남도호사사로 봉해주자, 관할 경내에 백온이 조서를 받들어 이 지역으로 왔다고 한다. 수항성이라는 명칭은 이로 인해 생긴 것이다. 하지만 이는 한때의 일일뿐인데, 인습하여 계속 그렇게 부르고는 지금까지 고치지 않는다. 우리나라 사신들이 왕래할 때 한 갓 그 명칭만을 알 뿐, 그 실상을 기록한 내용은 거의 남아있지 않다. 내가 우연히 지난 일이 기억나서 마음속에 개탄스러운 심정이 일어 고풍 한편을 짓는다.[12]

小注에도 언급했듯이, 受降城은 월남의 사신이 잠시 쉬어가는 숙소가 있던 곳이었음을 알 수 있다. 주목할 만한 것은 성의 명칭이 공교롭게 막씨의 여조 찬탈과 관련이 있다는 것이다. 정권교체를 시도한 막등용이 명나라로부터 정식 책봉을 받지 못하고, 월남 역사상 잠시나마 독립적인 국가의 모습을 잃게 만든 인물이었다. 새로운 왕조를 개창한 그는 델타출신의 무인으로, 정작 정권을 잡았을 때는 문신 관료의 지지를 얻기 위해 黎朝의 제도를 유지하려고 애썼으며 토지제도와 군사제도를 개혁하고 정권의 정당성을 얻기 위해 명으로 사

---

12) 『集成』11책, 潘輝注, 『華軺吟錄』, 「受降城誌古」, "關北二十里之幕府, 又五十里之夾壋, 有公館一區, 爲我國使信宿之所, 但城名所起, 無碑記可考. 受降之說, 近來亦未有詳道之者, 按明世宗嘉靖二十年, 我國莫登庸纂黎自立, 事聞, 世宗命出師問罪, 特命毛伯溫爲將, 以檄南下, 提諸道兵出關, 登庸聞大具, 上表謝罪, 納葛森古丁四州請降, 封內屬, 率子婦詣關內數十里, 就軍前繫頸俟命事奏, 明帝許之, 下諭罷兵, 封登庸爲安南都護使司, 管轄境內, 伯溫受詔卽此地, 受降因名, 其城誌之此, 盖一辰事耳, 襲循稱呼, 至今不改, 使軺往來, 徒知其名而鮮有記, 其實者, 余偶憶往事, 慨然于懷, 因成古風一篇云."

절을 파견하기도 했다. 그러나 책봉은 뜻대로 되지 않았고 명분을 얻는 데는 실패했다. 명의 지속적인 압력에 그가 대처한 방법은 무력개입을 미연에 방지할 '服從'과 '和親'의 제스처였다. 막등용은 결국 굴욕적이다시피 목에 줄을 걸고 포복하여 토지를 바치고 항복했다. 이러한 일련의 과정들이 小注와 시를 통해 상세히 드러난다.[13] 따라서 '수항성'이라는 명칭이 고쳐지지 않는 한 월남사신이 이곳에 묶을 때마다 이러한 역사적 사실을 상기시킬 것이 분명했다. 潘輝注는 여러 가지 이유로 수항성의 명칭과 유래에 대해 착목한 듯하다. 시의 말미를 보면, 막등용의 찬탈과 관련한 일들은 이미 300년이 지난 일이며, 한때의 일이라고 말한다. 현재 중국과 월남과의 화친 관계로 본다면 이 城의 명칭은 마땅히 고쳐져야 한다고 제안하는 것과 다름없다. 시의 면면을 잘 살펴보면, 1) 막등용의 찬탈이 유교질서에는 크게 어긋난 반역이긴 하지만 그래도 결국 전쟁을 미연에 방지한 유연성을 내포하고 있지 않는가, 2) 앞으로도 그러한 화친관계는 지속해야 하지 않는가, 3) 월남사신들이 불편하게 느낄 수 있는 역사의 한 부분을 더 이상 각인시키지 말고 현재와 미래를 다시 한 번 생각하자 라는 제안 정도로 읽을 수 있겠다. 수항성에 대해 모든 사신들이 기록한 것은 아니다. 이는 다분히 사신의 공적 임무와 작자의 관심사 등에 직결된 것이라 보여진다. 반휘주는 1831년 2차 사행에 임하여 『화정속음』을 남겼는데, 여기에도 수항성에 관한 시가 실려 있다.[14] 일례로, 당시 사행에 동행한 黃碧山(1791~?)의 『북유집』에는 수항사에 관한 기록이 보이지 않는다. 이는 황벽산 개인의 관심사가 달랐던 것은 물론, 그가 정·부사의 신분이 아니므로 외교적 부담을 덜 느꼈던 상황에 등에 기인하였을 것이다.

---

13) 막등용의 여조 왕위 찬탈과 관련한 상세한 내용은 최병욱, 『동남아시아사 － 전통시대』(대한교과서주식회사, 2005)와 유인선, 『베트남의 역사』(이산, 2007) 참조하였다.

14) 『집성』 12책, 반휘주, 『華程續吟』, 「駐受降城」.

　　수로 여정은, 아무리 중국 官方의 배려나 보살핌이 있다 하더라도
매우 고된 일이었다. 경유하는 많은 名勝들에 대한 묘사 속에서는 개
별적인 특수성을 찾아내기 힘들지만, 여정의 고충을 토로한 시들에서
는 사행의 세부적 정황들이 간간이 사실적으로 포착되곤 한다. 『집성』
에 실린 시들을 살펴보면 가고 오는 도중에 병이 든다든지, 말라버린
하천 일정에 차질이 생겨 난감한 상황을 겪고, 혹은 민감한 정치적
사안 때문에 시종 마음의 짐을 지닌 경우가 드러나 있다.

굽이 친 물가 겹겹이 냇물 노저어 가기 어렵고	曲渚重溪溯棹難
天中에 처음으로 마두산을 지나네	天中初過馬頭山
긴 물길에 층층이 목책을 두르니	長流陡擁層層柵
돌에 부딪는 물결 회돌아 얕게 굽이친다	激石波廻淺淺灣
삼십육탄에 자주 눈 돌려 보니	三十六灘頻轉盼
팔천 여리 이처럼 온갖 고생 한다네	八千餘里此艱關
훈풍에 일찌감치 양상 물결에 배 띄우니	薰風早泛洋湘浪
물빛과 바위 색이 멀리 바라보인다.	水色岩光眺覽間

　　이 역시 반휘주의 『화초음록』에 실린 「단양과마두산」이라는 시이
다. 시의 소주 부분에서 마두산을 지나며 물이 얕아져 고생한 일화가
실려 있다. 마두산지역은 본래 물이 얕은 지역이어서 역대로 이곳에
돌을 쌓고 목책으로 둘러막은 다음 그 안에 물이 찰 때까지 기다렸다
가 배를 띄워야 했다고 한다.[15] 시의 3·4구는 이를 묘사한 것이다. 5,6
구에는 수로 사행의 난관을 직접적으로 언급한 부분이라 할 수 있다.
반휘주가 사행 했을 당시에, 갑부사였던 그는 정사 黃金煥과 각각 다
른 배를 타고 움직였는데 정사가 탄 관선이 역풍 때문에 일행과 함께

---

15) 『집성』 10책, 반휘주, 『화초음록』, 「단양과마두산」, "… 至馬頭山尤淺難行,
　　歷代修渠, 輒障水以便通舟, 其隘口兩岸砌石, 各以木柵塡塞, 使水盈科以後
　　舟可進行."

하지 못하고 일정에 차이가 졌던 일도 있었다. 하지만, 이 역시 특수한 상황이 아니었으며 종종 일어나는 예기치 못한 변수들이었다. 이런 일을 겪을 때마다 많지 않은 사행 일원들은 서로 의지하며 독려하는 모습을 보인다.[16) 다음은 반휘주와 함께 동행했던 황벽산의 시이다.

볕들어 날씨가 좋은데	載陽天氣好
병석의 나그네 심정은 외롭구나	伏枕客情孤
바람은 돌아가는 배를 따라 차고	風逐歸船冷
강물은 옛 길을 따라 흘러간다	江從舊徑行
함께 배에 탄 마흔 명의 사람들	同舟四十人
......	
약을 써도 쓰지 않은 것 같구나	有藥如弗藥
......	

「舟程病中」이라는 시로서, 소주에 "정월 십육일, 우연히 풍통을 느꼈는데 처음엔 오른쪽 어깨에만 통증이 있다가 왼쪽 정강이까지 전해졌다. 그때 갑부사 시강 중우가 의원을 붙여주었는데 효과가 없었다. 2월 상순에는 병세가 날로 심해졌다."[17)라 하여 당시의 상황을 토로하고 있다. 황벽산은 사행의 歸路에서 병이 난 것으로 보인다. '風痛'은 곧 지금의 中風을 이르는 듯한데 비교적 젊은 나이에 사행길에서 뜻하지 않은 중병을 얻은 것이다. 그는 「捲幔」이라는 시에서 "…내가 처음 병이 났을 때를 기억해보니/ 오른 어깨 펼 수 없었고/ 독이왼쪽 무릎으로 흘러가/ 왼 다리 통증이 빈번.하였지/ 의원이 말하길

---

16) 『집성』 10책, 반휘주, 『화초음록』, 「書呈正使黃台依正貢黃侯之韻」, 「予船偶亦撞撼撐住, 獲得正貢黃侯詩來, 喜用依韻走答」.

17) 『집성』 11책, 황벽산, 『北遊集』, 「舟程病中」, "正月十六日, 偶感風通, 初在右肩, 傳下左脛, 時甲副侍講仲瑀醫治, 不效. 二月上旬, 病勢日甚."

이 병은 고칠 수 없어/ 돌아가선 半身不遂로 누워야 하오 … [憶我得
病初, 右肩不能伸, 毒流左脛下, 左脚痛應頻, 醫云疾不去, 歸來臥半身]”
라 했다. 아울러 시주에 "이때 완부사가 의원을 불러 치료해주었으나
효과가 없었다. (의원은) 매양 '돌아가면 반신불수가 될 것이오.'라 했
다."[18]며 절망적인 상황을 기재했다. 그의 시 몇 수만으로도 수로 여
정의 험난함을 짐작케 한다. 또한, 정사 및 부사가 사행 일원의 병세
에 대해 각별한 관심을 기울이는 모습을 볼 수 있는데, 40명이라는 적
은 수의 사행 인원이었기에 가능한 일이 아니었나 한다.

황벽산의 시에서 드러난 사행 여정의 감회가 개인적인 어려움에
의한 것이라면, 다음은 공적인 임무로 인한 부담감의 발로라 할 수
있다.

瀘江에서 눈물 참고 밤낮으로 건너가	瀘江忍淚橫晝夜
燕館에서 승은 입고 고삐를 돌릴 때	燕館承恩返轡時
괴로우나 즐거우나 초심으로 待對하고	苦樂初心堪對待
분수만큼 삼가 애써 분부 받들려 했지	勤勞常分要詢詔
관광함에 친히 하늘 가까이까지 근접했고	觀光親接雲霄近
멀리 가서 水石의 기이함 거듭 보았다	行遠重看水石奇
牢落한 객정 유달리 경치를 그리워하니	牢落客懷偏戀景
원명원 꽃과 버들 옥섬돌에 그늘 드리웠구나	圓明花柳蔭瑤墀

위의 시는 「22일 서원공관으로부터 귀국길에 오르라는 명을 받고
기뻐서 짓다(二十二日 奉旨自西苑公館 登程回國 喜作)」라는 潘輝益
(1751~1822)의 시이다. 반휘주의 아버지로 알려져 있는 반휘익 역시
1790년 사행길에 올라 월남으로서는 매우 민감한 외교적 사안을 처리

---

18) 『집성』 11책, 황벽산,『北遊集』,「捲幔」, 注: 時阮副使醫治不效, 每云歸成半
身不遂.

하는 임무를 수행했다. 공관으로부터 본국으로 귀국하라는 명이 내려
오자 기쁨에 겨워 시를 짓는다고 했다. 이는 비단 반휘익의 심정만
그려낸 것뿐만 아니라, 어지러운 때에 막중한 임무를 띠고 사행에 임
했던 사신들의 해방감 겨운 기분을 표현해 낸 작품이라 생각된다. 七
律의 짧은 시이지만 그간의 苦心과 행적이 고스란히 녹아 있다. 특히
첫 구절은 燕京까지 들어가는데 험난한 여정을 단적으로 드러낸 부
분이다. 3·4구에서는 긴장감으로 使行 임무를 수행했음을 묘사했다.
특히나 '뇌락(牢落)'한 客懷라는 표현 속에서 이들의 심적 부담감을
감지할 수 있는데, 公務중에 그들의 마음을 편안케 해주었던 것은 그
나마 勝景이었음을 읊고 있다. 시 전체에서 사행의 긴장감과, 귀국길
에 접어들며 느끼는 묘한 해방감, 이완 등을 함께 느낄 수 있다.[19] 30
여 년 뒤, 아들 반휘주 역시 「夜座有懷」에서 "… 고향집 생각하니 땅
끝에 있는데/ 멀리 사신 와서 풍상을 개탄한다/ 북쪽으로 연계가 멀
리 바라보이는데/ 객행은 아직 반도 못왔구나/ 말 몰아 달리는 것 스
스로 비웃나니/ 어찌 명리 위해 빨리 가는 것이리 … [故居想角涯, 遠
役慨風霜, 北望燕薊遙, 客行殊未央, 自笑馳驅者, 豈爲名利忙]"라 하여
사신으로서의 부담감과 사행의 고단함을 표현했다.

2. 華와 夷에 대한 언급

명청 교체를 계기로 동아시아 질서 즉, '華'와 '夷'에 대한 관심과
언급은 조선의 연행록은 물론, 월남 사행 문헌에서도 종종 드러난다.

---

19) 1790년의 사행은 阮光平의 책봉 문제를 해결하고자 무휘진, 반휘익, 단완준
   등이 국왕을 호종하고 입조했던 중요한 일이었다. 건륭제 팔순 만수절을
   機化로 하여 청조와 월남 양국 간의 긴장감을 해소하고자 했던 것이 주요
   목적이었으며, 실제로는 완광평 대신 범공치라는 조카가 입조했다는 假冒
   說이 유력하여 대내외적으로 많은 이슈를 낳았던 사행이기도 했다. 이와
   관련해서는 拙稿, 「1790년, 안남사신의 중국 사행과 그 의미」(『대동문화연
   구』 78집, 성균관대 대동문화연구원, 2012) 참조.

기존 연구에서는 "명청 교체를 우려하는 입장이나, 반기를 드는 입장 모두 華와 夷의 역전으로 인식했던 만큼 조선, 일본, 베트남에서는 각기 이제부터 자국이 중화라고 자처했다." 또는 "월남 완조의 개창자인 嘉隆 황제는 스스로 대남국대황제를 자처하고 자국을 13개 조공국을 거느린 중국으로, 자기 백성을 華民이라 불렀다. 이런 눈으로 주변의 소국을 속국으로 간주하고 그들에게 조공을 요구했다."[20]라며, 팽배해진 上國과 下國의 논리를 지적했다. 하지만, 월남의 일련의 상황들을 중화의 패러디로 확정지어 말하게 되면, 이후 이들이 보여 주었던 책봉조공질서 속에서의 행보를 치욕이나, 모순 등으로 밖에 설명할 도리가 없어지게 된다. 현재의 시각으로 당시 동아시아 문명권 내의 동질성 공유를 일방적인 영향관계나 복속 등으로 간주하면 무리가 있다.[21] '華'는 일종의 공동 문명권 내에서 공유했던 동질성의 최고 수준이며, '夷'는 그 범위 내에 포섭할 수 없는 문화현상으로 이해된다. '華夷'를 확고한 종속관계에서 비롯된 우열의 논리로 파악하면 곤란한 지점이 여기에 있는 것이라 여겨진다.

월남의 사행록에는 華와 夷에 대해 그들의 입지를 밝힌 것들이 적지 않다. 吳時任의 『화정도보』에서 그는 "… 화이가 음양처럼 나뉜다는 말/ 이 말은 참으로 비루한 말이다/ 천리는 모든 사람 마음에 있지만/ 다만 風氣에 선후가 있을 뿐 …"[22]이라 하여 '華'와 '이'의 개념을 피력했다.[23] 오시임의 의견이 월남 지식인의 보편성을 담보하고 있다

---

20) 유용태, 박진우, 박태균 저, 『함께 읽는 동아시아 근현대사』(창작과비평사, 2010) 49면 참조. 여기서는 특히 월남의 正史인 『大南寔錄』에서 그 근거를 찾았다.
21) 조동일, 『동아시아 문명론』(지식산업사, 2010)에서는 중국과 월남을 문명권에서 하나로 보고, 국가 차원에서는 둘이라고 했다. 때문에 책봉조공체계의 편입은 중국이 강요하는 사항이 아니고, 월남이 적극적으로 희망하고 획득해야 할 자격이라는 점을 강조했다.
22) 『집성』, 7책, 「莞爾吟五言古二十韻」.
23) 최귀묵, 「월남의 중국 사행문헌 자료 개관 및 연구 동향점검」(『대동한문학』

고는 단언할 수는 없다. 하지만 오시임은 당시 청나라의 외교 대권을
맡고 있었다. 西山운동으로 왕조를 성립한 완광평은 그에 대해 신임
이 두터웠다. 상당수의 월남 외교문서가 그의 손에서부터 나왔는데,
대표적으로 『邦交好話』가 바로 그것이다.[24] 때문에, 이러한 생각은
당시 월남 조정 입장과도 상통한다고 볼 수 있다. 유교문화의 정통성
을 얼마나 확실하게 계승했는가는 이들의 동질성 확인의 한 단서가
되기도 한다. 다음과 같은 일화는 이를 여실히 보여준다 하겠다.

　　만주식 의모에 대해 그들은 자못 부끄러워하는 마음이 있어 스스로 말
하기를 본국에 돌아가면 그렇게 하지 않는다고 하였다. 13일의 태화전(太
和殿) 연회에는 마땅히 본국의 옛 제도에 맞추어 입참(入參)하기로 되어 있
었다. 13일이 되자 이른바 대사마(大司馬)란 자가 객관에 병으로 누워 있다
가 처음으로 참반(參班)에 들어와 휘익의 윗자리에 섰는데 3사람이 입은
것이 전에 보던 것과 판연히 바뀌어 있었다. 복두와 금대에 그 포(袍)가 붉
기도 하고 푸르기도 하여 이무기와 용의 무늬가 그려져 있었다. 다만 포의
양 귀퉁이가 너무 높아서 머리를 조아릴 때 두 어깨 위로 돌출하여 엄연히
쌍각(雙角)처럼 보였다. 망건은 끈으로 매었는데 그 망(網)이 너무 허술하
여 또한 능히 단단히 묶을 수 없어 다만 두르고 있을 따름이었다. 자세히
살펴보니 모두 배우들의 물건을 빌려온 것이었다.[25]

───────────────

34집, 대동한문학회, 2011)에서도 상세히 언급한 바 있다.
24) 이와 관련해서는 張明富, 「乾隆末安南國王阮光平入華朝覲假冒說考」『歷
　　史硏究』, 西南大學歷史文化學院, 2010 참조.
25) 유득공, 『열하기행시주』, '안남왕', "滿洲衣帽, 渠頗有羞愧之心, 自言歸其國
　　則不然. 十三日, 太和殿宴禮, 當以本國舊儀入參, 及至十三日, 又有所謂大
　　司馬者, 病臥館裏, 始入參班, 立在輝益之上, 三人所著, 頓改前觀, 幞頭金帶,
　　其袍或紅或碧, 有蟒龍文, 但袍耳過高, 叩頭時, 突出兩肩之上, 儼然雙角. 網
　　巾, 以絲結之, 其網太疏, 又不能緊裹, 第圍之而已. 細察之, 皆戲子物, 貫來
　　者也."

유득공의『열하기행시주』일부분이다. 여기에는 월남의 사신들이
복장 때문에 망신을 당한 일화가 기록되어 있다. 유득공을 위시한 조
선의 사신들이 월남의 國王과 從臣들의 급조한 冠服에 대해 조롱하
는 장면이다. 관복을 하사 받기는 하였지만 결국 크게 기뻐하지 않고
조롱거리가 되는 것에 매우 당황하는 월남사신들의 모습이 그려져
있다. 그렇다면 실제로 월남의 사신들은 이러한 상황에 대해 어떠한
생각을 지니고 있었을까.

衰衣 입고 다시금 熱河城에 뵈러가니	衰衣重覲熱河城
귀를 채우는 음악소리 작년의 소리로다	盈耳鈞昭去歲聲
周寶는 빈번히 제왕의 마음씀을 탐냈고	周寶頻叨天九渥
虞章은 도리어 삼품의 영광을 훔쳤구나	虞章還竊品三榮
성상의 은혜 평소와 같지 않음을 알겠으나	亦知聖眷非常得
평범한 이 몸이 몇 번이고 변함에 自笑한다	自笑凡身幾變更
돌아갈 행장 보물이 담긴 곳 헤아리고	正擬歸裝珍襲處
斑堂에서 춤추며 桃觥을 바친다	斑堂戲舞獻桃觥

위의 시는 1790년 사행했던 武輝瑨(1749~?)의「새 관복을 하사받고
우연히 짓다(被對新頒冠服偶成)」라는 작품이다. 그는 앞서 언급했던
반휘익과 함께 국왕을 호종하고 입조했다. 청조에서 의식에 필요한
관복을 하사받고 감회를 풀어 쓴 것이다. '服飾'이란 것이 복합적인
의미를 지닌다는 점은 주지의 사실이다. 이는 한 사회의 정지, 경세,
학술 및 사상으로 상징되므로, 유교문화의 정통성에 대해 민감한 이
들에게는 당연한 반응이다. 위의 시에서는 이들이 관복 외에도 많은
하사품을 받은 것에 대해 매우 감사해 하고 있는 듯하지만 유득공의
『열하기행시주』와 대조해서 보면 그 행간에 갈등의 소지가 있었음을
발견할 수 있다. 함께 동행했던 반휘익 역시 "천조에서 하사한 관복
을 입고 척연함을 느끼다(奉穿戴天朝冠服惕然感懷)"를 지었는데 제목

에서 보이는 것처럼 청조의 관복으로 인해 이들은 매우 복잡한 감정을 느꼈음을 알 수 있다. 유득공의 기록이 가감 없는 사실이라면, 淸朝에는 하사품에 대한 만족감과 상찬을 외교적으로 표현했어야 할 것이고 조선사신들 앞에서는 그 부끄러움을 감추며 자국의 유교적 정통성에 대해 변명했어야 할 것이다. '척연(惕然)'이라는 말 역시 이로써 보자면 이중적 의미로 파악할 수 있겠다. 두려워하며 받드는 표현이 될 수도 있겠고, 한편으로는 마음이 불편하다는 표현이 될 수도 있다. 문명권의 수준 높은 동질성을 함께 공유한다는 자부심은 책봉조공질서 속에서 독립국가로 자리 잡기 위한 중요한 요소이다. 조선사신들과의 미묘한 신경전도 이런데서 비롯된 것이라 할 수 있다.

반휘주의 『유헌총필』에는 "이곳(會同館)의 체제는 자못 華飾이 있다. 우리나라 사신과 조선, 유구의 여러 사신들이 오면 나뉘어 거처한다. 대개 외국에 표문을 올릴 때 오직 우리와 이 두 나라(조선, 유구)만이 한문을 사용하니 중화와 다름이 없으며 (그렇지 않은) 다른 나라들과는 매우 다르다."[26]라 하여 공동 문명권임을 강조한다. 회동관에서 조선사신들과의 수창 또한 동질성의 확인 차원에서 설명해야 할 부분이다. 하지만, 조선의 월남에 대한 인식은 다소 편협하고 부정적이었던 것이 사실이다. 이는 이념적 경계(동북아 질서)와 지정학적 경계(동남아 질서)에서 월남의 어떠한 입장을 견지해야 하는지에 대한 이해 부족에서 오는 소산이라 할 수 있다. 정보도 제한되어 있을 뿐만 아니라, 대부분 중국의 입장에서 쓴 지리서[27]나 이들의 문학작품들 속에 투영된 월남을 보기 때문에 객관적이거나 균형 잡힌 시각이 상당히 부족한 것이 사실이었다.[28] 월남 사행문헌이 출간되고, 이

---

26) 『집성』 11책, 『유헌총필』, "··· 此館體制頗華飾, 本國使與朝鮮琉球諸使來者, 分住. 皆外國表文, 惟我幷此二國用漢文, 與中華同, 殊異於諸國也."
27) 최근 인하대학교 한국학연구소는 『소방호재여지총초: 월남편』을 간행했다. 여기에는 총 20편의 월남관계 문화사료들이 수록되어 있다.
28) 월남이 완조에 들어서면서 청나라 사신이 월남으로 가는 일이 종종 있었

에 대한 연구가 각국에서 진행되기 이전까지는 국내 연구에 있어서도 이러한 한계를 똑같이 느꼈으리라 생각된다. 때문에 중화를 중심으로 한 상하질서와 동남아의 역학관계 속에서 수평적 조공관계를 이루어 나가려했던 월남의 상황을 제대로 파악해야하는 것이 관건이다.

3. 조선사신과의 수창 기록

월남과 조선의 사신들은 연경 사행을 통해서만 공식적으로 만날 수 있었다. 사신을 갈때마다 매번 만나게 되는 것은 아니다. 월남이 水路 여정을 했기 때문에 여러 가지 예기치 못한 변수로 함께 머물 수 없는 경우가 종종 생긴다. 그럼에도 『집성』에 수록된 조선사신과의 수창 기록들을 보면 적지 않다. 다음은 『집성』에 수록된 수창기록을 일별한 것이다.[29]

다. 즉, 청조사신의 눈으로 본 월남의 모습을 그린 작품이 있는데, 丐香(生平미상)의 『越南竹枝詞』 80수와 같은 작품이 그것이다. 『월남죽지사』는 1821년 개향이 월남으로 사신을 다녀온 후 목도한 월남의 자연, 의관 문물 등에 대해 쓴 시들이다. 필요한 부분에 小注를 달아 부기했는데, 혹은 신기해하거나 혹은 미개한 풍습이라 폄하하는 어조이다. 조선이나 중국의 사신들이 '미개하다'라 폄하한 부분을 살펴보면 동북아와는 다른 동남아의 풍토와 기후 등에 기인하여 생긴 문화 현상들이 대부분이다. 『越南竹枝詞』는 중국사신의 직접 경험담을 시로 형상화 시킨 것이기에 그 당시 청조 지식인들의 월남 인식 등을 엿보는 데 중요한 자료가 될 수 있다. 필자가 참고한 것은, 『中華竹枝詞全篇』(북경출판사)에 수록되어 있는 것이다. 또한 劉玉의 「中國使節文集考述-越南篇」(『수도사범대학학보』, 2007)에도 『월남죽지사』가 소개되어 있는데, 이 논문에는 그간 월남으로 사행을 간 중국사신 및 문사들의 문헌 목록과 간략한 해제를 정리해 놓고 있어 많은 도움이 된다.
29) 이 표는 강찬수, 「16-19세기 월남한문연행문헌에 수록된 조선 사행문학에 대한 고찰」(『중국어문논총』 49집, 2011)에서 일별해 놓은 것에 필자가 보충해 놓았음을 밝힌다.

작가	작품	조선 수창 인물
馮克寬	『使華手澤詩集』	使臣 李睟光
	『梅嶺使華手澤詩集』	使臣 李睟光
阮公沆	『往北使詩』	正使 兪集一, 副使 李世瑾
黎貴惇	『桂堂詩彙選』	使臣 李徽中, 洪啓禧
武輝珽	『華程詩』	使臣 尹東昇, 李致中
武輝瑨	『華程後集』	正使 徐浩修, 副使 李百亨, 柳得恭, 朴齊家
吳時任	『燕臺秋詠』	正使 徐浩修, 副使 李百亨, 柳得恭, 朴齊家
段浚(段阮俊)	『海煙詩集』, 『해옹시고』	正使 徐浩修, 副使 李百亨, 柳得恭, 朴齊家
胡士棟	『華程遣興』	使臣 李珖, 鄭宇淳, 尹坊
潘輝益	『星槎起行』	正使 徐浩修, 副使 李百亨, 柳得恭, 朴齊家
阮偍	『華程消遣集』	使臣 李亨元, 徐有防
丁翔甫	『北行偶筆』	(未詳) 朝鮮使臣(사행시기:1819~1820)
潘輝注	『輶軒叢筆』	(未詳) 朝鮮使臣
范芝香	『郿川使程詩集』	使臣 李裕元
	『志庵東溪詩集』	使臣 李裕元
阮思僴	『燕軺筆錄』	使臣 金有淵, 南廷順, 趙秉鎬
	『燕軺詩文集』	使臣 金有淵, 南廷順, 趙秉鎬
范熙亮	『北溟鄒偶錄』	使臣 李容肅
阮述	『每懷吟草』	譯官 李尙迪

馮克寬과 李睟光의 수창이 機化가 되어 월남 지식인들 사이에 이수광의 詩가 애송되었음은 너무나 유명한 사실이다. 이들이 모델이 되어, 이후의 안남사신들은 馮·李에 버금가는 교유를 맺고자 했다. 연행록을 통해 살펴보면, 조선사신은 청조의 문사들과 교유하며 인정받고자 하였고, 월남의 사신들도 청조와 조선의 지식인들과의 교유에 힘쓰고자 했다. 문화적 우열을 단적으로 가늠할 수는 없지만 월남사신들이 조선의 문인 지식인들과 酬唱하는데 공력을 들였다는 것은 조선의 문화를 안정적이고도 독자적인 유교문화로서 인정한 것이리라 여겨진다. 아울러, 자국 역시 그에 상응하는 높은 수준의 문화를 향유하고 있음을 확인하는 자리이기도 했다.

이 가운데 본고에서는 1790년 사행에서의 조선사신과 월남사신과의 수창에 대해 언급하고자 한다. 『집성』에 수록된 수창 기록 가운데서 이들의 만남이 의미가 있는 이유는 쌍방의 자료에서 확인이 되고 증빙이 된다는 것이다. 그간 유득공이나 박제가, 서호수의 연행록에서만 확인할 수 있던 당시의 정황을 『집성』 출간의 계기로 좀 더 구체적으로 파악할 수 있게 되었다는 것은 매우 고무적인 일이다. 정치적 사안도, 양국에서 파견한 사신의 면면도 그 어느 때 보다 높은 수준을 지니고 있었다는 사실도 가치 있는 부분이다. 1790년, 건륭제 팔순 만수절에 월남(당시는 安南)측에서는 완광평의 책봉문제와 관련한 외교임무를 지니고 무휘진, 반휘익, 단완준 등이 입조했으며, 조선 측에서는 서호수, 유득공, 박제가 등이 입조했다.

朝鮮正使駙馬黃秉禮, 副使吏曹判書徐浩修[30], 書狀宏文館校理李百亨, 與我使連日侍宴, 頗相款洽, 因投以詩(조선의 正使 부마 황병례, 副使 이조판서 서호수, 서장관 교리 이백형이 우리 사신들과 연일 侍宴하였는데, 자못 서로 마음이 맞았기에 시를 주었다.)

나라는 바다의 동과 남으로 경계를 나누었지만	居邦分界海東南
모두 明堂을 향해 멀리 수레를 달려왔네	共向明堂遠駕驂
문헌을 통해 일찍 道의 소재를 징험하였고	文獻夙徵吾道在
부드러운 회포 황제의 은덕이 미침을 온전히 우러르네	柔懷全仰帝恩覃
풍속을 함께 하는 천고의 의관과 제도요	同風千古衣冠制
기이한 만남으로 연일 손뼉을 치며 담소하네	奇遇連朝指掌談
시를 지어 馮克寬과 李睟光의 옛 일에 견주나니	騷雅擬追馮李舊
우리의 우정은 진한 술에 달게 취한 것 같네	交情勝似飮醇甘

---

30) 반휘익의 『星槎起行』에는 '徐洗修'라 되어 있는데, 洗는 浩의 誤字이다.

위의 시는 서호수의 『연행기』에도 실려 있는 潘輝益의 시 「조선사
신에게 주다(柬朝鮮國使)」이다. 『연행기』는 당시 이들이 회합했던 자
리에 대한 묘사를 겸하고 있는데,[31] 이 자리에는 안남사신 반휘익·무
휘진 등과 박제가와 유득공이 함께 자리한 듯하다. 기실, 『연행기』에
실려 있는 서호수의 和答詩는 박제가와 유득공이 대작한 것들이다.
서호수는 박제가와 유득공의 시로써 이들에게 화답하고, 청심환·부
채 등을 선물로 주었다고 한다. 시의 내용을 보면 1597년의 馮克寬·李
睟光의 수창처럼 자신들의 인연 또한 기이하다고 의미를 부여했다.
특히 '同風千古衣冠制'라는 싯구는 수준 높은 유교문화를 공유하고
있다는데 대한 확인 및 공감의 의미로 받아들여진다. 반휘익은 서로
간의 만남에 '頗相款洽'라는 표현을 쓸 만큼 호의적인 시선으로 조선
측 사신을 대한 점을 볼 수 있다.

> … 내가 차수와 함께 조방에 있을 때 또한 휘익 등과 친숙히 지냈다. 원
> 명원에 이르러 차수가 오언 율시 2수를 지어 2개의 부채에 써서 휘익과 휘
> 진에게 나누어주었다. 그러자 곧 翰林 段阮俊이란 자로 하여금 시를 지어
> 우리나라 사신에게 바치게 하고, 정성내서 도금종과 장가엄 등도 차수의
> 시에 화답하여 보내도록 하니, 은연중 서로 맞서 재주를 겨뤄보겠다는 뜻
> 이 있었다. 나도 비록 차수의 시에 차운하였지만 결국 보내지는 않았다.
> …[32]

---

31) 서호수 『연행기』 권2 "… 安南國吏部尙書潘輝益, 工部尙書武輝瑨。各送七
言律一首求和 潘詩曰 居邦分界海東南 共向明堂遠駕驂 文獻夙徵吾道在 柔
懷全仰帝恩覃 同風千古衣冠制 奇遇連朝指掌談 騷雅擬追馮李舊 交情勝似
飮醇甘 武詩曰 海之南與海之東 封域雖殊道脉通 王會初來文獻並 皇莊此到
觀瞻同 衣冠適有從今制 縞紵寧無續古風 伊昔使華誰似我 連朝談笑燕筵中
余和送二詩 各致扇十柄, 淸心元十丸 和潘詩 何處靑山是日南 灣陽秋雨共
停驂 使華夙昔修隣好 聲敎如今荷遠覃 法宴終朝聆雅樂 高情未暇付淸談 新
詩讀罷饒風味 頓覺中邊似蜜甘 和武詩曰 家在三韓東復東 日南消息杳難通
行人遠到星初動 天子高居海旣同 桐酒眞堪消永夜 飛車那得溯長風 知君萬
里還鄕夢"

기존의 연구[33])에서는 이를 두고 전통시대 한국의 지식인들이 베트남에 대해 지니고 있던 '우월감과 경쟁심'의 한 맥락이라 지적한 바 있다. 위의 예문에서 말한 '한림 단완준' 또한 당시 연행 기록이 전한다. 『海煙詩集』과 『海翁詩集』이 그것인데, 단완준 역시 이러한 상황을 매우 의식한 듯하다. 그는 「次韻柬朝鮮判書徐翰林李」라는 시의 序文에서 조선의 사신들이 '好詩·好詩'라 높은 평을 하였다며 자부심을 드러내었다.[34])

건강한 날개 퍼덕여 남으로 곧장 가려해도	扶搖健翮直圖南
주나라 길 구불구불해서 여정을 풀지 못했네	周道逶遲未解驂
지척에 구름 빛, 대궐은 밝아오고	咫尺雲光天闕曉
고금의 문교는 온 세상에 퍼져 있다	古今文敎海邦覃
사신 온 선배들 일찍이 만나는 즐거움 나누더니	使華前輩贈歡晤
어원에서 처음 만나 다시 환담을 펼쳤네	御苑初筵更暢談
시통을 차례로 돌려 아름다운 우의 남겼으니	次第詩筒留雅好
향기로운 말 주고받으니 생각은 똑같이 달콤했지	香言投贈想同甘

이는 반휘익의 「조선 이교리에게 전운에 화답하여 재차 주다(朝鮮李校和詩再贈前韻)」라는 시이다. 조선의 李校란, 당시 서장관으로 참여했던 李百亨(1737~?)을 지칭한다. 『성사기행』에는 이백형의 시 역시 부록으로 기재해놓았다.[35]) 반휘익 시에 대해 화답하여 쓴 이백형의

---

32) 『열하기행시주』, "… 余與次修 在朝房中 亦與輝益等相熟 及至圓明園 次修書五律二首於兩扇 分贈之 則使其翰林段阮俊者 奉詩于使臣 政省內書陶金鍾·張加儀(『난양록』본에는 '張嘉儀'으로 되어 있다.)等 和送次修詩 隱然有待對較藝(『난양록』본에는 이 말이 없다.)之意 余雖次次修韻而竟不送也 …."

33) 김용태, 「새로운 세계로의 여행, 그 안과 밖 : 1790년 유득공(柳得恭)이 만난 동아시아」(『한문학보』 20, 우리한문학회, 2009).

34) 『집성』 7책, 段浚(段阮俊), 『海煙詩集』, 30면 .

싯구에 "빛나는 문물이 같음을 매우 기뻐하면서도/ 말없이 필담 펴는 것 감당하기 어려워하네/ 귀하게 여기는 진정은 말 밖에 있으니/ 벗을 사귐에 응당 달기만을 구하지 않는법[彬彬已喜同文勿, 默默難堪展筆談, 所貴眞情言外在, 論交端合不求甘]"이라 하였다. 수준 높은 유교문화를 공유하고 있으면서도 서로 언어가 다르고, 필담 역시 한계가 있기는 하지만 眞情은 통한다고 말한다. 또한 "달기만을 구하지 않는" 君子의 사귐에 비유하여 서로의 만남을 雅化시키고 있음을 알 수 있다. 이 시는 조선사신들의 연행기록에는 보이지 않고 「성사기행」에 처음으로 소개되는 것이다. 이백형은 전하는 시문이 많지 않으므로, 반휘익이 부록으로 기재한 이 내용들은 큰 의미가 있다. 다음의 시는 대를 이어 조선사신과 인연을 맺은데 대한 감회를 표현한 시이다.

> 注: 신묘(1771)에 사신이었던 아버지께서 귀국의 부사 李致中 공을 만나 시로써 증답한 일이 있는데, 이치중 시의 "肝膽豈輪輗舌裡 精神虛注路班中"이라는 구절은 본국에 전해져 읊어졌다. 이에 와서 또 귀하를 만나 물었는데, 전 이공(李致中)의 堂親이라 하니, 또한 하나의 기이한 해후라 하겠다.[辛卯使部家尊 逢貴國副使李公諱致中 以詩贈答 李詩有曰 肝膽豈輪輗舌裡 精神虛注路班中 爲本國傳誦 於此來又逢台駕詢之 爲前李公堂親 亦一奇邂逅也.][36]

나는 대대로 남쪽사람 그대는 대대로 동쪽사람	我世南那君世東
생전에 약속이나 한 듯 서로 들어맞는다네	生前契合似相通
양가의 어른 들이 예전에 만나	兩家親上遭逢舊

---

35) 『성사기행』, 「附李校理和詩」 "天涯落落限東南, 邂逅漁陽駐兩驂, 鄕月屭奎侯度謹, 需雲開席寵光罩, 彬彬已喜同文勿, 默默難堪展筆談, 所貴眞情言外在, 論交端合不求甘"

36) 『화정집』, 「四束朝鮮副使李校理」. 이백형은 당시 서장관의 자격으로 사행에 참여했다. '副使'는 서장관과 혼동하여 쓴 듯하다.

이십 년 전 알아본 것과 똑같구나	二十年前把握同
다른 날 행차에 고운 향기 친밀하게 나누고	異日班聯親雅臭
몇 편의 시 주고 받으며 맑은 바람 쥐었었지	連篇酬和挹淸風
향에 돌아가 만약 어른과 얘기를 나누게 되면	歸村若與家賢語
기이한 만남을 使譜 중에 기록해두겠지	好把奇逢使譜中

무휘진, 무휘정 父子가 대를 이어 조선사신과의 인연을 맺은 계기가 잘 드러나 있다. 무휘진의 부친인 武輝珽(1731~1789)이 1771년 연행에 임해, 당시 조선의 정사였던 尹東昇과 부사 李致中을 만나 수창했던 일과, 20년 후 자신 또한 이치중의 堂親인 이백형을 만나겐 된 상황을 기이하게 여겨 지은 시이다. 무휘정과 이치중 사이에 지속적인 교유가 있었을 확률은 매우 희박하다. 하지만 그가 『화정집』[37]에 이들과의 수창시를 비중 있게 기록하고 있는 사실과, 무휘진의 시 제목에서 보이듯 이치중의 시구[38]가 월남 문인들 사이에 傳誦되었던 것을 감안하면, 이들의 만남이 馮·李 두사람만큼이나 人口에 회자되었음은 분명하다. 무휘진은 1788년 첫 번째 연행에 임해 부친의 『화정집』을 지니고 다니며 음미했다고 하였으므로, 부친과 조선사신 간의 수창 사실을 익히 듣고 그 역시 그러한 기회를 기대했을 것이라 여겨진다. 때문에 무휘정과 이치중, 자신과 이백형 사이의 만남을 기이한 해후라 칭하며 사신의 계보[使譜]에 기록할 만한 중요한 사실이라 한 것이다. 이 작품에는 양국 사신 간의 개인적인 親交를 넘어서, 이들의 만남이 자국(월남)에서 어떠한 반응을 불러일으켰는지에 대한 문화현상의 단초가 드러난다.

---

37) 무휘정, 『화정시』, 「贈答詩作」.
38) "肝膽豈輪鞮舌裡 精神虛注路班中."

Ⅳ. 남는 문제

　『집성』에 수록된 월남 사행 문헌들만을 가지고, 현재의 월남에 이르는 내재적 動因은 물론, 당시 월남의 정확한 입지 등을 파악하기는 난점이 많다. 지속적인 중국의 침략과 정복의 시도 속에서 계속 저항할 수 있는 힘을 만든 동력의 근원은 무엇인지, 그러한 역사적 난관 속에서도 독립국가로서 존속할 수 있었던 이유는 무엇인지 여전히 궁금하다. 중국과의 이념적 주종관계와 여타 동남아 지역들 간의 수평 조공관계 등에 대해 균형감각을 가지고 살펴보지 않으면 곤란하다. 사행관련 문헌은 역시 책봉조공관계를 염두에 두지 않고서는 설명하기 힘든 부분, 모호한 부분들이 많다. 정치적 목적 달성이나 상징성 등을 내포하고 있기 때문에, 그 나라의 중요한 사안이나 역사 정황들과 긴밀한 연계가 필요하다. 조선과 월남은 공동 문명권 안에서 높은 수준의 문화를 구가하고 있었음에도 중국과의 관계에 있어 그 역사적인 궤를 달리한 점이 많다. 그렇기에 조선의 연행록을 연구하는 시각으로 월남 사행록을 접근하는 데는 한계가 있을 것이다. 필자 역시 사행의 노정이나, 정치적 목적 등 눈에 보이는 소재적 측면으로 접근한 것에 불과하여, 논지가 거친 면이 많다. 더 많은 시간과, 더 많은 노력이 필요함을 절감한다.

찾아보기

1. 인명

康熙帝 58

耿仲明 276

경태제 177, 182, 186

高起潛 119, 121, 123, 124, 125, 126, 127, 129, 132

孔穎達 287

孔有德 276

廣寧 256

권돈인 296

金景善 4, 7

金魯敬 295

金東浩 262

金命喜 295, 309, 318

金尙憲 280

金錫冑 271, 272, 273

金善臣 290, 295, 318, 321, 322, 327

金堉 260, 261, 265, 266, 267

金正喜 286, 289, 290, 292, 293, 294, 295, 296, 302, 303, 304, 306, 307, 308, 309, 311, 313, 314, 315, 317, 322, 324, 326, 328

金左明 266

金昌業 5, 276, 280

金景善 239

金昌業 8, 47, 59

羅士琳 294, 317

누르하치 254

능정감 304, 308

단완준 351, 353

柳得恭 246, 249

李德懋 238

李遇駿 242, 243

李宜萬 208

李宜顯 212

李宜顯 238

林基中 235, 250, 251

막등용 339, 340

孟萬澤 276

毛文龍 276

武輝珽 355

武輝瑨 334, 347, 351, 352, 355

文天祥 265

朴思浩 241

朴世堂 279

朴彝敘 260

朴齊家 60, 64, 286, 289, 290, 291, 292,

293, 351, 352

朴趾源　49

朴趾源　5, 8, 47, 60, 65, 66, 81, 210, 212,
214, 218, 245, 246, 247, 248, 249, 250

潘輝益　334, 343, 347, 351, 352, 353

潘輝注　334, 337, 340, 341, 348

鳳林大君　261

徐居正　258

徐浩修　249, 256, 351, 352

葉志詵　295, 296

成後龍　269

笑雲　168, 185

昭顯世子　261

孫星衍　291, 292

崇禎帝　261

申在植　318, 320

아담 샬[湯若望]　276

安璥　46

耶律楚材　280

寧遠衛　260

吳三桂　261

吳崇梁　295

翁方綱　291, 292, 295, 296, 307, 313, 322,
328

완광평　346, 351

阮元　290, 291, 292, 293, 294, 297, 299,
300, 301, 304, 308, 326

王引之　311

汪喜孫　290, 295, 296, 309, 311, 312, 313,
314, 315, 317, 318, 320, 321, 322, 325

袁宏道　280

袁枚　291

袁崇煥　256, 262, 283

袁崇煥　260

袁崇煥　46, 56, 125, 254, 263, 264, 265,
266, 267, 268, 269, 274, 276, 278, 279,
282

魏源　329

魏忠賢　56

柳澗　260

劉琴　286

柳琴　291

柳得恭　291, 292, 293, 347, 351, 352

柳得恭　72

柳琳　261

柳夢寅　259

劉文淇　296, 314

劉師培　297

柳尙運　273

유육승　296, 317

尹東昇　355

尹安國　263

李景奭　263, 264

李校　353

李器之　280

李德懋　60, 63, 291, 338

李敏求　266

李百亨　353, 355

李尙迪　313, 314, 317

李星齡　276

李世白   274

李睟光   350, 352

李睟光   55

李承召   258

李安訥   267, 268

李元楨   270

李義準   314

李自成   261

이장욱   296, 322

이장욱   321

李廷龜   280

李祖望   316, 317

李致中   355

李海澈   270, 271

李忔   263

李頤命   280

李㴐   262

林慶業   274

林基中   50, 206

장국원   123

蔣士銓   291, 295

張國元   119, 123, 124, 126, 132

正使   43

鄭摠   49

祖大樂   266, 274

祖大壽   261, 265, 266, 274

趙秀三   293

趙襄子   272

秦始皇   272

陳鱣   286, 293

策彦周良   169

崔啓翁   274

崔溥   51, 52

馮克寬   350, 352

賀欽   280

韓瑗   254

韓應寅   259

韓祉   278

項羽   272

荊軻   265

洪大容   5, 47, 60, 61, 217, 218, 219, 220,
            237, 280, 286, 291

洪亮吉   291, 292

洪萬朝   276

洪霙   267

洪受疇   274

洪承疇   261

洪汝河   268

洪鎬   267, 268

黃金煥   341

黃碧山   340, 342, 343

후지츠카 지카시[藤塚鄰]   289, 314

淩廷勘   290, 302, 324

淩廷堪   300

2. 지명

覺華島　260, 263

廣寧　119, 282

광서　335

嘔血臺　278

錦州　119, 261, 263

寧遠城　119

大凌河　265

遼東鎭　119, 126

琉璃廠　237

鳳城　208

北京　43, 236

山海關　46, 119, 124, 208, 256, 261, 282

宣南　242

소릉하/錦州]　265

松山　119, 270

受降城　339

承德　244, 245, 246, 247

瀋陽　43, 209, 260

양주　294, 314

燕京　332

熱河　43, 256

『熱河日記』　210

寧遠　124, 263

寧遠城　254, 256, 262, 268, 271, 282

영파　172, 183

玉河　179

요동진　123

遼陽　260, 282

琉璃廠　32

鎭南關　336

柵門　46

通州　178, 210, 212

항주　172

杏山　270

熱河　245, 246, 248

3. 사항

『駕海朝天錄』　46

覺華島　56

견명사절　169, 188

遣明使節團　168

견명선　169

薊山錄系　17

告訃使　280

考證學　286

關寧太監　117

嘔血臺　254, 256, 262, 269, 279, 280, 281

今文公羊學　315

기행문학　253

南館　179

寧錦太監　117

寧遠　56

寧遠城　116

路程연구　74

檔案史料　116

대운하길　172

대청인식　75

都指揮使司　174

『擣椒集』　273

冬至使　278, 279, 314

동지사 서장관　280

동지사행　273

따오기　28

黎朝　339

遼東都指揮使司　126

遼餉　115

琉璃廠　238, 239

臨濟宗　168

萬壽聖節　177

『明代遼東檔案匯編』　117

毛文龍　136

反間計　274

伴送官　335

『邦交好話』　346

封禁지역　83

副使　43

赴燕錄系　16

『赴燕日記』　269

北行錄系　15

使行錄　10, 345

使行錄系　19

山海關　56, 269

常州學派　315

相互原典性　4, 20

書狀官　43, 267, 278, 279, 353

西行錄系　15

宣南文化　235, 236

宣南地域文化　250

宣川　56

歲寒圖　317

『笑雲入明記』　168, 171, 185, 189

松錦戰役　261, 270

수로 사행　341

隨槎錄系　15

수창시　355

수항성　340

承德避暑山莊　245, 249

承德避暑山莊文化　235, 244

承宣布政使司　174

乘槎錄系　18

시박사　184

實事求是　311

實事求是論　299, 300

實事求是說　304, 305, 308

瀋行錄系　14

阿片戰爭　82

揚州學派　286, 287, 288, 290, 293, 295,
300, 301, 308, 309, 311, 316, 320, 325,
327, 328

黎朝　333

燕京錄系　16

燕薊錄系　17

『燕記』　280

『燕轅直指』　4, 6

燕槎錄　14

『연행기』　352

『燕行錄續集』　3

『燕行錄全集』　3, 235, 251

『燕行錄』　1, 11, 43, 44, 80, 206, 253

燕行使　2, 217, 286

『燕轅直指』　240

熱河記系　15

『열하기행시주』　347

『熱河日記』　8, 65, 81, 245, 249, 250

寧遠大捷　276

寧遠衛　256, 258, 259, 261, 265, 267, 274,
279

五山派　168

吳派　286

玉河館　83

완조　334, 338, 345

월남 사행 문헌　332

월남사신　335, 336, 340, 351

유리창　286, 293

遊燕錄系　16

유헌록輶軒錄系　17

銀槎錄系　17

義理學　288, 304, 308

『入沈記』　208

子弟軍官　280, 286

절강 시박사　173

『貞蕤閣集』　293

『貞蕤藁略』　286

提刑按察使司　174

朝京日錄　266

조참　179, 181

朝天錄　11, 44, 205

從事官　2

『中國明朝檔案總匯』　117, 118, 121,
134

鎭守宦官　125

會同館　179, 183

『策彦和尙再渡集』　169

『策彦和尙初渡集』 169

처녀진헌 49

『靑邱野談』 283

椒蔗錄系 18

태평천국 74

太平天國의 亂 73

通學과 宋學의 논쟁 318, 319, 321

퍼오기 28

漂海錄 51, 52

漂海錄系 16

避暑山莊 244

避署山莊 245

『韓客巾衍集』 286, 291

漢宋學論爭 290

漢學 288

漢學과 宋學의 논쟁 318, 319, 320

항주 173

『海國圖志』 329

海路 사행길 260

海路使行 84

『海外墨緣』 313, 314, 315, 328

『海程誌略』 334

行錄系 18

현관례 268

鴻臚寺 179

紅夷砲 276, 278

火者(환관) 49

皖派 286

『황청경해』 313, 314, 315, 316, 317, 328

會同館 83, 181, 348

會通論 287

희극문화 239

戲臺 240

戲臺 241

『DVD燕行錄叢刊』 3

▣ 임기중(林基中)

1938년 전라북도 고창 출생
동국대학교 대학원 국어국문학 박사
동국대학교 명예교수
저서로『조선조의 가사』,『신라가요와 기술물의 연구』,『고전 시가의 실증적
　　연구』,『연행록 연구층위』,『연행록연구』,『연행가사연구』,『연행록전집』
　　(1~100책),『연행록전집　일본소장편』(1~3책),『연행록속집』(101~150책),
　　DVD연행록 총간(1~10), 연행록총간증보편DVD(1~12) 등이 있다.

▣ 최소자(崔韶子)

1940년 서울 출생
이화여자대학교 사학과
동양사학회 회장 역임
명청사학회 평의원
이화여자대학교 명예교수
저서로『동서문화교류사연구』,『명청시대 중한관계사연구』,『청과 조선 : 근
　　세 동아시아의 상호인식』,『동아시아역사속의 중국과 한국』;『18세기 연
　　행록과 중국사회』 등이 있다.

▣ 하스미 모리요시(荷見守義)

1966년 일본 茨城縣 출생
日本 中央大學 東洋私學科
현, 日本 弘前大學 文學部 交手
중국근세사, 동아시아 지역사를 전공
저서로『明代遼東と朝鮮』,『越境者の世界史』,『東アジア海域叢書』 등이 있다.

▣ 가와고에 야스히로(川越泰博)

1946년 일본 宮崎縣 출생
日本 中央大學 東洋私學科
현, 日本 中央大學 文學部 敎授
중국 명대사를 전공.
저서로『中國典籍研究』,『明代建文朝史の硏究』,『增補改定日中・日朝關係硏
　　究文獻目錄』 등이 있다.

▣ 赫曉琳

　현, 中國 文化部 國家淸史纂修 出版部

　저서로『宣南士鄕』,『〈燕行錄〉與淸代文化交流』, 논문으로「從〈燕行錄〉看康
　　乾時期中國民俗文化」 등이 있고,『中國大通史·淸朝』편찬,『北京歷史人
　　物傳』간행에 참여하였다.

▣ 王政堯

　1942年 河北省 武安市 출생.

　현, 中國 人民大學 淸史硏究所 敎授

　저서로『淸史述得』,『淸代戲劇文化史論』 등이 있다.

▣ 김일환(金一煥)

　1974년 충남 보령 출생

　동국대학교 국어국문학과 졸업, 동 대학원 문학박사

　현, 동국대학교 국어국문문예창작학부 BK플러스사업팀 연구교수

　저서로『조선의 지식인들과 함께 문명의 연행길을 가다』(공저),『연행사와 통
　　신사』(공저)

▣ 이원석(李元錫)

　1959년 경북 안동 출생, 동국대 사학과, 동 대학원 졸업(문학박사)

　동아시아적 시각에서 근세 근대 중국의 학술과 사상사 연구

　현, 동국대학교 다르마칼리지 조교수

　저서로『近代中國의 國學과 革命思想』,「19세기 전반 揚州學派 汪喜孫의 經
　　世論」 등이 있고, 번역서로『중국의 근대혁명과 전통사상 사이에서』가
　　있다.

▣ 김영죽(金玲竹)

　1976년 서울생

　현, 성균관대학교 동아시아학술원 대동문화연구원 책임연구원

　공저로『한국과 베트남 사신, 북경에서 만나다』, 대표 논문으로「18·19세기
　　중인층의 지식 향유와 산출－해외체험을 통한 사대부 epigonen으로부터
　　의 脫皮를 중심으로－」,「1760년, 조선사신 洪啓禧와 안남사신 黎貴惇의
　　만남」 등이 있다.

연행록의 세계

초판 인쇄 2015년 03월 10일
초판 발행 2015년 03월 20일

기 획 동국대학교 연행학연구소
저 자 임기중·최소자·荷見守義·川越泰博·
          赫曉琳·王政堯·김일환·이원석·金玲竹

펴낸이 한정희
펴낸곳 경인문화사
주 소 서울 마포구 마포동 324-3
전 화 02-718-4831~2
팩 스 02-703-9711
등 록 1973년 11월 8일 제10-18호
이메일 kyunginp@chol.com
홈페이지 http://kyungin.mkstudy.com

정 가 27,000원
ISBN 978-89-499-1070-3 93900

  * 이 책은 동북아역사재단의 후원을 받아 간행되었음